Öffentliche Kulturförderung in Deutschland und den USA

Krista Schölzig

Öffentliche Kulturförderung
in Deutschland und den USA

Ein Vergleich vor dem Hintergrund
leistungsstaatlicher und gewährleistungsstaatlicher Modelle

PETER LANG
Frankfurt am Main · Berlin · Bern · Bruxelles · New York · Oxford · Wien

Bibliografische Information der Deutschen Nationalbibliothek
Die Deutsche Nationalbibliothek verzeichnet diese Publikation in der Deutschen Nationalbibliografie; detaillierte bibliografische Daten sind im Internet über <http://www.d-nb.de> abrufbar.

Zugl.: Hamburg, Univ., Diss., 2006

Umschlaggestaltung:
Matthias Schölzig

D 18
ISBN-10: 3-631-56045-1
ISBN-13: 978-3-631-56045-7

www.peterlang.de

Geleitwort

Die Politik der knappen Kassen als Folge der sich verschärfenden Finanzkrise der öffentlichen Haushalte betrifft auch den öffentlichen Kultursektor in zunehmendem Maße. Kürzungen von Kulturetats bis hin zur Schließung renommierter Kulturinstitute sind kennzeichnend für diese Entwicklung. Mit ihrer Dissertation hat sich Frau Schölzig das Ziel gesetzt aufzuzeigen, welche Möglichkeiten für die öffentliche Hand bestehen, sich im Bereich der Kulturförderung künftig stärker als bisher auf gewährleistungsstaatliche Aspekte zu konzentrieren und auf diese Weise die Wirkung der Kulturpolitik zu verbessern.

Frau Schölzig zeigt, dass der Kulturbegriff der Nachkriegszeit auf Kunst im engeren Sinne beschränkt war. Dementsprechend hatte auch der Staat das Selbstverständnis zu wissen, was unter Kultur zu verstehen und zu fördern ist. Der Staat verstand sich als Leistungserbringer der Kultur. Dies war um so mehr der Fall, als historisch bedingt die öffentlichen Kulturbetriebe hierfür bereits zur Verfügung standen. Die später aufkommende Forderung nach einer stärkeren Demokratisierung des Kulturbegriffs führte dann zu einem erweiterten, offenen Kulturbegriff im Sinne der UNESCO. Bei einem solchen erweiterten Verständnis von Kultur kann der Staat nicht mehr sicher sein, genau zu wissen, was Kultur ist und was zu fördern ist. Frau Schölzig argumentiert überzeugend, dass unter den so veränderten Bedingungen und unter Berücksichtigung der Knappheit der Fördermittel aus kultureller Sicht der Leistungsstaat zum Gewährleistungsstaat werden sollte, der sich darauf beschränkt, die Rahmenbedingungen zu schaffen, unter denen sich Kultur entwickeln kann.

Ein Vergleich der Kulturförderung in Deutschland mit der Kulturförderung in den USA zeigt: Während in den USA nur rund 10 % der Mittel für die Kultur aus der öffentlichen Hand kommen, sind es in Deutschland etwa 90 %. In beiden Ländern findet die direkte öffentliche Kulturfinanzierung sowohl durch die Förderung von Institutionen als auch durch die Förderung von Projekten statt. Während allerdings in den USA bei der Förderung von Institutionen in erheblichem Maße Kulturförderungsagenturen auf den verschiedenen föderativen Ebenen im Hinblick auf eine Multiplikatorwirkung finanziert werden, werden in Deutschland in weitaus größerem Maße Kulturbetriebe wie Theater oder Konzerthäuser direkt finanziell unterstützt. In Deutschland unterhält die öffentliche Hand eine Vielzahl eigener öffentlicher Kulturbetriebe. Dies ist in den USA, abgesehen von wenigen Ausnahmen, nicht der Fall.

Die Verfasserin kommt zu dem Ergebnis, dass die verbreitete Meinung, steuerliche Unterschiede seien der Grund für das in den USA viel stärker ausgeprägte Spenden- und Sponsoringwesen im Bereich der Kultur, kaum zu belegen ist.

Frau Schölzig führt diesen gravierenden Unterschied auf die unterschiedliche historische Entwicklung der beiden Länder zurück und auf eine andere Positionierung individueller Verantwortung im Verhältnis von Staat und Gesellschaft.

Ich wünsche dieser interessanten Dissertation viele aufmerksame Leser und eine anregende Diskussion über eine angemessene Kulturförderung.

Prof. Dr. Lothar Streitferdt

Vorwort

Die Entstehung der vorliegenden Arbeit war geprägt von dem Bedürfnis, das im Rahmen meines Studiums der Sprache, Literatur und Kultur Nordamerikas gewonnene Wissen in eine wirtschaftswissenschaftliche Fragestellung einfließen zu lassen. Eine übergeordnete Zielsetzung dieser Arbeit bestand somit auch darin, einen interdisziplinären Forschungsbeitrag zu leisten. So lag es nahe, den Fokus der Betrachtung weg von den kulturellen *Inhalten* hin zu Fragen der kulturellen *Förderung* zu verschieben. Ein Vergleich zwischen Deutschland und den USA war hierbei jedoch nicht das zufällige Ergebnis meiner Studienfächer, sondern erwies sich aus anderen Gründen als vielversprechend, wie die weitere Lektüre zeigen wird.

Die Arbeit ist während meiner Tätigkeit als wissenschaftliche Mitarbeiterin am Institut für Öffentliche Wirtschaft und Personalwirtschaft des Departments Wirtschaftswissenschaften der Universität Hamburg entstanden und wurde im Sommersemester 2006 unter dem Titel "Öffentliche Kulturförderung in Deutschland im Fokus leistungsstaatlicher und gewährleistungsstaatlicher Modelle – Ein Vergleich mit den USA" als Dissertation angenommen. Literatur- und Rechtsquellen wurden bis Januar 2006 berücksichtigt. Das wissenschaftliche Gespräch fand am 19. Juli 2006 statt. Danken möchte ich an dieser Stelle vor allem meinem Doktorvater, Herrn Prof. Dr. Lothar Streitferdt, für den Freiraum, den er mir sowohl in Bezug auf die Wahl als auch die Bearbeitung des Themas gewährt hat. Mein Dank gilt weiterhin Herrn Prof. Dr. Willi Küpper für die Erstellung des weiteren Gutachtens sowie Herrn Prof. Dr. Christian Scheer für die Übernahme des Vorsitzes. Zugleich danke ich allen derzeitigen und ehemaligen Mitgliedern des Lehrstuhlteams, die alle auf unterschiedliche Art und Weise zum Gelingen der vorliegenden Arbeit beigetragen haben.

Kathy Günther bin ich für die abschließende Korrektur des Manuskripts sehr dankbar. Meinem Bruder, Matthias Schölzig, danke ich unter anderem für die Gestaltung des Buchumschlags. Meiner Familie, meinen Freunden und meinem gesamten persönlichen Umfeld sage ich herzlich Dank für ihr Verständnis und ihren Zuspruch während der Entstehungszeit dieser Arbeit.

Mein innigster Dank gebührt schließlich meinen Eltern, Gertrud und Franz Schölzig, sowie meinem Ehemann, Thorsten Puchert, die mich jederzeit unterstützt und motiviert haben und somit einen unverzichtbaren Beitrag zum Gelingen meines Promotionsverfahrens geleistet haben.

Krista Schölzig

Inhaltsverzeichnis

Abkürzungsverzeichnis

amend.	amendment
AO	Abgabenordnung
art.	article
BFH	Bundesfinanzhof
BFHE	Entscheidung(en) des Bundesfinanzhofs
BGBl.	Bundesgesetzblatt
BHO	Bundeshaushaltsordnung
BMF	Bundesministerium der Finanzen
BT-Drs.	Bundestagsdrucksache
BT-Protokoll	Bundestagsprotokoll
BStBl.	Bundessteuerblatt
BVerfG	Bundesverfassungsgericht
BVerfGE	Entscheidung(en) des Bundesverfassungsgerichts
Cal.	California
Cambridge/Mass.	Cambridge/Massachusetts
CD(s)	Compact Disc(s)
CDU	Christlich Demokratische Union
Civ.	Civil
DIW	Deutsches Institut für Wirtschaftsforschung
DÖV	Die Öffentliche Verwaltung
DStR	Deutsches Steuerrecht
DVD	Digital Versatile Disc
DVP	Deutsche Verwaltungspraxis
EFG	Entscheidungen der Finanzgerichte
EinigV	Einigungsvertrag
EK-Kultur	Enquete-Kommission "Kultur in Deutschland"
ErbStG	Erbschaftsteuer- und Schenkungsteuergesetz
EStDV	Einkommensteuer-Durchführungsverordnung
EStG	Einkommensteuergesetz
FB	Fachbereich

FCS	Framework for Cultural Statistics
FG	Finanzgericht
GEMA	Gesellschaft für musikalische Aufführungs- und mechanische Vervielfältigungsrechte
GewStG	Gewerbesteuergesetz
GG	Grundgesetz
gGmbH(s)	gemeinnützige Gesellschaft(en) mit beschränkter Haftung
GmbH(s)	Gesellschaft(en) mit beschränkter Haftung
GÖW	Gesellschaft für öffentliche Wirtschaft
GrEStG	Grunderwerbsteuergesetz
GrStG	Grundsteuergesetz
H.	Heft
HWP	Hochschule für Wirtschaft und Politik
ifo	Information und Forschung
i. V. m.	in Verbindung mit
I.R.C.	Internal Revenue Code
K-Drs.	Kommissionsdrucksache
KStG	Körperschaftsteuergesetz
KSVG	Gesetz über die Sozialversicherung der selbstständigen Künstler und Publizisten
KUR	Zeitschrift für Kunst- und Urheberrecht
LAA(s)	Local Arts Agency bzw. Agencies
Lfg.	(Ergänzungs-)Lieferung
m. w. N.	mit weiteren Nachweisen
MPIFG	Max-Planck-Institut für Gesellschaftsforschung
MTV	Music Television
NEA	National Endowment for the Arts
NJW	Neue Juristische Wochenschrift
NPO(s)	Non-Profit-Organization(s)
OFD	Oberfinanzdirektion
o. J.	ohne Jahr
o. O.	ohne Ort

o. V.	ohne Verfasser
PPP(s)	Public Private Partnership(s)
PR	Public Relations
puk	Politik und Kultur
RAO(s)	Regional Arts Organization(s)
Reg.	Registration
RGBl.	Reichsgesetzblatt
Rz.	Randziffer
SAA(s)	State Arts Agency bzw. Agencies
SächsGVBl.	Sächsisches Gesetz- und Verordnungsblatt
SächsKRG	Gesetz über die Kulturräume Sachsens
UNESCO	United Nations Educational, Scientific and Cultural Organization
UR	Umsatzsteuer-Rundschau
UrhG	Gesetz über Urheberrecht und verwandte Schutzrechte
UrhWG	Urheberrechtswahrnehmungsgesetz
U.S.C.	United States Code
U.S. Const.	United States Constitution
USD	United States Dollar
UStG	Umsatzsteuergesetz
VIP	Very Important Person
VStG	Vermögensteuergesetz
Washington/D. C.	Washington/District of Columbia
WiSt	Wirtschaftswissenschaftliches Studium
Z.	Zeile
ZögU	Zeitschrift für öffentliche und gemeinwirtschaftliche Unternehmen

Abbildungsverzeichnis

1 Einleitung

1.1 Einstiegsmotivation

Die sich verschärfende Finanzkrise der öffentlichen Haushalte betrifft verstärkt auch den öffentlichen Kultursektor, insbesondere die damit verbundene öffentliche Kulturfinanzierung: "Kulturpolitik verliert bei den öffentlichen Aufgaben im Kampf um die aus der Wechselwirkung von schwacher Konjunktur, wachsenden Soziallasten und Reformstau rückläufigen öffentlichen Mittel. Drastische Kürzungen der Kulturetats mit allen Auswirkungen bis zur Schließung etablierter Kulturinstitute sind die Folge."[1] Entsprechend sanken die öffentlichen Kulturausgaben von Bund, Ländern und Gemeinden nach den vorläufigen Ergebnissen der Haushaltsansatzstatistiken im Zeitraum 2001 bis 2003[2] um 1,9 % von jährlich 8,35 Mrd. Euro auf 8,2 Mrd. Euro.[3]

In der Bevölkerung stoßen die Sparmaßnahmen der öffentlichen Hand im Kulturbereich auf vergleichsweise geringen Widerstand. Dies mag daran liegen, dass die Bereitstellung von kulturellen Angeboten von vielen als weniger essentiell angesehen wird als beispielsweise die medizinische Grundversorgung oder das eng mit dem Kulturbereich verbundene Bildungswesen. Für die Betroffenen im Kulturbereich hingegen sind die Prioritätensetzung zu Ungunsten kultureller Aktivitäten sowie die damit verbundenen Kürzungen von Etats jedoch schon seit Jahren der bittere, aber realistische Status Quo.[4]

In diesem Kontext ist zunehmend auch eine wissenschaftliche Auseinandersetzung erkennbar. Hierbei lassen sich zwei einander gegenüberstehende Meinungen über die Art der notwendigen Konsequenzen für den öffentlichen Kulturbereich ausmachen. Während einerseits betont wird, dass Sparmaßnahmen in diesem Bereich zu kultureller Verarmung in vielerlei Hinsicht führen, wird andererseits die vor dem Hintergrund des gegenwärtig anzutreffenden Status

---

1 P. Vermeulen; L. Hempel, Umbau der Kulturverwaltung. Gewinn für das Stadtmarketing, in: Innovative Verwaltung, Jg. 26 (2004), H. 5, S. 29.

2 Bei den Daten von 2003 handelt es sich um Soll-Werte, wie sie in den Haushaltsansatzstatistiken des Statistischen Bundesamts und der Gemeinden antizipiert wurden. Ist-Werte standen bei Veröffentlichung des Kulturfinanzberichts noch nicht zur Verfügung. Vgl. Statistische Ämter des Bundes und der Länder (Hrsg.), Kulturfinanzbericht 2003, Wiesbaden 2004, S. 111.

3 Vgl. Statistische Ämter des Bundes und der Länder (Hrsg.), Kulturfinanzbericht 2003, Wiesbaden 2004, S. 21.

4 Vgl. T. Heinze u. a., Einführung, in: T. Heinze (Hrsg.), Kulturmanagement. Professionalisierung kommunaler Kulturarbeit, Opladen 1994, S. 13.

Quo radikal erscheinende Einschätzung vertreten, der Kultursektor könne den Mechanismen des freien Markts überlassen werden und bedürfe keiner staatlichen Intervention.

Um einen Ausweg aus diesen sich diametral gegenüberstehenden Positionen aufzeigen und wissenschaftlich fundierte Gestaltungsempfehlungen abgeben zu können, bedarf es einer methodischen Herangehensweise. Eine solche wird im Folgenden entwickelt.

1.2 Entwicklung der methodischen Grundlagen

1.2.1 Methode: Modellbildung

Methódos ist Griechisch und bedeutet "das Nachgehen" bzw. "der Weg zu etwas hin". In Anlehnung daran ist eine Methode ein allgemein nachvollziehbares Verfahren zur Beantwortung offener Fragen.[5] Als Ergebnis eines solchen Vorgehens lassen sich Gestaltungsempfehlungen formulieren. Dieser Arbeit liegt die Methode der Modellbildung zu Grunde.

Bei Modellen handelt es sich um vereinfachende Abbildungen der Wirklichkeit.[6] Vereinfachungen sind deshalb notwendig, weil die komplexe Realität niemals vollständig erfassbar ist. Trotz des Risikos, etwas Wesentliches unmodelliert zu lassen, kann durch die Vereinfachung ein problemorientierter Blick auf die Realität geworfen werden.

Gerade im Bereich der Staatstätigkeit bietet sich die Anwendung von Modellen an, da sich hier bereits weitgehend klare Formen von Staatsmodellen herausgebildet haben. Ohne vertiefend auf die vorhandenen Diskurse[7] einzugehen und

---

5 Vgl. M. Schweitzer, Gegenstand und Methoden der Betriebswirtschaftslehre, in: F. X. Bea; E. Dichtl; M. Schweitzer (Hrsg.), Allgemeine Betriebswirtschaftslehre, Bd. 1: Grundfragen, 8. Aufl., Stuttgart 2000, S. 67.

6 Vgl. M. Schweitzer, Gegenstand und Methoden der Betriebswirtschaftslehre, in: F. X. Bea; E. Dichtl; M. Schweitzer (Hrsg.), Allgemeine Betriebswirtschaftslehre, Bd. 1: Grundfragen, 8. Aufl., Stuttgart 2000, S. 72.

7 Vgl. unter anderem F.-X. Kaufmann, Diskurse über Staatsaufgaben, MPIFG Discussion Paper Nr. 91/5, Köln 1991; F.-X. Kaufmann, Varianten des Wohlfahrtsstaats. Der deutsche Sozialstaat im internationalen Vergleich, Frankfurt/M. 2003; F.-X. Kaufmann, Zur historischen und aktuellen Entwicklung des europäischen Staates, in: B. Blanke u. a. (Hrsg.), Handbuch zur Verwaltungsreform, 3. Aufl., Wiesbaden 2005, S. 3-10; H. Heinelt, Vom Verwaltungsstaat zum Verhandlungsstaat, in: B. Blanke

die unterschiedlichen verwendeten Begrifflichkeiten[8] näher zu beleuchten, sollen im Folgenden zwei eigene, für diese Arbeit relevante Staatsmodelle definiert werden.[9] Das erste Modell wird als Modell des Leistungsstaats, das zweite als das des Gewährleistungsstaats bezeichnet. Im Folgenden sollen die jeweils damit verbundenen Merkmale und Grundannahmen vorgestellt — modelliert — werden, so dass der Unterschied zwischen den beiden Modellen und damit die jeweilige spezifische Vorstellung über die Rolle des Staats deutlich erkennbar werden.

1.2.2 Staatsmodelle: Leistungsstaat versus Gewährleistungsstaat

Nach der **Modellvorstellung des Leistungsstaats** wird der Staat im Sinne einer Vor-, Für- und Daseinsvorsorge im Interesse des Bürgers aktiv. Es besteht das Selbstverständnis, dass der Staat weiß, was die Interessen des Bürgers sind, und wie er auf aktuelle Problemlagen angemessen reagieren kann. Idealerweise erbringt er die als notwendig erachteten Leistungen in eigener Regie. Er tut dies, um dem Wohl aller möglichst gut gerecht zu werden und aus Sorge davor, dass sich ansonsten Einzelinteressen durchsetzen, die nicht mit dem angestrebten Ideal zu vereinbaren sind. Dies impliziert, dass der Staat im Hinblick auf gesamtgesellschaftliche Interessen notfalls auch zu Lasten von Einzelinteressen interveniert.

Wendet man die Modellvorstellung auf das hier zu betrachtende Thema an, gehört es zum Selbstverständnis des Staats zu wissen, welche Kultur dem Ge-

---

u. a. (Hrsg.), Handbuch zur Verwaltungsreform, 3. Aufl, Wiesbaden 2005, S. 10-17; S. von Bandemer; J. Hilbert, Vom expandierenden zum aktivierenden Staat, in: B. Blanke u. a. (Hrsg.), Handbuch zur Verwaltungsreform, 3. Aufl, Wiesbaden 2005, S. 26-35; G. F. Schuppert, Die öffentliche Verwaltung im Kooperationsspektrum staatlicher und privater Aufgabenerfüllung. Zum Denken in Verantwortungsstufen, in: Die Verwaltung, Bd. 31 (1998), H. 4, S. 415-447; F. Naschold u. a., Leistungstiefe im öffentlichen Sektor. Erfahrungen, Konzepte, Methoden, 2. Aufl., Berlin 2000; M. Knauff, Unbegrenzte Gewährleistung statt unbegrenzter Leistung? Kritische Anmerkungen zum Wandel von Staatlichkeit im Zeitalter der Globalisierung, in: Verwaltungsrundschau Jg. 49 (2003), H. 8, S. 269-276.

8 Zum Beispiel Polizeystaat, Rechtsstaat, Sozialstaat, Steuerungsstaat, Wohlfahrtsstaat, souverän-hoheitlicher Staat, vernetzter Staat, Verwaltungsstaat, Verhandlungsstaat, expandierender Staat, aktivierender Staat, Nachtwächterstaat, Minimalstaat, Interventionsstaat usw.

9 Selbstredend sind diese inspiriert von den zuvor in Fn. 7 genannten Quellen. Dennoch ist es an dieser Stelle geboten, unter besonderer Bezugnahme auf den Kulturbereich eigene Staatsmodelle einzuführen.

meinwohl dient. Er hat ein festes Bild davon, was zur Kultur gehört und was nicht. Folglich wird er, um seinem Kulturverständnis gerecht zu werden, für den Bürger selbst kulturelle Leistungen anbieten. Hierdurch kann er auch verhindern, dass kulturelle Leistungen in den Vordergrund treten, die nicht dem staatlichen Kulturverständnis entsprechen.

Die Grundannahme des Leistungsstaatsmodells liegt also darin, dass dem Staat die Fähigkeit zugesprochen wird, das Gemeinwohl zu erkennen — bzw. thematisch bezogen — zu wissen, was Kultur ist. Folgerichtig impliziert das Modell, dass der Staat auch selbst als Anbieter von Kultur auftritt.

Demgegenüber gibt es nach dem **Gewährleistungsstaatsmodell** keine abschließend bestimmbaren Gemeinschaftsinteressen. Es existiert also auch nicht die Vorstellung, dass es eine (staatliche) Instanz gibt, die wissen kann, was dem Gemeinwohl entspricht. Aufgabe des Staats kann es demnach nicht sein, nach einer alle Interessen berücksichtigenden Definition von öffentlichen Aufgaben zu streben. Weil es nach dieser Vorstellung keine abschließend bestimmbaren Staatsaufgaben gibt, konzentriert sich der Schwerpunkt der Betrachtung stärker auf das *Wie* als auf das *Was* der Aufgabenerfüllung. Nicht die Aufgabe als solche, sondern die Modalitäten ihrer Erfüllung stehen im Vordergrund. Demzufolge ist es auch nicht erforderlich, dass der Staat selbst die jeweilige Leistung erbringt. All dies impliziert jedoch nicht, dass der Staat nicht grundsätzlich weiterhin für die Erfüllung öffentlicher Aufgaben verantwortlich bleibt.

Bezogen auf das Thema Kultur bedeutet dies, dass der Staat offen lässt, wie sich Kultur artikuliert und welche Erscheinungsformen sie annehmen kann. Er setzt lediglich Rahmenbedingungen, innerhalb derer Kultur entstehen kann. Demzufolge tritt er auch nicht notwendigerweise selbst als Anbieter von Kultur auf.

Die Grundannahme des Gewährleistungsstaatsmodells besteht darin, dass es keine konsensfähige Definition davon gibt, was staatlicherseits zu tun ist. Folgerichtig impliziert das Modell, dass es darum geht, möglichst günstige Rahmenbedingungen (auch für den Bereich der Kultur) zu schaffen.

1.2.3 Modell des Gewährleistungsstaats als nachahmungswürdige Idee von Staatlichkeit

Nachfolgende Betrachtungen sollen beleuchten, welche Vorteile die Modellvorstellung des Gewährleistungsstaats gegenüber der des Leistungsstaats für den praktischen Diskurs mit sich bringt.

Mit dem Modell des Leistungsstaats, wonach der Staat allumfassende Zuständigkeit für die fraglichen Bereiche des Gemeinwohls und deren Erfüllung und Finanzierung übernimmt, geht die Vorstellung einher, dass ausreichende Mittel zur Verfügung stehen. Nur so kann der Staat die von ihm als wichtig erachteten Maßnahmen zur Aufgabenerfüllung problemlos umsetzen. Das Modell setzt also den Idealzustand unbegrenzter finanzieller Mittel voraus. Hieraus folgt, dass es in Zeiten rückläufiger Haushaltsmittel keine befriedigenden Lösungsansätze mehr liefern kann, weil es nur Argumente dafür bietet, dass der Staat eine Aufgabe übernehmen soll, nicht aber dafür, wie er der tatsächlichen Mittelknappheit begegnen kann. Kurz gesagt: Ein Leistungsstaat ist nur so stark wie seine finanziellen Mittel.

Demgegenüber erfordert das Modell des Gewährleistungsstaats keinen Idealzustand unbegrenzter Mittel. Zwar müssen auch bei der Ausgestaltung von Rahmenbedingungen mittelbar finanzielle Ressourcen aufgewendet werden. Jedoch ist deren Umfang in der Regel geringer als wenn der Staat die Leistungen selbst erbringt. So lassen sich Rahmenbedingungen zwar niemals kostenlos etablieren, man kann aber regelmäßig davon ausgehen, dass beispielsweise eine mittelbare Förderung durch Steuererleichterungen und Gesetzgebung sowie Gesetzesvollzug mit weniger finanziellem Aufwand zu bewerkstelligen sind als eine unmittelbare Leistungserbringung durch den Staat selbst.

Allein unter dem Aspekt finanzieller Ressourcen deutet sich also bereits an, dass die Überlegungen, die durch die Vorstellung des Gewährleistungsstaats hervorgerufen werden, realistischer und somit vielversprechender als die des Leistungsstaats sind. Diese Vorteilhaftigkeit wird in Zeiten wachsender Haushaltsdefizite zur drängenden Notwendigkeit, will der Staat nicht einzelne Leistungsbereiche in naher Zukunft komplett aufgeben. Als Folge sich verknappender öffentlicher Mittel führt die Vorstellung des Leistungsstaats zwangsläufig zu Verteilungskämpfen zwischen den betroffenen Ressorts (zum Beispiel Umweltschutz versus Kulturförderung). Jedes Ressort wird die eigene Aufgabe als die wichtigere Staatsaufgabe empfinden und daher die verbleibenden Mittel für deren Finanzierung in Anspruch nehmen wollen. Kontroverse (leistungsstaatliche) Debatten binden hierbei Kräfte, die sinnvoller eingesetzt werden könnten, um über alternative Möglichkeiten der Förderung — nach Maßgabe des Gewährleistungsstaatsmodells — nachzudenken. Im Gewährleistungsstaat finanziert der Staat dagegen kaum noch selbst, so dass es auf Staatsebene in der Praxis insoweit auch nicht mehr zu Verteilungskämpfen zwischen den Ressorts und der damit einhergehenden Bindung von Personal- und Sachmitteln zu kommen braucht. Die auf Ebene des Staats involvierten Akteure hätten demzufolge mehr Ressourcen zur Verfügung, das Umfeld der Förderung selbst aktiv zu gestalten.

Während der Leistungsstaat sich die Entscheidungskompetenz selbst zuweist und es insofern zu einer Machtkonzentration kommt, ist der Gewährleistungsstaat durch demokratischere Züge gekennzeichnet. Indem der Leistungsstaat für sich beansprucht, er allein wisse, welches Gut anstrebenswert und förderungswürdig ist, geriert er sich faktisch als — wenn auch wohlwollender — Diktator. Demnach besteht nach dieser Argumentationslogik unmittelbar kein Grund zur Rechtfertigung einzelner Sachentscheidungen. Die Gefahr von sachfremden Erwägungen, Machtmissbrauch bzw. mangelnder Transparenz geht damit einher.

Durch die Koppelung der Entscheidungskompetenz darüber, welches Gut durch den Staat wie gefördert werden soll, mit der tatsächlichen Finanzierung dieser Aufgabe selbst erhält der Leistungsstaat zentralistische Züge.

Demgegenüber werden beim Gewährleistungsstaat sowohl Entscheidungskompetenzen als auch die Finanzierung vom Staat auf die betroffenen Bürger bzw. Einrichtungen verlagert. Dies führt zwangsläufig zu einer Stärkung der Eigenverantwortlichkeit des Einzelnen. Der Staat zeichnet sich insofern durch eine freiheitlichere Grundhaltung aus. Durch die Entkoppelung von Entscheidungs-, Finanzierungs- und Leistungserstellungsprozessen wird eine Entwicklung hin zu einem Kompetenz- und Trägerpluralismus vorstellbar, wodurch etwaige Entscheidungen dann tatsächlich auf eine breitere Basis gestellt werden können. Auch wird hierdurch ein sachlicher Rechtfertigungsdruck erhöht, da nun mehrere Akteure zusammenwirken müssen. Insofern reduzieren sich im Rahmen einer derartigen Entwicklung die Gefahren mangelnder Transparenz, sachfremder Erwägungen und des Machtmissbrauchs.

Für den Bereich der öffentlichen Kulturförderung ist ergänzend festzuhalten, dass der Staat nach beiden Modellvorstellungen für Kultur zuständig ist. Es geht nicht etwa darum, ihn im Rahmen des Gewährleistungsstaatsmodells von seiner Verantwortung zu entbinden oder ihm diese zu entsagen.

Allerdings wird dem Staat nach diesem Modell — wie zuvor dargelegt — eine andere Aufgabe zugeschrieben. Während der Leistungsstaat als Erbringer eines öffentlichen Kulturangebots zwingend auf eine intensive — mit hohem Sach- und Personalaufwand verbundene — Auseinandersetzung mit kulturellen Inhalten angewiesen ist, beschränkt sich die Notwendigkeit einer Definition von Kultur beim Gewährleistungsstaat in weniger ausgeprägter Form auf die Ausformulierung bzw. Beschreibung der Rahmenbedingungen. Hieraus resultiert nicht nur ein demokratischeres Kulturverständnis. Die hierdurch freigesetzten Kapazitäten können zudem dafür genutzt werden, konstruktiv nach neuen

Wegen der Kulturförderung zu suchen. Der Gewährleistungsstaat bietet somit einen Ausweg aus den eingangs beschriebenen, festgefahrenen Positionen.

1.3 Problemstellung

Nachdem aufgezeigt worden ist, welche grundsätzlichen Vorzüge das Modell des Gewährleistungsstaats gegenüber dem des Leistungsstaats aufweist, ist nun die Problemstellung dieser Arbeit zu formulieren.

Vorliegend soll zunächst der Versuch einer Standortbestimmung deutscher Kulturpolitik vor dem Hintergrund der beiden vorgestellten Staatsmodelle, nämlich dem des Leistungsstaats und dem des Gewährleistungsstaats, vorgenommen werden. Die Tatsache, dass es in Deutschland — vor allem historisch bedingt — eine Vielzahl öffentlicher Kulturbetriebe gibt, spricht grundsätzlich für das Vorherrschen leistungsstaatlicher Momente. Ob dies tatsächlich so ist und die deutsche Kulturpolitik heute noch immer weitgehend leistungsstaatlichem Denken verhaftet ist, soll im ersten Teil der Arbeit anhand verschiedener Diskurse untersucht werden.

Nachdem der Status Quo geklärt worden ist, soll in einem zweiten Schritt insbesondere angesichts der zusehends knapper werdenden öffentlichen Mittel geprüft werden, welche Möglichkeiten für die öffentliche Hand bestehen, sich im Bereich der Kulturförderung künftig stärker auf gewährleistungsstaatliche Aspekte zu konzentrieren. Hier erweist sich ein Blick auf die USA als vielversprechend, da aufgrund der dort anzutreffenden geringeren staatlichen Nähe der Kulturförderung vermutet wird, dass sich diese dichter am Idealbild des Gewährleistungsstaats befinden als Deutschland. Demzufolge soll im zweiten Teil der Arbeit analysiert werden, welche in den USA vorzufindenden Instrumente der Kulturförderung für Deutschland als nachahmungswürdig eingestuft werden können.

1.4 Gang der Untersuchung

Um dem ersten Teil der Problemstellung, also der Frage danach, ob und inwieweit in der deutschen Kulturpolitik aktuell leistungsstaatliche Tendenzen vorherrschen, angemessen nachgehen zu können, ist es zunächst sinnvoll, in Abschnitt 2.1 den Kulturbegriff näher zu beleuchten. Nachdem ein Verständnis für dessen Komplexität entwickelt worden ist, soll herausgearbeitet werden, was im Rahmen deutscher Kulturpolitik konkret unter Kultur verstanden wurde und wird. In der Folge können dann Rückschlüsse gezogen werden, inwieweit die jeweils vorherrschenden Kulturbegriffe eher dem Leistungs- oder dem Gewährleistungsstaat verhaftet sind.

Anschließend soll in Abschnitt 2.2 untersucht werden, inwiefern sich bereits aus der Verwendung der Begriffe Kulturförderung bzw. Kulturfinanzierung eine etwaige Präferenz zu Gunsten eines der beiden Staatsmodelle ableiten lässt. Insbesondere soll geprüft werden, ob die Verwendung des Begriffs Finanzierung eine Nähe zu einer leistungsstaatlichen Sichtweise impliziert.

In Abschnitt 2.3 sollen wohlfahrtstheoretische Erklärungsversuche einer öffentlichen Kulturförderung betrachtet werden, um zu überprüfen, ob diese unter Umständen zwingende Argumente für eine leistungsstaatliche Kulturförderung liefern.

Schließlich soll im Rahmen der ersten Teilfrage in Abschnitt 2.4 noch der verfassungsrechtliche Kontext untersucht werden, um herauszuarbeiten, inwiefern dieser eine leistungsstaatliche Kulturförderung legitimiert bzw. gar als zwingend vorsieht.

Die aus dem zweiten Kapitel gewonnenen Ergebnisse sollen dann im Rahmen einer Synthese in Abschnitt 2.5 in komprimierter Form zugespitzt werden.

Zur Beantwortung des zweiten Teils der Problemstellung sollen im dritten Kapitel der Arbeit anhand einer Gegenüberstellung des jeweils in Deutschland und in den USA vorzufindenden Instrumentariums der Kulturförderung etwaige Optimierungspotenziale auf dem Weg zum Gewährleistungsstaat verifiziert und anhand eines konkreten Praxisbeispiels, dem Bau und Betrieb der Hamburger Elbphilharmonie, illustriert werden.

In Kapitel 4 sollen die im Verlauf der Arbeit gewonnenen Erkenntnisse zunächst abschließend zusammengefasst werden. Auf dieser Basis soll schließlich eine Handlungsempfehlung dafür abgeleitet werden, wie öffentliche Kulturförderung gerade in Zeiten knapper Mittel sinnvoller ausgestaltet werden könnte.

2 Leistungsstaatliche Indizien der öffentlichen Kulturförderung in Deutschland

2.1 Kulturbegriff

2.1.1 Begriffliche Komplexität und etymologische Rückführung

Angesichts der Komplexität dessen, was unter Kultur verstanden werden kann, erscheint es nahezu aussichtslos, eine adäquate Definition dieser Begrifflichkeit anzustreben. So existieren zahllose unterschiedliche Konzeptionalisierungen von Kultur, die sich teilweise überlappen, teilweise auch widersprechen, und deren Bedeutungen sich zudem im geschichtlichen Verlauf immer wieder wandeln. Dieses definitorischen Problems waren sich 1952 auch Kroeber und Kluckhohn bewusst, wobei sie die Ursache hierfür in der Abstraktheit von Kultur begründet sahen: "One of the reasons 'culture' has been so hard to delimit is that its abstractness makes any single concrete referent out of the question, and, up to this time, the notions that have accreted around the concept have not been well enough organized to cross-relate them."[10] In der Folge machten sie es sich zur Aufgabe, mögliche Zusammenhänge und Verbindungen zwischen einzelnen Abstraktionen von Kultur aufzuzeigen, wobei sie am Ende allein im Bereich der Sozialwissenschaften 171 unterschiedliche Vorstellungen von Kultur identifizierten.[11] Angesichts dieser offensichtlichen Begriffsfülle und der damit gezwungenermaßen einhergehenden Divergenzen kann man sich der Einschätzung Luhmanns anschließen, wonach der Kulturbegriff einer der schlimmsten Begriffe sei, die je gebildet worden sind.[12]

Diese Feststellung entbindet allerdings nicht von der Notwendigkeit einer methodischen Zuordnung näher zu spezifizierender Kulturbegriffe, die unter der Zielsetzung dieser Arbeit relevant erscheinen. Zunächst ist es jedoch erforderlich, als Ausgangspunkt einen möglichst konsensfähigen und daher zwangsläufig sehr weit gefassten Begriff von Kultur einzuführen. Hierdurch wird der maximale Aktionsrahmen dessen, was man unter Kultur auf Basis einer konsensfähigen Minimaldefinition verstehen kann, aufgezeigt und somit eine erste thematische Annäherung erreicht.

---

10 A. L. Kroeber; C. Kluckhohn, Culture. A Critical Review of Concepts and Definitions, Cambridge/Mass. 1952, S. 42.

11 Vgl. A. L. Kroeber; C. Kluckhohn, Culture. A Critical Review of Concepts and Definitions, Cambridge/Mass. 1952, S. 41 ff.

12 Vgl. N. Luhmann, Die Kunst der Gesellschaft, Frankfurt/M. 1995, S. 398.

Einigkeit besteht zunächst hinsichtlich der **etymologischen Herleitung** des Begriffs Kultur. Er stammt aus dem Lateinischen und ist zurückzuführen auf das Verb colere sowie auf die daraus abgeleiteten Substantive cultura und cultus. In seiner ursprünglichen Verwendung zur Frühzeit des römischen Schrifttums war colere zunächst auf die Landwirtschaft und somit auf das Konkrete und Praktische beschränkt. Es bedeutete "Feldbau treiben" oder in Zusammensetzung mit dem Objekt agrum "Acker bebauen". Später erweiterte sich die Bedeutung von colere und beinhaltete von nun an allgemein "pflegen" im physischen Sinne, "verpflegen" sowie "verehren" in Bezug auf Gottheiten und Heiligtümer. Analog hierzu entwickelten sich die Bedeutungen von cultus und cultura nach und nach von dem ursprünglichen Kontext der Landwirtschaft weg. So bezog sich cultus zunehmend auf religiöse Verehrung, wie auch in dem heutigen Verständnis von Kult wiederzuerkennen ist, sowie auf die körperliche und geistige Pflege des Individuums. Gleiches kann für den Begriff cultura gelten, da sich beide Begriffe weitgehend synonym zueinander entwickelten, wobei cultura seltenere Anwendung im Sprachgebrauch fand.[13] Den entscheidenden Impuls für die weitere Entwicklung des Begriffs gab schließlich Cicero (106-43 v. Chr.), indem er erstmals den Begriff cultura animi verwendete.[14] Darunter verstand er "Kultur als Pflege, Verbesserung und Veredelung der leiblichen, seelischen und geistigen Anlagen und Fähigkeiten des Menschen."[15] Nachdem der Begriff cultura animi mehrere Jahrhunderte auch im deutschen Sprachgebrauch überdauert hatte, kam es schließlich zu dessen Umbildung für den deutschen Sprachraum gegen Ende des 17. Jahrhunderts. Er wurde verkürzt auf cultura, woraus in der Folge zunächst Cultur und schließlich das deutsche Wort Kultur wurde.[16]

Versucht man über den etymologischen Ansatz hinaus, einen kleinsten gemeinsamen Nenner für den Terminus Kultur zu finden, welcher für eine Vielzahl komplexerer Bestimmungsansätze und Konzeptionen Gültigkeit besitzt, so gelingt dies am ehesten mithilfe der **Dichotomie von Kultur und Natur**. Vereinfachend ist hiernach all dasjenige als Kultur zu verorten, was von Menschen geschaffen wurde, also quasi jegliche Formen menschlicher Lebensäußerungen,

---

[13] Vgl. J. Irmscher, Der Begriff der Kultur. Ursprünge und Entwicklungen, in: Sitzungsberichte der Leibniz-Sozietät, Bd. 10 (1996), H. 1-2, S. 6 ff.

[14] Vgl. G. E. Braun; T. Gallus; O. Scheytt, Kultur-Sponsoring für die kommunale Kulturarbeit. Grundlagen, Praxisbeispiele, Handlungsempfehlungen für Kulturmanagement und -verwaltung, Köln 1996, S. 7.

[15] Cicero zitiert nach J. Irmscher, Der Begriff der Kultur. Ursprünge und Entwicklungen, in: Sitzungsberichte der Leibniz-Sozietät, Bd. 10 (1996), H. 1-2, S. 9.

[16] Vgl. F. Steinbacher, Kultur. Begriff - Theorie - Funktion, Stuttgart u. a. 1976, S. 14 f.

während das materiell Vorgefundene als Natur zu bezeichnen ist.[17] Kulturelle Handlungen sind demnach "Sinnstrukturen eigener Schöpfung, mit denen er [der Mensch] aktiv verändernd in die Natur eingreift."[18] Diese Interpretation lässt sich auch in der Etymologie des Kulturbegriffs wiedererkennen, da auch die Kultivierung bzw. Bearbeitung des Bodens erst aus Natur Ackerland im Sinne von etwas durch den Menschen Geschaffenen bzw. Veränderten werden lässt. Eine solche Entgegensetzung zweier auf den ersten Blick gegensätzlicher und daher klar trennbarer Phänomene wird jedoch schwierig, wenn man den Menschen selbst in den Fokus der Betrachtung rückt: "Einerseits ist der Mensch Naturwesen, welches derselben Kreatürlichkeit unterworfen ist wie das Tier; andererseits ist er Stifter und Träger der Kultur. Aus dieser Doppelrolle resultieren Interaktionen über die Grenzen der Bereiche hinweg."[19] So spricht Thurn in diesem Zusammenhang treffend von der "Bipolarität des Menschen als natürliches und kulturelles Wesen".[20] Verkomplizierend kommt hinzu, dass der Mensch sowohl Subjekt als auch Objekt von Kultur ist: "Der Mensch ist Subjekt von Kultur, weil sie durch ihn geschaffen wurde und geschaffen wird. Doch er ist auch kulturelles Objekt, insofern der jeweilige Kulturzustand das Einzelindividuum weitgehend formt."[21] Eine klare Zuordnung einzelner menschlicher Verhaltensweisen zu den Kategorien Natur versus Kultur erscheint somit schwierig und führt in der Wissenschaft regelmäßig zu Dissens. Dennoch lässt sich in der Begrifflichkeit des so genannten Künstlichen eine Hilfestellung für eine Zuordnung erkennen: Demnach gehört alles Künstliche, das heißt alles "was im Vollzug der sexuellen Lebensweitergabe nicht vererbt werden kann[,]"[22] zur Kultur. Somit basiert die Naturgeschichte des Menschen "auf dem

---

17 Vgl. K. P. Hansen, Kultur und Kulturwissenschaft. Eine Einführung, 3. Aufl., Tübingen u. a. 2003, S. 19. Ähnlich auch K. Heinz, Kultur - Kulturbegriff - Kulturdenkmalbegriff. Eine rechtliche und methodische Analyse des Kulturdenkmalbegriffs und seiner Auswirkungen auf die Unterschutzstellung von Teilen von Gebäuden, Frankfurt/M. u. a. 1993, S. 65 ff.; J. Rossbroich, Die Kultur als Entwicklungsabteilung der Gesellschaft, in: A. Grosz; D. Delhaes (Hrsg.), Die Kultur AG. Neue Allianzen zwischen Wirtschaft und Kultur, München u. a. 1999, S. 147.

18 H. P. Thurn, Anthropologie als Vermittlung und Versöhnung. Zu Claude Lévi-Strauss' zivilisationskritischer Kulturtheorie, in: H. Brackert; F. Wefelmeyer (Hrsg.), Kultur. Bestimmungen im 20. Jahrhundert, Frankfurt/M. 1990, S. 349.

19 K. P. Hansen, Kultur und Kulturwissenschaft. Eine Einführung, 3. Aufl., Tübingen u. a. 2003, S. 19.

20 H. P. Thurn, Anthropologie als Vermittlung und Versöhnung. Zu Claude Lévi-Strauss' zivilisationskritischer Kulturtheorie, in: H. Brackert; F. Wefelmeyer (Hrsg.), Kultur. Bestimmungen im 20. Jahrhundert, Frankfurt/M. 1990, S. 358.

21 K. P. Hansen, Kultur und Kulturwissenschaft. Eine Einführung, 3. Aufl., Tübingen u. a. 2003, S. 20.

22 F. Steinbacher, Kultur. Begriff - Theorie - Funktion, Stuttgart u. a. 1976, S. 15.

Prinzip von Mutation und Selektion, die Kulturgeschichte [des Menschen] dagegen auf dem Grundsatz der Konstruktion."[23]

Etwas spezifischer als mithilfe der Dichotomie von Kultur und Natur und laut Hansen dennoch weiterhin einstimmig kann man unter Kultur in Anlehnung an Edward B. Tylor **gesellschaftliche Gewohnheiten** verstehen, wobei diese von anderen Kulturtheoretikern wie Johann Gottfried Herder oder Clifford Geertz zwar mit anderen Begrifflichkeiten beschrieben werden, im Kern jedoch Dasselbe meinen.[24]

Mit der etymologischen Rückführung und der Ausformulierung des Begriffs cultura animi als Ausbildung der leiblichen, seelischen und geistigen Anlagen und Fähigkeiten des Menschen ist eine erste Annäherung an den Untersuchungsbereich erzielt worden. Mit der konsensfähigen Minimaldefinition, durch die Kultur (Konstruktion) in Abgrenzung zur Natur (Mutation und Selektion) als gesellschaftliche Gewohnheiten verstanden wird, ist der maximale und somit gröbste Untersuchungsbereich aufgezeigt worden. Auf Basis dieses weit gefassten, gemeinsamen Untersuchungsgegenstands entwickeln sich dann verschiedenartige und jeweils sehr komplexe Kulturbegrifflichkeiten. Kriterien zur Abgrenzung verschiedener Begriffe können beispielsweise geografischer Natur (zum Beispiel abendländische versus morgenländische Kultur) oder zeitlicher bzw. historischer Natur sein. Im Hinblick auf letztgenanntes Kriterium differenziert zum Beispiel Baecker zwischen einem antiken, einem modernen und einem postmodernen Kulturbegriff.[25] Insbesondere der Einfluss der so genannten Cultural Studies führte dazu, dass heute jegliche Art von Gruppierung als Kollektiv und somit als Kultur angesehen wird.[26] So spricht man zum Beispiel von Frauenkultur, Jugendkultur oder auch Parteikultur.[27] Weiterhin lässt sich der Kulturbegriff anhand verschiedener wissenschaftlicher Disziplinen auf das Unterschiedlichste interpretieren.

---

[23] F. Steinbacher, Kultur. Begriff - Theorie - Funktion, Stuttgart u. a. 1976, S. 16.

[24] Vgl. K. P. Hansen, Kultur und Kulturwissenschaft. Eine Einführung, 3. Aufl., Tübingen u. a. 2003, S. 237.

[25] Vgl. D. Baecker, Wozu Kultur?, 3. Aufl., Berlin 2003, S. 61 ff.

[26] Vgl. K. P. Hansen, Kultur und Kulturwissenschaft. Eine Einführung, 3. Aufl., Tübingen u. a. 2003, S. 238 f.

[27] Für weitere Beispiele vgl. J. Rossbroich, Die Kultur als Entwicklungsabteilung der Gesellschaft, in: A. Grosz; D. Delhaes (Hrsg.), Die Kultur AG. Neue Allianzen zwischen Wirtschaft und Kultur, München u. a. 1999, S. 145 f.

2.1.2 Ethnologische Interpretationsansätze im zeitlichen Wandel: Evolutionismus und Kulturrelativismus

In der Ethnologie[28] herrschten im Verlauf der Geschichte eine Vielzahl unterschiedlicher Kulturkonzeptionen vor, von denen an dieser Stelle lediglich die des Evolutionismus und die des Kulturrelativismus näher vorgestellt werden sollen, da diese den Unterschied zwischen normativen und deskriptiven Kulturkonzeptionen besonders deutlich herausstellen. Analog zu der grundsätzlichen Unterscheidung in ein positives und ein normatives Wissenschaftsverständnis, geht es auch bei dieser für den kulturellen Themenkomplex relevanten Differenzierung darum, werturteilsfreie Beschreibungen von Ist-Zuständen (deskriptives Kulturverständnis) von Beschreibungen darüber, was sein soll (normatives Kulturverständnis), abzugrenzen. "Für jeden redlichen Wissenschaftler stellt es eine Pflicht dar, zwischen diesen beiden Ansätzen sauber zu trennen."[29] Zwar wird man durch diese vereinfachende Gegenüberstellung möglicherweise der im Verlauf der Geschichte vielzähligen, unterschiedlichen und ausgefeilten Kulturkonzeptionen nicht umfassend gerecht, jedoch ist für die Erarbeitung eines kulturpolitischen Kulturverständnisses — wie im Folgenden zu zeigen sein wird — gerade die Unterscheidung zwischen normativer und deskriptiver (positiver) Argumentationslogik von entscheidender Bedeutung.

Der **Evolutionismus** des 19. Jahrhunderts war von der global-kulturellen Vorstellung geprägt, es gäbe eine einzige Kultur, die bei den verschiedenen Völkern der Welt in unterschiedlichen Entwicklungsstadien vorzufinden sei.[30] Ausgangspunkt dieses Erklärungsmodells war demzufolge der Glaube an eine unilineare Entwicklung, bei der Westeuropäer und Nordamerikaner aufgrund ihrer angeblich weiter entwickelten Ratio die Spitze der menschlichen und somit auch kulturellen Entwicklung einnahmen. Dieser Haltung, die auch als Ethnozentrismus bezeichnet wird, entstammen entsprechend normative Vorstellungen, wonach man den angeblich weniger entwickelten Völkern helfen müsse, ihre Entwicklung im Sinne des eigenen westeuropäischen oder auch nordameri-

---

[28] Innerhalb dieser Arbeit werden die Begriffe Ethnologie, Völkerkunde, Cultural Anthropology (USA) und Social Anthropology (UK) entsprechend dem dominierenden Begriffsverständnis als Synonyme verstanden und verwendet. Vgl. hierzu zum Beispiel Encyclopaedia Britannica, London 2004.

[29] K. I. Horn, Moral und Wirtschaft. Zur Synthese von Ethik und Ökonomik in der modernen Wirtschaftsethik und zur Moral in der Wirtschaftstheorie und im Ordnungskonzept der Sozialen Marktwirtschaft, Tübingen 1996, S. 25.

[30] Vgl. K. P. Hansen, Kultur und Kulturwissenschaft. Eine Einführung, 3. Aufl., Tübingen u. a. 2003, S. 238.

kanischen Weltbilds voranzubringen. Ausgehend von der Vorstellung einer einzigen Kultur, die in Ansätzen bei allen Völkern vorhanden sei, machte man es sich zur Aufgabe, diese Völker entsprechend weiter zu "kultivieren". Eine wertende Differenzierung in kulturell hochentwickelte und weniger hoch entwickelte Völker ist das zwangsläufige Resultat einer solchen Betrachtungsweise, so dass man hierbei von einem **normativen Kulturbegriff** sprechen kann. "Die Unterschiede beschreiben nicht nur, sie richten die Welt entsprechend ein und sie signalisieren eine Bereitschaft, diese Einteilung wie subtil oder augenfällig auch immer durchzuhalten."[31] Wesentliche Vertreter des Evolutionismus waren der Amerikaner[32] Lewis Henry Morgan und der Engländer Edward B. Tylor.

Dieser soeben skizzierten Perspektive erteilte der Mitbegründer und prominenteste Vertreter des **Kulturrelativismus**, der Amerikaner Franz Boas, zu Beginn des 20. Jahrhunderts eine Absage. Boas, der sich zu dieser Zeit intensiv mit der Sprache und Kultur nordamerikanischer Indianerstämme auseinander setzte, stellte die Unterschiedlichkeit und Einmaligkeit einzelner Kulturen in den Vordergrund, wobei die Existenz von verbindenden Elementen zwischen den Kulturen verneint wurde.[33] Anders als bei dem einenden und somit hierarchisierenden Ansatz des Evolutionismus, kann man im Zusammenhang mit dem Kulturrelativismus also von einem **eher deskriptiven Kulturbegriff** sprechen, der wertungsfrei die Gesamtheit menschlicher Lebensäußerungen als Kultur bezeichnet.

2.1.3 Kulturbegriffe im kulturpolitischen Diskurs

2.1.3.1 Vorbemerkung

Im Folgenden geht es darum, den für diese Arbeit zentralen Kulturbegriff zu identifizieren. Dies ist derjenige, der im aktuellen kulturpolitischen Diskurs vorherrscht. Schließlich sind es Kulturpolitiker, die über Fördermaßnahmen auf Basis eines bestimmten Kulturverständnisses entscheiden. Der herausgearbeitete Kulturbegriff soll dann methodisch daraufhin untersucht werden, ob er eher

---

31 D. Baecker, Wozu Kultur?, 3. Aufl., Berlin 2003, S. 28.

32 Wenn hier und im Folgenden aus pragmatischen Erwägungen verkürzend das Substantiv Amerikaner und das Adjektiv amerikanisch verwendet werden, so bezieht sich dies dem Kontext dieser Arbeit entsprechend jeweils auf die USA.

33 Vgl. K. P. Hansen, Kultur und Kulturwissenschaft. Eine Einführung, 3. Aufl., Tübingen u. a. 2003, S. 238.

der Modellvorstellung des Gewährleistungsstaats oder der des Leistungsstaats entspricht.

Bevor man sich ihm jedoch nähern kann, ist es sinnvoll, zunächst den Begriff der **Kulturpolitik** kurz zu umreißen. Hierunter versteht man international allgemein "those policies ... relating to culture, whether at the local, national, regional or international level that are either focused on culture as such or are designed to have a direct effect on cultural expressions of individuals, groups or societies, including the creation, production, dissemination, distribution of and access to cultural activities, goods and services."[34] Maßnahmen von Kulturpolitik haben in der Regel schützenden oder fördernden Charakter.[35] Konkret auf Deutschland bezogen definieren Hoffmann und Kramer öffentliche Kulturpolitik als "alle jene Aktivitäten, die, von Gemeinden, Gemeindeverbänden, Ländern und Bund (vom Staat und den nachgeordneten Gebietskörperschaften) ausgehend, den Prozess des kulturellen Lebens und der kulturellen Entwicklung gestaltend beeinflussen. Im weiteren Sinne zählen dazu ... auch staatliche Einflüsse, wie sie vom Bildungs- und Erziehungssystem, vom Rechtssystem oder von der politischen Kultur ausgeübt werden."[36] Neben dieser öffentlichen Kulturpolitik gibt es ihnen zufolge darüber hinaus auch halb-öffentliche, jedoch nicht-staatliche sowie private Akteure, die Kulturpolitik mitgestalten.[37]

Bei dieser Definition sticht zunächst das gestaltende Moment von Kulturpolitik hervor. Sinnvoll gestaltend kann jedoch nur tätig werden, wer konkrete Ziele vor Augen hat, die er durch seine gestaltenden Maßnahmen erreichen will. Ohne diese Voraussetzung würden die gewählten Maßnahmen in planlosen Aktionismus münden. Das heißt also, im Rahmen von Kulturpolitik werden

---

34 UNESCO, Convention on the Protection and Promotion of the Diversity of Cultural Expressions, Paris 20.10.2005, Art. 4, Abs. 6. Die Tatsache, dass innerhalb dieser Arbeit zum Teil auf englischsprachige und zum Teil auf deutschsprachige Dokumente der UNESCO zurückgegriffen wird, liegt darin begründet, dass Deutsch nicht zu den offiziellen UNESCO-Sprachen gehört und daher nicht von allen Dokumenten offiziell-verbindliche Übersetzungen existieren. In diesen Fällen erfolgt jeweils ein Rückgriff auf englische Fassungen.

35 Vgl. UNESCO, Convention on the Protection and Promotion of the Diversity of Cultural Expressions, Paris 20.10.2005, Art. 6.

36 H. Hoffmann; D. Kramer, Zum Kulturbegriff demokratischer Kulturpolitik, in: H. Brackert; F. Wefelmeyer (Hrsg.), Kultur. Bestimmungen im 20. Jahrhundert, Frankfurt/M. 1990, S. 427.

37 Vgl. H. Hoffmann; D. Kramer, Zum Kulturbegriff demokratischer Kulturpolitik, in: H. Brackert; F. Wefelmeyer (Hrsg.), Kultur. Bestimmungen im 20. Jahrhundert, Frankfurt/M. 1990, S. 427 f.

bestimmte Soll-Zustände angestrebt. Wie diese zu erreichen sind, bestimmen Politiker, indem sie Förderentscheidungen treffen, die aufgrund begrenzter finanzieller Möglichkeiten zwangsläufig selektiv und somit normativ sein müssen.[38] Wesentlich erscheint hiernach zunächst, dass dem politischen Kulturverständnis demzufolge immer eine normative Komponente innewohnen muss.[39] Jedem kulturell ausgerichteten Tätigwerden der öffentlichen Hand geht also eine politische Zielformulierung und Entscheidung vorweg.[40]

Trotz der Feststellung, dass Kulturpolitik zwangsläufig normativ geprägt ist, darf keinesfalls unbeachtet bleiben, dass eine Kulturpolitik durch bestimmte (implizit) zu Grunde gelegte Kulturbegriffe in ihrer Normativität entweder verstärkt (evolutionistische Tendenz) oder abgeschwächt (kulturrelativistische Tendenz) werden kann.

Welche Tendenzen zeichnen sich nun im aktuellen kulturpolitischen Diskurs ab? Oder konkreter: Welcher Kulturbegriff wird derzeit im kulturpolitischen Diskurs verwendet? Die Fülle kulturpolitischer Literatur benutzt eine Vielzahl unterschiedlicher, teils sich überlappender, teils konträr erscheinender Kulturbegriffe.[41] Zusätzlich zu diesen offensichtlich zeitgleich existierenden begrifflichen Divergenzen hat sich das kulturpolitische Begriffsverständnis aber auch im Verlauf der Geschichte immer wieder verändert. Um den historischen Bogen an dieser Stelle nicht unnötig weit zu spannen, soll die Betrachtung hierzu bei der Zeit nach dem Zweiten Weltkrieg beginnen.

---

38 Grundsätzlich ist auch vorstellbar, dass dieser zu analytischen Zwecken in zwei Stufen getrennte Entscheidungsprozess (Zielformulierung, Maßnahmenselektion) tatsächlich nicht klar zu trennen ist. Die Maßnahmenfindung wird durch bestimmte Zielvorstellungen inspiriert. Umgekehrt wird die Zielformulierung durch Realisierungschancen der Maßnahmen bedingt.

39 Übereinstimmend vgl. auch M. Fuchs, Kulturpolitik als gesellschaftliche Aufgabe. Eine Einführung in Theorie, Geschichte, Praxis, Opladen 1998, S. 134.

40 Vgl. W. Heinrichs, Kulturpolitik und Kulturfinanzierung. Strategien und Modelle für eine politische Neuorientierung der Kulturfinanzierung, München 1997, S. 41.

41 Laut Fuchs kommt es dennoch kaum zu Missverständnissen — eine Behauptung, die angesichts der bereits angedeuteten Vielschichtigkeit des Begriffs ohne weitere Erläuterung nur schwer haltbar erscheint. Auf eine solche verzichtet Fuchs jedoch an dieser Stelle, indem er das Ganze schlichtweg als doppeltes Paradoxon mystifiziert. Vgl. M. Fuchs, Kulturpolitik als gesellschaftliche Aufgabe. Eine Einführung in Theorie, Geschichte, Praxis, Opladen 1998, S. 134.

2.1.3.2 Entwicklung des so genannten erweiterten Kulturbegriffs

Das kulturpolitische Begriffsverständnis der Nachkriegszeit knüpfte am bürgerlichen Kulturbegriff des 19. Jahrhunderts an.[42] Demzufolge wurde Kultur weitgehend auf den Bereich der Kunst, wie sie zum Beispiel in Theatern und Konzerthäusern zum Ausdruck kam bzw. kommt, eingeengt.[43] Kultur hatte, wer sich die Kunst der vergangenen Jahrhunderte (zum Beispiel Lessing, Mozart) aneignete. Somit wurde ein Kulturangebot geschaffen, das sich aufgrund seiner weitgehenden Begrenzung auf die Künste und innerhalb dieser auf deren klassische Stoffe primär den gebildeteren Schichten zuwandte und dadurch tendenziell elitäre Züge aufwies.

Dieses affirmative und stark normative Kulturverständnis geriet dann ab den späten 1960er-Jahren zunehmend in die Kritik der Kulturpolitik: Zum einen würde der Kulturbegriff der Nachkriegszeit sich tagesaktuellen, vor allem politischen Themen entziehen und somit keinen Bezug zum Alltag der Menschen aufweisen, zum anderen würden bei vielen Gesellschaftsmitgliedern Schwellenängste bestehen bezüglich der Partizipation an einem Kultur- bzw. letztlich eher einem Kunstangebot, das sich durch seine selbst gewählte Beschränkung einen elitären Anstrich verleiht. Gefordert wurde eine **Demokratisierung der Kulturpolitik** und somit auch deren Kulturbegriffs, die letztlich in der Forderung nach einer *Kultur für alle*[44] ihren programmatischen Ausdruck fand. Kulturpolitik sollte sich neben den Künsten, also der von nun an so nennbaren Kultur im engeren Sinne, vor allem auch um den Bereich der Soziokultur erweitern.[45] Soziokultur und Kunst schließen sich dabei nicht gegenseitig aus. Vielmehr sind die Künste im Rahmen von Soziokultur häufig das Medium, über das Kommunikation stattfindet. Kunst soll dadurch in alle Bereiche des Lebens transportiert werden und allen Gesellschaftsmitgliedern unmittelbar in ihren

---

[42] Vgl. hierzu auch Abschnitt 3.1.2, in dem es um die Bedeutung der öffentlichen Hand für den Kulturbereich als Ergebnis historischer Entwicklungen geht.

[43] Vgl. W. Heinrichs, Kulturpolitik und Kulturfinanzierung. Strategien und Modelle für eine politische Neuorientierung der Kulturfinanzierung, München 1997, S. 22 ff. m. w. N.

[44] Maßgeblich geprägt wurde dieses Konzept von Hoffmann. Vgl. H. Hoffmann, Kultur für alle. Perspektiven und Modelle, Frankfurt/M. 1979.

[45] Vgl. W. Heinrichs, Kulturpolitik und Kulturfinanzierung. Strategien und Modelle für eine politische Neuorientierung der Kulturfinanzierung, München 1997, S. 25 ff. m. w. N.; G. E. Braun; T. Gallus; O. Scheytt, Kultur-Sponsoring für die kommunale Kulturarbeit. Grundlagen, Praxisbeispiele, Handlungsempfehlungen für Kulturmanagement und -verwaltung, Köln 1996, S. 8.

jeweiligen Lebensbedingungen zugänglich gemacht werden.[46] Soziokultur kommt somit unter anderem in Volkshochschulen, im Rahmen von Kinder- und Jugendbildung (zum Beispiel kommunalen Musikschulen), in stadteilbezogenen Kulturläden, Bürgerhäusern und Ähnlichem zum Ausdruck.

International manifestiert wurde das neue kulturpolitische Begriffsverständnis durch den **erweiterten Kulturbegriff der UNESCO**, der 1982 im Rahmen der Weltkonferenz über Kulturpolitik in Mexiko-Stadt geprägt wurde.[47] Diesem auf Einstimmigkeit der Delegierten in Mexiko begründeten Begriffsverständnis zufolge kann Kultur "in ihrem weitesten Sinne als die Gesamtheit der einzigartigen geistigen, materiellen, intellektuellen und emotionalen Aspekte angesehen werden ..., die eine Gesellschaft oder eine soziale Gruppe kennzeichnen. Das schließt nicht nur Kunst und Literatur ein, sondern auch Lebensformen, die Grundrechte des Menschen, Wertsysteme, Traditionen und Glaubensrichtungen."[48] Weiterhin heißt es im Schlussbericht der Weltkonferenz, "dass Kultur jedenfalls nicht [in] jenem eingeengten Sinne von *belles-lettres*, schönen Künsten, Literatur und Philosophie zu verstehen sei, sondern als die charakteristische, spezifische Art und Weise jedes Individuums und jeder Gemeinschaft, zu denken und das Leben zu bewerkstelligen. Kultur ist daher sowohl die künstlerische Schöpfung als auch die Interpretation, Ausführung und Verbreitung von Kunstwerken, Körperkultur, Sport, Spielen und Freiluftaktivitäten wie auch die Art und Weise, in der eine Gesellschaft und deren Glieder ihr Gefühl für Schönheit und Harmonie ausdrücken und ihre Sicht der Welt, aber auch die Art und Weise ihrer wissenschaftlichen und technologischen Erfindungen sowie der Kontrolle ihrer natürlichen Umgebung."[49] Auch wenn dieser Kulturbegriff zunächst einmal primär den Vorstellungen der so genannten Neuen Kulturpolitik der 1970er- bis frühen 1990er-Jahre verhaftet gewesen ist, wird er auch heute in kulturpolitischen Diskussionen und Diskursen weiterhin regelmäßig als Argumentationsgrundlage bemüht. Dies dokumentieren unter anderem aktuelle Texte der UNESCO, welche die Definition des erweiterten Kulturbegriffs auch heute

---

[46] Vgl. G. E. Braun; T. Gallus; O. Scheytt, Kultur-Sponsoring für die kommunale Kulturarbeit. Grundlagen, Praxisbeispiele, Handlungsempfehlungen für Kulturmanagement und -verwaltung, Köln 1996, S. 8.

[47] Vgl. hierzu allgemein Deutsche UNESCO-Kommission (Hrsg.), Weltkonferenz über Kulturpolitik. Schlussbericht der von der UNESCO vom 26.07. bis 06.08.1982 in Mexiko-Stadt veranstalteten internationalen Konferenz, München 1983.

[48] UNESCO-Dienst (Hrsg.), Erklärung von Mexiko-City über Kulturpolitik. Weltkonferenz über Kulturpolitik. Mexiko, 26.07. bis 06.08.1982, Bonn 1982, S. 1.

[49] Deutsche UNESCO-Kommission (Hrsg.), Weltkonferenz über Kulturpolitik. Schlussbericht der von der UNESCO vom 26.07. bis 06.08.1982 in Mexiko-Stadt veranstalteten internationalen Konferenz, München 1983, S. 19.

noch in nahezu unverändertem Wortlaut verwenden. Als Beispiel sei an dieser Stelle nur die 2001 verabschiedete "Allgemeine Erklärung zur kulturellen Vielfalt"[50] genannt. Auf nationaler Ebene verwendet beispielsweise der Deutsche Kulturrat den erweiterten Kulturbegriff als definitorische Grundlage seiner Arbeit.

Die hier geschilderte Ausweitung des Gegenstandsbereichs von Kulturpolitik und somit des Kulturbegriffs vollzog sich zeitgleich auch im Bereich der wirtschaftswissenschaftlichen Auseinandersetzung mit Kultur und Kulturpolitik: Während sich die Disziplin ursprünglich den Namen Economics of the Arts gegeben hatte, firmiert sie heute weitestgehend einheitlich unter dem umfassenderen Begriff Cultural Economics, um sich nicht länger auf den Bereich der so genannten Hochkultur als Untersuchungsgegenstand zu reduzieren.[51] Im Gegensatz zum kulturpolitischen war aber der wirtschaftswissenschaftliche Diskurs bis dato nicht mit begrifflichen Unschärfen verbunden, da vor Ausweitung des Untersuchungsgegenstands auch explizit nur die Rede von Kunst, und eben nicht von Kultur war. Es fanden hier also bisher weitgehend klare begriffliche Abgrenzungen statt.

Durch die geschilderte Erweiterung des restriktiven Begriffsverständnisses der Nachkriegsjahrzehnte war es notwendig geworden, das "Grenzgemenge zwischen den Begriffen Kunst und Kultur"[52] näher zu beleuchten. Eine unreflektierte Gleichsetzung von Kultur und Kunst war nun nicht länger hinnehmbar, da sich der erweiterte Kulturbegriff explizit vom früheren elitären Kulturbegriff distanzieren wollte. Bis heute wird allerdings im umgangssprachlichen Bereich nicht sauber zwischen Kunst und Kultur unterschieden. Vielmehr werden diese

---

50 Vgl. UNESCO, Universal Declaration on Cultural Diversity, Paris 02.11.2001, Präambel.

51 Vgl. R. Towse, Introduction, in: R. Towse (Hrsg.), A Handbook of Cultural Economics, Cheltenham u. a. 2003, S. 1.

52 P. Bendixen, Einführung in die Thematik des Symposiums, in: M. Fuchs (Hrsg.), Zur Theorie des Kulturmanagements. Ein Blick über Grenzen, Remscheid 1993, S. 16.

beiden Begriffe häufig noch gleichgesetzt.[53] Selbst in der Kunstwissenschaft taucht Kultur teilweise weiterhin als Synonym für Kunst auf.[54]

Die notwendig gewordene Unterscheidung von Kunst und Kultur ist aber von entscheidender Bedeutung und lässt sich auch im Rahmen der hier diskutierten Staatsmodelle verorten.

Vor dem Hintergrund des elitären, engen Kulturbegriffs war nämlich die Aufgabe des Staats in kulturellen Angelegenheiten noch klar: Es galt Lessing, Mozart usw. auf die Bühne bzw. in die Konzerthäuser zu bringen. Deshalb war es gar nicht erforderlich, Kulturförderung wie beim Gewährleistungsstaat über den Umweg der Schaffung günstiger Rahmenbedingungen zu betreiben. Vielmehr war es selbstverständlich, Theater, Orchester usw. direkt staatlich zu finanzieren, um diese Kunst dann zum Wohl aller (auch gegen das Kulturverständnis Einzelner) unter eigener Regie, das heißt **leistungsstaatlich** anbieten zu können. Die angebotene Kunst war demnach zugleich Kultur dieser Zeit. Bei dem engen Kulturbegriff erübrigt sich also die Unterscheidung von Kunst und Kultur (**enger Kulturbegriff: Kunst = Kultur**).

Mit der Forderung nach einem erweiterten Kulturbegriff hingegen geht zwangsläufig auch die Forderung einher, dass Kunst nicht ausschließlich auf staatlich vorgegebene Weise (das heißt zum Beispiel durch staatlich betriebene Kultureinrichtungen) zu vermitteln sei, sondern dass sie sich frei von staatlichem Gutdünken entfalten und verbreiten soll. Der Staat soll Kunst **gewähren** lassen. Ab diesem Moment, also ausgehend von einem erweiterten Kulturverständnis, ist Kunst, die auch als ästhetische Kultur bezeichnet wird,[55] lediglich eine Teilmenge des Gesamtkomplexes Kultur (**erweiterter Kulturbegriff: Kunst ≠ Kultur**). Was Kultur genau ist, wie sich diese vermittelt oder welche konkrete Ausdrucksform sie annimmt, steht neu zur Disposition. Im Vorder-

---

53 Übereinstimmend vgl. K. von Beyme, Kulturpolitik und nationale Identität. Studien zur Kulturpolitik zwischen staatlicher Steuerung und gesellschaftlicher Autonomie, Opladen 1998, S. 10; N. Ebker, Politische Ökonomie der Kulturförderung. Entwicklungen zwischen Staat, Markt und 3. Sektor, Bonn 2000, S. 20; A. Göschel, Die Ungleichzeitigkeit in der Kultur. Wandel des Kulturbegriffs in vier Generationen, Stuttgart u. a. 1991, S. 7.

54 Übereinstimmend vgl. A. Göschel, Die Ungleichzeitigkeit in der Kultur. Wandel des Kulturbegriffs in vier Generationen, Stuttgart u. a. 1991, S. 7.

55 Vgl. T. Nipperdey, Deutsche Geschichte 1800-1866. Bürgerwelt und starker Staat, 4. Aufl., München 1987, S. 533. Ähnlich auch K. von Beyme, Kulturpolitik und nationale Identität. Studien zur Kulturpolitik zwischen staatlicher Steuerung und gesellschaftlicher Autonomie, Opladen 1998, S. 11.

grund steht nun die an den Gewährleistungsstaat gerichtete zentrale Frage: Welche Spielräume sollten den Kunst- und Kulturschaffenden gewährt werden, so dass möglichst alle ihre Ausdrucksform finden können.

Es wurde bereits konstatiert, dass der im letzten Drittel des vergangenen Jahrhunderts etablierte erweiterte Kulturbegriff heute weiterhin als konsensfähig erachtet wird, zugleich methodisch zum Modell des Gewährleistungsstaats passt und somit als von zentraler Bedeutung einzustufen ist. Warum hat sich kein alternativer Begriff etabliert? Hat sich das Kulturverständnis in der Zwischenzeit nicht gewandelt? Die Literatur gibt hier verschiedene Erklärungen. Während es teilweise heißt, neue kulturpolitische Konzepte seien schlichtweg nicht in Sicht,[56] gestehen andere Meinungen durchaus ein, dass sich zwischenzeitlich andere Konzepte herausgebildet haben. Hierzu gehört zum Beispiel die Vorstellung von Kultur als Wirtschaftsfaktor[57] Ende der 1980er-Jahre sowie auch der liberalisierte plurale Kulturbegriff der Postmoderne Ende der 1990er-Jahre. Allerdings, so heißt es, würden diese aus verschiedenen Gründen nicht das Potenzial bergen, sich durchzusetzen. So sei beispielsweise die Kulturkonzeption der Postmoderne von schnelllebigen, zusätzlich medial beförderten Trends gekennzeichnet, die ihren Ausdruck häufig in so genannten Event-Veranstaltungen finden. Die daraus resultierende Heterogenität einer solchen entsprechend pluralen Kulturkonzeption ließe sich im Rahmen von Kulturpolitik dann kaum noch operationalisieren.[58] So wird auch von der so genannten Multioptionsgesellschaft gesprochen, deren Mitglieder keine langfristigen Bindungen zu einzelnen Kultureinrichtungen mehr pflegen.[59]

Betrachtet man jedoch den bereits ausführlich vorgestellten erweiterten Kulturbegriff noch einmal genau, dann ist festzustellen, dass auch er in seiner liberalen, alles umfassenden Konzeption in der Praxis ähnlich schwer handhabbar sein dürfte wie beispielsweise der eben beschriebene postmoderne Kultur-

---

56 Vgl. B. Wagner; A. Zimmer, Krise des Wohlfahrtsstaates. Zukunft der Kulturpolitik, in: B. Wagner; A. Zimmer (Hrsg.), Krise des Wohlfahrtsstaates. Zukunft der Kulturpolitik, Essen 1997, S. 11 f.

57 Vgl. hierzu Abschnitt 2.3.5.

58 Vgl. W. Heinrichs, Kulturpolitik und Kulturfinanzierung. Strategien und Modelle für eine politische Neuorientierung der Kulturfinanzierung, München 1997, S. 39 sowie für eine ausführliche Darstellung der zeitlichen Entwicklung des Kulturbegriffs im Kontext von Kulturpolitik der Bundesrepublik Deutschland S. 22 ff.

59 Michael Schindhelm, Generalintendant der Berliner Opernstiftung, zitiert nach T. E. Schmidt, Den Vorhang hoch und alle Säle offen. Wer soll künftig die öffentlich geförderten Theater, Opernhäuser und Museen besuchen?, in: DIE ZEIT vom 28.05.2005, S. 37.

begriff. Aufgrund der eingangs konstatierten Normativität von Kulturpolitik als Ergebnis grundsätzlich begrenzter zur Verfügung stehender Mittel, kann schlichtweg nicht alles gefördert werden, wie es der erweiterte Kulturbegriff unter Umständen suggerieren mag. Diese Tatsache mag zwar in der Ära des Wirtschaftswachstums weniger augenfällig geworden sein, da damals die Gelder für eine großzügige Kulturförderung noch ausreichend vorhanden waren und es keine ausgeprägte Notwendigkeit der Beschränkung gab. Dies darf aber nicht darüber hinwegtäuschen, dass Kulturpolitik in ihrer gestaltenden Eigenschaft immer eine Selektion des zu Fördernden impliziert, da die für die Förderung zur Verfügung stehenden Ressourcen auch in wirtschaftlich unbesorgten Zeiten immer begrenzt bzw. knapp sind. Das Wirtschaftswachstum mag insofern wohl auch ein Grund dafür gewesen sein, dass sich der erweiterte Kulturbegriff tatsächlich in der kulturpolitischen Praxis etabliert hat.

In Zeiten angespannter öffentlicher Haushalte stellt sich jedoch die Frage, wie realistisch im Sinne von praxistauglich der erweiterte Kulturbegriff für die heutige Situation noch ist. Selbstredend ist ein weiter und somit liberal erscheinender Kulturbegriff wesentlich leichter konsensfähig als ein von vornherein enger und somit restriktiver Kulturbegriff. Allerdings nützt ein schöner Begriff allein wenig, wenn dieser als Basis für konkrete Kulturpolitik und somit für Kulturförderung nicht taugt.[60] So verwirft auch Throsby allumfassende Definitionen von Kultur als "analytically empty" und "operationally meaningless".[61]

Sowohl der erweiterte Kulturbegriff als auch der erwähnte postmoderne Kulturbegriff wären jedoch unter Umständen durchaus operationalisierbar, wenn man die Vorstellung darüber ändern würde, was denn mit *operationalisierbar* gemeint sein soll. Wenn damit gemeint ist, dass die öffentliche Hand leistungsstaatlich alle im Konsens beschlossenen Kulturangebote selbst betreiben und finanzieren soll, dann ist selbstverständlich weder der erweiterte noch der postmoderne Kulturbegriff operabel. Dann hat man aber auch den Denkfehler begangen, den erweiterten Kulturbegriff in leistungsstaatliche Kategorien zu pressen, anstelle mit gewährleistungsstaatlichen Überlegungen den Versuch zu unternehmen, trotz Mittelknappheit die Idee des erweiterten Kulturbegriffs weiter zu verfolgen. Ein Kulturpolitiker, der alle vom erweiterten Kulturbegriff erfassten Bereiche leistungsstaatlich anbieten will, nimmt eine Situation wahr, in der er einer enormen Erwartungshaltung der Bevölkerung ausgesetzt ist. Um

---

60 Ähnlich bereits 1992 vgl. D. E. Zimmer, Kultur ist alles. Alles ist Kultur. Über die sinnlose Erweiterung des Kulturbegriffs und was dies bedeutet für die öffentlichen Etats, in: DIE ZEIT vom 04.12.1992, S. 67.

61 Vgl. D. Throsby, Economics and Culture, Cambridge/Mass. u. a. 2001, S. 3.

diese möglichst erfüllen zu können, wird er zur Vorbeugung unnötiger Enttäuschung, den Kulturbegriff möglichst wieder einengen wollen. Wenn man den erweiterten Kulturbegriff mit leistungsstaatlicher Logik in die Praxis umsetzt, führt dies zu einer erneuten Einengung des Kulturbegriffs. Indizien für eine derartige Argumentationslogik in der aktuellen Kulturpolitik sollen im Folgenden aufgezeigt werden.

2.1.3.3 Erneute Einengung des erweiterten Kulturbegriffs

Der Status Quo des kulturpolitischen Kulturbegriffs ist inzwischen offen gelegt. Als sowohl unter in- als auch ausländischen Kulturpolitikern weitgehend konsensfähiger Kulturbegriff wurde der 1982 durch die UNESCO definierte erweiterte Kulturbegriff identifiziert. In seiner liberalen Formulierung scheint dieser zunächst eher deskriptiver als normativer Prägung zu sein und damit die der Kulturpolitik zwangsläufig immanente Normativität tendenziell abzuschwächen.[62]

Es besteht die Notwendigkeit einer weiteren Konkretisierung des Kulturbegriffs, wenn man Kulturausgaben — unabhängig davon, ob es sich um öffentliche oder private Gelder handelt — standardisiert erfassen will. Unmittel-

---

[62] Braun, Gallus und Scheytt sprechen den erweiterten Kulturbegriff sogar von jeglicher Normativität frei. Vgl. G. E. Braun; T. Gallus; O. Scheytt, Kultur-Sponsoring für die kommunale Kulturarbeit. Grundlagen, Praxisbeispiele, Handlungsempfehlungen für Kulturmanagement und -verwaltung, Köln 1996, S. 8. Allerdings kann auch ein sehr weit gefasster Kulturbegriff entgegen seiner liberalen Anspruchshaltung durchaus als normativ interpretiert werden. Gerade mit Blick auf die Neue Kulturpolitik mit ihrer Forderung nach einer *Kultur für alle*, die sich ja, wie zuvor gezeigt, für einen erweiterten Kulturbegriff stark machte, kann man durchaus den Eindruck gewinnen, dass ein ehemals normatives Kulturverständnis im Sinne einer "elitären Ausgrenzung" vieler durch ein ebenfalls normatives Kulturverständnis im Sinne einer "Missionierung aller" mit Kultur ersetzt wurde. In diesem Zusammenhang ließe sich dann die provokante Frage stellen, ob ein derartiges kulturpolitisches Verständnis in westlichen Ländern nicht im weitesten Sinne auf den ehemals in diesen Regionen hervorgebrachten Evolutionismus und Ethnozentrismus (vgl. Abschnitt 2.1.2) zurückzuführen sei. Bemerkenswerterweise fühlt sich Hoffmann als Vertreter des Konzepts *Kultur für alle* offensichtlich verpflichtet, explizit zu betonen, dass dem nicht so sei, ohne dass der gegebene Kontext eine derartige Rechtfertigung überhaupt erfordern würde. So sprechen er und Kramer in einem beliebigen Zusammenhang über das Konzept *Kultur für alle* und fügen ergänzend hinzu, dass es nichts mit Bevormundung oder Missionarismus zu tun habe. Eine Erklärung für diese Einschätzung geben sie jedoch nicht. Vgl. H. Hoffmann; D. Kramer, Zum Kulturbegriff demokratischer Kulturpolitik, in: H. Brackert; F. Wefelmeyer (Hrsg.), Kultur. Bestimmungen im 20. Jahrhundert, Frankfurt/M. 1990, S. 428.

bar finanzierbar erscheint nur solche Kultur, die konkret greifbar, wenn auch nicht zwingend gegenständlicher Natur ist. Somit sind abstraktere, ethnologisch geprägte Konzeptionen ebenso wie auch der erweiterte Kulturbegriff der UNESCO von 1982 an dieser Stelle nur bedingt hilfreich. Wohin sollen denn die Gelder fließen, wenn nicht nur Literatur und Kunst, sondern ganz allgemein die "Lebensformen, die Grundrechte des Menschen, Wertsysteme, Traditionen und Glaubensrichtungen"[63] gefördert werden sollen? Hier bedarf es offensichtlich einer Konkretisierung. So wird zum Beispiel vorgeschlagen, dass verkürzt dargestellt nur diejenige Kultur Gegenstand von Kulturpolitik und -finanzierung sein soll, die innerhalb von Kulturbetrieben, also Institutionen stattfindet.[64] Diese Verknüpfung zwischen Institution und Kulturfinanzierung erscheint zwar zunächst plausibel, lässt allerdings bestimmte, auch traditionell öffentlich finanzierte Bereiche unberücksichtigt, die sich nicht in einem institutionalisierten Kulturbetrieb im Sinne einer festen "Betriebsstätte", sondern in der für jeden Menschen frei zugänglichen Öffentlichkeit abspielen. Hierzu gehören zum Beispiel der Bereich öffentlicher Denkmäler ebenso wie Kunstwerke im öffentlichen Raum.

Eine weitere Möglichkeit besteht darin, den Kulturbegriff durch enumerative Auflistung aller als relevant erachteten Kulturbereiche bzw. -kategorien, also thematisch zu fassen. Auch an dieser Stelle nimmt die UNESCO eine Art Vorreiterrolle ein. Seit den 1970er-Jahren beschäftigte sie sich mit der Entwicklung eines derartigen Bezugsrahmens, dem so genannten Framework for Cultural Statistics (FCS).[65] Dieser beinhaltet folgende elf[66] Kategorien von Kultur: das **kulturelle Erbe** (zum Beispiel historische Denkmäler, archäologische Ausgrabungen, Archive oder Museen), **Druckerzeugnisse und Literatur** (vor allem Zeitungen und Bücher), **Musik** (dargeboten beispielsweise in Konzerten, Opern

---

63 UNESCO-Dienst (Hrsg.), Erklärung von Mexiko-City über Kulturpolitik. Weltkonferenz über Kulturpolitik. Mexiko, 26.07. bis 06.08.1982, Bonn 1982, S. 1.

64 Vgl. W. Heinrichs, Kulturpolitik und Kulturfinanzierung. Strategien und Modelle für eine politische Neuorientierung der Kulturfinanzierung, München 1997, S. 4.

65 Eine diesbezüglich formulierte Empfehlung wurde am 27.10.1980 während der 21. Sitzung der UNESCO-Generalkonferenz in Belgrad verabschiedet. Die seinerzeit intensiven Bemühungen um einen einheitlichen FCS, der neben der thematischen Gliederung in unterschiedliche kulturelle Kategorien eine weitere Unterteilung nach funktionalen Kriterien vorsah, haben zwischenzeitlich abgenommen. Dennoch beziehen sich sowohl die UNESCO selbst wie Kulturpolitiker im In- und Ausland auch heute noch regelmäßig auf die darin formulierten kulturellen Kategorien im Sinne einer ungefähren Annäherung.

66 Üblicherweise wird von zehn UNESCO-Kategorien gesprochen. Tatsächlich handelt es sich jedoch um elf Kategorien, da die Nummerierung bei Kategorie Null beginnt.

oder auch Operetten), **darstellende Kunst** (Theater, Ballett, aber auch Zirkus, Varieté usw.), **bildende Kunst** (zum Beispiel Malerei, Bildhauerei oder Kunsthandwerk), **Film und Fotografie, Hörfunk und Fernsehen, soziokulturelle Aktivitäten**, die Menschen unterstützen, sich individuell oder auch kollektiv in Bezug auf alle Aspekte ihres Lebensalltags (unter anderem Soziales oder Religiöses) auszudrücken, **Sport und Spiele, Natur und Umwelt** (Nationalparks, aber auch öffentliche Grünanlagen oder Spielplätze), **Kulturverwaltung** sowie **übrige Kulturbereiche,** die nicht unter die bisher genannten Kategorien zu fassen sind. Schließlich ist zu erwähnen, dass die zuvor angeführten Bereiche jeweils auch die mit ihnen in Zusammenhang stehenden Wissenschafts-, Forschungs-, Ausbildungs- und Weiterbildungsaktivitäten mit einschließen.[67]

In Deutschland gab es bis in die 1990er-Jahre keine einheitliche, von allen föderativen Ebenen gleichermaßen akzeptierte Begriffsgrundlage zur Erfassung von Kulturausgaben.[68] Erst im Rahmen der Vorbereitung des Kulturfinanzberichts 2003[69] einigten sich Bund, Länder sowie der Deutsche Städtetag erstmalig auf eine einheitliche Begriffsdefinition von Kultur, die sich nach eigenen Angaben an dem erweiterten Kulturbegriff orientiert.[70] Ein Ziel dieser Vereinheitlichung war und ist es, sowohl auf nationaler als auch auf internationaler Ebene eine bessere Vergleichbarkeit des Datenmaterials herzustellen. Dies wird insbesondere im Kontext aktueller Harmonisierungsbestrebungen auf Ebene der EU für notwendig erachtet.[71] Insofern orientiert sich der Kulturfinanzbericht an dem von der EU bevorzugten Kulturbegriff, der seinerseits wiederum am Begriff der

---

67 Vgl. UNESCO, Recommendation Concerning the International Standardization of Statistics on the Public Financing of Cultural Activities, in: UNESCO, Records of the Twenty-First Session of the General Conference. Belgrade, 23 September to 28 October 1980, Bd. 1 (Resolutions), Paris 1980, S. 162 f.

68 Vgl. M. Hummel; M. Berger, Die volkswirtschaftliche Bedeutung von Kunst und Kultur. Gutachten im Auftrag des Bundesministeriums des Innern, Berlin u. a. 1988, S. 24 ff.; K. Geppert u. a., Kultur als Wirtschaftsfaktor in Berlin. Eine Studie des DIW im Auftrag der Senatsverwaltung für Kulturelle Angelegenheiten, Berlin 1992, S. 14 f.

69 Hierbei handelt es sich um den zweiten Kulturfinanzbericht. Der erste wurde für das Jahr 2001 erstellt. Die Erscheinungsfolge ist zweijährlich.

70 Vgl. J. Hahlen, Vorwort, in: Statistische Ämter des Bundes und der Länder (Hrsg.), Kulturfinanzbericht 2003, Wiesbaden 2004, S. 7.

71 Ein derartiges vereinheitlichendes Vorgehen betrachtete von Beyme zumindest in der Vergangenheit noch kritisch: "Was zur Kultur gerechnet wird, hängt häufig von der Ebene der kulturpolitischen Entscheidungsträger ab, und kann in der Europäischen Union nicht das gleiche sein, wie in einem Dorf." K. von Beyme, Kulturpolitik und nationale Identität. Studien zur Kulturpolitik zwischen staatlicher Steuerung und gesellschaftlicher Autonomie, Opladen 1998, S. 11.

UNESCO angelehnt ist.[72] Diesem Verständnis zufolge beinhaltet Kultur in Deutschland aktuell folgende Bereiche: **Theater und Musik**, allgemeine und wissenschaftliche **Bibliotheken**, allgemeine und wissenschaftliche **Museen, Sammlungen und Ausstellungen, Denkmalschutz und -pflege, kulturelle Angelegenheiten im Ausland** (zum Beispiel Goethe-Institute), **kulturspezifische Bildungseinrichtungen** (zum Beispiel Kunsthochschulen im Gegensatz zu einem Studium von Kunstgeschichte an allgemeinen Hochschulen), **sonstige Kulturpflege** (unter anderem Filmförderung) sowie die **Verwaltung kultureller Angelegenheiten** (kommunale Kulturämter sowie Verwaltung staatlicher Schlösser und Gärten).[73] Davon abgegrenzt werden so genannte kulturnahe Bereiche. Hierzu gehören Volkshochschulen und sonstige Weiterbildungseinrichtungen, kirchliche Angelegenheiten, Rundfunkanstalten und Fernsehen sowie Sport und Erholung[74]

Sowohl beim FCS als auch bei der Begriffsfassung des Kulturfinanzberichts 2003 handelt es sich also um enumerative Auflistungen dessen, was im Zusammenhang mit Förderung und Finanzierung als Kultur verstanden werden soll. Beide orientierten sich am erweiterten Kulturbegriff. Allerdings, so wird bei differenzierter Betrachtung deutlich, ist das FCS wesentlich weiter und freier gefasst als die Auflistung des Kulturfinanzberichts. Letztere orientiert sich weitaus stärker an Kultur im engeren Sinne, als die explizite Bezugnahme auf den erweiterten Kulturbegriff vermuten ließe. Um diesen Sachverhalt weiter zu verdeutlichen, ist es sinnvoll, die beiden Bezugsrahmen einander gegenüber zu stellen (vgl. Abb. 1).

Zunächst fällt auf, dass der Kulturfinanzbericht 2003 von Bund, Ländern und Deutschem Städtetag weniger Kulturbereiche einbezieht als das FCS der UNESCO. Film und Fotografie, Hörfunk und Fernsehen, soziokulturelle Aktivitäten, Sport und Spiele sowie Natur und Umwelt werden nach dem Kulturfinanzbericht nicht zur Kultur gezählt. Gerade Bereiche wie Soziokultur, Sport und Spiele sowie Natur und Umwelt sind jedoch typische Gebiete, die man dem erweiterten Kulturbegriff zuordnen würde. So überrascht es, dass in einem Kulturfinanzbericht, der nach eigenen Angaben auf dem erweiterten

[72] Vgl. Statistische Ämter des Bundes und der Länder (Hrsg.), Kulturfinanzbericht 2003, Wiesbaden 2004, S. 12.

[73] Vgl. Statistische Ämter des Bundes und der Länder (Hrsg.), Kulturfinanzbericht 2003, Wiesbaden 2004, S. 54-91.

[74] Vgl. Statistische Ämter des Bundes und der Länder (Hrsg.), Kulturfinanzbericht 2003, Wiesbaden 2004, S. 95.

Kulturbegriff fußt, soziokulturelle Zentren lediglich ein einziges Mal kursorisch Erwähnung finden,[75] ohne hingegen als eigene Kategorie erfasst zu werden.

Framework for Cultural Statistics (UNESCO)	Kulturfinanzbericht 2003 (Bund, Länder und Deutscher Städtetag)
kulturelles Erbe	Denkmalschutz und -pflege
	Museen, Sammlungen und Ausstellungen
Druckerzeugnisse und Literatur	Bibliotheken
Musik	Theater und Musik
darstellende Kunst	
bildende Kunst	Museen, Sammlungen und Ausstellungen
Kulturverwaltung sowie übrige Kulturbereiche	Verwaltung kultureller Angelegenheiten
	sonstige Kulturpflege
	kulturspezifische Bildungseinrichtungen[76]
	kulturelle Angelegenheiten im Ausland
Film und Fotografie	
Hörfunk und Fernsehen	
soziokulturelle Aktivitäten	
Sport und Spiele	
Natur und Umwelt	

Abb. 1: Gegenüberstellung der Bezugsrahmen für die Erfassung von Kulturausgaben: Framework for Cultural Statistics der UNESCO versus Kulturfinanzbericht 2003[77]

[75] Vgl. Statistische Ämter des Bundes und der Länder (Hrsg.), Kulturfinanzbericht 2003, Wiesbaden 2004, S. 10.

[76] Auch diese gehören zum Kulturverständnis des FCS, bilden jedoch — wie bereits erwähnt — keine eigene Kategorie, sondern sind innerhalb der jeweiligen Kategorien enthalten.

[77] Eigene Darstellung. Auf die zusätzliche Visualisierung der kulturnahen Bereiche wird verzichtet, weil sie — wie der Begriff bereits impliziert — selbstredend nicht zu den Kernausgaben von Kultur zählen.

Auch die Tatsache, dass zum Beispiel Volkshochschulen und sonstige Weiterbildungseinrichtungen als typische Teilbereiche von Soziokultur dem Finanzbericht zufolge nur noch dem kultur*nahen* Bereich zugeordnet werden, deuten auf ein engeres Begriffsverständnis hin.

Betrachtet man die explizit dem Kulturbereich zugeordneten thematischen Kategorien bzw. Bereiche, so gehören diese weitgehend zur Kultur im engeren Sinne. Auch die Begriffswahl für die jeweils konstitutiven Bereiche ist beim FCS freier und weniger an bestimmte Kultur- bzw. Kunstinstitutionen angelehnt als beim Kulturfinanzbericht 2003. Während bei Ersterem beispielsweise allgemein und somit offener von darstellender Kunst die Rede ist, wird der Fokus für denselben Bereich beim Finanzbericht auf die Institution Theater begrenzt.

Insgesamt kann man also eine Tendenz zurück zu einem engeren und restriktiveren Kulturverständnis, wie es in den 1950er- und frühen 1960er-Jahren vorherrschte, ausmachen. So ist stellenweise sogar die Rede davon, dass die gegenwärtige Kulturpolitik einen "Hang zur Refeudalisierung des Kulturlebens"[78] aufweise. Kultur wird wieder zunehmend eingeengt auf den Bereich der Kunst. Dies kommt nicht nur in der Wahl der Kulturkategorien des Kulturfinanzberichts zum Ausdruck, sondern auch im Rahmen ihrer jeweiligen Berücksichtigung bei der Verteilung öffentlicher Finanzmittel. So übertreffen zunächst die Ausgaben für Kultur bei Weitem diejenigen für besagte kulturnahe Bereiche: Von Bund, Ländern und Gemeinden gemeinsam wurden für Kultur 2001 rund 8,35 Mrd. Euro, für kulturnahe Bereiche hingegen lediglich rund 1,65 Mrd. Euro ausgegeben.[79] Während die Ausgaben für Kultur bis 2003 auf Grundlage der Haushaltsansatzstatistik um vergleichsweise bloße 1,9 %[80] gesunken sind, ist beim kulturnahen Bereich für denselben Zeitraum eine Senkung von 4,85 %[81] zu beobachten. So kann man nicht nur schlussfolgern, dass wesentliche Kategorien eines erweiterten Kulturbegriffs wie zum Beispiel die Volkshochschulen in den kulturnahen Bereich verdrängt wurden, sondern dass

---

78 J. Stüdemann, Kulturförderung. Despektierliche Anmerkungen und ermunternde Anregungen, in: Aus Politik und Zeitgeschichte vom 29.11.2004, S. 4.

79 Vgl. Statistische Ämter des Bundes und der Länder (Hrsg.), Kulturfinanzbericht 2003, Wiesbaden 2004, S. 19.

80 Vgl. Statistische Ämter des Bundes und der Länder (Hrsg.), Kulturfinanzbericht 2003, Wiesbaden 2004, S. 21.

81 Vgl. Statistische Ämter des Bundes und der Länder (Hrsg.), Kulturfinanzbericht 2003, Wiesbaden 2004, S. 95.

sie dort auch noch vergleichsweise verstärkten Sparzwängen ausgesetzt wurden.[82]

Betrachtet man den Kulturbereich des Weiteren losgelöst vom kulturnahen Bereich, so fällt auf, dass auch innerhalb des Kulturbereichs selbst die Mittelverteilung zu Gunsten solcher Bereiche stattfindet, die traditionell als Kultur im engeren Sinne eingeordnet werden. So machten 2001 die Bereiche Theater, Musik und Museen allein rund 53,4 % aller öffentlichen Kulturausgaben aus.[83] Die folgende Abbildung verdeutlicht noch einmal abschließend die Fokussierung der öffentlichen Ausgaben auf den Bereich der Kunst bzw. Kultur im engeren Sinne.

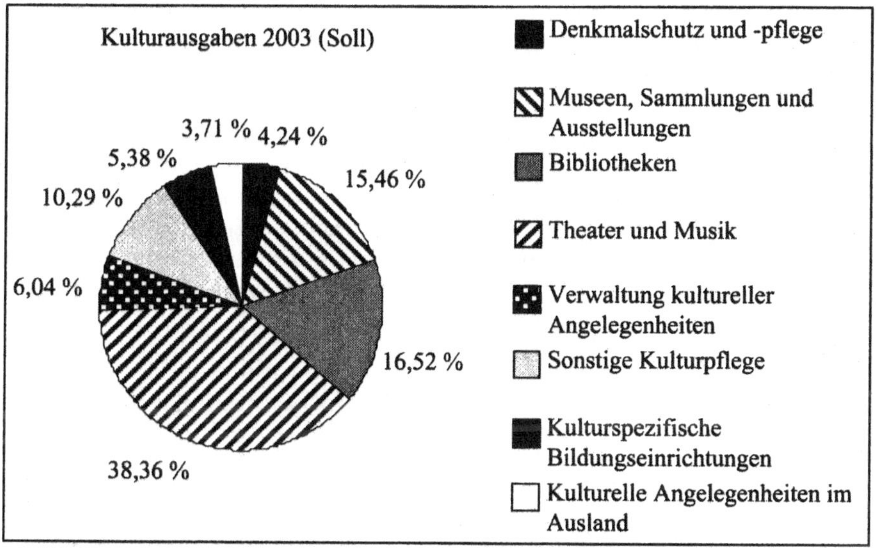

Abb. 2: Kulturausgaben 2003 (Soll) nach Kulturbereichen: Dominanz von Kultur im engeren Sinne[84]

---

[82] Dies spiegelt schließlich auch Opielkas Einschätzung wider, wonach die Staatsferne der Soziokultur bereits seit Mitte der 1980er-Jahre zu einem ständigen Ringen um Haushaltsmittel geführt habe. Vgl. M. Opielka, Kunst und Kultur im Wohlfahrtsstaat, in: Aus Politik und Zeitgeschichte vom 17.03.2003, S. 23.

[83] Vgl. Statistische Ämter des Bundes und der Länder (Hrsg.), Kulturfinanzbericht 2003, Wiesbaden 2004, S. 50 f.

[84] Eigene Darstellung auf Datengrundlage des Kulturfinanzberichts 2003.

Die aufgezeigte Tendenz einer Einengung des Kulturbegriffs im Kontext von Kulturpolitik kommt letztlich auch in den aktuellen Forderungen nach einer *kulturellen Grundversorgung*[85] zum Ausdruck. Der Anspruch auf eine Grundversorgung klingt im Gegensatz zu den selbstbewussten Forderungen der 1970er-Jahre nach einer *Kultur für alle* vergleichsweise bescheiden. Entsprechend stellt auch Weiss fest: "Ein Zurück zur optimistischen Forderung 'Kultur für alle' wird es aber wohl nicht geben. Denn diese Formulierung ging ja davon aus, dass die öffentliche Hand großzügig an die bisher zu kurz Gekommenen etwas verteilen könne..."[86] Unabhängig von diesen Entwicklungen geht Klein noch 2001 davon aus, dass es sich bei *Kultur für alle* um die allgemein akzeptierte kulturpolitische Zielsetzung im demokratischen Sozialstaat handele.[87]

Bemerkenswerterweise spiegelt sich die erneute Einengung des Kulturbegriffs im Rahmen von Kulturpolitik auch im Feld der Cultural Economics bzw. Kulturökonomie wider. So stellt Blaug fest: "Since then [Baumol and Bowen's publication *Performing Arts - The Economic Dilemma* in 1966], one or two writers have sought to widen it [the Economics of the Arts] to embrace the 'economics of culture', turning it from a sub-discipline of economics into a sub-discipline of anthropology ..., but most of the literature remains wedded to the older narrower conception in which cultural economics means the economics of the performing visual and literary arts."[88] Demnach reduziert die Disziplin entgegen ihrer Umdeklarierung von Economics of the Arts zu Cultural Economics Kultur üblicherweise also weiterhin auf dessen Teilmenge Kunst und damit verbundene Dienstleistungsangebote.

---

85 So widmete beispielsweise die Kulturpolitische Gesellschaft eine Ausgabe ihrer Kulturpolitischen Mitteilungen der Frage "Was ist 'kulturelle Grundversorgung'?" Vgl. Kulturpolitische Mitteilungen, H. 106/III (2004). Aber auch darüber hinaus ist das Schlagwort der *kulturellen Grundversorgung* derzeit sehr präsent. Vgl. unter anderem auch O. Zimmermann, Der Staat, der Markt, die Bürger. Wer leistet die kulturelle Grundversorgung?, in: R. Strachwitz; V. Then (Hrsg.), Kultureinrichtungen in Stiftungsform, Gütersloh 2004, S. 26-30. Ursprünglich wurde der Begriff vom Bundesverfassungsgericht in Verbindung mit den Aufgaben des öffentlichen Rundfunks und Fernsehens verwendet, um dann zu Beginn der 1990er-Jahre von Politikern auf den gesamten Kulturbereich übertragen zu werden. Vgl. hierzu B. Wagner, "Kulturstaat" und "kulturelle Grundversorgung". Ist ihre verfassungsmäßige Verankerung sinnvoll und hilfreich?, in: Kulturpolitische Mitteilungen, H. 106/III (2004), S. 32.

86 C. Weiss, Das Publikum ist die Macht der Kultur, in: Kulturpolitische Mitteilungen, H. 110/III (2005), S. 32.

87 Vgl. A. Klein, Kultur-Marketing. Das Marketing-Konzept für Kulturbetriebe, München 2001, S. 350.

88 M. Blaug, Where Are We Now on Cultural Economics?, in: Journal of Economic Surveys, Bd. 15 (2001), H. 2, S. 123.

2.1.4 Zwischenergebnis

Der enge Kulturbegriff der Nachkriegszeit beschränkte sich maßgeblich auf den Bereich der Hochkultur, also der Kunst im engeren Sinne. Kultur war also relativ klar abgrenzbar. Dementsprechend hatte auch der Staat das Selbstverständnis, zu wissen, was unter Kultur zu fassen sei. Da für diesen abgegrenzten Bereich die entsprechenden Gelder zur Verfügung standen, konnte er als Leistungsstaat auftreten und brauchte sich über Fragen einer bloßen Gewährleistung kultureller Angebote keine Gedanken zu machen. Vielmehr handelte es sich bei dem engen Kulturbegriff, welcher der klassischen Hochkultur verhaftet war, um einen überschaubaren Bereich, innerhalb dessen der Staat als Leistungserbringer auftreten konnte. Dies war umso mehr der Fall, als hierfür historisch bedingt die öffentlichen Kulturbetriebe bereits zur Verfügung standen.[89]

Die später einsetzenden Forderungen nach einer stärkeren Demokratisierung des Kulturbegriffs führten — wie gezeigt — zu einem erweiterten, prinzipiell offenen Kulturbegriff. Nun konnte der Staat aus seinem bisherigen Selbstverständnis heraus nicht mehr sicher sein, was genau Kultur ausmachte. Es wurden in der Folge immer mehr Forderungen in kulturellen Angelegenheiten an ihn herangetragen. Eigentlich wäre es an der Zeit gewesen, sich auf die Funktion des Gewährleistens zu beschränken, um dem erweiterten, offenen Kulturbegriff in seinen Anforderungen entgegenzukommen. Da jedoch die öffentlichen Mittel zunächst ausreichend zur Verfügung standen, förderte der Staat Kultur weiter in der bisher gewohnten Weise.

Als die öffentlichen Gelder in den vergangenen Jahren knapper wurden, stellte sich heraus, dass der Staat Kultur nicht in gewohntem Umfang weiter würde fördern können. Der erweiterte Kulturbegriff erwies sich als nicht länger operabel im Sinne des Leistungsstaats. Statt den erweiterten Kulturbegriff jedoch beizubehalten und über alternative Vorgehensweisen nachzudenken, sprich über einen möglichen Wandel vom Leistungs- zum Gewährleistungsstaat im Bereich der Kulturpolitik, wurde stillschweigend unter dem Deckmantel des erweiterten Kulturbegriffs begonnen, den Kulturbegriff wieder stärker einzuengen. Dies zeigt deutlich der Kulturfinanzbericht 2003 mit seinen Kategorisierungen und Schwerpunktsetzungen. Statt über ein Aufbrechen leistungsstaatlicher Vorstellungen nachzudenken, hat man diese beibehalten und sich wieder verstärkt auf einen engen, geschlossenen Kulturbegriff rückfokussiert. Man kann also als Fazit festhalten, dass der Kulturbegriff, welcher der derzeitigen Kulturpolitik zu

---

[89] Vgl. hierzu Abschnitt 3.1.2.

Grunde liegt, ein leistungsstaatlich geprägter Kulturbegriff ist. Viel wäre bereits gewonnen, wenn man mit dieser Tatsache offen umginge und Überlegungen hierzu zur Disposition stellte. Stattdessen wird jedoch versucht, zu überdecken, dass es sich im aktuellen Diskurs längst nicht mehr um einen wirklich erweiterten Kulturbegriff im Sinne der UNESCO handelt, indem man sich offiziell explizit auf genau diesen bezieht. Fuchs spricht in einem ähnlichen Zusammenhang von Ambivalenzen, die daraus resultieren, dass Kulturpolitik für sich beansprucht, Gesellschaftspolitik sein zu wollen: "Das Problem dieses Bewusstseins besteht in realen Ambivalenzen, die es zu verarbeiten hat: universalistisch in dem, was es in den Blick nimmt, minimalistisch in seinen Realisierungsmöglichkeiten; universalistisch im gesellschaftspolitischen Anspruch und Horizont, minimalistisch im Hinblick auf die zur Verfügung stehenden Mittel; universalistisch im Hinblick auf die Anzahl der Menschen, die betroffen sind; beschränkt jedoch in der Anzahl derjenigen, die sich an den entsprechenden Angeboten beteiligen."[90]

2.2 Finanzierung als Teilaspekt von Förderung

In der Literatur sind die Begriffe Finanzierung und Förderung im Hinblick auf den Kulturbereich gleichermaßen häufig vorzufinden. So kann leicht der Eindruck entstehen, es handele sich bei Kulturförderung und Kulturfinanzierung prinzipiell um Synonyme kultureller Unterstützung. Dass Kulturförderung und -finanzierung jedoch als solche zu interpretieren sind, ist zweifelhaft.

Grundsätzlich legt der Begriff der Förderung bereits in seiner rein umgangssprachlichen Verwendung eine weitere Auslegung nahe, denkt man zum Beispiel an den Begriff der ideellen Förderung, durch den zunächst keinerlei materielle Aspekte assoziiert werden. Förderung suggeriert also neben unmittelbar finanzieller bzw. materieller Unterstützung auch die Möglichkeit anderer Arten der Unterstützung.[91] Erforderlich ist somit eine systematische Abgrenzung der Begriffe Kulturförderung und Kulturfinanzierung.

---

90 M. Fuchs, Kulturpolitik als Politik des Kulturellen. Überlegungen zur Theorienbildung, in: T. Heinze (Hrsg.), Kultur und Wirtschaft. Perspektiven gemeinsamer Innovation, Opladen 1995, S. 221.

91 Hingegen geht Pabel — wenn auch im Zusammenhang mit Kultur im engeren Sinne — davon aus, dass mit Förderung in der Regel finanzielle Leistungen verknüpft werden. Vgl. K. Pabel, Grundfragen der Kompetenzordnung im Bereich der Kunst, Berlin 2003, S. 24.

Differenzierend geht beispielsweise Bendixen vor. Er beschreibt Kulturförderung als "die um die politische, rechtliche, steuerliche und administrative Komponente erweiterte Kulturfinanzierung."[92] Auch Pommerehne und Frey nehmen in ihrem Aufsatz *Staatliche Förderung von Kunst und Kultur* eine Systematisierung vor, indem sie den Begriff der staatlichen Förderung in drei Unterkategorien gliedern.[93] Unter **marktkonformen Maßnahmen** verstehen sie zum einen gesetzgeberische Maßnahmen zur Ausgestaltung von Eigentumsrechten sowie zum anderen Maßnahmen zur Lockerung bestehender Bürokratiehemmnisse insbesondere bei öffentlichen Kultureinrichtungen. Unter **indirekten staatlichen Finanzhilfen** subsumieren sie steuerliche Anreizmechanismen. **Direkte staatliche Finanzhilfen** bezeichnen sie auch als **öffentliche Subventionen**, die unterschiedliche Formen annehmen können.

Dass Freys und Pommerehnes Taxonomie der Begrifflichkeiten in ihrer allgemeinen Ausrichtung auch internationale Gültigkeit besitzt und sich somit für den in dieser Arbeit angestrebten Vergleich zwischen Deutschland und den USA eignet, bestätigt O'Hagan, indem er als Grundlage für seine Analyse verschiedener nationaler Kulturpolitiken eine sehr ähnliche Kategorisierung vornimmt.[94] Er unterscheidet ebenfalls drei Formen der staatlichen Förderung: Erstens gibt es ihm zufolge **regulatory measures**, also ordnende Maßnahmen. Zweitens differenziert er **taxation measures**, also steuerliche Maßnahmen, die er auch als **indirect government subsidies** (indirekte staatliche Subventionen) bezeichnet. Als letzte Kategorie ist die Rede von **direct expenditures**, also direkten Ausgaben, die er wiederum **direct government subsidies** (direkte staatliche Subventionen) nennt. Eine entsprechende Differenzierung findet sich schließlich auch bei Giardina und Rizzo.[95]

In Anlehnung an diese Systematiken setzt sich öffentliche **Kulturförderung** im Folgenden aus der direkten Kulturfinanzierung, der indirekten Kulturfinanzierung und der Schaffung günstiger Rahmenbedingungen zusammen.

---

92 P. Bendixen, Einführung in die Kultur- und Kunstökonomie, 2. Aufl., Wiesbaden 2001, S. 96.

93 Vgl. im Folgenden W. W. Pommerehne; B. S. Frey, Staatliche Förderung von Kunst und Kultur. Eine ökonomische Betrachtung, in: Jahrbuch für Sozialwissenschaften, Bd. 38 (1987), S. 266 ff.

94 Vgl. im Folgenden J. W. O'Hagan, The State and the Arts. An Analysis of Key Economic Policy Issues in Europe and the United States, Cheltenham u. a. 1998, S. 14.

95 Vgl. E. Giardina; I. Rizzo, Regulation in the Cultural Sector, in: A. Peacock; I. Rizzo (Hrsg.), Cultural Economics and Cultural Policies, Dordrecht u. a. 1994, S. 125.

Im Bereich der **direkten Kulturfinanzierung** ist darauf hinzuweisen, dass hierzu nicht nur rein monetäre Zuwendungen, sondern auch geldwerte Sachmittelzuwendungen gehören.[96] Letztere können beispielsweise in der kostenlosen Überlassung von Requisiten, Kostümen, Bühnentechnik, Gebäuden bzw. Grundstücken sowie sonstigen Nutzungsrechten bestehen.

Der Bereich der **indirekten Kulturfinanzierung** ist danach allein durch steuerliche Maßnahmen gekennzeichnet.

Der Bereich der **Schaffung günstiger Rahmenbedingungen**, also der Bereich, der schließlich den Unterschied zwischen Finanzierung und Förderung ausmacht, tangiert eine Vielzahl meist ordnungspolitischer Maßnahmen, wie sie beispielsweise im Urheberrecht zum Ausdruck kommen können.

Nach alledem stellt **Finanzierung**, ungeachtet der in der wirtschaftswissenschaftlichen Literatur existierenden Vielzahl unterschiedlicher Definitionsansätze,[97] also lediglich eine **Teilmenge von Förderung** dar.

Betrachtet man die Begriffe Finanzierung und Förderung im Zusammenhang mit den dieser Arbeit zu Grunde gelegten Staatsmodellen, so ist hervorzuheben, dass der Begriff der Finanzierung eher dem Modell des Leistungsstaats zuzuordnen ist, während sich der weitergehende Begriff der Förderung eher im Kontext des gewährleistungsstaatlichen Modells verorten lässt.

Wie bereits ausgeführt, übernimmt der Leistungsstaat die Erfüllung und Finanzierung der fraglichen Aufgaben selbst, unterstellt mithin, dass hierfür ausreichende Mittel zur Verfügung stehen.[98] Demzufolge erübrigt es sich nach dieser Modellvorstellung, über die Schaffung günstiger Rahmenbedingungen nachzudenken. Vielmehr genügt zur Beschreibung kultureller Unterstützungsmaßnahmen der enge Begriff der Finanzierung.

---

96 Vgl. J. Drukarczyk, Finanzierung, in: F. X. Bea; E. Dichtl; M. Schweitzer (Hrsg.), Allgemeine Betriebswirtschaftslehre, Bd. 3: Leistungsprozess, 7. Aufl., Stuttgart 1997, S. 283, der feststellt, dass in der wirtschaftswissenschaftlichen Fachwelt weitgehend Konsens darüber besteht, dass Finanzierungsmaßnahmen auf die Beschaffung von Geld oder geldwerten Mitteln abzielen.

97 Eine vertiefende Auseinandersetzung mit dem Begriff der Finanzierung ist für den weiteren Verlauf der Arbeit nicht erforderlich und somit an dieser Stelle entbehrlich.

98 Vgl. hierzu Abschnitt 1.2.2.

Demgegenüber beschränkt sich bei dem Modell des Gewährleistungsstaats der (mittelbare) Einsatz finanzieller Ressourcen vor allem auf die Ausgestaltung von Rahmenbedingungen.[99] Letztere werden jedoch gerade nicht — wie gezeigt — vom engen Begriff der Finanzierung, sondern vielmehr allein durch den weiten Begriff der Förderung erfasst. Insofern ist der Gewährleistungsstaat zwangsläufig auf den weiten Begriff der Förderung angewiesen.

Soweit in der kulturpolitischen Diskussion demnach lediglich von Kulturfinanzierung, nicht aber von Kulturförderung gesprochen wird, ist bereits aus dem verwendeten Wortlaut ein Indiz für eine leistungsstaatliche Sichtweise erkennbar.

2.3 Wohlfahrtstheoretische Legitimationsansätze

2.3.1 Vorbemerkung

Im Folgenden gilt es zu prüfen, ob es wohlfahrtstheoretische Argumente gibt, die eine leistungsstaatlich ausgerichtete Kulturförderung nicht nur legitimieren, sondern diese unter Umständen sogar als zwingend erscheinen lassen. Vorab soll jedoch zunächst untersucht werden, ob das von der Kulturpolitik üblicherweise herangezogene Argument der so genannten Doppelnatur von Kultur[100] bereits einen ausreichenden theoretischen Erklärungsansatz für eine (leistungs-)staatliche Intervention im Kulturbereich liefert. Es handelt sich also um eine normative Fragestellung.[101]

Traditionelle Erklärungsansätze der Wohlfahrtsökonomik[102] begründen staatliche Eingriffe überwiegend mit dem Vorliegen von Marktversagen. Darunter werden unbefriedigende Marktergebnisse bezüglich der Allokationseffizienz, also der effizienten Zuordnung knapper Ressourcen auf alternative Verwendungsmöglichkeiten, verstanden. Ausgangspunkt bzw. Referenzmodell dieses Erklärungsansatzes ist das Konzept des Pareto-Optimums, weswegen auch von der paretianischen Wohlfahrtsökonomie gesprochen wird. Dessen wesentliche Grundannahme ist die der vollständigen Konkurrenz, ein Zustand also, der in

---

[99] Vgl. hierzu Abschnitte 1.2.2 und 1.2.3.

[100] Vgl. hierzu Abschnitt 2.3.2.

[101] Vgl. B. S. Frey, Public Support, in: R. Towse (Hrsg.), A Handbook of Cultural Economics, Cheltenham u. a. 2003, S. 389.

[102] Innerhalb dieser Arbeit werden die Begriffe Wohlfahrtsökonomik und Wohlfahrtstheorie als Synonyme verstanden und verwendet.

der Realität nur annäherungsweise erreichbar ist. Daher wird diesem Konzept neben anderen Kritikpunkten[103] vor allem auch Realitätsferne (so genannter Nirwana-Vorwurf) unterstellt. Unter einem pareto-optimalen Zustand versteht man, dass es durch eine Reallokation der Ressourcen nicht mehr möglich ist, den Nutzen eines Mitglieds der Gesellschaft besser zu stellen, ohne ein anderes Mitglied dabei schlechter zu stellen. Hierbei werden zwei Werturteile zu Grunde gelegt. Zum einen geht man von den individuellen Präferenzen der Konsumenten aus, das heißt davon aus, dass jeder beurteilen kann, was für ihn selbst am besten ist. Zum anderen gilt das Pareto-Prinzip: "Wird ein Zustand A von mindestens einer Person höher bewertet als ein Zustand B, und werten alle anderen Personen den Zustand A mindestens nicht schlechter als den Zustand B, so ist der Zustand A aus gesellschaftlicher Sicht dem Zustand B vorzuziehen."[104] Kommt es nun zu Marktversagen, so gilt es durch staatliche Eingriffe, also durch Wahrnehmung der Allokationsfunktion durch die öffentliche Hand, das angestrebte Ideal herzustellen.

In der Literatur besteht weitgehend Konsens darüber, dass im Vorliegen folgender Sachverhalte Ursachen für Marktversagen zu sehen sind:[105] natürliche Monopole,[106] reine öffentliche Güter[107] und Mischgüter[108] sowie externe Effekte.[109] Ob auch das Vorliegen meritorischer Güter[110] hierunter zu fassen ist, erscheint fraglich und wird gesondert zu betrachten sein.

---

[103] Vgl. hierzu M. Fritsch; T. Wein; H.-J. Ewers, Marktversagen und Wirtschaftspolitik, 5. Aufl., München 2003, S. 64 ff.

[104] D. Wellisch, Finanzwissenschaft I. Rechtfertigung der Staatstätigkeit, München 2000, S. 8 f.

[105] Vgl. D. Wellisch, Finanzwissenschaft I. Rechtfertigung der Staatstätigkeit, München 2000, S. 55; D. Brümmerhoff, Finanzwissenschaft, 8. Aufl., München u. a. 2001, S. 64; H. Mühlenkamp, Eine ökonomische Analyse ausgewählter institutioneller Arrangements zur Erfüllung öffentlicher Aufgaben, Baden-Baden 1999, S. 29 f. m. w. N.; M. Fritsch; T. Wein; H.-J. Ewers, Marktversagen und Wirtschaftspolitik, 5. Aufl., München 2003, S. 89. Letztere verzichten dabei auf öffentliche Güter als separate Kategorie, da sie die darunter üblicherweise subsumierten Phänomene im Rahmen ihrer übrigen Kategorien als abgedeckt erachten und den Begriff des öffentlichen Guts darüber hinaus als irreführend empfinden. Vgl. dieselben, S. 359 ff.

[106] Vgl. hierzu Abschnitt 2.3.3.

[107] Vgl. hierzu Abschnitt 2.3.4.1.

[108] Vgl. hierzu Abschnitt 2.3.4.2.

[109] Vgl. hierzu Abschnitt 2.3.5.

[110] Vgl. hierzu Abschnitt 2.3.6.

Neben allokativen Gründen des Marktversagens gibt es auch verteilungspolitische Argumente.[111] So ist auch dann die Rede von Marktversagen, wenn die aus dem Marktergebnis resultierende Einkommensverteilung als ungerecht wahrgenommen wird.[112] Schließlich ist für den Kulturbereich zudem noch die so genannte Baumolsche Kostenkrankheit[113] als möglicher Legitimationsansatz heranzuziehen.

2.3.2 Zur so genannten Doppelnatur von Kultur

Im kulturpolitischen Kontext wird häufig auf die Doppelnatur bzw. den so genannten Doppelcharakter von Kultur verwiesen, um eine öffentliche Förderung von Kultur zu rechtfertigen. Diese Doppelnatur wird üblicherweise in der Zweiteilung von Kultur als **öffentlichem Gut** und Kultur als regulärem **Wirtschaftsgut** gesehen. Zentrum dieser Betrachtung sind also kulturelle Güter und Dienstleistungen. Den Vorstellungen über eine Doppelnatur von Kultur zufolge greife es zu kurz, diese Güter und Dienstleistungen einfach als Waren oder Konsumgüter zu deklarieren, da sie darüber hinaus Träger von Identitäten, Wertvorstellungen und Sinn seien.[114] Weiter heißt es, "that cultural activities, goods and services have both an economic and a cultural nature"[115], als würden sich beide Eigenschaften per se entgegenstehen. Überhaupt sei Kunst keine gewöhnliche Ware. Vielmehr müsse ein Sprung von der materiellen Existenz zur ideellen Erfahrbarkeit geleistet werden.[116] Derartige Mystifizierungen von Kultur tragen kaum zu einer Klärung möglicher Besonderheiten von kulturellen Gütern und Dienstleistungen bei.

Hilfreicher, da differenzierter und sachlicher, sind hierfür wirtschaftswissenschaftliche Auseinandersetzungen mit einer möglichen Dualität von Kultur. So unterscheidet beispielsweise Bechler zwischen dem künstlerischen Produkt in seiner konkreten Erscheinung (zum Beispiel einem Buch oder Gemälde) und dem künstlerischen Informationsgehalt (zum Beispiel der inhaltlichen Aussage

---

111 Vgl. hierzu Abschnitt 2.3.7.

112 Vgl. D. Wellisch, Finanzwissenschaft I. Rechtfertigung der Staatstätigkeit, München 2000, S. 55.

113 Vgl. hierzu Abschnitt 2.3.8.

114 Vgl. UNESCO, Universal Declaration on Cultural Diversity, Paris 02.11.2001, Art. 8.

115 UNESCO, Convention on the Protection and Promotion of the Diversity of Cultural Expressions, Paris 20.10.2005, Präambel.

116 Vgl. T. Heinze u. a., Einführung, in: T. Heinze (Hrsg.), Kulturmanagement. Professionalisierung kommunaler Kulturarbeit, Opladen 1994, S. 15.

eines Buchs oder auch der plastischen Ausstrahlung eines Gemäldes). Lediglich der ideelle Teil lasse sich dabei nicht monopolisieren.[117] Ähnliche Begriffspaare sind die des individuellen künstlerischen Produkts im Gegensatz zu dessen künstlerischem Informationsgehalt[118] oder des handelbaren Guts mit Warencharakter gegenüber dem ideellen Wert als Vergegenständlichung einer Idee.[119] Die aufgezeigte Dualität oder auch Doppelnatur ist jedoch grundsätzlich bei allen Wirtschaftsgütern erkennbar. Der Unterschied besteht lediglich darin, dass sie im Bereich künstlerischer Angebote eine konstitutive Eigenschaft darstellt.[120] Entsprechend handelt es sich nach wirtschaftswissenschaftlicher Einschätzung auch bei "beiden Seiten" dieser Doppelnatur von Kultur um wirtschaftliche Güter. Schließlich werden in jedem Fall knappe Ressourcen verwendet, die somit einer alternativen Verwendung entzogen werden.[121]

Der Begriff kulturelle Güter und Dienstleistungen sagt zunächst noch nicht viel darüber aus, welche Aktivitäten im Einzelnen damit einhergehen. Hier besteht weiteres Differenzierungspotenzial. So kann man grob in das Gebiet der kulturellen Produktion und in das der kulturellen Distribution untergliedern. Die kulturelle **Produktion** umschließt dabei die Kreation, Inszenierung, Darbietung und den Erhalt von Kulturgütern sowie die Kulturverwaltung.[122] Für die vorlie-

---

117 Vgl. E. Bechler, Über den Gütercharakter der Kunst. Einige wirtschaftstheoretische Aspekte von Kulturförderung und Kulturmanagement, in: R. Strachwitz; S. Toepler (Hrsg.), Kulturförderung. Mehr als Sponsoring, Wiesbaden 1993, S. 45 f.

118 Vgl. F. E. Münnich, Zur ökonomischen Analyse der Kunst, in: Wirtschaftspolitische Blätter, Jg. 27 (1980), H. 6, S. 18 f.

119 Vgl. O. Zimmermann, Was ist eigentlich das Urheberrecht? Zur Bewertung kreativer Leistungen, in: puk, H. 1 (2005), S. 2.

120 Vgl. E. Bechler, Über den Gütercharakter der Kunst. Einige wirtschaftstheoretische Aspekte von Kulturförderung und Kulturmanagement, in: R. Strachwitz; S. Toepler (Hrsg.), Kulturförderung. Mehr als Sponsoring, Wiesbaden 1993, S. 46 f.; F. E. Münnich, Zur ökonomischen Analyse der Kunst, in: Wirtschaftspolitische Blätter, Jg. 27 (1980), H. 6, S. 18 f.

121 Vgl. G. van der Beek, Kulturfinanzen. Ein volkswirtschaftlicher Beitrag zur Reform der öffentlichen Museen und Theater in Deutschland, Berlin 2002, S. 62 f.; G. Gäfgen, Die Kunst der Ökonomie am Beispiel der Ökonomie der Kunst, in: Homo Oeconomicus. Zeitschrift für Wirtschafts- und Sozialwissenschaften, Bd. 9 (1992), H. 2, S. 172 f.; E. Bechler, Über den Gütercharakter der Kunst. Einige wirtschaftstheoretische Aspekte von Kulturförderung und Kulturmanagement, in: R. Strachwitz; S. Toepler (Hrsg.), Kulturförderung. Mehr als Sponsoring, Wiesbaden 1993, S. 45; W. W. Pommerehne; B. S. Frey, Staatliche Förderung von Kunst und Kultur. Eine ökonomische Betrachtung, in: Jahrbuch für Sozialwissenschaften, Bd. 38 (1987), S. 259.

122 Vgl. K. Geppert u. a., Kultur als Wirtschaftsfaktor in Berlin. Eine Studie des DIW im Auftrag der Senatsverwaltung für Kulturelle Angelegenheiten, Berlin 1992, S. 15.

gende Arbeit soll zudem auch die Vermittlung von Kultur, zum Beispiel in Kunsthochschulen, zu diesem Bereich gehören. Zusammenfassend kann man also zweckmäßig von der Produktion von kulturellen Gütern und Dienstleistungen sprechen. Mit der **Distribution** ist üblicherweise der Vertrieb vor allem von kulturellen Gütern, aber auch Dienstleistungen gemeint.[123] Dieser geht üblicherweise mit einem Transformationsprozess einher. Exemplarisch sind an dieser Stelle für den Produktionsbereich die Komposition eines neuen Musikstücks oder auch die Inszenierung und Aufführung eines Theaterstücks zu nennen, während dem Bereich der Distribution zum Beispiel das Verlagswesen, der Buch- und Musikalienhandel sowie die Musikindustrie zugeordnet werden können. Allerdings gibt es neben verhältnismäßig offensichtlichen Zuordnungen auch Kulturbereiche, bei denen dies schwieriger ist. Gehört zum Beispiel das Ressort Bibliotheken zum Bereich der Produktion im Sinne von Darbietung und Erhalt von Kulturgütern oder ist durch die Möglichkeit der Ausleihe eher ein distributives Element zu erkennen? Überlappungen oder Ungenauigkeiten sind mithilfe der Unterscheidung zwischen Produktion und Distribution sicherlich nicht gänzlich zu vermeiden, dennoch ist sie ein hilfreiches Kriterium, um die Überlegungen zur Doppelnatur von Kultur weiter voranzubringen und zu konkretisieren. So lassen sich die im Bereich der Distribution vertriebenen Güter wie zum Beispiel CDs, Noten, Instrumente oder Bücher verhältnismäßig eindeutig als Wirtschaftsgüter charakterisieren.

Ein weiteres Kriterium, das zu einer ähnlichen Zweiteilung führen würde, und das sich demzufolge in den Versuch einer Analogiebildung einreihen lässt, betrifft die Art des Kulturkonsums und die damit verbundene Erfahrung. Unter Erfahrung soll hierbei ein Erlebnis verstanden werden, das im Gedächtnis haften bleibt. Hierbei steht das **Live-Erlebnis** von Kultur im Sinne einer unmittelbaren, also einer auf direktem Kontakt mit dem kulturellen Erfahrungsobjekt beruhenden Primärerfahrung im Gegensatz zu kulturellen **Sekundärerfahrungen**, die zum Beispiel durch Fernsehkonsum oder Abspielen von Musikkonserven entstehen. Im Zusammenhang mit dem Live-Moment von Kultur wird in der englischsprachigen Literatur häufig der Begriff der so genannten Performing Arts verwendet, der maßgeblich durch das Buch *Performing Arts - The Economic Dilemma* von Baumol und Bowen[124] geprägt wurde, die darunter die Bereiche Theater, Oper, Musik und Tanz fassen. Allerdings greift das Kriterium des Live-Erlebnisses auch für andere Kulturbereiche als die von Bowen und Baumol identifizierten. So kann zum Beispiel auch ein Museumsbesuch als

---

[123] Vgl. K. Geppert u. a., Kultur als Wirtschaftsfaktor in Berlin. Eine Studie des DIW im Auftrag der Senatsverwaltung für Kulturelle Angelegenheiten, Berlin 1992, S. 16.

[124] Vgl. W. J. Baumol; W. G. Bowen, Performing Arts - The Economic Dilemma. A Study of Problems common to Theater, Opera, Music and Dance, New York 1966.

Live-Erlebnis gesehen werden, da man hierdurch in unmittelbaren Kontakt zu Kulturgütern verschiedener Art kommt.[125] Ähnliches mag für die Arbeit von Goethe-Instituten oder regionalen soziokulturellen Zentren gelten, weil dort jeweils ein direkter, von Menschen gestalteter Austausch über Kultur stattfindet.

Auch zwischen der Unterscheidung in Produktion und Distribution einerseits sowie in Live-Erlebnis und Sekundärerfahrung andererseits kann ein Zusammenhang hergestellt werden. So entstammen Live-Erlebnisse üblicherweise dem Bereich der Produktion von kulturellen Gütern und Dienstleistungen, während Sekundärerfahrungen eher als Ergebnis der Distribution eben solcher durch nachgelagerte Industrien stattfinden.

Im Folgenden wird der Versuch einer Analogiebildung noch einmal grafisch dargestellt.

Kultur[126]	
Kultur als öffentliches Gut	Kultur als Wirtschaftsgut
Kulturproduktion	Kulturdistribution
Kultur als Live-Erlebnis	Kultur als Sekundärerfahrung

Abb. 3: Versuch einer Analogiebildung auf Basis der Doppelnatur von Kultur[127]

Auch wenn durch diese Begriffsverfeinerung und Analogiebildung verschiedener im kulturpolitischen Kontext verwendeter Fachtermini eine greifbarere Vorstellung davon, was unter der Doppelnatur von Kultur verstanden wird, entwickelt wurde, ist damit bei Weitem noch keine normative Legitimation, die eine öffentliche Kulturförderung verteidigen könnte, erreicht. Im Gegenteil, ein Verweis auf eine "Natur der Sache" trägt eher zu einer Mystifizierung und oberflächlichen Auseinandersetzung bei, als dass hierdurch eine echte Argumen-

[125] Ergänzend kann das Argument von Görsch genannt werden, wonach man Museen durchaus den Performing Arts zuordnen kann, weil die Vorbereitung und Durchführung von Ausstellungen (Auswahl der auszustellenden Stücke sowie deren Arrangement innerhalb der Ausstellungsräume usw.) als wesentlicher Teil der Museumsarbeit einer Inszenierung gleichkommt und somit ein darstellendes Moment ähnlich dem einer Theateraufführung beinhaltet. Vgl. M. Görsch, Komplementäre Kulturfinanzierung. Das Zusammenwirken von staatlichen und privaten Zuwendungen bei der Finanzierung von Kunst und Kultur, Berlin 2001, S. 15.

[126] Kultur wird hier und in der gesamten Abbildung entsprechend den vorangegangenen Ausführungen im Sinne von kulturellen Gütern und Dienstleistungen verstanden.

[127] Eigene Darstellung.

tationslogik geboten würde, die etwa Vertretern, die Kultur lediglich als Wirtschaftsgut betrachten und einer öffentlichen Kulturförderung demnach kritischer gegenüberstehen, entgegengebracht werden könnte.

Somit wird deutlich, dass ein Rückgriff auf die Doppelnatur von Kultur allein nicht als wohlfahrtstheoretischer Erklärungsansatz ausreicht, mithin keine dezidierten über die "Natur der Sache" hinausgehenden Begründungen liefert. Eine Verifizierung etwaiger leistungsstaatlicher Indizien erübrigt sich somit an dieser Stelle.

2.3.3 Natürliche Monopole

2.3.3.1 Sinkende Durchschnittskosten

Ein natürliches Monopol ist dadurch gekennzeichnet, dass ein einzelner Anbieter den Markt kostengünstiger, das heißt volkswirtschaftlich effizienter, mit der erforderlichen Produktionsmenge versorgen kann als mehrere Unternehmen zusammen.[128] Ein natürliches Einproduktmonopol zeichnet sich dabei durch steigende Skalenerträge aus, das heißt die Durchschnittskosten liegen im Bereich der relevanten Produktionsmenge über den Grenzkosten.[129] Ein möglicher Grund hierfür sind hohe Fixkosten.[130]

Nach Maßgabe der so genannten Grenzkosten = Preis-Regel ist ein Allokationsoptimum dann gegeben, wenn sich der Anbieter preispolitisch an den Grenzkosten orientiert.[131] Bei einem natürlichen Monopol käme es demnach theoretisch zu einer effizienten Allokation der Ressourcen, wenn der Monopolist einen Preis verlangt, der den Grenzkosten entspricht.[132] Wenn jedoch im Rah-

---

128 Vgl. H. Mühlenkamp, Öffentliche Unternehmen. Einführung unter Berücksichtigung betriebswirtschaftlicher, volkswirtschaftlicher und rechtlicher Aspekte, München u. a. 1994, S. 164.

129 Vgl. H. Mühlenkamp, Öffentliche Unternehmen. Einführung unter Berücksichtigung betriebswirtschaftlicher, volkswirtschaftlicher und rechtlicher Aspekte, München u. a. 1994, S. 164 f.; M. Fritsch; T. Wein; H.-J. Ewers, Marktversagen und Wirtschaftspolitik, 5. Aufl., München 2003, S. 192.

130 Vgl. D. Wellisch, Finanzwissenschaft I. Rechtfertigung der Staatstätigkeit, München 2000, S. 61.

131 Vgl. M. Fritsch; T. Wein; H.-J. Ewers, Marktversagen und Wirtschaftspolitik, 5. Aufl., München 2003, S. 192.

132 Vgl. M. Fritsch; T. Wein; H.-J. Ewers, Marktversagen und Wirtschaftspolitik, 5. Aufl., München 2003, S. 193.

men natürlicher Monopole bei sinkenden Durchschnittskosten die Grenzkosten unter den Stückkosten liegen, wird der Monopolist bei einer an den Grenzkosten orientierten Preisgestaltung ein Defizit erwirtschaften. Zur Kostendeckung müsste er vielmehr einen Preis verlangen, der den Durchschnittskosten entspricht, mithin höher als die Grenzkosten ist. Insoweit ist bei natürlichen Monopolen die wohlfahrtsökonomisch optimale Grenzkosten = Preis-Regel verletzt und ein Fall typischen Marktversagens gegeben.

Im Kulturbereich sind derartige Konstellationen vor allem im Bereich der Kulturbetriebe im Sinne fester Betriebsstätten denkbar, da es offensichtlich ist, dass im Rahmen der gegebenen Kapazitäten ein zusätzlicher Besucher, der quasi eine zusätzliche Einheit der angebotenen kulturellen Leistung in Anspruch nimmt, nur geringfügige bis gar keine zusätzliche Kosten verursacht. Es liegen insofern sinkende Durchschnittskosten vor. Dies würde zunächst gleichermaßen für Museen, Theater, Konzerthäuser, Bibliotheken und kulturspezifische Bildungseinrichtungen gelten. Zumindest im großstädtischen Bereich existieren allerdings eine Vielzahl derartiger Einrichtungen mit teilweise sehr ähnlichen kulturellen Angeboten, die sowohl durch die öffentliche Hand als auch durch Private angeboten werden und in einem Wettbewerb zueinander stehen, so dass insoweit die Existenz natürlicher Monopole fraglich ist.

Ein generelles Vorliegen natürlicher Monopole im Kulturbereich aufgrund von sinkenden Durchschnittskosten kann demnach angezweifelt werden. Unter anderem Heilbrun und Gray sowie van der Beek halten diese jedoch zumindest für den Bereich von Museen für plausibel, wobei sie darauf hinweisen, dass für eine exakte Aussage weitere empirische Studien über die Kostensituation von Museen erforderlich sind.[133]

Demnach ließe sich für den Bereich der Museen aus wohlfahrtstheoretischer Sicht eine Rechtfertigung staatlicher Intervention in Gestalt eines Defizitausgleichs oder auch in Form eines öffentlichen Angebots und damit ein Indiz für einen Leistungsstaat ausmachen.

---

[133] Vgl. J. Heilbrun; C. M. Gray, The Economics of Art and Culture. An American Perspective, Cambridge/Mass. 1993, S. 176; G. van der Beek, Kulturfinanzen. Ein volkswirtschaftlicher Beitrag zur Reform der öffentlichen Museen und Theater in Deutschland, Berlin 2002, S. 68.

2.3.3.2 Versunkene Kosten aufgrund irreversibler Investitionen

Natürliche Monopole können zusätzlich durch das Vorliegen versunkener Kosten (Sunk Costs) gekennzeichnet sein. Hierbei handelt es sich nicht um Fixkosten,[134] sondern um unwiederbringliche, also versunkene Kosten aufgrund irreversibler Investitionen.

Investitionen werden als irreversibel bezeichnet, wenn sie — häufig bedingt durch Unteilbarkeiten — nicht mehr rückgängig zu machen sind, keiner alternativen Nutzung zugeführt werden können bzw. ein Transfer in andere Nutzungen oder ein Verkauf zu Produktivitäts- oder Wertverlusten führen würde.[135] Dieser Tatbestand festigt die Stellung des Monopolisten zusätzlich, da er eine Marktzutrittsbarriere für potenzielle Wettbewerber darstellt: Weil der Monopolist die versunkenen Kosten im Fall eines Marktaustritts nicht zurückholen könnte, kann er dem möglichen Konkurrenten mit Preisen zu Grenzkosten drohen — eine Situation, bei welcher der Newcomer noch nicht mithalten kann, da für ihn zu einem so frühen Zeitpunkt noch alle Kosten relevant sind.[136] Der Monopolist ist nun in der Lage seine Position auszunutzen, indem er überhöhte Preise verlangt, zu geringe Mengen bereitstellt oder aber für eine zeitgemäße Produktion notwendige Investitionen (zum Beispiel im Hinblick auf Umweltschutztechnologien) unterlässt. Typische Beispiele für derartige natürliche Monopole stammen aus Netzsektoren wie der Wasserversorgung, dem Schienenverkehr oder auch der Telekommunikation. In letzterem Fall bestehen die versunkenen Kosten beispielsweise aufgrund der irreversiblen Investition in den Aufbau des Leitungsnetzes. Die Wartung und Instandhaltung desselben führen darüber hinaus zu hohen Fixkosten, während jeder zusätzliche Kunde innerhalb des vorhandenen Leitungsnetzes nur geringe Grenzkosten erzeugt.

Fraglich ist nun, ob das Argument der Irreversibilität und der damit verbundenen versunkenen Kosten auch für den Kulturbereich gilt.[137]

---

[134] Vgl. M. Fritsch; T. Wein; H.-J. Ewers, Marktversagen und Wirtschaftspolitik, 5. Aufl., München 2003, S. 206.

[135] Vgl. M. Fritsch; T. Wein; H.-J. Ewers, Marktversagen und Wirtschaftspolitik, 5. Aufl., München 2003, S. 205 f.

[136] Vgl. C. B. Blankart, Öffentliche Finanzen in der Demokratie, 5. Aufl., München 2003, S. 61 f.

[137] In der Literatur werden versunkene Kosten aufgrund irreversibler Investitionen für den Kulturbereich kaum diskutiert. Zwar konstatiert Krieger, dass sowohl Museen als auch Theater und Orchester sehr hohe Sunk Costs aufweisen, geht des Weiteren aber

Bei Theatern, Konzerthäusern sowie auch kulturspezifischen Bildungseinrichtungen betreffen die Anfangsinvestitionen primär die Gebäude. Sie können nach Marktaustritt durchaus alternativen Verwendungen zugeführt werden und stellen somit keine versunkenen Kosten dar.

Auch für die Räumlichkeiten von Museen und Bibliotheken stehen alternative Nutzungsmöglichkeiten zur Verfügung, bei ihnen kommen jedoch die jeweiligen, teilweise sehr spezifischen (Anfangs-)Ausstattungen mit Exponaten bzw. Büchern hinzu, die schon eher den Charakter der Irreversibilität aufweisen. Dabei ist jedoch zu beachten, dass diese Ausstellungsstücke oder Bücher nach Marktaustritt grundsätzlich veräußert werden können und somit nicht irreversibel im engeren Sinne sind. Insofern kann man allgemein den Umstand irreversibler Investitionen im Kulturbereich ausschließen.

Zu bemerken ist vielmehr, dass Kulturbetriebe, und hier insbesondere soziokulturelle Zentren, häufig in Gebäuden untergebracht werden, die ursprünglich eine andere Funktion hatten, das heißt der Kultur*betrieb* stellt bereits das Ende einer möglichen Kette alternativer Verwendungen dar. Hamburger Beispiele hierfür sind die soziokulturellen Einrichtungen Fabrik und Zinnschmelze, deren Name jeweils direkt auf die ehemalige Gebäudefunktion hinweist, sowie die Ausstellungsräume Deichtorhallen, die in ehemaligen Markthallen Raum für wechselnde Ausstellungen bieten. In anderen Städten ist diese Tradition der alternativen Gebäudenutzung ebenso weit verbreitet.[138]

Schließlich spricht auch die Tatsache, dass es in der Praxis sehr wohl miteinander konkurrierende Kulturanbieter gibt, dafür, dass grundsätzlich keine unüberwindbaren Marktzutrittsbarrieren bestehen.

Nach alledem ist das Argument der versunkenen Kosten infolge irreversibler Investitionen zur Begründung eines Marktversagens und damit zur Legitimation etwaiger (leistungs-)staatlicher Intervention im Bereich der Kultur nicht haltbar.

---

nicht darauf ein, worin diese im Einzelnen bestehen. Vgl. G. Krieger, Ökonomie und Kunst. Wechselseitige Beziehungen und regionale Aspekte, Berlin 1996, S. 109.

138 Vgl. zum Beispiel das Kölner E-Werk oder auch das Schweriner E-Werk.

2.3.4 Öffentliche Güter

2.3.4.1 Reine öffentliche Güter

Die Theorie der reinen öffentlichen Güter geht zurück auf die Arbeiten von Paul A. Samuelson[139] und wurde in der Folge vor allem von Richard A. Musgrave aufgegriffen. Diesem Ansatz zufolge zeichnen sich öffentliche Güter[140] im Gegensatz zu privaten Gütern durch Vorliegen folgender Eigenschaften aus: Nicht-Ausschließbarkeit und Nicht-Rivalität.[141]

Unter **Nicht-Ausschließbarkeit** versteht man, dass es technisch unmöglich oder aber zumindest unwirtschaftlich ist, jemanden von der Nutzung eines Guts[142] auszuschließen. Aus diesem angebotsseitigen Merkmal, das auf fehlenden Eigentumsrechten des Anbieters beruht, resultiert, dass jeder das Gut kostenfrei nutzen und sich ihm auch gar nicht entziehen kann.

Die Eigenschaft der **Nicht-Rivalität** betrifft die Nachfrageseite. Darunter versteht man, dass der Konsum eines Guts durch einen weiteren Nutzer nicht den (physischen) Konsum der übrigen Nutzer beeinträchtigt.[143] Durch einen weite-

---

139 Als zentrales Werk vgl. P. A. Samuelson, The Pure Theory of Public Expenditure, in: Review of Economics and Statistics, Bd. 36 (1954), H. 4, S. 387-389.

140 Samuelson spricht anstelle von öffentlichen Gütern von so genannten Collective Consumption Goods. Vgl. P. A. Samuelson, The Pure Theory of Public Expenditure, in: Review of Economics and Statistics, Bd. 36 (1954), H. 4, S. 387. Hingegen bezeichnet Musgrave öffentliche Güter zunächst als so genannte Social Wants und später als Social Goods. Diese Begriffsänderung begründet er damit, dass der neue Begriff stärker darauf verweise, dass die definitorischen Kriterien aus der Natur des Guts selbst resultieren. Vgl. R. A. Musgrave, Provision for Social Goods, in: J. Margolis; H. Guitton (Hrsg.), Public Economics. An Analysis of Public Production and Consumption and Their Relation to the Private Sectors, London u. a. 1969, S. 125 f.

141 Vgl. im Folgenden C. B. Blankart, Öffentliche Finanzen in der Demokratie, 5. Aufl., München 2003, S. 57 f.

142 In der Theorie öffentlicher Güter und damit verbundenen Kontexten wird üblicherweise nur der Begriff Gut verwendet. Dieser beinhaltet im Folgenden jedoch neben materiellen Produkten selbstverständlich auch Dienstleistungen.

143 Musgrave betont hierbei, dass dies nicht zwangsläufig impliziert, dass die Konsumenten nicht unterschiedliche subjektive Nutzen aus ihrem Konsum ziehen. Vgl. R. A. Musgrave, Provision for Social Goods, in: J. Margolis; H. Guitton (Hrsg.), Public Economics. An Analysis of Public Production and Consumption and Their Relation to the Private Sectors, London u. a. 1969, S. 126.

ren Nutzer entstehen keine zusätzlich Kosten. Die Grenzkosten sind also gleich Null.

Liegen beide Merkmale zugleich vor, spricht man von reinen öffentlichen Gütern. Musgrave bezeichnet diese Konstellation auch als double-polar case.[144] Der Preismechanismus versagt und eine marktliche Allokation findet nicht statt, so dass es zu Marktversagen kommt. Während dies bei bereits vorhandenen öffentlichen Gütern unproblematisch ist, entstehen Probleme, wenn neue öffentliche Güter angeboten werden sollen. Diese sind darauf zurückzuführen, dass jedem potenziellen Anbieter des neuen öffentlichen Guts Kosten entstehen, das heißt er wird das Gut nicht kostenlos anbieten können. Umgekehrt werden aber die Nachfrager nicht bereit sein, ihre wahren Präferenzen und ihre damit verbundene Zahlungsbereitschaft zu offenbaren, da sie ja aufgrund der Nicht-Rivalität ohnehin nicht vom Konsum ausgesperrt werden können. Es kommt also zu dem Phänomen des so genannten Trittbrettfahrer-Problems und zu dem damit verbundenen Marktversagen.[145] Reine öffentliche Güter sind jedoch mehr ein theoretisches Konstrukt, als dass sie häufig in der Realität anzutreffen wären. So weisen zum Beispiel Fritsch, Wein und Ewers unter Bezugnahme auf historische und internationale Vergleiche darauf hin, dass es kaum ein Gut gibt, bei dem das Ausschlussprinzip nicht grundsätzlich anwendbar wäre.[146] Als klassisches Beispiel für ein nahezu reines öffentliches Gut wird regelmäßig die Landesverteidigung angeführt.

In der Literatur wird die Frage, ob es sich beim Angebot kultureller Güter und Dienstleistungen überhaupt um öffentliche Güter handelt, mittlerweile überwiegend verneint.[147]

So kann man im Bereich der Bereitstellung von Kultur lediglich im Zusammenhang mit Kultur im öffentlichen Raum von reinen öffentlichen Gütern sprechen. Hierzu gehören zum Beispiel Kunstwerke wie Skulpturen in öffentlichen Grünanlagen, aber vor allem auch Güter und Leistungen aus der Kategorie Denkmal-

---

[144] Vgl. R. A. Musgrave, Provision for Social Goods, in: J. Margolis; H. Guitton (Hrsg.), Public Economics. An Analysis of Public Production and Consumption and Their Relation to the Private Sectors, London u. a. 1969, S. 128.

[145] Vgl. C. B. Blankart, Öffentliche Finanzen in der Demokratie, 5. Aufl., München 2003, S. 58 f.

[146] Vgl. M. Fritsch; T. Wein; H.-J. Ewers, Marktversagen und Wirtschaftspolitik, 5. Aufl., München 2003, S. 360.

[147] Vgl. hierfür auch M. Görsch, Komplementäre Kulturfinanzierung. Das Zusammenwirken von staatlichen und privaten Zuwendungen bei der Finanzierung von Kunst und Kultur, Berlin 2001, S. 30 m. w. N.

schutz und -pflege. Sie sind öffentlich zugänglich, das heißt man kann niemanden von der Nutzung ausschließen, und üblicherweise besteht innerhalb eines öffentlich zugänglichen Parks auch keine Rivalität im Konsum, da keine Abnutzung durch Betrachtung stattfindet. Das Gut kann also mehrmalig konsumiert werden, ohne dass dessen Qualität darunter leidet.

Wie schwierig gleichwohl die Qualifikation eines reinen öffentlichen Guts ist, wird an einem prominenten und medienwirksamen Beispiel aus jüngster Vergangenheit deutlich. So liegt auf den ersten Blick die Vermutung nahe, dass es sich bei dem Projekt "The Gates" des Künstlerpaars Christo und Jeanne-Claude, das im Frühjahr 2005 in einem öffentlichen Park, dem New Yorker Central Park, realisiert wurde, um ein derartiges rein öffentliches Gut handelt. Für die Dauer von gut zwei Wochen wehten von 7500 auf 37 Kilometer Parkstrecke verteilten Toren safranfarbene Stoffsegel, die im Zusammenspiel mit Parklandschaft, Licht und Witterung ein sich ständig wandelndes Bild ergaben.[148] Der Eintritt zu dieser Veranstaltung war frei, so dass man zunächst sowohl eine Nicht-Ausschließbarkeit als auch eine Nicht-Rivalität im Konsum annehmen könnte. Allerdings war angesichts der zeitlichen Befristung der Installation und dem daraus resultierenden großen Besucherandrang vieler Einheimischer und Touristen aus aller Welt[149] das Kriterium der Nicht-Rivalität im Konsum schnell ausgeschaltet. Hieran erkennt man, dass dieses Kriterium häufig, insbesondere im zeitlichen Verlauf keine statische Gültigkeit hat. Die Übergänge von Nicht-Rivalität zu Rivalität gestalten sich vielmehr fließend und ehemals reine öffentliche Güter werden zu Mischgütern.

Bemerkenswerterweise sind die Projekte des Künstlerpaars Christo und Jeanne-Claude, die häufig der Bereitstellung reiner öffentlicher Güter sehr nahe kommen, dadurch gekennzeichnet, dass die beiden Künstler die Projektkosten ihrer Arbeiten immer vollständig selbst tragen und jegliche Formen der öffentlichen sowie auch privaten Unterstützung ablehnen, um ihre künstlerische Autonomie zu bewahren.[150] Eine Finanzierung erfolgt regelmäßig über einen Verkauf von

---

148 Vgl. H. Rauterberg, Unter goldenen Segeln, in: DIE ZEIT vom 17.02.2005, S. 43.

149 So heißt es, der Besuch von Kunstfreunden aus aller Welt dürfte der Stadt New York bis zu 80 Mio. USD an zusätzlichen Einnahmen gebracht haben. Vgl. o. V., Für Christos goldene "Tore" fällt der Vorhang, in: Handelsblatt vom 27.02.2005, S. 17.

150 Vgl. H. Rauterberg, Unter goldenen Segeln, in: DIE ZEIT vom 17.02.2005, S. 43. Von Beyme spricht in diesem Kontext zutreffend von einer Umkehr des öffentlichen Mäzenatentums: "... früher hat der staatliche Mäzen das Programm bestimmt und das Geld bereit gestellt. Der Künstler konnte nur begrenzt seine Vorstellungen von dem Sujet einbringen. Christo hat das klassische Verhältnis auf den Kopf gestellt: der Künstler liefert die Idee und sogar das Geld. Der Mäzen ist eher passives Objekt von pressure-group Politik und Medienkampagne. Sein Beitrag ist gering: er darf nur die

Skizzen, Grafiken bzw. Abbildungen ihrer jeweiligen Projekte. Bezieht man diese Ebene der Verwertung in die Betrachtung des Guts mit ein, so scheidet die Annahme eines reinen öffentlichen Guts aus. Denn in diesem Fall wäre eine Möglichkeit der Ausschließbarkeit gegeben. Die Künstler können unter dem Schutz des Urheberrechts ihr Projekt vermarkten. Hieraus wird deutlich, dass es bei der Prüfung, ob im Kulturbereich öffentliche Güter gegeben sind, sowohl auf die Produktions- als auch auf die Verwertungsebene ankommt.[151]

Auch bei einem weiteren Untersuchungsgegenstand aus der Kategorie des Denkmalschutzes und der Denkmalpflege scheidet die Annahme reiner öffentlicher Güter aus. Gemeint sind staatliche sowie auch in Privateigentum befindliche Schlösser. Hier findet zwar innerhalb der gegebenen Kapazitäten in der Regel keine Rivalität im Konsum statt, durch eine entsprechende Einzäunung der Anlage und Eintrittnahme wird jedoch das Kriterium der Nicht-Ausschließbarkeit ausgehebelt und es liegt ebenfalls kein reines öffentliches Gut mehr vor, sondern ein Mautgut.[152]

Wie gezeigt, finden sich reine öffentliche Güter im Bereich der Bereitstellung kultureller Angebote sehr selten. Entsprechend lässt sich eine Rechtfertigung (leistungs-)staatlicher Förderung hieraus grundsätzlich nicht ableiten. Selbst die Klassifizierung des künstlerischen Informationsgehalts bzw. der Idee eines Kunstwerks als öffentliches Gut[153] lässt nicht auf die Notwendigkeit einer leistungsstaatlichen Förderung schließen. Vielmehr reicht es hier grundsätzlich aus über die Gestaltung geeigneter Rahmenbedingungen — in diesem Fall in Form des Urheberschutzes — entsprechende Eigentumsrechte zu generieren.[154]

Genehmigung für das Kunstspektakel erteilen." K. von Beyme, Kulturpolitik und nationale Identität. Studien zur Kulturpolitik zwischen staatlicher Steuerung und gesellschaftlicher Autonomie, Opladen 1998, S. 245.

151 Vgl. ähnlich auch N. Ebker, Politische Ökonomie der Kulturförderung. Entwicklungen zwischen Staat, Markt und 3. Sektor, Bonn 2000, S. 80 f. m. w. N.

152 Vgl. hierzu Abschnitt 2.3.4.2.1.

153 Vgl. hierzu Abschnitt 2.3.2.

154 Eine Ausnahme stellt hierbei lediglich die Entwicklung neuer Techniken durch einen Künstler dar, da diese — anders als ein fertiggestelltes Kunstwerk — in der Regel nicht urheberrechtlich geschützt werden kann. Vgl. hierzu die Ausführungen zum Innovationswert von Kultur in Abschnitt 2.3.5.

2.3.4.2 Mischgüter

2.3.4.2.1 Mautgüter

Mautgüter werden auch in Anlehnung an die ursprüngliche englische Begriffsprägung als Toll Goods bezeichnet. Sie zeichnen sich dadurch aus, dass eine Ausschließbarkeit wie bei privaten Gütern gegeben ist, jedoch keine oder zu vernachlässigend wenig Rivalität im Konsum besteht.[155]

Für den Kulturbereich kann man das bereits erwähnte Beispiel der eintrittspflichtigen Schlossanlagen auf fast alle Bereiche, die in institutionalisierten Kulturbetrieben stattfinden, ausdehnen. In Anlehnung an die thematischen Kategorien des Kulturfinanzberichts 2003 von Bund, Ländern und Deutschem Städtetag[156] erscheinen in diesem Zusammenhang neben dem bereits erwähnten Bereich Denkmalschutz und -pflege insbesondere Bibliotheken, Theater, Konzerthäuser sowie Museen als vorrangig relevant und untersuchenswert. Grundsätzlich sind alle diese Einrichtungen eintrittspflichtig bzw. im Fall von Bibliotheken benutzungsgebührenpflichtig, so dass es möglich ist, Personen vom Konsum der dort angebotenen Dienstleistungen und Produkte auszuschließen. Wie sieht es aber bezüglich der Nicht-Rivalität im Konsum aus? Dadurch, dass die erwähnten Institutionen sich üblicherweise in festen Betriebsstätten, also in kapazitätsmäßig grundsätzlich begrenzten Räumen befinden, ist es durchaus denkbar, dass ab einem gewissen Zeitpunkt Rivalität im Konsum eintreten kann. Bis zum Erreichen dieser Kapazitätsgrenze findet jedoch zunächst einmal keine Rivalität statt. Das heißt für Theater- und Konzertveranstaltungen, dass es sich solange um Mautgüter handelt, bis die jeweilige Veranstaltung ausverkauft ist.[157] Die Rivalität bzw. Nicht-Rivalität bezieht sich also hierbei primär auf den Erwerb der Eintrittskarte. Demzufolge kann bei unterschiedlichen Preiskategorien auch bereits vor dem endgültigen Ausverkauf der Veranstaltung Rivalität bestehen. In anderen institutionalisierten Kulturbetrieben, in denen keine Preisdifferenzierung im Hinblick auf unterschiedliche Qualitäten des Leistungsangebots bestehen, wie zum Beispiel bei Museen oder auch Bibliotheken, ist die räumliche Kapazität zwar grundsätzlich ebenfalls begrenzt, allerdings sind diese Einrichtungen — wie auch die bereits erwähnten Schlossanlagen — im Regelfall nicht derart stark frequentiert, dass die gleichzeitige Nutzung durch mehrere

---

155 Vgl. C. B. Blankart, Öffentliche Finanzen in der Demokratie, 5. Aufl., München 2003, S. 60.

156 Vgl. hierzu Abschnitt 2.1.3.3.

157 Vgl. C. B. Blankart, Öffentliche Finanzen in der Demokratie, 5. Aufl., München 2003, S. 60.

Besucher zu Qualitätseinbußen im Konsum führen würde, so dass man durchaus von Mautgütern sprechen kann.[158] Allerdings gibt es auch hierzu Ausnahmesituationen, die zu einer Rivalität im Konsum bei gleichzeitiger Ausschließbarkeit führen. Dies ist insbesondere bei temporären Ausstellungen der Fall, die eine starke Nachfrage mit sich ziehen. Man denke etwa an die siebenmonatige Ausstellung "Das MoMA in Berlin"[159] im Jahr 2004, für die das New Yorker Museum of Modern Art der Neuen Nationalgalerie in Berlin zweihundert herausragende Exponate der Modernen Kunst nach 1880 zeitlich befristet zur Verfügung stellte, und die dazu führte, dass Wartezeiten von mehreren Stunden in Kauf genommen wurden. Die hier aufgeführten Beispiele, bei denen zusätzlich zur Ausschließbarkeit ab einem gewissen Punkt auch die Rivalität im Konsum hinzukommt, weisen schließlich wieder den Charakter von privaten Gütern auf, das heißt der Preismechanismus funktioniert und das Gut bzw. die Dienstleistung könnte grundsätzlich ohne staatliche Intervention über den Markt angeboten werden. Ein Marktversagen liegt also nicht mehr vor.

2.3.4.2.2 Allmendegüter

Bei Allmendegütern, die im Englischen als Common Pool Goods, im Deutschen auch als Gemeingüter[160] oder als unreine öffentliche Güter[161] bezeichnet werden, liegt Nicht-Auschließbarkeit bei gleichzeitiger Rivalität im Konsum vor. Der Begriff geht zurück auf das klassische Beispiel für diese Art von Gütern, die gemeindliche Allmende, deren Zugang allen Gemeindemitgliedern offen steht, deren Nutzen jedoch bei zunehmender Konsumentenzahl abnimmt, da der Boden durch die starke Beanspruchung kärger wird. Diese Art von Gütern ist typischerweise im Bereich natürlicher Ressourcen und Umweltgüter anzutref-

---

[158] Vgl. hierzu auch die Ausführungen zu Museen (und Bibliotheken) als natürliche Monopole in Abschnitt 2.3.3.

[159] Hierbei handelte es sich um eine Ausstellung der Staatlichen Museen zu Berlin, der Berliner Festspiele und des Museum of Modern Art, New York, unter der Schirmherrschaft der jeweiligen Außenminister Fischer und Powell, ermöglicht durch den Verein der Freunde der Nationalgalerie und den International Council sowie unterstützt durch eine Vielzahl von Sponsoren, Partnern und Medienpartnern.

[160] Vgl. C. B. Blankart, Öffentliche Finanzen in der Demokratie, 5. Aufl., München 2003, S. 63.

[161] Vgl. D. Wellisch, Finanzwissenschaft I. Rechtfertigung der Staatstätigkeit, München 2000, S. 57. Diese Bezeichnung erscheint jedoch unglücklich gewählt, da man anhand des Kriteriums, dass eine von zwei Eigenschaften nicht erfüllt ist, ebenso gut auch Mautguter als unreine öffentliche Güter bezeichnen könnte.

fen.[162] Im Kulturbereich ist diese Güterart daher — mit Ausnahme der im öffentlichen Raum stattfindenden Veranstaltungen mit hoher Besuchernachfrage — von zu vernachlässigender Bedeutung. Eine allgemein gültige wohlfahrtstheoretische Rechtfertigung staatlicher Kulturförderung lässt sich somit auch nicht aus dem Vorliegen von Allmendegütern ableiten.

2.3.5 Externe Effekte

Das Konzept der externen Effekte[163] ist zurückzuführen auf A. C. Pigou. Hiernach liegen externe Effekte vor, wenn sich wirtschaftliche Handlungen eines Akteurs (Produktions- ebenso wie Konsumhandlungen) auf einen unbeteiligten Dritten auswirken, ohne dass hierfür eine Gegenleistung erfolgt. Man spricht von **positiven externen Effekten (Nutzen)**, wenn besagtem Dritten ein unentgeltlicher Vorteil aus der Handlung des Akteurs erwächst. Umgekehrt spricht man von **negativen externen Effekten (Kosten)**, wenn ihm ein Nachteil daraus entsteht, für den er seitens des Verursachers nicht entschädigt wird. Üblicherweise wird zwischen technologischen sowie pekuniären externen Effekten differenziert.[164] Unter **pekuniären externen Effekten** versteht man Situationen, bei denen besagtem unbeteiligten Dritten pekuniäre, also konkret monetär bezifferbare Vor- oder Nachteile aus den Handlungen eines anderen Wirtschaftssubjekts erwachsen.[165] Es kommt zu veränderten Knappheitsverhältnissen, die sich in Preisänderungen widerspiegeln. Dementsprechend liegt also kein Marktversagen vor.[166] Dieses ist hingegen bei **technologischen externen Effekten** zu konstatieren, weswegen nachfolgend ausschließlich auf diese abgestellt wird.[167] Anders als bei pekuniären externen Effekten werden hier die

---

[162] Vgl. C. B. Blankart, Öffentliche Finanzen in der Demokratie, 5. Aufl., München 2003, S. 63 ff.

[163] Die Begriffe externe Effekte sowie Externalitäten werden im Folgenden als Synonyme verstanden und verwendet.

[164] Vgl. E. Nowotny, Der öffentliche Sektor. Einführung in die Finanzwissenschaft, 4. Aufl., Berlin u. a. 1999, S. 43.

[165] Vgl. E. Nowotny, Der öffentliche Sektor. Einführung in die Finanzwissenschaft, 4. Aufl., Berlin u. a. 1999, S. 44; C. B. Blankart, Ökonomie der öffentlichen Unternehmen. Eine institutionelle Analyse der Staatswirtschaft, München 1980, S. 83 f.

[166] Vgl. H. Mühlenkamp, Eine ökonomische Analyse ausgewählter institutioneller Arrangements zur Erfüllung öffentlicher Aufgaben, Baden-Baden 1999, S. 29.

[167] Im Folgenden wird der Einfachheit halber nur noch kurz von externen Effekten gesprochen, wenn es sich um technologische externe Effekte handelt. Pekuniäre externe Effekte spielen im Weiteren nur eine untergeordnete Rolle. Wenn sie dennoch Erwähnung finden, werden sie explizit als solche bezeichnet.

Beziehungen zwischen Akteur und unbeteiligtem Dritten aufgrund unzulänglich spezifizierbarer Verfügungsrechte nicht indirekt, das heißt über den Umweg des Markts abgebildet, sondern sie bestehen direkt zwischen den beiden. Es kommt also zu keinen Änderungen der Faktor- oder Produktpreise.[168] Als Beispiele werden regelmäßig das private Anlegen eines Parks, an dessen Anblick sich auch unbeteiligte Dritte erfreuen können (positive externe Effekte), sowie die industrielle Umweltverschmutzung, unter der sowohl andere Unternehmen als auch private Anwohner leiden (negative externe Effekte), genannt.

Eine Nähe zwischen externen Effekten und der zuvor dargelegten Theorie öffentlicher Güter ergibt sich zwangsläufig, betrachtet man noch einmal reine öffentliche Güter.[169] Sie bestehen vollständig aus externen Effekten, da niemand, also auch kein potenzieller unbeteiligter Dritter, sich dem Konsum entziehen kann und er auch umgekehrt angebotsseitig gar nicht davon ausgeschlossen werden kann. Selbst wenn man nicht von dem eher seltenen Fall der Bereitstellung reiner öffentlicher Güter ausgeht, besteht diese Nähe weiterhin, wenn auch quasi indirekt. Die Betonung auf *indirekt* soll deutlich machen, dass nicht nur öffentliche Güter selbst externe Effekte aufweisen bzw. vollständig aus ihnen bestehen, wie soeben dargelegt, sondern dass Externalitäten auch — quasi in einem zweiten Schritt — in Verbindung mit oder als Resultat aus der Produktion oder dem Konsum privater Güter entstehen. So wird in der Literatur in diesem Zusammenhang treffend von öffentlichen Gütern besonderer Art und von positiven oder auch negativen externen Effekten als öffentlichen Nebenprodukten der Produktion oder des Konsums zunächst privater Güter gesprochen.[170] Danach liegt in solchen Fällen partielles Marktversagen vor.[171] Es wird also deutlich, dass die Produktion des primären privaten Guts aufgrund der Kriterien Ausschließbarkeit und Rivalität grundsätzlich durchaus marktmäßig möglich ist, und dass lediglich die erwünschten oder auch unerwünschten Nebenprodukte öffentlichen Charakter haben. Eine mögliche Intervention der öffentlichen Hand muss also im Fall positiver externer Effekte nicht zwingend in Form einer öffentlichen Bereitstellung des primären Guts bestehen. Selbst

---

168 Vgl. E. Nowotny, Der öffentliche Sektor. Einführung in die Finanzwissenschaft, 4. Aufl., Berlin u. a. 1999, S. 44; C. B. Blankart, Ökonomie der öffentlichen Unternehmen. Eine institutionelle Analyse der Staatswirtschaft, München 1980, S. 83 f.

169 Vgl. hierzu Abschnitt 2.3.4.1.

170 Vgl. J. W. O'Hagan, The State and the Arts. An Analysis of Key Economic Policy Issues in Europe and the United States, Cheltenham u. a. 1998, S. 28; C. B. Blankart, Öffentliche Finanzen in der Demokratie, 5. Aufl., München 2003, S. 520.

171 Vgl. C. B. Blankart, Öffentliche Finanzen in der Demokratie, 5. Aufl., München 2003, S. 520.

wenn man die Ansätze des Coase-Theorems[172] außer Acht lässt, gibt es eine Reihe weiterer Interventionsmöglichkeiten, die nicht in eine öffentliche Bereitstellung selbst münden müssen: So werden negative externe Effekte üblicherweise durch Steuern (Pigou-Steuer) oder Anreizzahlungen zu internalisieren versucht oder es wird angestrebt, Eigentumsrechte für die von negativen externen Effekten betroffenen öffentlichen Güter wie zum Beispiel Wasser oder Luft (aktuelles Beispiel: Emissions-Handel) zu generieren. Im Fall positiver externer Effekte werden üblicherweise Subventionen privater oder gemeinnütziger Anbieter vorgeschlagen.[173] Allerdings werden positive externe Effekte in der Praxis eher selten auftreten, da gewinnorientierte Unternehmen versuchen werden, ohne staatliche Unterstützung Ausschlussmöglichkeiten zu finden, um die positiven Effekte zu internalisieren.[174] Man könnte daraus also schließen, dass Subventionen — oder gegebenenfalls auch noch ein Mehr an staatlicher Intervention — dann vorgenommen werden, wenn die öffentliche Hand am Eintreten genau dieser externen Effekte — aus welchen Gründen auch immer — interessiert ist. Um eine Internalisierung von Unternehmensseite zu vermeiden, wird die öffentliche Hand entsprechend intervenieren.

Für den Bereich der Kultur gilt es nun zu prüfen, ob und gegebenenfalls wo über das Vorliegen reiner öffentlicher Güter hinaus externe Effekte anzutreffen sind. Es geht also darum zu zeigen, wo unbeteiligten Dritten Vorteile (im Fall positiver externer Effekte) oder grundsätzlich denkbar auch Nachteile (im Fall negativer externer Effekte) durch Produktion und Konsum von Kultur entstehen. In der Literatur werden für den Kulturbereich, wenn auch mit teilweise unterschiedlicher Fokussierung, eine Reihe positiver externe Effekte diskutiert:[175]

---

[172] Hiernach können externe Effekte durch direkte Verhandlung zwischen Nutznießern und Verursachern dieser Effekte internalisiert werden, sofern von staatlicher Seite entsprechende Eigentumsrechte gewährleistet werden. Eine weitere Voraussetzung hierfür ist, dass die Zahl der miteinander Verhandelnden begrenzt ist, da ansonsten ohnehin die Transaktionskosten dieser Verhandlungen viel zu hoch wären.

[173] Vgl. E. Nowotny, Der öffentliche Sektor. Einführung in die Finanzwissenschaft, 4. Aufl., Berlin u. a. 1999, S. 45.

[174] Vgl. C. B. Blankart, Öffentliche Finanzen in der Demokratie, 5. Aufl., München 2003, S. 520.

[175] Vgl. zum Beispiel W. J. Baumol; W. G. Bowen, Performing Arts - The Economic Dilemma. A Study of Problems common to Theater, Opera, Music and Dance, New York 1966, S. 382 ff.; D. Netzer, The Subsidized Muse. Public Support for the Arts in the United States, London u. a. 1978, S. 22 f.; D. Throsby; G. Withers, The Economics of the Performing Arts, London u. a. 1979, S. 175 ff.; B. S. Frey, Arts and Economics. Analysis and Cultural Policy, Berlin u. a. 2000, S. 101 f. m w. N.; J. W.

So wird häufig der **Optionswert** von Kultur genannt. Hierunter versteht man, dass Personen, die selbst keine kulturellen Güter und Dienstleistungen konsumieren, von der bloßen Möglichkeit, dies tun zu können, wenn sie nur wollten, profitieren.[176] Da diese Option sich nicht in unmittelbarer Nachfrage niederschlägt, entstehen positive externe Effekte, welche Anbieter kultureller Güter und Dienstleistungen nicht internalisieren können.

Als eng verwandt mit dem Optionswert wird der **Existenzwert** von Kultur erachtet.[177] Anders als beim Optionswert geht es dem Nicht-Konsumenten hierbei gar nicht darum, ein kulturelles Gut bzw. eine kulturelle Dienstleistung bei spontanem Bedarf direkt in Anspruch nehmen zu können. Vielmehr reicht es ihm aus, sichergestellt zu wissen, dass dessen langfristige Existenz gewährleistet wird. Dieses Argument erscheint besonders plausibel bei dinglichen Artefakten wie Denkmälern, Schlossanlagen, Bildern usw., die materiellem Verfall und materieller Zerstörung zum Opfer fallen können.[178]

Warum aber sollte jemand diesen "Dingen" Nutzen in Form eines positiven externen Effekts abringen, wenn er an ihrer Nutzung bzw. ihrem Konsum per-

---

O'Hagan, The State and the Arts. An Analysis of Key Economic Policy Issues in Europe and the United States, Cheltenham u. a. 1998, S. 23 ff. m w. N.; J. Heilbrun; C. M. Gray, The Economics of Art and Culture. An American Perspective, Cambridge/Mass. 1993, S. 202 ff. m w. N.; E. Bechler, Effizienz und Kultur. Volkswirtschaftliche Überlegungen zum Kulturmanagement, in: HWP (Hrsg.), Kultur braucht Management. Management braucht Kultur, Diskussionsbeiträge Kultur- und Bildungsmanagement Bd. 1, Hamburg 1991, S. 48 f.; G. Krieger, Ökonomie und Kunst. Wechselseitige Beziehungen und regionale Aspekte, Berlin 1996, S. 91 ff. m. w. N.; N. Ebker, Politische Ökonomie der Kulturförderung. Entwicklungen zwischen Staat, Markt und 3. Sektor, Bonn 2000, S. 81 ff. m w. N.; G. van der Beek, Kulturfinanzen. Ein volkswirtschaftlicher Beitrag zur Reform der öffentlichen Museen und Theater in Deutschland, Berlin 2002, S. 71 ff. m. w. N.

176 Vgl. unter anderem B. S. Frey, Arts and Economics. Analysis and Cultural Policy, Berlin u. a. 2000, S. 101; E. Bechler, Effizienz und Kultur. Volkswirtschaftliche Überlegungen zum Kulturmanagement, in: HWP (Hrsg.), Kultur braucht Management. Management braucht Kultur, Diskussionsbeiträge Kultur- und Bildungsmanagement Bd. 1, Hamburg 1991, S. 48.

177 Vgl. G. van der Beek, Kulturfinanzen. Ein volkswirtschaftlicher Beitrag zur Reform der öffentlichen Museen und Theater in Deutschland, Berlin 2002, S. 74; G. Krieger, Ökonomie und Kunst. Wechselseitige Beziehungen und regionale Aspekte, Berlin 1996, S. 95.

178 Vgl. E. Bechler, Effizienz und Kultur. Volkswirtschaftliche Überlegungen zum Kulturmanagement, in: HWP (Hrsg.), Kultur braucht Management. Management braucht Kultur, Diskussionsbeiträge Kultur- und Bildungsmanagement Bd. 1, Hamburg 1991, S. 48 f.

sönlich gar nicht interessiert ist? Hier gestaltet sich ein argumentativer Übergang zu einem weiteren, häufig genannten externen Effekt, dem sogenannten **Vermächtniswert** von Kultur. Hierunter versteht man, dass ein Mindestangebot kultureller Güter und Dienstleistungen dazu beitragen soll, für künftige Generationen ein kulturelles Erbe aufzubauen und zu erhalten.[179] Problematisch ist hierbei, dass die Präferenzen künftiger Generationen zum Zeitpunkt der Förderungsentscheidung noch nicht bekannt sind und somit nur normativ antizipiert werden können. So stellt Frey fest: "... a work of art may at first be considered to be a negative externality, but over time people often start to enjoy it, so that it produces a positive externality. Whether a piece of art or an artistic production generates positive or negative externalities is the outcome of a social process."[180] Demzufolge kann man schließen, dass Mitglieder künftiger Generationen erst zum Zeitpunkt, an dem sie selbst als aktive Kulturkonsumenten auftreten werden, beurteilen können werden, ob es sich in der Vergangenheit um die Schaffung positiver oder negativer externer Effekte gehandelt hat. O'Hagan spricht in diesem Zusammenhang sogar von einem ethischen Problem und meint damit die Verteilung von Ressourcen über Generationen hinweg.[181] In Konsequenz reduzieren er und andere den Vermächtniswert darauf, dass Mitglieder der heutigen Generation einen Nutzen aus dem Wissen ziehen, dass künftige Generationen die Option haben werden, Bestandteile eines kulturellen Erbes nutzen zu können, welches ohne öffentliche Intervention zu besagtem Zeitpunkt nicht mehr existieren würde. Der positive externe Effekt kommt also nicht der Folgegeneration in Form eines Vermächtnisses zugute, sondern der heutigen Generation in Form eines Gefühls der Befriedigung.[182] Entsprechend bezeichnet O'Hagan ihn auch nicht als Vermächtniswert, sondern ordnet ihn dem Optionswert zu. In beiden Fällen handelt es sich seines Erachtens nach um Optionen für die Zukunft, die entweder von einem selbst oder von nachfolgenden Generationen zu einem späteren Zeitpunkt in Anspruch genommen werden

---

179 Vgl. unter anderem M. Hummel, Kultur als Standortfaktor, in: ifo-Schnelldienst, Jg. 43 (1990), H. 10-11, S. 10; E. Bechler, Effizienz und Kultur. Volkswirtschaftliche Überlegungen zum Kulturmanagement, in: HWP (Hrsg.), Kultur braucht Management. Management braucht Kultur, Diskussionsbeiträge Kultur- und Bildungsmanagement Bd. 1, Hamburg 1991, S. 48; K. Geppert u. a., Kultur als Wirtschaftsfaktor in Berlin. Eine Studie des DIW im Auftrag der Senatsverwaltung für Kulturelle Angelegenheiten, Berlin 1992, S. 24.

180 B. S. Frey, Arts and Economics. Analysis and Cultural Policy, Berlin u. a. 2000, S. 131.

181 Vgl. J. W. O'Hagan, The State and the Arts. An Analysis of Key Economic Policy Issues in Europe and the United States, Cheltenham u. a. 1998, S. 43, Fn. 13.

182 Vgl. A. Peacock, Welfare Economics and Public Subsidies to the Arts, 1969, Nachdruck in: Journal of Cultural Economics, Bd. 18 (1994), H. 2, S. 157.

könnten.[183] Allerdings wird unabhängig von dessen Bezeichnung auch bezweifelt, ob Mitglieder der heutigen Generation überhaupt ein Gefühl der Befriedigung aus dem Vermächtniswert ziehen. So weist beispielsweise Brooks empirisch nach, dass der Gedanke an künftige Generationen weder die Haltung von Befürwortern einer öffentlichen Kulturförderung noch die von privaten Förderern entscheidend beeinflusst. Vielmehr sei ihr Verhalten von einem Egoismus gegenüber anderen Generationen als ihrer eigenen gekennzeichnet.[184]

Ein weiterer externer Effekt wird üblicherweise in der **identitätsstiftenden Wirkung** und dem daraus resultierendem **Prestigewert** gesehen. Neutral formuliert versteht man darunter, dass die kulturellen Güter und Dienstleistungen einer bestimmten Gruppe sowohl bei denjenigen Mitgliedern dieser Gruppe, die dieses kulturelle Angebot aktiv nutzen, als auch bei denjenigen, die es nicht nutzen, ein Gefühl der Zusammengehörigkeit bewirken. Sie sind stolz auf *ihre* kulturellen Güter und Dienstleistungen und tragen dies nach außen.[185] In der Literatur werden beispielhaft regelmäßig die Pariser Oper und die Mailänder Scala genannt.[186] Als weniger strapaziertes Beispiel kann man die Identifikation der Lübecker mit Thomas Mann als "Sohn ihrer Stadt" sehen. So haben sicherlich nicht alle, die sich und ihre Stadt positiv mit diesem Tatbestand identifizieren, je das Buddenbrook-Haus besucht oder überhaupt ein Werk von Thomas Mann gelesen. Fraglich ist jedoch, welche Gruppe und demzufolge wessen Identität man einer aus dieser Argumentation möglicherweise resultierenden Förderungsentscheidung zu Grunde legen soll. Während traditionell von nationalen oder zumindest regionalen Gruppen ausgegangen wurde und wird,[187] ist

---

183 Vgl. J. W. O'Hagan, The State and the Arts. An Analysis of Key Economic Policy Issues in Europe and the United States, Cheltenham u. a. 1998, S. 43, Fn. 14.

184 Vgl. A. C. Brooks, Do People Really Care About the Arts for Future Generations?, in: Journal of Cultural Economics, Bd. 28 (2004), H. 4, S. 275 ff.

185 Vgl. unter anderem K. Geppert u. a., Kultur als Wirtschaftsfaktor in Berlin. Eine Studie des DIW im Auftrag der Senatsverwaltung für Kulturelle Angelegenheiten, Berlin 1992, S. 23; E. Bechler, Effizienz und Kultur. Volkswirtschaftliche Überlegungen zum Kulturmanagement, in: HWP (Hrsg.), Kultur braucht Management. Management braucht Kultur, Diskussionsbeiträge Kultur- und Bildungsmanagement Bd. 1, Hamburg 1991, S. 49; B. S. Frey, Arts and Economics. Analysis and Cultural Policy, Berlin u. a. 2000, S. 104 m. w. N.

186 Vgl. zum Beispiel W. W. Pommerehne; B. S. Frey, Musen und Märkte. Ansätze zu einer Ökonomik der Kunst, München 1993, S. 20.

187 Vgl. zum Beispiel W. J. Baumol; W. G. Bowen, Performing Arts - The Economic Dilemma. A Study of Problems common to Theater, Opera, Music and Dance, New York 1966, S. 382 f.; W. W. Pommerehne; B. S. Frey, Musen und Märkte. Ansätze zu einer Ökonomik der Kunst, München 1993, S. 20; B. S. Frey, Arts and Economics. Analysis and Cultural Policy, Berlin u. a. 2000, S. 102.

es fraglich, ob diese Vorgehensweise noch zeitgemäß und legitim ist. So sieht beispielsweise O'Hagan vor allem die Gefahr, dass im jeweiligen Land lebende Ausländer durch eine zu starke Fokussierung auf eine nationale Identität ausgegrenzt werden könnten.[188] Allerdings erscheint die klassische Dichotomie zwischen Inländern und Ausländern angesichts einer zunehmend multikulturellen Gesellschaft insgesamt veraltet und die Nationalität als einfache identitätsstiftende Kategorie mithin nicht mehr ausreichend. Darüber hinaus weist van der Beek darauf hin, dass das identitätsstiftende Moment von Kultur auf nationaler Ebene durchaus vor dem Hintergrund kritisch zu betrachten ist, dass Kultur in der Vergangenheit nicht nur im deutschen Nationalsozialismus für vermeintlich identitätsstiftende Zwecke instrumentalisiert und missbraucht wurde.[189] Insofern scheint das Argument des Identitätswerts als Begründung für öffentliche Förderung ebenso problematisch wie der Identitätsbegriff vielfältig. Es müsste also dahingehend eine Prioritätensetzung erfolgen, welche Identität es zu fördern gälte. In diesem Zusammenhang kann man sicherlich auch die jüngsten Diskussionen zum Begriff der sogenannten Leitkultur in Deutschland verorten.

Darüber hinaus wird regelmäßig der **Innovationswert** von Kultur diskutiert. Ausgehend von der Vorstellung, dass Innovation grundsätzlich eine wichtige Voraussetzung für gesellschaftlichen und wirtschaftlichen Fortschritt darstellt, wird auf die Bedeutung von experimenteller, also innovativer Kulturproduktion hingewiesen. Der Begriff der Innovation impliziert dabei automatisch Kritik am bestehenden Status Quo, da er auf eine Fortentwicklung gerichtet ist. Aufgrund der Tatsache, dass man im Kulturbereich in der Regel nur die endgültigen kulturellen Produkte bedingt durch Urheberrecht schützen kann, nicht aber die neuen Techniken oder Stile, die hinter diesen Produkten stehen und die Erneuerung mitbegründet haben, entstehen im Erfolgsfall externe Effekte durch Nachahmung, die der eigentliche Begründer dieser Neuerung nicht vollständig internalisieren kann. Da ihm im Fall des Misserfolgs zudem hohe Kosten ohne jeglichen marktlichen Nutzen entstehen, würde er wahrscheinlich ohne öffentliche Förderung weniger experimentierfreudig arbeiten.[190] Die externen Effekte entstehen jedoch nicht nur dadurch, dass andere Künstler nicht von der Nachahmung bestimmter Stile abgehalten werden können, sondern auch dadurch,

---

[188] Vgl. J. W. O'Hagan, The State and the Arts. An Analysis of Key Economic Policy Issues in Europe and the United States, Cheltenham u. a. 1998, S. 24 m. w. N.

[189] Vgl. G. van der Beek, Kulturfinanzen. Ein volkswirtschaftlicher Beitrag zur Reform der öffentlichen Museen und Theater in Deutschland, Berlin 2002, S. 76.

[190] Vgl. J. Heilbrun; C. M. Gray, The Economics of Art and Culture. An American Perspective, Cambridge/Mass. 1993, S. 208 f.; D. Netzer, The Subsidized Muse. Public Support for the Arts in the United States, London u. a. 1978, S. 24.

dass die Kreativität und Innovationsbereitschaft der Konsumenten (innovativer) Kulturangebote angeregt werden kann. Diese können dann ihr durch Kulturkonsum hinzugewonnenes kreatives und innovatives Potenzial in ihren jeweiligen Berufen einbringen. Kultureinrichtungen leisten demnach also unentgeltliches Input in sektorfremde Produktionsprozesse.[191] Es findet also ein weitgehend nicht marktlich erfasster Beitrag zur Entwicklung des kreativen Denkens einer Gesellschaft statt.[192] Allerdings sind konkrete Nachweise darüber, wann und gegebenenfalls in welcher Höhe derartige Effekte eintreten, nur schwer zu leisten.[193] Entsprechend liegen auch noch keine gesicherten empirischen Nachweise für derartige positive Korrelationen vor.[194]

Häufig wird auch ein **Erziehungs- und Bildungswert** als externer Effekt diskutiert.[195] Zwischen ihm und dem bereits vorgestellten Innovationswert wird dabei ein enger Zusammenhang gesehen.[196] Als Argument wird dabei angeführt, dass der Kulturkonsum nicht nur dem individuellen persönlichen Nutzen des jeweiligen Konsumenten dient, sondern gleichzeitig auch dessen Bildung verbessert, was wiederum der Gesellschaft als Ganzes zugute kommt.[197] Hierbei wird davon ausgegangen, dass diese Wirkung im Rahmen von Gesprächen zwi-

---

[191] Vgl. G. van der Beek, Kulturfinanzen. Ein volkswirtschaftlicher Beitrag zur Reform der öffentlichen Museen und Theater in Deutschland, Berlin 2002, S. 72.

[192] Vgl. B. S. Frey, Arts and Economics. Analysis and Cultural Policy, Berlin u. a. 2000, S. 102.

[193] Vgl. G. Krieger, Ökonomie und Kunst. Wechselseitige Beziehungen und regionale Aspekte, Berlin 1996, S. 101.

[194] Vgl. G. van der Beek, Kulturfinanzen. Ein volkswirtschaftlicher Beitrag zur Reform der öffentlichen Museen und Theater in Deutschland, Berlin 2002, S. 73.

[195] Vgl unter anderem J. Heilbrun; C. M. Gray, The Economics of Art and Culture. An American Perspective, Cambridge/Mass. 1993, S. 207 f.; G. van der Beek, Kulturfinanzen. Ein volkswirtschaftlicher Beitrag zur Reform der öffentlichen Museen und Theater in Deutschland, Berlin 2002, S. 72 f. m. w. N.; G. Krieger, Ökonomie und Kunst. Wechselseitige Beziehungen und regionale Aspekte, Berlin 1996, S. 99 f. m. w. N.; W. J. Baumol; W. G. Bowen, Performing Arts - The Economic Dilemma. A Study of Problems common to Theater, Opera, Music and Dance, New York 1966, S. 385; K. Geppert u. a., Kultur als Wirtschaftsfaktor in Berlin. Eine Studie des DIW im Auftrag der Senatsverwaltung für Kulturelle Angelegenheiten, Berlin 1992, S. 24.

[196] Vgl. G. van der Beek, Kulturfinanzen. Ein volkswirtschaftlicher Beitrag zur Reform der öffentlichen Museen und Theater in Deutschland, Berlin 2002, S. 72; G. Krieger, Ökonomie und Kunst. Wechselseitige Beziehungen und regionale Aspekte, Berlin 1996, S. 100.

[197] Vgl. G. van der Beek, Kulturfinanzen. Ein volkswirtschaftlicher Beitrag zur Reform der öffentlichen Museen und Theater in Deutschland, Berlin 2002, S. 72.

schen Kulturkonsumenten und Nicht-Kulturkonsumenten erzielt wird.[198] Bereits Baumol und Bowen weisen im Zusammenhang mit dem Argument, dass der Bildungseffekt gerade bei Kindern und Jugendlichen, deren Geschmäcker und Verhaltensmuster noch nicht vollständig ausgebildet sind, von wesentlicher Bedeutung sei, daraufhin, dass ein derartiger Erziehungswert zwar plausibel, bis dato jedoch nicht anhand empirischer Untersuchungen bestätigt worden ist.[199] Throsby und Withers bezweifeln diese Wirkung auch für Erwachsene und werfen zudem noch eine weitere Frage auf: "Putting aside the obvious retort of what happens to citizens who see bad plays and bad opera, the more fundamental point is that in terms of scientific evidence such assertions are simply not shown."[200] Ein überzeugender empirischer Nachweis des externen Erziehungswerts wurde auch bis heute nicht geliefert. Vielmehr hängen die divergierenden Ergebnisse diesbezüglicher Umfragen stark von der Art der jeweiligen Fragestellung ab.[201]

Auch die Schlagwörter **Kultur als Wirtschaftsfaktor** bzw. **Umwegrentabilität** werden als Argumente einer öffentlichen Kulturförderung angeführt.[202] Dabei wird darauf abgestellt, dass durch die Verflechtungen des Kulturbereichs mit anderen Wirtschaftszweigen eine Wechselwirkung erzielt wird. So geben Besu-

---

198 Vgl. G. Krieger, Ökonomie und Kunst. Wechselseitige Beziehungen und regionale Aspekte, Berlin 1996, S. 99 m. w. N.

199 Vgl. W. J. Baumol; W. G. Bowen, Performing Arts - The Economic Dilemma. A Study of Problems common to Theater, Opera, Music and Dance, New York 1966, S. 380.

200 D. Throsby; G. Withers, The Economics of the Performing Arts, London u. a. 1979, S. 176 f.

201 Vgl. G. van der Beek, Kulturfinanzen. Ein volkswirtschaftlicher Beitrag zur Reform der öffentlichen Museen und Theater in Deutschland, Berlin 2002, S. 73 m. w. N. Diese Problematik gilt allgemein in Bezug auf Umfragen zu externen Effekten von Kultur. So weist beispielsweise Krieger auf ähnlich schwankende Umfrageergebnisse in Bezug auf den Options- und Existenzwert hin. Vgl. G. Krieger, Ökonomie und Kunst. Wechselseitige Beziehungen und regionale Aspekte, Berlin 1996, S. 95 m. w. N.

202 Vgl. zum Beispiel U. Stitz, Der Bereich Kultur und Sport, in: A. Evers; U. Rauch; U. Stitz, Von öffentlichen Einrichtungen zu sozialen Unternehmen. Hybride Organisationsformen im Bereich sozialer Dienstleistungen, Berlin 2002, S. 115 m. w. N.; S. Litzel, Zur Situation der privaten Kulturförderung. Anregungen zum Perspektivenwechsel, in: N. Lammert (Hrsg.), Alles nur Theater? Beiträge zur Debatte über Kulturstaat und Bürgergesellschaft, Köln 2004, S. 238; C. Mulitze, Kultursponsoring als Kapitalanlage. Geld für Kulturinstitutionen fließt direkt in den Wirtschaftskreislauf und stärkt damit Städte und Unternehmen, in: Handelsblatt vom 26.09.2005, Düsseldorf-Beilage, S. 5.

cher von Kultureinrichtungen nicht nur Geld für ihre Eintrittskarten, sondern beispielsweise auch für Hotelübernachtungen und Restaurantbesuche aus. Es werden somit Multiplikatorwirkungen erzielt. Insbesondere in den späten 1980er- und frühen 1990er-Jahren haben sich in Deutschland zahlreiche Untersuchungen mit der Frage etwaiger Verflechtungen bzw. Wechselwirkungen dieser Art beschäftigt und diese auch empirisch nachgewiesen.[203] Zum einen wurden Umwegrentabilitäten berechnet, indem man die Nebenausgaben von Kulturkonsumenten in benachbarten Wirtschaftszweigen in das Zentrum der Betrachtung rückte, zum anderen wurden auch positive Wirkungen aus dem eigentlichen Betrieb der Kultureinrichtungen abgeleitet. Diese wurden darin gesehen, dass die Kultureinrichtungen sowohl als Arbeitgeber als auch als Nachfrager bestimmter, zum Beispiel handwerklicher Dienstleistungen regionale Einkommenseffekte generierten. In beiden Fällen werden die Wechselwirkungen jedoch über den Preismechanismus abgebildet, so dass man lediglich von pekuniären externen Effekten sprechen kann. Erhöht sich beispielsweise durch die Ansiedlung von Theatern in der Innenstadt die Nachfrage nach Bars oder Cafés, in denen man nach der Vorstellung noch ein Getränk zu sich nehmen kann, so werden diese gastronomischen Einrichtungen auch in der Lage sein, entsprechende Preise hierfür zu verlangen. Auch die Beziehung zwischen Anbieter und Nachfrager nach Arbeitskraft regelt sich wie in anderen Wirtschaftszweigen über den Markt, das heißt, es existiert je nach Grad der Spezialisierung ein entsprechender Preis in Form eines zu verhandelnden Gehalts. Diese Arten von Spillovers stellen dementsprechend keine Form des Marktversagens dar, wie auch Frey insbesondere im Hinblick auf die Umwegrentabilität feststellt: "This holds in particular for the multiplier effects generated by expenditures for the arts. They increase the demand for other economic activities, such as hotels, restaurants or travel services, and thus work through the price system. No misallocation of resources is thereby created."[204] Eine

---

[203] Vgl. unter anderem M. Hummel; M. Berger, Die volkswirtschaftliche Bedeutung von Kunst und Kultur. Gutachten im Auftrag des Bundesministeriums des Innern, Berlin u. a. 1988; M. Hummel; K-H. Brodbeck, Längerfristige Wechselwirkungen zwischen kultureller und wirtschaftlicher Entwicklung, Berlin u. a. 1991; M. Hummel; C. Waldkircher, Wirtschaftliche Entwicklungstrends von Kunst und Kultur. Gutachten im Auftrag des Bundesministeriums des Innern, Berlin u. a. 1992; K. Geppert u. a., Kultur als Wirtschaftsfaktor in Berlin. Eine Studie des DIW im Auftrag der Senatsverwaltung für Kulturelle Angelegenheiten, Berlin 1992.

[204] B. S. Frey, Public Support, in: R. Towse (Hrsg.), A Handbook of Cultural Economics, Cheltenham u. a. 2003, S. 391.

Legitimation für öffentliche Kulturförderung ergibt sich hieraus entsprechend nicht.[205]

Darüber hinaus wird Kultur häufig als weicher **Standortfaktor** für die Entscheidungen von Unternehmern bezüglich ihrer regionalen Ansiedlung erachtet.[206] Danach soll ein attraktives Kulturangebot mit darüber entscheiden, ob ein Standort im Wettbewerb um qualifizierte Mitarbeiter mithalten kann oder nicht. Auch hier handelt es sich jedoch um einen pekuniären externen Effekt, so dass kein Marktversagen vorliegt. Insofern gilt das zur Umwegrentabilität Ausgeführte hier entsprechend.

Betrachtet man die für den Kulturbereich konstatierten externen Effekte, so kann man zunächst festhalten, dass sie in ihrer allgemeinen Form für alle Kultursparten bzw. -bereiche gleichermaßen gelten. Allerdings kann man viele dieser externen Effekte darüber hinaus auch gänzlich anderen Wirtschaftszweigen zuordnen, so dass die externen Effekte als Begründung für öffentliche Förderung ebenso für diese Wirtschaftszweige herangezogen werden könnten und nicht aus der einzigartigen Spezifität von Kultur resultieren. So fragt O'Hagan berechtigterweise im Hinblick auf den Optionswert von Kultur nach, warum hier andere "Spielregeln" in Form einer öffentlichen Förderung oder Finanzierung gelten sollten als in anderen Wirtschaftszweigen: "Option demand arguments apply to almost all goods and services: we all like to know there is a quality restaurant or specialist shop or tennis club in our area, if only to know

---

205 Übereinstimmend vgl. auch G. van der Beek, Kulturfinanzen. Ein volkswirtschaftlicher Beitrag zur Reform der öffentlichen Museen und Theater in Deutschland, Berlin 2002, S. 79 f.; A. Holland, Bundesstaatliche Kunstförderung in der Schweiz. Anregungen aus einem Rechtsvergleich mit den USA, Bamberg 2002, S. 25 m. w. N.

206 Vgl. zum Beispiel M. Hummel, Kultur als Standortfaktor, in: ifo-Schnelldienst, Jg. 43 (1990), H. 10-11, S. 10; M. Hummel; C. Waldkircher, Kulturfinanzierung in Bundesländern und Großstädten. Das Beispiel Bremen, in: ifo-Schnelldienst, Jg. 43 (1990), H. 32, S. 15; K. Geppert u. a., Kultur als Wirtschaftsfaktor in Berlin. Eine Studie des DIW im Auftrag der Senatsverwaltung für Kulturelle Angelegenheiten, Berlin 1992, S. 22 f.; C. Mulitze, Kultursponsoring als Kapitalanlage. Geld für Kulturinstitutionen fließt direkt in den Wirtschaftskreislauf und stärkt damit Städte und Unternehmen, in: Handelsblatt vom 26.09.2005, Düsseldorf-Beilage, S. 5; G. E. Braun; T. Gallus; O. Scheytt, Kultur-Sponsoring für die kommunale Kulturarbeit. Grundlagen, Praxisbeispiele, Handlungsempfehlungen für Kulturmanagement und -verwaltung, Köln 1996, S. 14; P. Bendixen, Zur Verselbstständigung von Theater- und Museumsbetrieben, in: W. Damkowski; C. Precht (Hrsg.), Moderne Verwaltung in Deutschland. Public Management in der Praxis, Stuttgart u. a. 1998, S. 384.; Koslowski, Peter: Wirtschaft als Kultur, in: Brezinski, Horst (Hrsg.), Wirtschaft und Kultur, Frankfurt/M. 1989, S. 41 f.

that one day we, or our children or our visitors, might like to use them."[207] Ähnlich kritische Fragen kann man auch den Argumentationen über einen Existenz- oder Vermächtniswert entgegenbringen. Im Hinblick auf den Identitäts- und Prestigewert mögen ebenso ganz andere Aspekte für eine Nation, Region oder Gruppierung jeglicher Art ausschlaggebend sein. So könnte Peacock zufolge beispielsweise ein erfolgreicher Fußballverein in diesem Zusammenhang dieselbe Funktion erfüllen wie kulturelle Angebote.[208] Auch lässt sich durchaus diskutieren, ob das kreative Potenzial der Gesellschaft von anderen Sparten als der kulturellen befördert wird. Sicherlich kann man diese kritischen Überlegungen immer wieder einholen und im Keim ersticken, indem man den Kulturbegriff nur entsprechend stark ausweitet, so dass am Ende wieder die Entgegensetzung von Natur versus Kultur[209] steht und man jegliche menschliche Lebensäußerung als Kultur auffasst. Ob daraus jedoch noch einzelne operationalisierbare Förderentscheidungen abzuleiten wären, bleibt fraglich. Insofern ist lediglich festzuhalten, dass viele der dem Kulturbereich zugeordneten externen Effekte auch für andere Wirtschaftszweige gelten.

Kritisiert wird im Zusammenhang mit den externen Effekten im Kulturbereich auch, dass die Möglichkeit negativer externer Effekte üblicherweise ausgeklammert wird. Diese sind jedoch durchaus denkbar. So könnten laut Rushton sowohl privat als auch öffentlich finanzierte kulturelle Aktivitäten auf bestimmte Gesellschaftsgruppen aus moralischen oder religiösen Gründen anstößig wirken oder einfach als Ärgernis empfunden werden.[210] Demzufolge fordert er: "Willingness to accept the economic argument for subsidies based on positive externalities necessarily entails taking account of the negative possibilities as well."[211] Wie bereits deutlich wurde, kann sich insbesondere der Identitätswert als problematisch erweisen. Diese Einschätzung teilen auch Throsby und Withers, wenn sie darauf hinweisen, dass ein möglicherweise mit dem Identitätswert verbundener Nationalstolz je nach persönlicher Einstellung

---

207 J. W. O'Hagan, The State and the Arts. An Analysis of Key Economic Policy Issues in Europe and the United States, Cheltenham u. a. 1998, S. 30.

208 Vgl. A. Peacock, Welfare Economics and Public Subsidies to the Arts, 1969, Nachdruck in: Journal of Cultural Economics, Bd. 18 (1994), H. 2, S. 157.

209 Vgl. hierzu auch Abschnitt 2.1.1.

210 Diese Problematik wurde insbesondere bereits im Zusammenhang mit dem Identitäts- und Prestigewert von Kultur angedeutet.

211 M. Rushton, Cultural Diversity and Public Funding of the Arts. A View from Cultural Economics, in: Journal of Arts Management, Law, and Society, Bd. 33 (2003), H. 2, S. 88.

und Situation durchaus auch als bedrohlich empfunden werden kann.[212] Krieger nennt als weitere konkrete Beispiele Lärmbelästigungen im Rahmen von Open-Air-Kulturveranstaltungen, Emissionsbelastungen durch An- und Abreisen zu derartigen Veranstaltungen sowie schlichtweg auch Verärgerungen über Presseberichte von Kunstereignissen bzw. über Kunstwerke im öffentlichen Raum.[213]

Sicherlich lässt sich zunächst zustimmen, dass es sich bei den zuvor allgemein konstatierten externen Effekten des Kulturbereichs überwiegend um positive Wirkungen handelt. Wenn es aber im konkreten Fall darum geht, von welcher Art von kulturellen Gütern und Dienstleistungen diese positiven externen Effekte konkret ausgehen, so gibt es — nicht nur im Hinblick auf die Zukunft, wie bereits im Zusammenhang mit dem Vermächtniswert von Kultur dargelegt — über die Wahl des hierfür "richtigen" bzw. geeigneten Angebots sicherlich unterschiedliche, stark subjektiv geprägte Einschätzungen. Dementsprechend ist es in der Praxis schwierig, objektiv zu beurteilen, ob ein bestimmtes Kulturangebot positive, das heißt förderungswürdige oder negative, das heißt zu sanktionierende Externalitäten mit sich bringt. Es stellt sich also die Frage, welche kulturellen Güter und Dienstleistungen dem öffentlich zu fördernden bzw. zu finanzierenden Kulturkanon angehören sollen, das heißt, welcher Art von kulturellem Angebot schreibt man die erwünschten positiven externen Effekte zu? Hier bedarf es also einer normativen Instanz, die — auch in Bezug auf Inhalte — darüber zu entscheiden hat, was angesichts der verfolgten externen Effekte förderungswürdig ist und was nicht.

Dieser normativen Frage ist jedoch noch ein weiteres — ebenfalls normatives — Entscheidungsproblem vorgelagert. So gilt es vorab zu klären, welche externen Effekte denn überhaupt erwünscht sind. Dies ist notwendig, da einige der beschriebenen Effekte durchaus in Widerspruch zueinander stehen können. Wenn man zum Beispiel den Aspekt der Sozialkritik als Teil des Innovationswerts von Kultur in die Betrachtung einbezieht, wird deutlich, dass die Argumentationen, die aus dem Innovationswert eine Fördernotwendigkeit ableiten, in Konflikt zu denen stehen, die aus dem Identitäts- und Prestigewert dieselbe Notwendigkeit ableiten. Während erstere Argumentation letztlich aus dem Aufbrechen bestehender Strukturen ihre Kraft schöpft, geht es insbesondere im Fall des aus bereits erwähnten Gründen als veraltet einzustufenden Werts der nationalen Identität darum, Bestehendes zu bewahren, um damit die eigene Identität affirmativ zu stärken und so ein Zugehörigkeitsgefühl zu schaffen. Aus diesen

---

[212] Vgl. D. Throsby; G. Withers, The Economics of the Performing Arts, London u. a. 1979, S. 179.

[213] Vgl. G. Krieger, Ökonomie und Kunst. Wechselseitige Beziehungen und regionale Aspekte, Berlin 1996, S. 105.

Gründen kann man O'Hagan zustimmen, der konstatiert: "The social criticism role of the arts is almost the polar opposite of the national identity and social cohesion role."[214] Etwas allgemeiner formuliert es Opielka, wenn er auf das Spannungsverhältnis zwischen traditionsbewusster Niveaupflege und kreativem Experiment hinweist.[215]

In der Praxis ist häufig zu beobachten, dass sich die Politik in ihren Förderentscheidungen eher am identitätsstiftenden Wert (Prestigewert) als am Innovationswert orientiert und dementsprechend im Sinne eines Safe Play eher weitgehend konforme Kulturinstitutionen unterstützt.[216]

Die beschriebene Problematik greift auch Wahl-Zieger auf, wenn sie darauf verweist, dass bereits bei der Auswahl der als relevant zu erachtenden externen Effekte sowie des Weiteren auch bei ihrer Kompensationswürdigkeit Werturteile hineinspielen, die Raum für bewusste oder auch unbewusste Manipulation lassen.[217] Diese Gefahr sei insbesondere bei immateriellen externen Effekten gegeben,[218] zu denen die des Kulturbereichs zu zählen sind. Entsprechend

---

[214] J. W. O'Hagan, The State and the Arts. An Analysis of Key Economic Policy Issues in Europe and the United States, Cheltenham u. a. 1998, S. 26.

[215] Vgl. M. Opielka, Kunst und Kultur im Wohlfahrtsstaat, in: Aus Politik und Zeitgeschichte vom 17.03.2003, S. 26.

[216] Vgl. hierzu die Ausführungen zur Kulturförderung als Angelegenheit der örtlichen Gemeinschaft in Abschnitt 2.4.5.1, aber auch das Fallbeispiel der Hamburger Elbphilharmonie in Abschnitt 3.3. Deren Bau und Inbetriebnahme soll für die Stadt einen neuen so genannten kulturellen Leuchtturm schaffen. Das Projekt zielt mithin tendenziell eher auf den Prestigewert von Kultur als auf deren Innovationswert ab. Für ein weiteres Beispiel einer traditionellen Ausrichtung öffentlicher Kulturförderung vgl. S. Litzel, Zur Situation der privaten Kulturförderung. Anregungen zum Perspektivenwechsel, in: N. Lammert (Hrsg.), Alles nur Theater? Beiträge zur Debatte über Kulturstaat und Bürgergesellschaft, Köln 2004, S. 242 f. Dort verweist sie darauf, dass sich die über hundert öffentlichen Orchester in Deutschland maßgeblich am klassisch-romantischen Repertoire orientieren, was sich bereits den Stellenplänen der Klangkörper entnehmen lasse. Schließlich unterstellen auch Pommerehne und Frey der öffentlichen Verwaltung, ihre Förderentscheidungen nach Maßgabe eines Safe Play zu treffen, um mögliche Skandale zu vermeiden. Vgl. W. W. Pommerehne; B. S. Frey, Kunst zwischen Freiheit und Demokratie, in: Wirtschaftspolitische Blätter, Jg. 27 (1980), H. 6, S. 29.

[217] Vgl. E. Wahl-Zieger, Theater und Orchester zwischen Marktkräften und Marktkorrektur. Existenzprobleme und Überlebenschancen eines Sektors aus wirtschaftstheoretischer Sicht, o. O. 1975, S. 213 m. w. N.

[218] Vgl. E. Wahl-Zieger, Theater und Orchester zwischen Marktkräften und Marktkorrektur. Existenzprobleme und Überlebenschancen eines Sektors aus wirtschaftstheoretischer Sicht, o. O. 1975, S. 213 m. w. N.

äußern sich auch Pommerehne und Frey dahingehend besorgt, dass staatliche Unterstützung hauptsächlich an solche Künstler fließen werde, die den Vorstellungen der jeweiligen öffentlichen Organe entgegenkämen: "Die Kulturbürokratie wird in diesen Fällen auf eine inhaltliche Bewertung der Kunst nicht verzichten wollen, weil sie damit Macht und Einfluss ausüben kann. Infolgedessen wird der künstlerische Freiraum eingeschränkt, der sich gerade dadurch auszeichnet, dass künstlerisches Schaffen sich weder nach dem Geschmack des 'Durchschnitts' der Bevölkerung noch nach den Vorstellungen der jeweils Herrschenden richten kann und soll."[219] In diesem Zusammenhang lässt sich auch die Tatsache verorten, dass die im Oktober 2003 eingesetzte Enquete-Kommission "Kultur in Deutschland" eine Expertise zum Thema "Objektive und transparente Förderkriterien staatlicher Kulturfinanzierung — Vergleich mit dem Ausland" in Auftrag gegeben hat.[220] Der hierdurch dokumentierte Klärungsbedarf macht deutlich, dass es durchaus Unklarheiten darüber gibt, welche Art von Kultur aus welchen Gründen zu fördern ist.

Nach alledem kann man schlussfolgern, dass sich bei vereinzelten externen Effekten durchaus qualitative Legitimationsansätze für eine staatliche Kulturförderung finden lassen. Allerdings sind diese zum einen kaum quantifizierbar, so dass sich hieraus kein entsprechender Förderumfang und damit keine konkrete Förderlegitimation ableiten lässt. Zum anderen versagt die Theorie der externen Effekte bei der objektiven Beantwortung der Frage, welche externen Effekte es mithilfe welches konkreten Kulturangebots zu verfolgen gilt. Schließlich treffen viele der konstatierten externen Effekte auch auf andere, nicht zwingend öffentlich geförderte Bereiche zu. Als allgemeine Begründung einer leistungsstaatlichen Kulturförderung vermag die Theorie der externen Effekte daher nicht zu überzeugen.

2.3.6 Meritorische Güter

Der Begriff der meritorischen, also "verdienstvollen" Güter bzw. Bedürfnisse wird heute maßgeblich auf Musgraves *The Theory of Public Finance* aus dem Jahr 1959 zurückgeführt.[221] Im Gegensatz zu reinen öffentlichen oder auch

---

219 W. W. Pommerehne; B. S. Frey, Staatliche Förderung von Kunst und Kultur. Eine ökonomische Betrachtung, in: Jahrbuch für Sozialwissenschaften, Bd. 38 (1987), S. 273.

220 Vgl. Institut für Kulturpolitik der Kulturpolitischen Gesellschaft, Jahresbericht 2004, Bonn 2005, S. 9.

221 Vgl. C. B. Blankart, Öffentliche Finanzen in der Demokratie, 5. Aufl., München 2003, S. 69.

Mischgütern sind sowohl Ausschließbarkeit als auch Rivalität im Konsum gegeben, so dass hiernach technisch zunächst nichts gegen ein rein marktmäßiges Angebot der betroffenen Güter spricht. Dies würde aber zu gesellschaftlich oder politisch unerwünschten Ergebnissen führen. Als meritorisch eingestufte Güter wie zum Beispiel die Schulbildung würden zu wenig nachgefragt, während als demeritorisch erachtete Güter wie zum Beispiel Alkohol zu viel nachgefragt würden.[222] Um dies zu verhindern, plädiert Musgrave in solchen Fällen dafür, die Konsumentensouveränität, auf der die paretianische Wohlfahrtsökonomie basiert,[223] auszuhebeln.[224] Stattdessen sollten den Individuen innerhalb gewisser Grenzen Präferenzen von einer auserwählten Elite, deren Mitglieder besser ausgebildet seien, aufgezwungen werden.[225]

Die Notwendigkeit, meritorische Güter bereitzustellen, wird nach Musgrave mit dem Vorliegen verzerrter Präferenzen begründet.[226] Derartige verzerrte Präferenzen entstehen laut meritorischer Argumentation aufgrund von Informationsmängeln, Nichtrationalität sowie Gemeinschaftsbedürfnissen.

Als ersten Argumentationsansatz greift die Meritorik auf **Informationsmängel** zurück.[227] Grundsätzlich werden im Zusammenhang mit Informationsmängeln die Fälle Qualitätsunkenntnis und Nutzenunkenntnis unterschieden. Qualitätsunkenntnis ist gegeben, wenn der Nachfrager eines Guts dessen Qualität vorab nicht vollständig einschätzen kann.[228] Im Vergleich zu Such- bzw. Inspektionsgütern ist bei Erfahrungsgütern ein abschließendes Urteil über die Qualitätseigenschaften erst nach dem Kauf bzw. Konsum möglich, da eine vollständige Beurteilung vorab zu unverhältnismäßig hohen Kosten führen würde. Bei Erfahrungsgütern liegt demnach ein mittleres Ausmaß an Qualitätsunkenntnis

---

222 Vgl. C. B. Blankart, Öffentliche Finanzen in der Demokratie, 5. Aufl., München 2003, S. 68 f.

223 Vgl. D. Brümmerhoff, Finanzwissenschaft, 8. Aufl., München u. a. 2001, S. 113.

224 Vgl. R. A. Musgrave, The Theory of Public Finance. A Study in Public Economy, New York u. a. 1959, S. 13.

225 Vgl. R. A. Musgrave, Provision for Social Goods, in: J. Margolis; H. Guitton (Hrsg.), Public Economics. An Analysis of Public Production and Consumption and Their Relation to the Private Sectors, London u. a. 1969, S. 143.

226 Vgl. R. A. Musgrave, The Theory of Public Finance. A Study in Public Economy, New York u. a. 1959, S. 14.

227 Vgl. R. A. Musgrave; P. B. Musgrave; L. Kullmer, Die öffentlichen Finanzen in Theorie und Praxis, Bd. 1, 2. Aufl., Tübingen 1978, S. 77.

228 Vgl. M. Fritsch; T. Wein; H.-J. Ewers, Marktversagen und Wirtschaftspolitik, 5. Aufl., München 2003, S. 280.

vor.[229] Zu dieser Güterkategorie werden auch kulturelle Güter und Dienstleistungen gezählt.[230] So heißt es: "The arts are rightly said to be an 'acquired' taste, meaning that the consumer has to be familiar with them to enjoy them and that once consumers do become knowledgeable, their demand is likely to increase markedly. But consumers are not in a position to acquire the taste if they lack information about the arts."[231] Ähnlich argumentiert auch Blaug, wenn er festhält: "Without abandoning that principle [of consumer sovereignty] entirely, it must be emphasized that the arts can only be appreciated by those who have experienced their consumption; in other words, consumer sovereignty must be the sovereignty of the experienced consumer."[232] Dies erscheint grundsätzlich plausibel, allerdings stellt sich die Frage, ob die Qualität von kulturellen Gütern und Dienstleistungen überhaupt objektiv beurteilt werden kann. Dies wird — abgesehen von wenigen Ausnahmen wie beispielsweise dem Bereich professioneller Kunstmärkte — grundsätzlich bezweifelt. Zwar könne man die technischen Fähigkeiten des Künstlers, wie sie im Kunstwerk oder in der künstlerischen Darbietung zum Ausdruck kommen, noch annähernd objektiv beurteilen, in Bezug auf die Kreativität des Künstlers sei jedoch keine objektive Qualitätsbeurteilung möglich. Dies führe dazu, dass Qualitätseinschätzungen unter den Konsumenten variieren.[233]

Grundsätzlich ist das Fehlen abschließender Qualitätsinformationen ein Phänomen, das für jegliche Form von Erfahrungsgütern, also beispielsweise auch für Restaurantbesuche, gilt. Allein hierüber lässt sich weder eine öffentliche Förderung noch ein etwaiger Aufklärungsauftrag des Staats ableiten. Entsprechend argumentiert die Meritorik im Zusammenhang mit Informationsmängeln auch nicht allein mit dem Aspekt der Qualitätsunkenntnis, sondern zusätzlich auch mit dem der Nutzenunkenntnis. Hierunter versteht man allgemein, dass der Nutzen von Gütern auch dann systematisch falsch eingeschätzt wird, wenn

---

229 Vgl. M. Fritsch; T. Wein; H.-J. Ewers, Marktversagen und Wirtschaftspolitik, 5. Aufl., München 2003, S. 279 und S. 284 f.

230 Vgl. G. Pignataro, Imperfect Information and Cultural Goods. Producers' and Consumers' Inertia, in: A. Peacock; I. Rizzo (Hrsg.), Cultural Economics and Cultural Policies, Dordrecht u. a. 1994, S. 55.

231 J. Heilbrun; C. M. Gray, The Economics of Art and Culture. An American Perspective, Cambridge/Mass. 1993, S. 214 f.

232 M. Blaug, Welfare Economics, in: R. Towse (Hrsg.), A Handbook of Cultural Economics, Cheltenham u. a. 2003, S. 480 f.

233 Vgl. G. Pignataro, Imperfect Information and Cultural Goods. Producers' and Consumers' Inertia, in: A. Peacock; I. Rizzo (Hrsg.), Cultural Economics and Cultural Policies, Dordrecht u. a. 1994, S. 56 f.

deren Qualität vorab bereits vollständig bekannt ist.[234] Grundsätzlich wird angenommen, dass der Nutzen insbesondere im Bereich solcher Dienstleistungen, deren voller Nutzen erst weit in der Zukunft anfällt, besonders schwer einzuschätzen ist.[235] Als typisches Beispiel hierfür gilt die Schulbildung. Wenn nun der Nutzen eines Guts als besonders "verdienstvoll" eingestuft wird, so ergeben sich nach meritorischer Argumentation im Fall von Nutzenunkenntnis Gründe für eine öffentliche Bereitstellung respektive Förderung.

Die Vertreter der Meritorik gehen davon aus, dass es sich bei Kunst und Kultur um ein derartiges Gut handelt. Die Fähigkeit des Einzelnen, Kunst und Kultur zu begreifen, zu erfahren und zu schätzen, erfordere eine gewisse Vorbildung bzw. einen Lernprozess. So seien Erfahrung und die Kenntnis von Alternativen Voraussetzungen für rationale individuelle Entscheidungen.[236] Im Rahmen von Lernprozessen würden erst die Präferenzen des Einzelnen für den Kulturkonsum ausgebildet. Bis dahin seien diese jedoch verzerrt und der Staat müsse demzufolge für einen höheren Konsum Sorge tragen. Insofern ist es nach Musgrave — in einer demokratischen Gesellschaft — gerechtfertigt, dass eine informierte Gruppe ihre Entscheidungen anderen auferlege.[237] Fast entschuldigend fügt er an anderer Stelle hinzu, dass es sich hierbei auch lediglich um eine temporäre Aushebelung der Konsumentensouveränität handele: "Thus, what appears to be imposed choice may be compatible, in the longer run, with the objective of intelligent free choice."[238]

Dieser Argumentationsansatz ist in der Literatur auf umfangreiche Kritik gestoßen. So wird das Vorliegen eines etwaigen staatlichen Wissensvorsprungs angezweifelt.[239] Mangels objektivierbarer Kriterien für die Ermittlung von falschen oder richtigen Präferenzen, bestehe grundsätzlich das Risiko staatlichen

---

234 Vgl. M. Fritsch; T. Wein; H.-J. Ewers, Marktversagen und Wirtschaftspolitik, 5. Aufl., München 2003, S. 302.

235 Vgl. M. Fritsch; T. Wein; H.-J. Ewers, Marktversagen und Wirtschaftspolitik, 5. Aufl., München 2003, S. 303.

236 Vgl. R. A. Musgrave, Provision for Social Goods, in: J. Margolis; H. Guitton (Hrsg.), Public Economics. An Analysis of Public Production and Consumption and Their Relation to the Private Sectors, London u. a. 1969, S. 143.

237 Vgl. R. A. Musgrave, The Theory of Public Finance. A Study in Public Economy, New York u. a. 1959, S. 14.

238 R. A. Musgrave, Provision for Social Goods, in: J. Margolis; H. Guitton (Hrsg.), Public Economics. An Analysis of Public Production and Consumption and Their Relation to the Private Sectors, London u. a. 1969, S. 143.

239 Vgl. G. van der Beek, Kulturfinanzen. Ein volkswirtschaftlicher Beitrag zur Reform der öffentlichen Museen und Theater in Deutschland, Berlin 2002, S. 87 m. w. N.

Kunstrichtertums.[240] Die daraus resultierende Gefahr der Beliebigkeit und des Missbrauchs meritorischer Eingriffe scheint Musgrave zwar grundsätzlich bewusst zu sein. So betont er, dass das Modell einer demokratischen Gesellschaft den Ausgangspunkt seiner Überlegungen bilde.[241] Er verweist hiermit also auf die Tatsache, dass es gegebenenfalls demokratisch über Wahlen legitimierte Politiker sein werden, welche die Rolle einer "wohlwollenden Führung" übernehmen werden. Allerdings muss man an dieser Stelle provokant fragen, ob diese Legitimation nicht quasi überflüssig wird, wenn man die Vorstellung verzerrter Präferenzen auch auf Wahlentscheidungen der Bürger überträgt. Weiter ist zu fragen, warum der Staat seine Aufgabe nicht auf die bloße Bereitstellung der fehlenden Informationen über das Gut beschränkt, um auf das angestrebte Nachfrageniveau zu gelangen. Durch eine derartige Form der Aufklärung wäre es zudem möglich, die Konsumentensouveränität zu erhalten.[242] Isoliert betrachtet reichen Informationsmängel demnach nicht für die Annahme meritorischer Güter und die Rechtfertigung staatlicher Intervention aus.

Nutzenunkenntnis kann aber laut Meritorik auch aufgrund von **nichtrationalem Verhalten** zu verzerrten Präferenzen führen. Fraglich ist somit zunächst, wie der Begriff der Nichtrationalität auszulegen ist. Nichtrationales Verhalten lässt sich zunächst in zwei Kategorien unterteilen. Einerseits kann dieses aus falschen oder unvollständigen Informationen herrühren. Mühlenkamp spricht in diesem Zusammenhang von **subjektiver bzw. begrenzter Rationalität.**[243] Andererseits liegt **irrationales bzw. zufälliges Verhalten** vor, wenn Menschen gegen ihre persönlichen Interessen verstoßen oder Dinge tun, die ihnen Schaden zufügen.[244]

Im Bereich der begrenzten Rationalität sei es "aus individueller Sicht durchaus rational, Informationen nur begrenzt in Entscheidungsprozesse einzubeziehen,

---

240 Vgl. A. Holland, Bundesstaatliche Kunstförderung in der Schweiz. Anregungen aus einem Rechtsvergleich mit den USA, Bamberg 2002, S. 23 m. w. N.; E. Bechler, Effizienz und Kultur. Volkswirtschaftliche Überlegungen zum Kulturmanagement, in: HWP (Hrsg.), Kultur braucht Management. Management braucht Kultur, Diskussionsbeiträge Kultur- und Bildungsmanagement Bd. 1, Hamburg 1991, S. 51. Zur Problematik eines etwaigen Staatsversagens vgl. gesondert Abschnitt 2.3.8.

241 Vgl. R. A. Musgrave, The Theory of Public Finance. A Study in Public Economy, New York u. a. 1959, S. 14.

242 Vgl. D. Brümmerhoff, Finanzwissenschaft, 8. Aufl., München u. a. 2001, S. 113.

243 Vgl. H. Mühlenkamp, Eine ökonomische Analyse ausgewählter institutioneller Arrangements zur Erfüllung öffentlicher Aufgaben, Baden-Baden 1999, S. 30.

244 Vgl. H. Mühlenkamp, Eine ökonomische Analyse ausgewählter institutioneller Arrangements zur Erfüllung öffentlicher Aufgaben, Baden-Baden 1999, S. 31.

da Informationen nur insoweit berücksichtigt werden, bis die Grenzkosten von Informationsbeschaffung und -verarbeitung den entsprechenden Grenznutzen entsprechen."[245] Insoweit sind die Fälle der begrenzten Rationalität regelmäßig auf den bereits behandelten Fall der Informationsmängel zurückzuführen. Ein gesonderter Rechtfertigungsgrund lässt sich hieraus an dieser Stelle nicht ableiten.

Wird demgegenüber staatliches Handeln mit irrationalem bzw. zufälligem Verhalten der Bürger gerechtfertigt, so ist dies aus folgenden Gründen zweifelhaft. Während meritorische Eingriffe ohnehin bereits stark normative Züge aufweisen, erscheint insbesondere das Heranziehen von Irrationalität als Begründung solcher Eingriffe problematisch. Diese lässt sich nämlich nur objektiv diagnostizieren, wenn die individuellen Präferenzordnungen bekannt sind. Da dies in der Regel nicht der Fall sein wird, können meritorische Eingriffe aufgrund von Irrationalität nur rein spekulativ erfolgen und es besteht die Gefahr der Beliebigkeit.[246] Dies gilt für den Kulturbereich ebenso wie für alle anderen Bereiche, in denen das Argument der Meritorik angeführt wird. Zudem stellt sich die Frage, ob die mögliche Irrationalität Einzelner eine flächendeckende Subventionierung von Kultur rechtfertigt. Anzunehmen ist vielmehr, dass es für den Staat günstiger wäre, sich dieser möglichen Einzelfälle direkt anzunehmen.[247]

Neuerdings wird bei der Bestimmung meritorischer Güter auch auf die Existenz von **Gemeinschaftsbedürfnissen** abgestellt.[248] Dabei wird unterstellt, dass es ein Interesse der Gemeinschaft als Ganzes gibt, welches das Ergebnis gemeinsamer historischer Erfahrungen oder kultureller Traditionen ist. Hieraus könnten sich Gemeinschaftsbedürfnisse entwickeln, denen gegenüber sich die Individuen der Gemeinschaft verpflichtet fühlen.[249] "Verpflichtungen dieser Art können, als außerhalb der üblichen individuellen Entscheidungsfreiheit liegend,

---

245 H. Mühlenkamp, Eine ökonomische Analyse ausgewählter institutioneller Arrangements zur Erfüllung öffentlicher Aufgaben, Baden-Baden 1999, S. 31.

246 Vgl. H. Mühlenkamp, Eine ökonomische Analyse ausgewählter institutioneller Arrangements zur Erfüllung öffentlicher Aufgaben, Baden-Baden 1999, S. 31.

247 In diesem Sinne vgl. auch G. van der Beek, Kulturfinanzen. Ein volkswirtschaftlicher Beitrag zur Reform der öffentlichen Museen und Theater in Deutschland, Berlin 2002, S. 90.

248 Vgl. R. A. Musgrave; P. B. Musgrave; L. Kullmer, Die öffentlichen Finanzen in Theorie und Praxis, Bd. 1, 6. Aufl., Tübingen 1994, S. 88 f.

249 Vgl. R. A. Musgrave; P. B. Musgrave; L. Kullmer, Die öffentlichen Finanzen in Theorie und Praxis, Bd. 1, 6. Aufl., Tübingen 1994, S. 88 f.

akzeptiert werden."[250] Demnach stünden Gemeinschaftspräferenzen gegebenenfalls über Individualpräferenzen. Würde man ein Gemeinschaftsbedürfnis nach Kunst und Kultur unterstellen, das nicht allein aus individuellen Präferenzen ableitbar ist, und würde man darüber hinaus annehmen, dass es dem Staat möglich ist, dieses zu erkennen und zu befriedigen, so könnte man aus diesem meritorischen Verständnis eine Legitimation für eine (leistungs-)staatliche Kulturförderung ableiten. Derartige von den Bedürfnissen Einzelner unabhängige Gemeinschaftsbedürfnisse sind der Wohlfahrtsökonomik im engeren Sinne jedoch nicht bekannt.[251] Eine hierauf gestützte Rechtfertigung staatlichen Handelns bleibt somit zweifelhaft.

Würde man kulturelle Güter und Dienstleistungen als meritorische Güter interpretieren, so ließe man Politikern aus den dargelegten Gründen einen erheblichen Gestaltungsspielraum, den sie unter Umständen auch entsprechend ihrer eigenen individuellen Vorlieben zu Ungunsten der Bürger ausnutzen könnten. Immer dann, wenn klassische Marktversagensargumente allein nicht mehr greifen, könnten staatliche Eingriffe darüber legitimiert werden, dass bestimmte Güter zum Beispiel über das Vorliegen positiver externer Effekte als "verdienstvoll" klassifiziert werden und darüber hinaus den Konsumenten diesbezügliche Irrationalität unterstellt wird. Entsprechend kann man Bechler zustimmen, wenn er in diesem Zusammenhang konstatiert: "Die Legitimationsbedürftigkeit staatlicher Kulturförderung tritt hier in ihrer sichtbarsten, aber auch diskussionsbedürftigsten Form zutage — nämlich als in Umfang und Struktur jederzeit widerrufbare Verankerung in politischen Werturteilen."[252] Ebenso ist Pommerehnes Einschätzung zu teilen, wenn er feststellt: "Wenn das Argument der meritorischen Güter und Dienste gebraucht wird, so ist es überdies von nur geringem analytischen Wert, da Kunst und Kultur dann — definitionsgemäß — eben soviel wert sind, wie Politiker oder staatliche Verwaltungsbeamte hierfür an öffentlichen Geldern auszugeben bereit sind."[253]

---

250 R. A. Musgrave; P. B. Musgrave; L. Kullmer, Die öffentlichen Finanzen in Theorie und Praxis, Bd. 1, 6. Aufl., Tübingen 1994, S. 89.

251 Vgl. G. van der Beek, Kulturfinanzen. Ein volkswirtschaftlicher Beitrag zur Reform der öffentlichen Museen und Theater in Deutschland, Berlin 2002, S. 91.

252 E. Bechler, Über den Gütercharakter der Kunst. Einige wirtschaftstheoretische Aspekte von Kulturförderung und Kulturmanagement, in: R. Strachwitz; S. Toepler (Hrsg.), Kulturförderung. Mehr als Sponsoring, Wiesbaden 1993, S. 53.

253 W. W. Pommerehne, Opernfestspiele. Ein Fall für öffentliche Subventionen?, in: Homo Oeconomicus. Zeitschrift für Wirtschafts- und Sozialwissenschaften, Bd. 9 (1992), H. 2, S. 243.

In der Literatur wird die Lehre von den meritorischen Gütern daher zu Recht überwiegend abgelehnt.[254] Nach alledem scheidet diese hier für eine allgemeine Legitimation staatlicher Kulturförderung aus.

2.3.7 Verteilungspolitische Güter

In der Literatur finden sich auch Begründungen für staatliche Interventionen im Kulturbereich, die nicht aus allokativen, sondern vielmehr aus distributiven, das heißt verteilungspolitischen Motiven abgeleitet werden.

Diesem Ansatz liegt die Überlegung zu Grunde, dass gesellschaftlichen Gruppen mit geringem Einkommen der Zugang zum Kunst- und Kulturbereich bei kostendeckenden Eintrittspreisen verwehrt wäre. Durch staatliche Subventionierung der Eintrittspreise soll daher der Zugang zu kulturellen Einrichtungen gerade für diese Gruppen offengehalten werden. Ähnlich wie auch im Fall der Meritorik resultiert die Legitimation einer öffentlichen Kulturförderung in diesem Fall also aus der gesellschaftspolitischen Zielsetzung und nicht aus dem kulturellen Angebotsprozess selbst.[255]

Einer solchen verteilungspolitischen Argumentation wird zudem entgegengehalten, dass eine Kulturförderung, die gleichermaßen aus dem Steueraufkommen sowohl wohlhabender als auch weniger wohlhabender Bevölkerungsgruppen finanziert wird, einem Kulturangebot zugute käme, dessen Publikum sich jedoch trotz Offenhaltung weiterhin überwiegend aus den wohlhabenderen

---

[254] Vgl. C. B. Blankart, Öffentliche Finanzen in der Demokratie, 5. Aufl., München 2003, S. 69; G. van der Beek, Kulturfinanzen. Ein volkswirtschaftlicher Beitrag zur Reform der öffentlichen Museen und Theater in Deutschland, Berlin 2002, S. 93 m. w. N.; B. S. Frey, Arts and Economics. Analysis and Cultural Policy, Berlin u. a. 2000, S. 102; N. Ebker, Politische Ökonomie der Kulturförderung. Entwicklungen zwischen Staat, Markt und 3. Sektor, Bonn 2000, S. 104; E. Bechler, Über den Gütercharakter der Kunst. Einige wirtschaftstheoretische Aspekte von Kulturförderung und Kulturmanagement, in: R. Strachwitz; S. Toepler (Hrsg.), Kulturförderung. Mehr als Sponsoring, Wiesbaden 1993, S. 53; W. W. Pommerehne, Opernfestspiele. Ein Fall für öffentliche Subventionen?, in: Homo Oeconomicus. Zeitschrift für Wirtschafts- und Sozialwissenschaften, Bd. 9 (1992), H. 2, S. 243. Anders wohl A. Klein, Kultur-Marketing. Das Marketing-Konzept für Kulturbetriebe, München 2001, S. 349 f. Nicht eindeutig M. Hutter, Kulturökonomik, in: H. Rauhe; C. Demmer (Hrsg.), Kulturmanagement. Theorie und Praxis einer professionellen Kunst, Berlin u. a. 1994, S. 66.

[255] Vgl. E. Bechler, Über den Gütercharakter der Kunst. Einige wirtschaftstheoretische Aspekte von Kulturförderung und Kulturmanagement, in: R. Strachwitz; S. Toepler (Hrsg.), Kulturförderung. Mehr als Sponsoring, Wiesbaden 1993, S. 53 f.

Gesellschaftsgruppen zusammensetzt. Eine gerechte Umverteilung würde somit nicht hergestellt.[256] So weist van der Beek in einer Budgetinzidenz-Analyse, also in einer Saldierung der Einnahmen- und Ausgabenwirkungen, nach, dass ein öffentliches Engagement in der Museums- und Theaterlandschaft in Gestalt einer egalitären Offenhaltung des Betriebs durch die Erhebung nicht kostendeckender Eintrittspreise bestehende Einkommensverteilungsunterschiede nicht abbaut, sondern gar verstärkt.[257]

Eine verteilungspolitisch begründete Kulturförderung wird daher zu Recht mehrheitlich von der Wissenschaft abgelehnt.[258] Sie bietet vorliegend somit ebenfalls keine hinreichende Legitimationsgrundlage für eine staatliche Kulturförderung.

2.3.8 Baumolsche Kostenkrankheit

Die so genannte Kostenkrankheit der darstellenden Künste wird üblicherweise auf Baumols und Bowens Werk *Performing Arts - The Economic Dilemma* aus dem Jahr 1966 zurückgeführt, weswegen sie auch als Baumolsche Kostenkrankheit bezeichnet wird.[259] Die beiden Autoren vertraten im Rahmen dieser umfangreichen empirischen Studie die These, dass der Bereich der darstellenden Künste zwangsläufig defizitär sei, weil es hier eine unüberwindbare Produktivitätslücke gäbe.[260]

---

256 Vgl. G. van der Beek, Kulturfinanzen. Ein volkswirtschaftlicher Beitrag zur Reform der öffentlichen Museen und Theater in Deutschland, Berlin 2002, S. 94; A. Peacock, Welfare Economics and Public Subsidies to the Arts, 1969, Nachdruck in: Journal of Cultural Economics, Bd. 18 (1994), H. 2, S. 157 f. Letzterer stellt hierbei einen Zusammenhang zum Vermächtniswert her, indem er den Aspekt der Verteilungspolitik generationsübergreifend betrachtet.

257 Vgl. G. van der Beek, Kulturfinanzen. Ein volkswirtschaftlicher Beitrag zur Reform der öffentlichen Museen und Theater in Deutschland, Berlin 2002, S. 93 ff.

258 Vgl. C. B. Blankart, Öffentliche Finanzen in der Demokratie, 5. Aufl., München 2003, S. 69; G. van der Beek, Kulturfinanzen. Ein volkswirtschaftlicher Beitrag zur Reform der öffentlichen Museen und Theater in Deutschland, Berlin 2002, S. 98.

259 Vgl. W. J. Baumol; W. G. Bowen, Performing Arts - The Economic Dilemma. A Study of Problems common to Theater, Opera, Music and Dance, New York 1966.

260 Allerdings waren sie keinesfalls die Ersten, die sich dieser Thematik widmeten, wie Besharov betont. Vielmehr hatten Anne und Tibor Scitovsky bereits 1959 einen Aufsatz hierzu im Yale Review veröffentlicht. Vgl. ausführlicher hierzu G. Besharov, The Outbreak of the Cost Disease: Baumol and Bowen's Founding of Cultural Economics, in: History of Political Economy, Bd. 37 (2005), H. 3, S. 418 ff.

Vereinfachend lässt sich die dahinter verborgene Argumentation folgendermaßen zusammenfassen: Da der Bereich der Kunst wesentlich arbeitsintensiver und somit vom Faktor Arbeit abhängiger ist als andere Wirtschaftsbereiche, kann er auch nur vergleichsweise gering von technischem Fortschritt und den damit einhergehenden Rationalisierungsmaßnahmen profitieren. Während industrielle Wirtschaftsbereiche ihre Produktivität erhöhen können, indem sie ihre Produktionszeit pro Einheit aufgrund technologischer Entwicklungen reduzieren können, ist dies im Bereich der Kunst kaum der Fall: "Human ingenuity has devised ways to reduce the labor necessary to produce an automobile, but no one has yet succeeded in decreasing the human effort expended at a live performance of a 45 minute Schubert quartet much below a total of three man-hours."[261] Da jedoch die Löhne im Kulturbereich mit denen anderer Wirtschaftszweige ungefähr Schritt halten werden, steigen die Produktionskosten im Kulturbereich verhältnismäßig stärker an, da sie nicht durch Produktivitätssteigerungen ausgeglichen werden können. In der Konsequenz werden die höheren Produktionskosten im Kulturbereich zu Preiserhöhungen führen, die wiederum aufgrund der Preiselastizität der Nachfrage zu einem Nachfragerückgang führen wird: Langfristig wird sich der Kunstsektor verkleinern bzw. unter Umständen irgendwann ganz vom Markt verdrängt werden.

Diese Erkenntnisse über die Produktivitätslücke im Bereich der darstellenden Künste wurden in der Folge weniger von Baumol und Bowen selbst als von ihren Lesern als Rechtfertigung für eine öffentliche Förderung herangezogen.[262]

Betrachtet man die zu Grunde liegende Argumentation kritisch, so stellt sich zunächst die Frage, ob es denn im Kunst- und Kulturbereich wirklich keinerlei Produktivitätsfortschritte geben kann. Während Peacock 1969 Baumol und Bowen zwar noch grundsätzlich zustimmte, dass Arbeit im Fall der darstellenden Künste nur bedingt durch Kapital ersetzbar sei, bezweifelte er, dass dies auch in absehbarer Zukunft so bleiben würde.[263] Nur wenige Jahre später führte Netzer bereits konkrete Gegenargumente an, indem er unter anderem auf technische Innovationen bei der Beleuchtung von Broadwaytheatern verwies, die zu

---

261 W. J. Baumol; W. G. Bowen, Performing Arts - The Economic Dilemma. A Study of Problems common to Theater, Opera, Music and Dance, New York 1966, S. 164.

262 Die beiden Autoren begründeten die Notwendigkeit staatlicher Unterstützung eher durch die Einschätzung von Kultur als öffentlichem Gut. Vgl. G. Besharov, The Outbreak of the Cost Disease: Baumol and Bowen's Founding of Cultural Economics, in: History of Political Economy, Bd. 37 (2005), H. 3, S. 415 f.

263 Vgl. A. Peacock, Welfare Economics and Public Subsidies to the Arts, 1969, Nachdruck in: Journal of Cultural Economics, Bd. 18 (1994), H. 2, S. 154.

einem geringeren Stromverbrauch führten.[264] Der rapide technische Fortschritt der letzten Jahrzehnte hat Peacocks und Netzers Einschätzungen zur Produktivitätslücke sicherlich weiter bestärkt. So ist beispielsweise im Musikbereich durch fortschreitende Aufnahme- und Vervielfältigungsmöglichkeiten eine Ausdehnung der Verwertungskette durch Vertrieb von Konzertaufzeichnungen auf CD oder DVD möglich. Auch weist Opielka daraufhin, dass sich in einer Mediengesellschaft die Vorstellung von Präsenz verändert. So fragt er: "Was spricht dagegen, die Bühnenkunst und die modernen Medien so zu vernetzen, dass in jeder Kommune im Bürgerfernsehen die Aufführungen des städtischen Theaters gesehen werden können? ... Die modernen Medien als Komplement unmittelbarer Präsenz zu verstehen, machen Bundesliga-TV und MTV vor: Sie halten das Publikum keineswegs davon ab, Stadien und Popkonzerte aufzusuchen und dafür viel Geld auszugeben."[265] Es wird also deutlich, dass das Argument der Kostenkrankheit an Überzeugungskraft verliert, sobald man neben dem rein künstlerischen Aspekt auch technische Aspekte der Produktion und Inszenierung im Bereich der darstellenden Künste mit in die Betrachtung einbezieht. Auch für Kulturbereiche außerhalb der darstellenden Künste gibt es durchaus technische Fortschritte, welche die Arbeitsproduktivität des jeweiligen kulturellen Schaffens erhöhen können. So kann das Argument, dass die Bewachung von Ausstellungsräumen in Museen nach wie vor einen hohen Personalbedarf aufweise,[266] angesichts moderner Videoüberwachungssysteme als nicht haltbar eingestuft werden. Weitere Beispiele für technische Innovation liefert Krieger, indem er für den Bereich der Literatur die Erfindung des Buchdrucks und für den Bereich der modernen Kunst Video Art anführt.[267]

Die soeben aufgeworfene Problematik kann hier jedoch vernachlässigt werden, da das Argument der Kostenkrankheit selbst keine eigenständige Legitimation

---

264 Vgl. D. Netzer, The Subsidized Muse. Public Support for the Arts in the United States, London u. a. 1978, S. 29 f.

265 M. Opielka, Kunst und Kultur im Wohlfahrtsstaat, in: Aus Politik und Zeitgeschichte vom 17.03.2003, S. 27. Demgegenüber hält Bendixen Theateraufführungen für nicht materialisierbar. Vielmehr handele es sich um Dienstleistungen, deren Nutzung die Präsenz des Publikums während der Aufführung zwingend erfordere. Vgl. P. Bendixen, Zur Verselbstständigung von Theater- und Museumsbetrieben, in: W. Damkowski; C. Precht (Hrsg.), Moderne Verwaltung in Deutschland. Public Management in der Praxis, Stuttgart u. a. 1998, S. 395. Vgl. hierzu ebenfalls die Ausführungen zu Primär- und Sekundärerfahrungen im Bereich der Kultur in Abschnitt 2.3.2.

266 Vgl. M. von Wistinghausen, Das ökonomische Grundmodell von Kultureinrichtungen, in: R. Strachwitz; V. Then (Hrsg.), Kultureinrichtungen in Stiftungsform, Gütersloh 2004, S. 123.

267 Vgl. G. Krieger, Ökonomie und Kunst. Wechselseitige Beziehungen und regionale Aspekte, Berlin 1996, S. 106.

für staatliche Interventionen bietet. Vielmehr ist es lediglich eine positive Beschreibung eines unter anderem auch im Kulturbereich vorzufindenden Phänomens, das allein aus wohlfahrtsökonomisch-allokativen Erwägungen keine Legitimationsgrundlage für eine öffentliche Förderung liefert. Eine Diskrepanz zwischen steigenden Lohnkosten und nicht entsprechend steigender Produktivität gibt es in vielen handwerklichen bzw. vom Faktor Arbeit abhängigen Bereichen.[268] Die Baumolsche Kostenkrankheit führt vor dem Hintergrund des beschriebenen Phänomens somit nur dann zu einer normativ legitimierten staatlichen Intervention, wenn man gleichzeitig unterstellt, dass der Staat Kultur erhalten bzw. fördern will.[269] Anderenfalls käme auch außerhalb des Kulturbereichs bei einer Vielzahl arbeitsintensiver und demzufolge mit hohen Lohnkosten produzierender Bereiche eine staatliche Subventionierung in Betracht. Ohne die zusätzliche staatliche Absicht, Kultur fördern zu wollen, kommt es nach Argumentation der Baumolschen Kostenkrankheit langfristig zu einer Reduzierung bzw. zum Exitus des Kulturbereichs. Sie beschreibt somit zwar eine Gefährdung des Kulturbereichs, liefert jedoch selbst nicht die wohlfahrtstheoretische Legitimation für eine staatliche Intervention.[270] Dennoch wird sie teilweise auch mehr als dreißig Jahre nach der Erstveröffentlichung von *Performing Arts - The Economic Dilemma* weiterhin als wichtigste Form von Marktversagen im Bereich von Kunst und Kultur gehandelt.[271]

Insgesamt liegt die Vermutung nahe, dass die Vertreter, die sich zur Begründung staatlicher Interventionen im Kulturbereich auf die Baumolsche Kostenkrankheit beziehen, an einer Erhaltung des kulturpolitischen Status Quo, mithin direkter staatlicher Finanzierung interessiert sind.[272] Eine normative Rechtferti-

---

268 Van der Beek verweist in diesem Zusammenhang zutreffend auf die Beispiele des Frisörs und des ambulanten Schuhputzers. Vgl. G. van der Beek, Kulturfinanzen. Ein volkswirtschaftlicher Beitrag zur Reform der öffentlichen Museen und Theater in Deutschland, Berlin 2002, S. 67.

269 Vgl. S. Saunders, The Case for the National Endowment for the Arts. Federal Funding for the Arts in America in the 1960s and 1970s, in: History of Political Economy, Bd. 37 (2005), H. 3, S. 601 m. w. N.

270 Vgl. G. Besharov, The Outbreak of the Cost Disease: Baumol and Bowen's Founding of Cultural Economics, in: History of Political Economy, Bd. 37 (2005), H. 3, S. 421 und S. 426; G. van der Beek, Kulturfinanzen. Ein volkswirtschaftlicher Beitrag zur Reform der öffentlichen Museen und Theater in Deutschland, Berlin 2002, S. 67.

271 Vgl. S. Toepler, Culture, Commerce, and Civil Society. Rethinking Support for the Arts, in: Administration & Society, Bd. 33 (2001), H. 5, S. 516; M. von Wistinghausen, Das ökonomische Grundmodell von Kultureinrichtungen, in: R. Strachwitz; V. Then (Hrsg.), Kultureinrichtungen in Stiftungsform, Gütersloh 2004, S. 121 ff.

272 So setzt denn auch von Wistinghausen bezeichnenderweise die Begriffe Auftragserfüllung und Bestandssicherung gleich. Vgl. M. von Wistinghausen, Das

gung derartigen leistungsstaatlichen Denkens ist jedoch — wie gezeigt — der Baumolschen Kostenkrankheit nicht zu entnehmen.

2.3.9 Zwischenergebnis und Kritik aus Perspektive der Neuen Politischen Ökonomie

Die vorangehenden Untersuchungen darüber, ob bzw. inwieweit sich eine leistungsstaatliche Kulturförderung auf Basis wohlfahrtsökonomischer Erklärungsansätze legitimieren lässt, können wie folgt zusammengefasst werden:

Dem vorrangig von Kulturpolitikern vorgebrachten Argument der Doppelnatur von Kultur lässt sich kein hinreichender Legitimationsansatz entnehmen. So reicht es nicht aus, eine mögliche leistungsstaatliche Intervention im Kulturbereich allein über eine angebliche "Natur der Sache" zu begründen. Vielmehr greifen — wie gezeigt wurde — grundsätzlich eine Reihe verschiedener wohlfahrtsökonomischer Argumente, die nicht ausschließlich auf den öffentlichen Gutcharakter von Kultur zurückzuführen sind, und die es jeweils dezidiert zu untersuchen gilt.

Zumindest im Bereich der Museen wird in der Literatur die Existenz natürlicher Monopole aufgrund sinkender Durchschnittskosten bejaht und eine Rechtfertigung für eine leistungsstaatliche Intervention in Form eines Defizitausgleichs oder einer öffentlichen Bereitstellung abgeleitet.

Eine allgemeingültige Rechtfertigung für eine leistungsstaatliche Kulturförderung lässt sich aus der Theorie öffentlicher Güter nicht ableiten. Im Bereich der Bereitstellung kultureller Güter handelt es sich nur in seltenen Fällen um reine öffentliche Güter. Auch wenn man die Idee des Kunstwerks bzw. den künstlerischen Informationsgehalt eines kulturellen Produkts schützen will, muss dies grundsätzlich nicht in Form einer leistungsstaatlichen Förderung erfolgen.

Zwar bietet das Vorliegen von externen Effekten teilweise Erklärungsansätze für eine leistungsstaatliche Förderung. Allerdings lassen sich insbesondere aufgrund mangelnder empirischer Daten kaum konkrete Interventionsmöglichkeiten deduzieren. Zudem bleibt die Frage offen, welche externen Effekte durch welches konkrete Kulturangebot zu verfolgen sind.

ökonomische Grundmodell von Kultureinrichtungen, in: R. Strachwitz; V. Then (Hrsg.), Kultureinrichtungen in Stiftungsform, Gütersloh 2004, S. 125.

Die Vorstellung von meritorischen Gütern würde zwar gegebenenfalls zu einer Legitimation leistungsstaatlicher Kulturförderung führen, ist jedoch aufgrund der dargelegten Gründe abzulehnen.

Verteilungspolitische Argumente scheiden zur Rechtfertigung einer umfassenden staatlichen Kulturförderung ebenfalls aus. Die Frage danach, ob diese leistungsstaatlich ausgerichtet sein müsste, erübrigt sich somit.

Die Baumolsche Kostenkrankheit beschreibt schließlich lediglich ein allgemeines, in lohnkostenintensiven Bereichen vorkommendes Gefährdungspotenzial. Ohne das zusätzliche Postulat, dass der Staat gerade den Kulturbereich erhalten bzw. fördern will, bietet sie keine hinreichende Legitimation für dessen Förderung. Sie liefert also keine eigenständige Rechtfertigung für eine öffentliche Kulturförderung. Auch hier erübrigt sich entsprechend die Frage, ob diese gegebenenfalls leistungsstaatlich zu gestalten wäre.

Selbst wenn man in einzelnen wohlfahrtstheoretischen Erklärungsansätzen qualitative Gründe für eine staatliche Intervention im Kulturbereich erkennen mag, so bleibt mangels Quantifizierbarkeit die Frage unbeantwortet, ob eine derartige Förderung auch zwingend in einer unmittelbaren Bereitstellung bzw. Finanzierung von Kultureinrichtungen bestehen muss.

Fordert man zur Behebung eines Marktversagens staatliche Intervention, so stellt sich zudem automatisch die Frage nach dem Risiko eines etwaigen Staatsversagens.[273] So weist bereits Wahl-Zieger 1975 darauf hin, dass die "Möglichkeit der verdeckten politischen Einflussnahme auf die Kunst ... gleichermaßen bei öffentlichen und privaten Geldgeber [besteht]."[274]

Während sich wohlfahrtsökonomische Erklärungsansätze maßgeblich auf Möglichkeiten des Marktversagens und dessen Behebung durch staatliche Eingriffe

---

273 Vgl. W. W. Pommerehne; B. S. Frey, Staatliche Förderung von Kunst und Kultur. Eine ökonomische Betrachtung, in: Jahrbuch für Sozialwissenschaften, Bd. 38 (1987), S. 266; S. Litzel, Zur Situation der privaten Kulturförderung. Anregungen zum Perspektivenwechsel, in: N. Lammert (Hrsg.), Alles nur Theater? Beiträge zur Debatte über Kulturstaat und Bürgergesellschaft, Köln 2004, S. 242 f.

274 E. Wahl-Zieger, Theater und Orchester zwischen Marktkräften und Marktkorrektur. Existenzprobleme und Überlebenschancen eines Sektors aus wirtschaftstheoretischer Sicht, o. O. 1975, S. 51.

konzentrieren, stellt die Neue Politische Ökonomie[275] auch die Möglichkeit des Staatsversagens zur Diskussion. Darunter versteht man eine Situation, in der "die Ergebnisse politischer (einschließlich bürokratischer) Prozesse systematisch den Präferenzen der Wähler nicht entsprechen."[276] Ursachen hierfür sind — neben mangelnden Informationen bezüglich der Kosten- und Nachfragebedingungen, mangelnder Kompetenz, die analytischen Techniken der Wohlfahrtsökonomik unter Berücksichtigung der ihr zu Grunde liegenden Werturteile anzuwenden und der Möglichkeit, dass allokative Verzerrungen durch den Staat selbst verursacht werden —, vor allem die Problematik, dass politische Entscheidungsträger nicht zwangsläufig altruistisch und im Sinne eines ohnehin zunächst definitionspflichtigen Gemeinwohls[277] handeln.[278] Die Neue Politische Ökonomie nimmt somit eine positive, das heißt bestehende Sachverhalte wertfrei erklärende Analyse vor, bei der sie das Erklärungsmuster des Rationalverhaltens von Privatpersonen auf politische Entscheidungsträger und Akteure überträgt. Demzufolge ist auch das berufliche Handeln von Politikern durchaus von persönlichen Interessen gekennzeichnet, die im Konflikt zu ihrem öffentlichen Mandat stehen können. Hierzu zählt unter anderem das — ebenfalls persönlich motivierte — Interesse an einer Wiederwahl, was in Konsequenz zu einem eher kurz- bis mittelfristigen Politikstil führt. So kommt denn auch Brumlik zu dem Ergebnis, dass "auch Kunst- und Kulturpolitik lediglich Politik [ist] ... und sich vor allem an Opportunitätsgesichtspunkten bei der Festigung von Machtverhältnissen [orientiert]."[279]

Selbst wenn man von altruistischem Handeln im Sinne einer "guten Absicht" ausgeht, bleibt fraglich, auf Basis welcher fachlichen Kompetenz die beteiligten Akteure Entscheidungen im Hinblick auf das Allgemeinwohl treffen können. Dies gilt insbesondere im Bereich der Meritorik, ist jedoch abgeschwächt in all den Bereichen vorstellbar, in welchen Akteuren der öffentlichen Hand Entscheidungsspielräume eingeräumt werden. Seitens der Neuen Politischen Ökonomie wird in diesem Zusammenhang auch leicht spöttisch der Begriff des

---

[275] Innerhalb dieser Arbeit werden die Begriffe Neue Politische Ökonomie, Ökonomische Theorie der Politik sowie Public Choice Theory als Synonyme verstanden und verwendet.

[276] D. Brümmerhoff, Finanzwissenschaft, 8. Aufl., München u. a. 2001, S. 222.

[277] Zu dieser Problematik vgl. zum Beispiel P. Häberle, Die Gemeinwohlproblematik in rechtswissenschaftlicher Sicht, in: Rechtstheorie. Zeitschrift für Logik, Methodenlehre, Kybernetik und Soziologie des Rechts, Bd. 14 (1983), H. 3, S. 257-284; G. F. Schuppert; F. Neidhardt (Hrsg.), Gemeinwohl. Auf der Suche nach Substanz, Berlin 2002.

[278] Vgl. D. Brümmerhoff, Finanzwissenschaft, 8. Aufl., München u. a. 2001, S. 221.

[279] M. Brumlik, Der Vorhang fällt. Kultur in Zeiten leerer Kassen, Berlin 1997, S. 75.

"wohlwollenden Diktators" verwendet, dem es zugestanden wird die Konsumentensouveränität der Bevölkerung auszuhebeln.

Nach alledem lässt sich festhalten, dass es keinen überzeugenden wohlfahrtstheoretischen Erklärungsansatz gibt, der eine leistungsstaatliche Kulturförderung zwingend erfordert.

2.4 Verfassungsrechtliche Legitimation

2.4.1 Vorbemerkung

Die folgenden Ausführungen sollen zunächst der Frage nachgehen, inwieweit die öffentliche Kulturförderung in Deutschland verfassungsrechtlich legitimiert ist. Hierzu wird insbesondere untersucht, ob und inwieweit sich aus dem Grundgesetz[280] bzw. aus dem Einigungsvertrag[281] eine Ermächtigung bzw. eine Verpflichtung der öffentlichen Hand zur Förderung bzw. Finanzierung von Kultur ergibt. In diesem Zusammenhang ist häufig auch die Rede von einem öffentlichen Kulturauftrag, von Deutschland als Kulturstaat, von einer Kulturstaatsklausel sowie von Kultur als Staatszielbestimmung. Weiter soll aufgezeigt werden, welche verfassungsrechtlichen Kompetenzen dem Bund, den Ländern und den Kommunen als Akteuren öffentlicher Kunst- und Kulturförderung zugewiesen werden und welches Spannungsverhältnis sich hieraus ergibt. Schließlich soll — soweit nicht bereits im Rahmen der jeweiligen Einzeldarstellungen geschehen — herausgearbeitet werden, inwieweit sich aus dem verfassungsrechtlichen Status Quo Indizien für ein leistungsstaatliches Erstarren verifizieren lassen. In diesem Kontext soll insbesondere auf den aktuellen Diskurs zur Verankerung einer kulturellen Staatszielbestimmung im Grundgesetz eingegangen werden.

2.4.2 Art. 5 Abs. 3 Satz 1 GG als Freiheitsrecht

Dem Wortlaut des Art. 5 Abs. 3 Satz 1 GG zufolge sind Kunst und Wissenschaft, Forschung und Lehre frei.[282] Nach der Auslegung des

---

280 Vgl. Grundgesetz für die Bundesrepublik Deutschland vom 23.05.1949, BGBl. I, S. 1.

281 Vgl. Vertrag über die Herstellung der Einheit Deutschlands vom 31.08.1990, BGBl. II, S. 885.

282 Bemerkenswert ist an dieser Stelle die Feststellung, dass der Begriff Kultur im Grundgesetz lediglich ein einziges Mal im Zusammenhang mit dem Schutz deutschen Kulturguts gegen Abwanderung ins Ausland (Art. 75 Abs. 1 GG) Erwähnung findet,

Bundesverfassungsgerichts im Rahmen seiner so genannten Mephisto-Entscheidung[283] aus dem Jahr 1971 enthält Art. 5 Abs. 3 Satz 1 GG mit dieser Freiheitsverbürgung nach dem Wortlaut und Sinn zunächst eine objektive, das Verhältnis des Bereichs Kunst zum Staat regelnde wertentscheidende Grundsatznorm. Die Bestimmung gewährleistet zugleich jedem, der in diesem Bereich tätig ist, ein individuelles Freiheitsrecht[284] bzw. ein individual-subjektives Abwehrrecht.[285]

Das Bundesverfassungsgericht macht in der vorbezeichneten Entscheidung hinsichtlich des Schutzbereichs des in Art. 5 Abs. 3 Satz 1 GG garantierten Freiheitsrechts umfangreiche Ausführungen über den verfassungsrechtlichen Kunstbegriff und den sachlichen sowie persönlichen Geltungsbereich der Norm.[286]

---

während ansonsten ausschließlich von Kunst die Rede ist. Dies überrascht insofern, als gerade das Grundgesetz immer wieder als Begründung für eine öffentliche Kultur- und eben nicht nur Kunstförderung herangezogen wird. Wie später in Abschnitt 2.4.3 jedoch noch zu zeigen sein wird, verwendet das Bundesverfassungsgericht die Begriffe Kunst und Kultur weitgehend synonym.

283 Vgl. BVerfGE Bd. 30, S. 173 ff. (Mephisto-Entscheidung). Im Mittelpunkt dieser Entscheidung stand der Roman *Mephisto, Roman einer Karriere* von Klaus Mann, dessen Hauptfigur Hendrik Höfgen politische Überzeugungen und persönliche Bindungen mit dem Ziel aufgab, eine künstlerische Karriere zu machen. Hierfür nahm er es in Kauf, mit den Nationalsozialisten zu paktieren. Als Vorbild für die Figur des Höfgens diente Mann der ihm persönlich bekannte Gustav Gründgens. Die Ähnlichkeit zwischen Höfgen und Gründgens war in vielerlei Hinsicht auch für Außenstehende leicht erkennbar. Deswegen hatte Gründgens' Adoptivsohn ein Veröffentlichungsverbot erwirkt, gegen das der betroffene Verlag wiederum Verfassungsbeschwerde einlegte. Im Zentrum dieser Auseinandersetzung stand demnach der Konflikt zwischen der Reichweite der Kunstfreiheitsgarantie einerseits und der des Persönlichkeitsrechts andererseits.

284 Vgl. BVerfGE Bd. 30, S. 188.

285 In der verfassungsrechtlichen Literatur wird das Abwehrrecht häufig auch als Schutz- oder Freiheitsrecht bezeichnet. Das Adjektiv *individual-subjektiv* wird stellenweise auch durch *individuell* bzw. durch *subjektiv-rechtlich* ausgetauscht. Innerhalb dieser Arbeit werden alle daraus resultierenden Begriffskombinationen als Synonyme verstanden und verwendet.

286 Für eine zusammenfassende und systematisierte Übersicht hierzu vgl. J. F. Henschel, Die Kunstfreiheit in der Rechtsprechung des BVerfG, in: NJW, Jg. 43 (1990), H. 32, S. 1938 ff.

Der **verfassungsrechtliche Kunstbegriff** war sowohl vor als auch nach der Mephisto-Entscheidung des Bundesverfassungsgerichts höchst umstritten.[287] Dabei ging es zunächst um die Frage, ob Art. 5 Abs. 3 GG von einem materialen, das heißt qualitativen oder aber von einem formalen Kunstbegriff ausgeht.

Diese Frage stellt sich insbesondere vor dem Hintergrund, dass sich der Kunstbegriff als weitestgehend außerrechtlich bestimmter, der Eigengesetzlichkeit und Wandlungsfähigkeit künstlerischer Schöpfung, Empfindung und Fantasie verpflichteter Lebenssachverhalt[288] jeder normativ abschließenden bzw. absolutierenden Begriffsdefinition entzieht.[289]

In diesem Zusammenhang ist zunächst festzuhalten, dass eine Definition darüber, was unter Kunst zu verstehen ist, im Gesetzestext nicht erfolgt. Dies mag man vorerst dahingehend positiv bewerten, dass jegliche Definitionsversuche in direktem Widerspruch zu der deklarierten Absicht stünden, eine Kunstfreiheitsgarantie — auf welche Weise auch immer — zu gewährleisten. Um die Ernsthaftigkeit einer solchen Absicht nicht von vornherein in Abrede zu stellen, erscheint es daher durchaus sinnvoll, keine grundgesetzliche Definition von Kunst vorzunehmen, da ein solches Vorgehen zwangsläufig zu selektiver Ausgrenzung und somit zu einer ersten Verletzung von Kunstfreiheit führen würde. Folgerichtige Konsequenz einer solchen Argumentation wäre ein Definitionsverbot auch über den eigentlichen Verfassungstext hinaus.

So geht namentlich die von Knies begründete Lehre des qualitativen Definitionsverbots von einem technisch-formalen Kunstbegriff aus.[290] Die Vertreter dieser Mindermeinung leiten ihre Sichtweise aus dem Sinn der Kunstfreiheit und dem Verbot staatlichen Kunstrichtertums ab.[291] Über den qualitativen Gehalt des danach bestehenden formalen Kunstbegriffs sei weder eine

287 Vgl. R. Scholz, in: T. Maunz; G. Dürig u. a. (Hrsg.), Grundgesetz. Kommentar, Bd. 1, München 1958, 44. Lfg. (2005), Art. 5 Abs. 3, Rz. 22 ff.; J. F. Henschel, Die Kunstfreiheit in der Rechtsprechung des BVerfG, in: NJW, Jg. 43 (1990), H. 32, S. 1938 m. w. N.; D. Beisel, Die Kunstfreiheitsgarantie des Grundgesetzes und ihre strafrechtlichen Grenzen, Heidelberg 1997, S. 49 m. w. N.

288 Vgl. hierzu die Ausführungen zum Kunst- bzw. Kulturbegriff in Abschnitt 2.1.

289 Vgl. R. Scholz, in: T. Maunz; G. Dürig u. a. (Hrsg.), Grundgesetz. Kommentar, Bd. 1, München 1958, 44. Lfg. (2005), Art. 5 Abs. 3, Rz. 22 f.

290 Vgl. W. Knies, Schranken der Kunstfreiheit als verfassungsrechtliches Problem, München 1967, S. 214 ff.

291 Vgl. W. Knies, Schranken der Kunstfreiheit als verfassungsrechtliches Problem, München 1967, S. 217 ff.

juristisch-definitorische Aussage möglich noch statthaft.[292] Vielmehr sei die "inhaltliche Offenheit des grundrechtlichen Kunstbegriffes ... nicht Ausdruck definitorischer Verlegenheit, sondern ein aus der Freiheitsgarantie des Art. 5 Abs. 3 GG folgendes verfassungsrechtliches Postulat."[293] Zu den Verfechtern eines formalen Kunstbegriffs zählen auch diejenigen, die eine Definition von Kunst für unmöglich halten bzw. das Vorhandensein eines Kunstwerks unterstellen.[294]

Demgegenüber vertritt — allerdings mit zum Teil voneinander abweichenden Definitionsansätzen — die ganz überwiegende Meinung in der Rechtsprechung und Literatur ein materiales (qualitatives) Begriffsverständnis der Kunst im verfassungsrechtlichen Sinne.

Nach den Vertretern dieser herrschenden Meinung führt die Einordnung der Kunstfreiheit als dem einzelnen Bürger gegen den Staat zustehendes Recht zwangsläufig zum Erfordernis der rechtlichen Bestimmung bzw. Bestimmbarkeit von Kunst.[295] Anderenfalls wären die gegenständlichen Grenzen der Anspruchsgrundlage nicht ermittelbar und ein etwaiger Schutz vor staatlichen Eingriffen würde insoweit leer laufen.[296] Art. 5 Abs. 3 Satz 1 GG statuiere insofern gerade kein Definitions*verbot*, sondern vielmehr im Gegenteil ein Definitions*gebot*.[297] Zwar ist der Begriff der Kunst sehr subjektiv, er muss jedoch bis zu

---

292 Vgl. Nachweis bei R. Scholz, in: T. Maunz; G. Dürig u. a. (Hrsg.), Grundgesetz. Kommentar, Bd. 1, München 1958, 44. Lfg. (2005), Art. 5 Abs. 3, Rz. 25.

293 W. Knies, Schranken der Kunstfreiheit als verfassungsrechtliches Problem, München 1967, S. 219.

294 Vgl. Nachweise bei J. F. Henschel, Die Kunstfreiheit in der Rechtsprechung des BVerfG, in: NJW, Jg. 43 (1990), H. 32, S. 1938 sowie bei D. Beisel, Die Kunstfreiheitsgarantie des Grundgesetzes und ihre strafrechtlichen Grenzen, Heidelberg 1997, S. 69 ff.

295 Vgl. R. Scholz, in: T. Maunz; G. Dürig u. a. (Hrsg.), Grundgesetz. Kommentar, Bd. 1, München 1958, 44. Lfg. (2005), Art. 5 Abs. 3, Rz. 25 m. w. N.; J. F. Henschel, Die Kunstfreiheit in der Rechtsprechung des BVerfG, in: NJW, Jg. 43 (1990), H. 32, S. 1938; M. Mihatsch, Öffentliche Kunstsubventionierung. Verfassungs- und verwaltungsrechtliche Probleme, insbesondere bei Einschaltung nicht-staatlicher Instanzen in das Subventionsverfahren, Berlin 1989, S. 4 ff.

296 Vgl. M.-E. Geis, Kulturstaat und kulturelle Freiheit. Eine Untersuchung des Kulturstaatskonzepts von Ernst Rudolf Huber aus verfassungsrechtlicher Sicht, Baden-Baden 1990, S. 239 m. w. N.; D. Beisel, Die Kunstfreiheitsgarantie des Grundgesetzes und ihre strafrechtlichen Grenzen, Heidelberg 1997, S. 49 m. w. N. und S. 87 m. w. N.

297 Vgl. R. Scholz, in: T. Maunz; G. Dürig u. a. (Hrsg.), Grundgesetz. Kommentar, Bd. 1, München 1958, 44. Lfg. (2005), Art. 5 Abs. 3, Rz. 25 m. w. N.; M.-E. Geis, Kultur-

einem gewissen Grad objektivierbar sein, damit der Staat das besagte Freiheitsrecht auch garantieren kann. "Wenn nämlich alles Kunst ist, wenn jedermann Künstler ist, unterscheidet sich Kunst nicht mehr von anderen menschlichen Aktivitäten und kann daher nicht mehr besonders geschützt werden."[298] Kunst muss demzufolge anhand bestimmter objektivierbarer Kriterien von Nicht-Kunst abgrenzbar sein.[299] Nur unter dieser Bedingung kann Kunst verfassungsrechtlich geschützt werden.

So traf das Bundesverfassungsgericht in seiner Mephisto-Entscheidung folgende Aussage: "Der Lebensbereich 'Kunst' ist durch die vom Wesen der Kunst geprägten, ihr allein eigenen Strukturmerkmale zu bestimmen. Von ihnen hat die Auslegung des Kunstbegriffs der Verfassung auszugehen. Das Wesentliche der künstlerischen Betätigung ist die freie schöpferische Gestaltung, in der Eindrücke, Erfahrungen, Erlebnisse des Künstlers durch das Medium einer bestimmten Formensprache zu unmittelbarer Anschauung gebracht werden. Alle künstlerische Tätigkeit ist ein Ineinander von bewussten und unbewussten Vorgängen, die rational nicht aufzulösen sind. Beim künstlerischen Schaffen wirken Intuition, Fantasie und Kunstverstand zusammen; es ist primär nicht Mitteilung, sondern Ausdruck und zwar unmittelbarster Ausdruck der individuellen Persönlichkeit des Künstlers."[300]

Dieser Definitionsansatz durch das Bundesverfassungsgericht ist in der Literatur nicht nur von Verfechtern eines qualitativen Definitionsverbots kritisiert worden.[301] In einer Entscheidung aus dem Jahr 1984, der Entscheidung zum so genannten Anachronistischen Zug,[302] hat sich das Bundesverfassungsgericht

---

staat und kulturelle Freiheit. Eine Untersuchung des Kulturstaatskonzepts von Ernst Rudolf Huber aus verfassungsrechtlicher Sicht, Baden-Baden 1990, S. 239 m. w. N.

298 C. Starck, in: H. von Mangoldt; F. Klein; C. Starck (Hrsg.), Das Bonner Grundgesetz. Kommentar, Bd. 1, 4. Aufl., München 1999, Art. 5 Abs. 3, Rz. 275 unter Bezugnahme auf eine Formulierung von Joseph Beuys.

299 Vgl. M.-E. Geis, Kulturstaat und kulturelle Freiheit. Eine Untersuchung des Kulturstaatskonzepts von Ernst Rudolf Huber aus verfassungsrechtlicher Sicht, Baden-Baden 1990, S. 238 ff.

300 BVerfGE Bd. 30, S. 188 f.

301 Für einen Überblick der verschiedenen Kritikpunkte vgl. J. F. Henschel, Die Kunstfreiheit in der Rechtsprechung des BVerfG, in: NJW, Jg. 43 (1990), H. 32, S. 1938.

302 Vgl. BVerfGE Bd. 67, S. 213 ff. (Entscheidung zum Anachronistischen Zug). Den Hintergrund dieser Entscheidung bildete ein politisches Straßentheater auf Grundlage des Gedichts *Der Anachronistische Zug oder Freiheit und Demokratie* von Bertolt Brecht. Dieses Theater in Form eines Umzugs wurde 1980 während des Bundestags-

dann erneut zum verfassungsrechtlichen Kunstbegriff geäußert und konzidiert, dass es unmöglich sei, Kunst generell zu definieren.[303] Danach sei der Lebensbereich Kunst durch die vom Wesen der Kunst geprägten, ihr allein eigenen Strukturmerkmale zu bestimmen.[304] Wie weit die Kunstfreiheitsgarantie reiche und was sie im Einzelnen bedeute, lasse sich nicht durch einen für alle Äußerungsformen künstlerischer Betätigung und für alle Kunstgattungen gleichermaßen gültigen Begriff umschreiben.[305] Den bisherigen Versuchen der Kunsttheorie, sich über ihren Gegenstand klar zu werden, lasse sich keine zureichende Bestimmung entnehmen, so dass sich nicht an einen gefestigten Begriff der Kunst im außerrechtlichen Bereich anknüpfen lasse.[306] In der Kunsttheorie fehle zudem jegliches Einvernehmen über objektive Maßstäbe. Dies hänge mit dem besonderen Merkmal des Kunstlebens zusammen. So ziele die Avantgarde gerade darauf ab, die Grenzen der Kunst auszuweiten.[307] Dies und ein weitverbreitetes Misstrauen von Künstlern und Kunsttheoretikern gegen starre Formen und strenge Konventionen seien Eigenheiten des Lebensbereichs Kunst, welche zu respektieren seien und darauf hindeuteten, dass nur ein weiter Kunstbegriff zu angemessenen Lösungen führen könne.[308]

Nach dem Bundesverfassungsgericht entbindet jedoch die Unmöglichkeit, Kunst allgemein zu definieren, nicht von der verfassungsrechtlichen Pflicht, die Freiheit des Lebensbereichs Kunst zu schützen, also bei der konkreten Rechts-

---

wahlkampfs von Gegnern der CDU/CSU durchgeführt. Am Ende des Zugs fuhr der so genannte Plagenwagen, auf dem ein Darsteller mit einer Franz-Josef-Strauß-Maske auf dem Kopf vergeblich gegen die sechs Plagen ankämpfte, die alle durch Vertreter des Nationalsozialismus symbolisiert wurden. Hieraufhin stellte Strauß vor dem Amtsgericht einen Strafantrag wegen Beleidigung, woraufhin der Strauß-Darsteller zu einer Geldstrafe verurteilt wurde. Nachdem der Darsteller zunächst vor dem Bayerischen Obersten Landesgericht erfolglos Revision eingelegt hatte, wandte er sich an das Bundesverfassungsgericht mit der Frage, ob die erfolgte Verurteilung wegen Beleidigung im Rahmen eines politischen Straßentheaters vor dem Hintergrund der Kunstfreiheitsgarantie rechtmäßig sei. Der Verfassungsbeschwerde wurde stattgegeben.

303 Vgl. BVerfGE Bd. 67, S. 224.

304 Vgl. BVerfGE Bd. 67, S. 224.

305 Vgl. BVerfGE Bd. 67, S. 224.

306 Vgl. BVerfGE Bd. 67, S. 224.

307 Vgl. BVerfGE Bd. 67, S. 225.

308 Vgl. BVerfGE Bd. 67, S. 225.

anwendung zu entscheiden, ob die Voraussetzungen des Art. 5 Abs. 3 Satz 1 GG vorliegen.[309]

Das Bundesverfassungsgericht verweist zur Lösung dieses Dilemmas auf eine einzelfallbezogene Bestimmung des Schutzbereichs, bei der verschiedene Gesichtspunkte der zur Kunstdefinition entwickelten Lösungsansätze miteinander kombiniert werden können. So stellt es in der Entscheidung zum Anachronistischen Zug — eher beispielhaft[310] — auf drei verschiedene Erklärungsansätze ab: Während es zunächst den bereits in der Mephisto-Entscheidung entwickelten materialen, wertbezogenen Weg erwähnt,[311] beschreibt es anschließend einen formalen, typologischen Ansatz, der das Vorhandensein von Kunst davon abhängig macht, ob die Gattungsanforderungen eines bestimmten Werktyps erfüllt sind,[312] und somit dem bereits weiter oben erwähnten Ansatz von Knies ähnelt. Schließlich wird auf einen kunsttheoretischen Ansatz abgestellt, der das kennzeichnende Merkmal einer künstlerischen Äußerung darin sieht, dass sie wegen der Mannigfaltigkeit ihrer Aussage ständig neue, weiterreichende Interpretationen zulässt.[313]

Die vom Bundesverfassungsgericht benannten Lösungsansätze haben zwar isoliert betrachtet Schwächen,[314] bieten jedoch nach Einschätzung Henschels in ihrer Kombination hinreichende Anhaltspunkte, um im jeweiligen konkreten Einzelfall zu entscheiden, ob eine Verletzung der Kunstfreiheit vorliegt oder nicht.[315]

In einer weiteren Entscheidung hat das Bundesverfassungsgericht im Jahr 1987 nochmals hervorgehoben, dass eine wertende Einengung des Kunstbegriffs mit der umfassenden Freiheitsgarantie des Art. 5 Abs. 3 Satz 1 GG nicht zu vereinbaren sei.[316] Vielmehr schütze die Verfassung die Kunst ohne Inhalts- oder

---

309 Vgl. BVerfGE Bd. 67, S. 225

310 Vgl. J. F. Henschel, Die Kunstfreiheit in der Rechtsprechung des BVerfG, in: NJW, Jg. 43 (1990), H. 32, S. 1938 f.

311 Vgl. BVerfGE Bd. 67, S. 226.

312 Vgl. BVerfGE Bd. 67, S. 226 f.

313 Vgl. BVerfGE Bd. 67, S. 227.

314 Vgl. hierzu eingehend C. Starck, in: H. von Mangoldt; F. Klein; C. Starck (Hrsg.), Das Bonner Grundgesetz. Kommentar, Bd. 1, 4. Aufl., München 1999, Art. 5 Abs. 3, Rz. 279.

315 Vgl. J. F. Henschel, Die Kunstfreiheit in der Rechtsprechung des BVerfG, in: NJW, Jg. 43 (1990), H. 32, S. 1939.

316 Vgl. BVerfGE Bd. 75, S. 377.

Niveaukontrolle. Demzufolge sei lediglich eine Unterscheidung zwischen Kunst und Nichtkunst erlaubt, während eine Differenzierung in "gute" und "schlechte" Kunst unstatthaft sei.[317]

Es lässt sich an dieser Stelle somit bereits festhalten, dass von der herrschenden Meinung bei der Bestimmung des Schutzbereichs des Art. 5 Abs. 3 Satz 1 GG einzelfallbezogen jeweils mehrere verschiedene Definitionsansätze herangezogen werden können. Insoweit ist der verfassungsrechtliche Kunstbegriff als offen zu bezeichnen.[318] Weder die möglichen Inhalte noch die möglichen Erscheinungs- und Gestaltungsformen der Kunst sind von der Verfassung im Kunstbegriff festgelegt.[319] Vor dem Hintergrund der unter Abschnitt 1.2.2 dargestellten Modelle lässt sich festhalten, dass der von der herrschenden Meinung vertretene offene Kunstbegriff eher gewährleistungsstaatliche als leistungsstaatliche Züge trägt.

Lenkt man die Aufmerksamkeit nun von der Frage des Kunst- bzw. Kulturbegriffs zum **sachlichen Schutzbereich** des aus Art. 5 Abs. 3 Satz 1 GG resultierenden Freiheitsrechts, so ist festzuhalten, dass nach der Rechtsprechung des Bundesverfassungsgerichts sowohl der Werkbereich als auch der Wirkbereich von der Kunstfreiheitsgarantie erfasst wird.[320] So weist bereits die Mephisto-Entscheidung darauf hin, dass nicht nur die künstlerische Betätigung selbst (Werkbereich), sondern auch die Darbietung und Verbreitung des Kunstwerks (Wirkbereich) für die Begegnung mit dem Werk sachnotwendig und somit schützenswert sei.[321] "Beide Bereiche bilden eine unlösbare Einheit."[322] Der Wirkbereich, in dem der Öffentlichkeit Zugang zu dem Kunstwerk verschafft werde, sei der Boden, auf dem die Freiheitsgarantie des Art. 5 Abs. 3 GG vor allem erwachsen sei. Ohne die Erstreckung auf den Wirkbereich würde das Grundrecht weitgehend leer laufen.[323] In seiner so genannten Schallplatten-

---

317 Vgl. BVerfGE Bd. 75, S. 377.

318 Vgl. R. Scholz, in: T. Maunz; G. Dürig u. a. (Hrsg.), Grundgesetz. Kommentar, Bd. 1, München 1958, 44. Lfg. (2005), Art. 5 Abs. 3, Rz. 25.

319 Vgl. C. Starck, in: H. von Mangoldt; F. Klein; C. Starck (Hrsg.), Das Bonner Grundgesetz. Kommentar, Bd. 1, 4. Aufl., München 1999, Art. 5 Abs. 3, Rz. 277 m. w. N.

320 Diese Differenzierung ist seit der Mephisto-Entscheidung ständige Rechtsprechung des Bundesverfassungsgerichts und wird ebenfalls überwiegend von der Literatur vertreten. Vgl. Nachweise bei D. Beisel, Die Kunstfreiheitsgarantie des Grundgesetzes und ihre strafrechtlichen Grenzen, Heidelberg 1997, S. 111.

321 Vgl. BVerfGE Bd. 30, S. 189.

322 BVerfGE Bd. 30, S. 189.

323 Vgl. BVerfGE Bd. 30, S. 189.

Entscheidung[324] aus dem Jahr 1974 hat das Bundesverfassungsgericht diese Auffassung verfestigt und ausgeführt, dass sich die Ausstrahlungswirkung der Verfassungsbestimmung auch auf die Medien (Kommunikationsmittel) erstrecke, weil sie durch Vervielfältigung, Verbreitung und Veröffentlichung die zwischen Künstler und Publikum notwendige Mittlerfunktion ausüben.[325]

Ob und inwieweit auch die wirtschaftliche Verwertung des Kunstwerks, also die Erzielung von Einnahmen mithilfe des Kunstwerks, zum verfassungsrechtlich geschützten Wirkbereich gehört, ist dabei nicht abschließend durch das Bundesverfassungsgericht geklärt.[326] So hat es in einer urheberrechtlichen Entscheidung ausdrücklich die Frage offen gelassen, ob auch Art. 5 Abs. 3 Satz 1 GG eingreife, wenn die wirtschaftliche Verwertung des Werks derart beschränkt würde, dass die freie künstlerische Betätigung praktisch nicht mehr möglich wäre.[327] Bei Beantwortung dieser Frage dürften sich faktisch allerdings kaum lösbare Abgrenzungsschwierigkeiten zwischen dem vom Bundesverfassungsgericht als schützenwert erachteten Wirkbereich und dem damit häufig in unmittelbarer Verbindung stehenden Bereich der wirtschaftlichen Verwertung ergeben.

Die beschriebene Ausdehnung des sachlichen Schutzbereichs auf den Wirkbereich zeigt auch Folgen bei der Beantwortung der Frage nach dem **persönlichen Schutzbereich** der Norm, also der Frage, wer zu den Trägern des Grundrechts aus Art. 5 Abs. 3 Satz 1 GG gehört. So hat das Bundesverfassungsgericht in seiner Mephisto-Entscheidung darauf hingewiesen, dass nicht nur der Künstler selbst, sondern auch alle Personen, die eine unentbehrliche Mittlerfunktion zwischen Künstler und Publikum ausüben, in diesen Schutzbereich einbezogen sind.[328] Sowohl Künstler als auch Kunstvermittler sollen in ihrer Tätigkeit durch die Verfassung von jeglicher Ingerenz öffentlicher Gewalt freigehalten wer-

---

324 Vgl. BVerfGE Bd. 36, S. 321 ff. (Schallplatten-Entscheidung). Dieses Verfahren richtete sich gegen die umsatzsteuerliche Ungleichbehandlung von Lieferungen und Leistungen des Kulturbereichs. Konkret ging es hierbei um die Frage, warum Schallplatten dem vollen Umsatzsteuersatz unterliegen, während ähnliche kulturelle Leistungen dem halben Steuersatz unterliegen oder sogar gänzlich steuerbefreit sind. Der Forderung nach einer Gleichbehandlung wurde durch das Bundesverfassungsgericht nicht nachgekommen.

325 Vgl. BVerfGE Bd. 36, S. 331.

326 Vgl. R. Scholz, in: T. Maunz; G. Dürig u. a. (Hrsg.), Grundgesetz. Kommentar, Bd. 1, München 1958, 44. Lfg. (2005), Art. 5 Abs. 3, Rz. 18; J. F. Henschel, Die Kunstfreiheit in der Rechtsprechung des BVerfG, in: NJW, Jg. 43 (1990), H. 32, S. 1939.

327 Vgl. BVerfGE Bd. 31, S. 240.

328 Vgl. BVerfGE Bd. 30, S. 191

den.[329] Danach werden beispielsweise der Verleger, der Schallplattenhersteller, der Veranstalter einer Theateraufführung, der Schauspieler und der Zeitungsredakteur vom persönlichen Schutzbereich des Art. 5 Abs. 3 Satz 1 GG erfasst.[330]

Abschließend stellt sich die Frage, wodurch die in Art. 5 Abs. 3 GG gewährleistete Kunstfreiheit beschränkt werden kann. Zunächst einmal ist festzuhalten, dass die Kunstfreiheit in Art. 5 Abs. 3 GG nach dem Wortlaut der Verfassung und der Rechtsprechung des Bundesverfassungsgerichts nicht durch allgemeine Gesetze eingeschränkt werden kann. Anders ist dies beispielsweise bei den in Art. 5 Abs. 1 GG geregelten Freiheitsrechten (freie Meinungsäußerung, Pressefreiheit). Diese können gemäß Art. 5 Abs. 2 GG durch allgemeine Gesetze eingeschränkt werden. Nach herrschender Meinung gilt dies jedoch nicht für Art. 5 Abs. 3 GG, da dieser lex specialis gegenüber Art. 5 Abs. 1 GG ist.[331] Nach Auffassung des Bundesverfassungsgerichts gewährt die Verfassung die Kunstfreiheit demzufolge vorbehaltlos.[332] Vielmehr müssen sich etwaige Schranken aus der Verfassung selbst ergeben.[333] Soweit sich Konflikte zwischen der Kunstfreiheit und ihr widerstreitender Verfassungsgüter ergeben, müssen diese gemäß der grundgesetzlichen Wertordnung und unter Berücksichtigung der Einheit dieses grundlegenden Wertsystems durch Auslegung der Verfassung gelöst werden.[334]

Dies ist deswegen notwendig, da die Kunstfreiheit genauso wie andere Freiheiten auch ihre Grenzen dort findet, wo sie die Grundrechte anderer beschneidet. Kollisionsmöglichkeiten,[335] aus denen möglicherweise Schranken für die Kunstfreiheit resultieren, ergeben sich vor allem zwischen der Kunstfreiheit und

---

329 Vgl. BVerfGE Bd. 30, S. 190.

330 Vgl. J. F. Henschel, Die Kunstfreiheit in der Rechtsprechung des BVerfG, in: NJW, Jg. 43 (1990), H. 32, S. 1940 m. w. N. aus der Rechtsprechung des Bundesverfassungsgerichts; D. Beisel, Die Kunstfreiheitsgarantie des Grundgesetzes und ihre strafrechtlichen Grenzen, Heidelberg 1997, S. 117 ff. m. w. N.

331 Vgl. R. Scholz, in: T. Maunz; G. Dürig u. a. (Hrsg.), Grundgesetz. Kommentar, Bd. 1, München 1958, 44. Lfg. (2005), Art. 5 Abs. 3, Rz. 54; C. Starck, in: H. von Mangoldt; F. Klein; C. Starck (Hrsg.), Das Bonner Grundgesetz. Kommentar, Bd. 1, 4. Aufl., München 1999, Art. 5 Abs. 3, Rz. 302 m. w. N.

332 Vgl. BVerfGE Bd. 30, S. 193.

333 Vgl. BVerfGE Bd. 30, S. 193.

334 Vgl. BVerfGE Bd. 30, S. 193.

335 Für eine ausführliche Darstellung zu den strafrechtlich relevanten Grenzen der Kunstfreiheit vgl. D. Beisel, Die Kunstfreiheitsgarantie des Grundgesetzes und ihre strafrechtlichen Grenzen, Heidelberg 1997.

der Menschenwürde,[336] dem allgemeinen Persönlichkeitsrecht,[337] dem Recht auf Leben bzw. körperliche Unversehrtheit, der Religionsfreiheit, der Eigentumsgarantie, dem Jugendschutz sowie dem Schutz des Staats und seiner Symbole.[338]

2.4.3 Art. 5 Abs. 3 Satz 1 GG als Auftrag und Ermächtigung der öffentlichen Hand zur Kunst- und Kulturförderung

Während es in Art. 142 der Weimarer Verfassung[339] noch hieß "Die Kunst, die Wissenschaft und ihre Lehre sind frei. Der Staat gewährt ihnen Schutz und nimmt an ihrer Pflege teil", findet sich im heutigen Grundgesetz der Bundesrepublik Deutschland weder in Art. 5 Abs. 3 Satz 1 GG noch an einer anderen Stelle eine derartig explizite Aufforderung an den Staat, sich aktiv an der Pflege der Kunst oder auch der Kultur zu beteiligen.

In seiner Schallplatten-Entscheidung hat das Bundesverfassungsgericht jedoch klargestellt, dass Art. 5 Abs. 3 GG neben der bereits vorstehend dargestellten freiheitsrechtlichen[340] eine weitere objektive Wertentscheidung enthält. Danach stellt Art. 5 Abs. 3 GG dem modernen Staat, der sich im Sinne einer Staatszielbestimmung auch als Kulturstaat versteht, zugleich die Aufgabe, ein freiheitliches Kunstleben zu erhalten und zu fördern.[341] Insofern ergibt sich aus dieser weiteren Wertentscheidung des Art. 5 Abs. 3 GG rechtlich zunächst einmal das Gleiche wie aus Art. 142 der Weimarer Verfassung.[342]

Darüber hinaus ist bemerkenswert und an dieser Stelle besonders hervorzuheben, dass das Bundesverfassungsgericht in seiner Entscheidung die Begriffe

---

336 Vgl. BVerfGE Bd. 30, S. 193.

337 Vgl. C. Starck, in: H. von Mangoldt; F. Klein; C. Starck (Hrsg.), Das Bonner Grundgesetz. Kommentar, Bd. 1, 4. Aufl., München 1999, Art. 5 Abs. 3, Rz. 308; BVerfGE Bd. 30, S. 193.

338 Vgl. C. Starck, in: H. von Mangoldt; F. Klein; C. Starck (Hrsg.), Das Bonner Grundgesetz. Kommentar, Bd. 1, 4. Aufl., München 1999, Art. 5 Abs. 3, Rz. 310 ff.

339 Vgl. Verfassung des Deutschen Reichs vom 11.08.1919, RGBl., S. 1383.

340 Vgl. hierzu Abschnitt 2.4.2.

341 Vgl. BVerfGE Bd. 36, S. 331. Kritisch hierzu B. Geißler, Staatliche Kulturförderung nach Grundgesetz und Recht der EG, Berlin 1995, S. 57 f. und S. 66 ff.

342 Vgl. R. Scholz, in: T. Maunz; G. Dürig u. a. (Hrsg.), Grundgesetz. Kommentar, Bd. 1, München 1958, 44. Lfg. (2005), Art. 5 Abs. 3, Rz. 9.

Kunst und Kultur bzw. Kunst- und Kulturförderung weitgehend synonym verwendet, mithin einheitlich auslegt.[343]

Im Gegensatz zu dem in Art. 5 Abs. 3 GG enthaltenen Freiheits- bzw. Abwehrrecht gewährt die ebenfalls in dieser Verfassungsnorm enthaltene objektive Verpflichtung des Staats zur Kulturförderung etwaigen Künstlern und Kulturschaffenden grundsätzlich kein Individualrecht, das heißt kein subjektives Recht auf ebendiese Förderung.[344]

Bei der Ausgestaltung positiver Förderungsmaßnahmen wie zum Beispiel Maßnahmen der Finanzierung hat der Staat im Rahmen seiner Kulturpolitik vielmehr weitgehende Freiheit.[345] Ihm ist in diesem Bereich ein weiter Ermessensspielraum eingeräumt.[346] Das Bundesverfassungsgericht hat in seiner Schallplatten-Entscheidung klargestellt, dass sich insbesondere aus dem subjektiven Freiheitsrecht[347] für den Bereich der positiven Kulturförderung keine Ansprüche auf gleichmäßige Teilhabe einzelner Künstler bzw. Kulturschaffender ableiten.[348] Danach müsse jede einzelne positive Fördermaßnahme nicht gleichmäßig allen Bereichen künstlerischen Schaffens zugute kommen.[349]

---

343 Vgl. BVerfGE Bd. 36, S. 330 ff.; M.-E. Geis, Kulturstaat und kulturelle Freiheit. Eine Untersuchung des Kulturstaatskonzepts von Ernst Rudolf Huber aus verfassungsrechtlicher Sicht, Baden-Baden 1990, S. 233 m. w. N. Ähnlich auch M. Naucke, Der Kulturbegriff in der Rechtsprechung des Bundesverfassungsgerichts, Hamburg 2000, S. 27 f.

344 Vgl. BVerfGE Bd. 36, S. 332; R. Scholz, in: T. Maunz; G. Dürig u. a. (Hrsg.), Grundgesetz. Kommentar, Bd. 1, München 1958, 44. Lfg. (2005), Art. 5 Abs. 3, Rz. 40; C. Starck, in: H. von Mangoldt; F. Klein; C. Starck (Hrsg.), Das Bonner Grundgesetz. Kommentar, Bd. 1, 4. Aufl., München 1999, Art. 5 Abs. 3, Rz. 272 und Rz. 274; M. Naucke, Der Kulturbegriff in der Rechtsprechung des Bundesverfassungsgerichts, Hamburg 2000, S. 146 f.

345 Vgl. BVerfGE Bd. 36, S. 332.

346 Vgl. R. Scholz, in: T. Maunz; G. Dürig u. a. (Hrsg.), Grundgesetz. Kommentar, Bd. 1, München 1958, 44. Lfg. (2005), Art. 5 Abs. 3, Rz. 40.; K. Pabel, Grundfragen der Kompetenzordnung im Bereich der Kunst, Berlin 2003, S. 168 m. w. N.

347 Vgl. hierzu Abschnitt 2.4.2.

348 So lehnt auch Tillner eine institutionelle Garantie für die bisherige Struktur des öffentlich getragenen Musiktheaters ab. Vgl. W.-D. Tillner, Die öffentliche Förderung der Musiktheater in Deutschland, Berlin 1999, S. 66.

349 Vgl. BVerfGE Bd. 36, S. 332; K. Pabel, Grundfragen der Kompetenzordnung im Bereich der Kunst, Berlin 2003, S. 170 m. w. N.

Im Bereich wirtschaftlicher Fördermaßnahmen, zu denen neben der direkten Finanzierung auch die indirekte Finanzierung über steuerliche Begünstigungen gehört, können vielmehr wirtschafts- und finanzpolitische Gesichtspunkte beachtet werden. So sei es dem Staat in diesem Bereich nicht verwehrt, die eigene wirtschaftliche Kraft der einzelnen Träger, Personen und Institutionen des Kulturbereichs angemessen zu berücksichtigen.[350] Ihm wird danach im Ergebnis ein Recht zur sachlichen Auswahl und sachgerechten Differenzierung zugesprochen.[351] Allerdings liegt die Betonung hierbei auf den Adjektiven *sachlich* und *sachgerecht*. Das bedeutet nämlich, dass die Entscheidungen an der Eigengesetzlichkeit der Kunst orientiert sein müssen,[352] und dass die Kunstförderung "nicht zur beliebigen, verwaltungspolitischen Ermessensentscheidung denaturieren [darf]."[353] Inwieweit die staatliche Kulturförderung in der Praxis jedoch wirklich frei von jeglichem Kunstdirigismus ist, bleibt fraglich.[354]

Gleichwohl bleibt festzuhalten, dass der Staat im Bereich der Förderung klar vorgeben darf, welche Kunst förderungswürdig sein soll und welche nicht, er somit also die Definitionskompetenz hat. Anders als bei der abwehrrechtlichen Auslegung ist dem Staat an dieser Stelle ein inhaltliches Werturteil bzw. die Formulierung von Qualitätsanforderungen für die zu fördernde Kunst gestattet.[355]

---

350 Vgl. BVerfGE Bd. 36, S. 332.

351 Vgl. R. Scholz, in: T. Maunz; G. Dürig u. a. (Hrsg.), Grundgesetz. Kommentar, Bd. 1, München 1958, 44. Lfg. (2005), Art. 5 Abs. 3, Rz. 40.

352 Vgl. C. Starck, in: H. von Mangoldt; F. Klein; C. Starck (Hrsg.), Das Bonner Grundgesetz. Kommentar, Bd. 1, 4. Aufl., München 1999, Art. 5 Abs. 3, Rz. 294.

353 R. Scholz, in: T. Maunz; G. Dürig u. a. (Hrsg.), Grundgesetz. Kommentar, Bd. 1, München 1958, 44. Lfg. (2005), Art. 5 Abs. 3, Rz. 79. In diesem Sinne auch K. Pabel, Grundfragen der Kompetenzordnung im Bereich der Kunst, Berlin 2003, S. 168.

354 So stellt beispielsweise Künzel überzeugend dar, dass Frauen im Rahmen der öffentlichen Kulturförderung in Deutschland gegenüber Männern benachteiligt werden. Sie spricht von einer geschlechtsdiskriminierenden Förderpraxis, die sie unter anderem darauf zurückführt, dass Frauen sowohl in den politischen Institutionen als auch in Entscheidungsgremien wie zum Beispiel Fachjurys noch immer schwach vertreten sind, was dazu führt, "dass bei Juryentscheidungen oft diejenigen Bewerberinnen und Bewerber die besten Chancen haben, deren Arbeiten am ehesten dem Selbstbild der — meist männlichen — Gremienmitglieder entsprechen." A. Künzel, Geschlechtsspezifische Aspekte von Kunst- und Kulturförderung, in: Aus Politik und Zeitgeschichte vom 29.11.2004, S. 37.

355 Vgl. R. Scholz, in: T. Maunz; G. Dürig u. a. (Hrsg.), Grundgesetz. Kommentar, Bd. 1, München 1958, 44. Lfg. (2005), Art. 5 Abs. 3, Rz. 79; C. Starck, in: H. von Man-

Da nach herrschender Meinung für Akte der Leistungsverwaltung der rechtsstaatliche Gesetzesvorbehalt, das heißt die Notwendigkeit einer gesetzlichen Grundlage nicht gilt, sind auch Kunst- bzw. Kulturförderung als Teil der Leistungsverwaltung in gesetzesfreier Form statthaft.[356] Erforderlich ist jedoch unter anderem, dass derartige Maßnahmen die freiheitsrechtlichen Eingriffsgrenzen des Art. 5 Abs. 3 GG wahren.[357] Da insbesondere organisatorische Maßnahmen, das heißt Maßnahmen zur Schaffung günstiger Rahmenbedingungen nicht klar von Eingriffen, also von der Eingriffsverwaltung abgegrenzt werden können, folgt aus dem in Art. 5 Abs. 3 GG enthaltenen Freiheitsrecht (Abwehranspruch) zumindest ein Anspruch auf Unterlassung freiheitsfeindlicher Organisation.[358]

Im Bereich der Kunstförderung soll ausnahmsweise, jedoch nur in Verbindung mit der in Art. 5 Abs. 3 GG ebenfalls verbürgten Garantie der akademischen Selbstverwaltung, die staatliche Pflicht, eine entsprechende Kunst-Hochschulorganisation zur Verfügung zu stellen, in der freie Kunst möglich ist, bestehen.[359] Allein in diesem Kontext, der jedoch nicht Gegenstand dieser Arbeit ist, sollen vor dem Hintergrund einer Bestandsgarantie auch subjektive Ansprüche der betroffenen Einrichtungen auf Förderung bzw. Vermeidung existenzvernichtender Eingriffe denkbar sein.[360]

---

goldt; F. Klein; C. Starck (Hrsg.), Das Bonner Grundgesetz. Kommentar, Bd. 1, 4. Aufl., München 1999, Art. 5 Abs. 3, Rz. 294 m. w. N.

356 Vgl. R. Scholz, in: T. Maunz; G. Dürig u. a. (Hrsg.), Grundgesetz. Kommentar, Bd. 1, München 1958, 44. Lfg. (2005), Art. 5 Abs. 3, Rz. 40. Einschränkend W. Palm, Öffentliche Kunstförderung zwischen Kunstfreiheitsgarantie und Kulturstaat, Berlin 1998, S. 180 ff.

357 Vgl. R. Scholz, in: T. Maunz; G. Dürig u. a. (Hrsg.), Grundgesetz. Kommentar, Bd. 1, München 1958, 44. Lfg. (2005), Art. 5 Abs. 3, Rz. 40 und Rz. 41.

358 Vgl. C. Starck, in: H. von Mangoldt; F. Klein; C. Starck (Hrsg.), Das Bonner Grundgesetz. Kommentar, Bd. 1, 4. Aufl., München 1999, Art. 5 Abs. 3, Rz. 274 m. w. N.

359 Vgl. C. Starck, in: H. von Mangoldt; F. Klein; C. Starck (Hrsg.), Das Bonner Grundgesetz. Kommentar, Bd. 1, 4. Aufl., München 1999, Art. 5 Abs. 3, Rz. 270.

360 Dafür vgl. C. Starck, in: H. von Mangoldt; F. Klein; C. Starck (Hrsg.), Das Bonner Grundgesetz. Kommentar, Bd. 1, 4. Aufl., München 1999, Art. 5 Abs. 3, Rz. 296; W. Palm, Öffentliche Kunstförderung zwischen Kunstfreiheitsgarantie und Kulturstaat, Berlin 1998, S. 174 und S. 178 m. w. N. Nicht eindeutig R. Scholz, in: T. Maunz; G. Dürig u. a. (Hrsg.), Grundgesetz. Kommentar, Bd. 1, München 1958, 44. Lfg. (2005), Art. 5 Abs. 3, Rz. 79. Kritisch dagegen W.-D. Tillner, Die öffentliche Förderung der Musiktheater in Deutschland, Berlin 1999, S. 70 m. w. N. Ablehnend auch M. Mihatsch, Öffentliche Kunstsubventionierung. Verfassungs- und verwaltungsrechtliche Probleme, insbesondere bei Einschaltung nicht-staatlicher Instanzen in das Subventionsverfahren, Berlin 1989, S. 71; U. Steiner, Kulturauftrag im staatlichen Gemeinwe-

Mangels grundsätzlich bestehenden subjektiven Rechts auf staatliche Förderung einerseits und aufgrund des dem Staat eingeräumten weiten Ermessens, wen er mit welchen konkreten Maßnahmen fördert, andererseits bestünde auf den ersten Blick betrachtet keine Notwendigkeit dafür, den im Bereich des Freiheitsrechts erforderlichen offenen (erweiterten) Kunst- bzw. Kulturbegriff auch im Bereich der Förderung anzuwenden.[361] Dadurch, dass der Staat genau benennen kann, was er als förderungswürdige Kunst respektive Kultur ansieht, wäre theoretisch ein enger — dem Modell des Leistungsstaats nahestehender — Kulturbegriff ausreichend. Hiergegen sprechen allerdings vor allem zwei wesentliche Gründe. Wie in Abschnitt 2.4.2 gezeigt, ist für das Freiheitsrecht des Art. 5 Abs. 3 GG nach der Rechtsprechung des Bundesverfassungsgerichts ein offener — einen Gewährleistungsstaat kennzeichnender — Kulturbegriff erforderlich. Ließe man nun für den Bereich der Kulturförderung einen engen Kulturbegriff ausreichen, so würde ein und derselbe Begriff nicht nur innerhalb der Verfassung, sondern vielmehr sogar innerhalb einer einzelnen Verfassungsnorm unterschiedlich ausgelegt werden. Darüber hinaus hat der Staat auch im Bereich der Förderung — wie gezeigt — die Eingriffsgrenzen des Freiheitsrechts zu beachten. Hierzu ist somit eine einheitliche weite Auslegung des Kulturbegriffs erforderlich. Vorsorglich sei jedoch noch einmal darauf hingewiesen, dass auch eine einheitliche Auslegung des Kulturbegriffs nicht bedeutet, dass der Staat alles, was er zu schützen verpflichtet ist, auch fördern muss.[362]

2.4.4 Einigungsvertrag

Neben Art. 5 Abs. 3 Satz 1 GG wird häufig auch der Einigungsvertrag von 1990 bemüht, wenn es darum geht, etwaige Verpflichtungen des Staats zur Kunst- bzw. Kulturförderung abzuleiten. Im Gegensatz zum Grundgesetz werden in Art. 35 Abs. 3 EinigV Schutz, Förderung und Finanzierung von Kultur und Kunst explizit angesprochen, wenn es heißt: "Die Erfüllung der kulturellen Aufgaben einschließlich ihrer Finanzierung ist zu sichern, wobei Schutz und

---

sen, in: Veröffentlichungen der Vereinigung der Deutschen Staatsrechtslehrer, H. 42 (1984), S. 15.

361 Gleichwohl übernahm das Bundesverfassungsgericht in seiner Schallplatten-Entscheidung, in der es um Fördermaßnahmen ging, seinen weiten Kunst- bzw. Kulturbegriff. Vgl. BVerfGE Bd. 36, S. 331.

362 Vgl. übereinstimmend auch M. Mihatsch, Öffentliche Kunstsubventionierung. Verfassungs- und verwaltungsrechtliche Probleme, insbesondere bei Einschaltung nichtstaatlicher Instanzen in das Subventionsverfahren, Berlin 1989, S. 16 m. w. N.; U. Steiner, Kulturauftrag im staatlichen Gemeinwesen, in: Veröffentlichungen der Vereinigung der Deutschen Staatsrechtslehrer, H. 42 (1984), S. 15 m. w. N.

Förderung von Kultur und Kunst den neuen Ländern und Kommunen entsprechend der Zuständigkeitsverteilung des Grundgesetzes obliegen."[363]

Darüber hinaus wird regelmäßig auch auf Art. 35 Abs. 1 EinigV hingewiesen, wenn es Deutschlands Status als Kulturstaat zu manifestieren gilt.[364] Dieser lautet wie folgt: "In den Jahren der Teilung waren Kunst und Kultur — trotz unterschiedlicher Entwicklung der beiden Staaten in Deutschland — eine Grundlage der fortbestehenden Einheit der deutschen Nation. Sie leisten im Prozess der staatlichen Einheit der Deutschen auf dem Weg zur europäischen Einigung einen eigenständigen und unverzichtbaren Beitrag. Stellung und Ansehen eines vereinten Deutschlands in der Welt hängen außer von seinem politischen Gewicht und seiner wirtschaftlichen Leistungskraft ebenso von seiner Bedeutung als Kulturstaat ab."

Betrachtet man den Wortlaut von Art. 35 Abs. 3 EinigV, so wird hinsichtlich der Erfüllung kultureller Aufgaben insbesondere auf die Sicherung ihrer Finanzierung hingewiesen. Gerade die Begriffe *Finanzierung* und *Sicherstellung* lassen im Gegensatz zu der Formulierung im Grundgesetz auf eine leistungsstaatliche Interpretation von Kulturförderung schließen. Wie bereits gezeigt, handelt es sich bei (direkter) Finanzierung lediglich um eine von verschiedenen Förderungsmöglichkeiten, die eine Nähe zum Leistungsstaat impliziert.[365] Entsprechendes verbindet sich mit dem Begriff der Sicherstellung, der auf eine Besitzstandswahrung des kulturellen Status Quo abzielt. Dies ist auch nachvollziehbar, wenn man sich die Motive der beteiligten Vertragsparteien vor Augen hält. Ziel der Regelung des Art. 35 EinigV war nach dessen Abs. 4 offenkundig,

---

363 Zu der aus dem Grundgesetz resultierenden Zuständigkeitsverteilung vgl. Abschnitt 2.4.5.1.

364 Vgl. unter anderem T. J. Knoblich, Kunst- und Kulturförderung im föderativen System. Hintergründe und Probleme, in: Aus Politik und Zeitgeschichte vom 29.11.2004, S. 6; H. Schulze-Fielitz, Verfassungsrechtliche Rahmenbedingungen für eine Politik der kulturellen Erneuerung in den neuen Bundesländern, in: O. Schwencke (Hrsg.), Kulturföderalismus und Kulturförderung. Neue Bundesstaatlichkeit im Kulturstaat Deutschland?, Hagen 1992, S. 59 f.; S. Litzel, Zur Situation der privaten Kulturförderung. Anregungen zum Perspektivenwechsel, in: N. Lammert (Hrsg.), Alles nur Theater? Beiträge zur Debatte über Kulturstaat und Bürgergesellschaft, Köln 2004, S. 239; K.-S. Rehberg, Das Ende des mäzenatischen Staates? Beobachtungen aus kulturpolitischer Perspektive, in: J. Allmendinger (Hrsg.), Entstaatlichung und soziale Sicherheit. Verhandlungen des 31. Kongresses der Deutschen Gesellschaft für Soziologie in Leipzig 2002, Bd. 2, Opladen 2003, S. 1033; M. Opielka, Kunst und Kultur im Wohlfahrtsstaat, in: Aus Politik und Zeitgeschichte vom 17.03.2003, S. 21 m. w. N.

365 Vgl. hierzu Abschnitt 2.2.

die bis dato zentral ausgerichtete Kulturpolitik der ehemaligen DDR in die föderativen Strukturen Deutschlands, namentlich die des Grundgesetzes zu überführen.[366] Nach der Wiedervereinigung kam dem Bund auf Grundlage der Art. 35 Abs. 4, 6 und 7 EinigV die Aufgabe zu, diesen Kompetenzwechsel auf Seiten der neuen Bundesländer im Rahmen einer Übergangsfinanzierung zu unterstützen.[367] Hierfür wurden vom Bund allein zwischen 1991 und 1993 knapp 3 Mrd. DM investiert.[368] Die durch den Einigungsvertrag bedingte Übergangsfinanzierung des Bundes diente dazu, die Auswirkungen der Teilung Deutschlands auszugleichen[369] und die fünf neuen Bundesländer in das Verfassungssystem des Grundgesetzes zu integrieren. Demnach kann insoweit lediglich von einem temporären Zweck des Einigungsvertrags gesprochen werden.[370] Die im Einigungsvertrag benutzten Formulierungen lassen Rückschlüsse darauf zu, wie die Vertragsparteien zum Zeitpunkt des Vertragsabschlusses die kulturrelevanten Vorschriften des Grundgesetzes auslegten. So fällt auf, dass Deutschland in Art. 35 Abs. 1 EinigV als Kulturstaat bezeichnet wird. Eine Formulierung, die zwar nicht im Wortlaut des Grundgesetzes enthalten ist, sich nach der zwischenzeitlichen Klarstellung des Bundesverfassungsgerichts im Rahmen seiner Schallplatten-Entscheidung[371] jedoch sehr wohl aus Art. 5 Abs. 3 GG ergibt. Außerhalb der Übergangsfinanzierung durch den Bund und die Kompetenzneuordnung geht die in Art. 35 EinigV enthaltene Festlegung zur Kulturverpflichtung des Staats danach nicht weiter als die durch das Bundesverfassungsgericht vorgenommene Auslegung. Die Formulierung des Art. 35 EinigV ist daher vor dem Hintergrund der zwischenzeitlichen Interpretation des Art. 5 Abs. 3 GG durch das Bundesverfassungsgericht zu sehen. Weiter ist hervorzuheben, dass im Zusammenhang mit dem Einigungsvertrag

---

366 Vgl. K. von Beyme, Kulturpolitik und nationale Identität. Studien zur Kulturpolitik zwischen staatlicher Steuerung und gesellschaftlicher Autonomie, Opladen 1998, S. 100 ff. Geißler unterstellt in diesem Zusammenhang, "dass die Beitrittswilligkeit des Beitrittsgebietes (auch) von der *Garantie der kulturellen Substanz* abhängig war..." B. Geißler, Staatliche Kulturförderung nach Grundgesetz und Recht der EG, Berlin 1995, S. 154.

367 Nach Ritter "ist der Bund [mit seinem Beitrag] bis an die äußerste Grenze des verfassungsmäßig und finanziell Möglichen gegangen." W. Ritter, Kultur und Kulturpolitik im vereinigten Deutschland, Berlin 2000, S. 27.

368 Vgl. A. Klein, Kulturpolitik. Eine Einführung, Opladen 2003, S. 111.

369 Vgl. Art. 35 Abs. 7 EinigV.

370 Zur grundsätzlichen Weitergeltung des Einigungsvertrags nach Wirksamwerden des Beitritts als Bundesrecht vgl. Art. 45 Abs. 2 EinigV; Vgl. B. Wagner, "Kulturstaat" und "kulturelle Grundversorgung". Ist ihre verfassungsmäßige Verankerung sinnvoll und hilfreich?, in: Kulturpolitische Mitteilungen, H. 106/III (2004), S. 33.

371 Vgl. BVerfGE Bd. 36, S. 331.

die kulturrelevanten Vorschriften des Grundgesetzes nicht modifiziert wurden. Auch ist Art. 35 EinigV ebenso wenig wie Art. 5 Abs. 3 GG ein subjektives Recht des Einzelnen auf Kulturförderung zu entnehmen.

Nach alledem ist festzuhalten, dass sich außerhalb des durch den Einigungsvertrag bezweckten Ausgleichs der Auswirkungen der Teilung Deutschlands keine über den Regelungsgehalt des Grundgesetzes hinausgehenden Rückschlüsse für eine verfassungsrechtliche Legitimation der Kulturförderung in einem vereinigten Deutschland ergeben.[372] Insbesondere lässt sich eine durch den Wortlaut des Art. 35 EinigV naheliegende Präferenz bzw. Forderung nach einem Leistungsstaat nach einem Wegfall der Auswirkungen der Teilung Deutschlands[373] nicht aufrechterhalten. Kulturpolitikern, die aus dem Art. 35 EinigV langfristig (leistungsstaatliche) Forderungen gegenüber der öffentlichen Hand ableiten wollen, die über die Regelungen des Grundgesetzes hinaus gehen, ist daher nicht zuzustimmen.

2.4.5 Bund, Länder und Kommunen als Akteure öffentlicher Kunst- und Kulturförderung

2.4.5.1 Ableitung von Zuständigkeiten aus dem Grundgesetz

Als Akteure öffentlicher Kunst- und Kulturförderung kommen grundsätzlich Bund, Länder und Kommunen[374] in Frage. Eine Konkretisierung der Zuständigkeitsverteilung zwischen diesen drei föderativen Ebenen ergibt sich zunächst aus **Art. 30 GG**, in dem es heißt: "Die Ausübung der staatlichen Befugnisse und die Erfüllung der staatlichen Aufgaben ist Sache der Länder, soweit dieses Grundgesetz keine andere Regelung trifft oder zulässt." Aus der Tatsache, dass für weite Teile des Kulturbereichs keine grundgesetzlichen Regelungen vorliegen, ergibt sich in Deutschland die sogenannte **Kulturhoheit der Länder**.[375]

---

[372] Vgl. so im Ergebnis auch W.-D. Tillner, Die öffentliche Förderung der Musiktheater in Deutschland, Berlin 1999, S. 56.

[373] Vgl. Art. 35 Abs. 7 EinigV.

[374] Der Begriff Kommune umfasst hierbei Städte, Gemeinden, Kreise und Gemeindeverbände. Vgl. P. Eichhorn u. a. (Hrsg.), Verwaltungslexikon, 3. Aufl., Baden-Baden 2002.

[375] Vgl. hierzu ausführlich K. Pabel, Grundfragen der Kompetenzordnung im Bereich der Kunst, Berlin 2003, S. 11 ff. m. w. N.

Dennoch gibt es **Ausnahmen**, bei denen die Zuständigkeit für Kultur beim **Bund** verbleibt.[376] So ist der Bund unter anderem für die Gestaltung und Weiterentwicklung geeigneter Rahmenbedingungen für die Entfaltung von Kunst und Kultur zuständig.[377] In diesem Zusammenhang sind vor allem die gesetzgeberischen bzw. ordnungspolitischen Aktivitäten des Bundes zu sehen. Hierunter fallen nicht nur kulturspezifische Einzelgesetze,[378] sondern ebenso solche Gesetze, die sich nicht ausschließlich, sondern lediglich auch auf den Kulturbereich beziehen. Hierzu gehören zum Beispiel die Bereiche des Spenden- und des Stiftungsrechts, aus denen sich steuerliche Vorteile für den Kultursektor ergeben können.[379]

Darüber hinaus kommt dem Bund die Aufgabe zu, gesamtstaatlich bedeutendende Kulturinstitutionen und -vorhaben aufzubauen und zu fördern.[380] Gesamtstaatlich bedeutsam sind kulturelle Einrichtungen und Vorhaben, wenn sie folgende Voraussetzungen erfüllen:[381] Sie müssen von herausragender Qualität sein. Darüber hinaus müssen sie zumindest eine bundesweite, wenn nicht sogar internationale Ausstrahlung haben, was sich unter anderem an einem überregionalen Besucherinteresse sowie an dem Ausmaß öffentlicher Aufmerksamkeit erkennen lässt. Schließlich gilt als Voraussetzung für gesamtstaatlich bedeutende kulturelle Einrichtungen und Vorhaben, dass sie sich mangels bundeslandspezifischen Charakters nicht regionalisieren lassen. Beispiele hierfür sind das Haus der Geschichte der Bundesrepublik Deutschland, das Deutsche Historische Museum, das Haus der Kulturen der Welt sowie das Jüdische Museum.[382]

Als originäre kulturpolitische Aufgabe des Bundes wird von jeher die auswärtige Kulturpolitik angesehen, die aufgrund des engen sachlichen Zusammen-

---

376 Für eine ausführlichere Darstellung zur Kulturpolitik des Bundes vgl. zum Beispiel A. Klein, Kulturpolitik. Eine Einführung, Opladen 2003, S. 100 ff.; E. Wolf-Csanády, Kunstsponsoring und Kulturförderung durch Unternehmen in Deutschland und Österreich und ihr kulturpolitischer Kontext, Frankfurt/M. u. a. 1994, S. 23 f.

377 Vgl. Presse- und Informationsamt der Bundesregierung (Hrsg.), Im Bund mit der Kultur. Neue Aufgaben der Kulturpolitik, Berlin 2002, S. 17.

378 Vgl. hierzu ausführlich Abschnitte 3.2.3.1.1, 3.2.3.1.2 und 3.2.3.1.3.

379 Vgl. hierzu ausführlich Abschnitt 3.2.2.1.

380 Vgl. Presse- und Informationsamt der Bundesregierung (Hrsg.), Im Bund mit der Kultur. Neue Aufgaben der Kulturpolitik, Berlin 2002, S. 17.

381 Vgl. im Folgenden J. Nida-Rümelin, Perspektiven des Kulturföderalismus in Deutschland, in: Institut für Kulturpolitik der Kulturpolitischen Gesellschaft (Hrsg.), Jahrbuch für Kulturpolitik 2001. Thema: Kulturföderalismus, Essen 2002, S. 69.

382 Vgl. Presse- und Informationsamt der Bundesregierung (Hrsg.), Im Bund mit der Kultur. Neue Aufgaben der Kulturpolitik, Berlin 2002, S. 16.

hangs weitgehend in den Aufgabenbereich des Außenministeriums fällt.[383] Als verfassungsrechtliche Legitimation wird regelmäßig Art. 32 Abs. 1 GG angeführt.[384]

Zudem ist der Bund auch für die Kulturförderung Berlins zuständig, sofern die Kulturausgaben Berlins hauptstadtbedingt anfallen.[385] Dies wird aus Art. 106 Abs. 8 GG abgeleitet.[386] Zu diesem Aufgabenbereich werden beispielsweise der Hauptstadtkulturfonds, das Jüdische Museum, die Berliner Festspiele GmbH, das Haus der Kulturen sowie der Martin-Gropius Bau gezählt.[387] Vergleicht man diese Beispiele mit denen für Kulturinstitutionen und -vorhaben von gesamtstaatlicher Bedeutung, so wird deutlich, dass sich die beiden Bereiche teilweise überschneiden. Es wird daher nicht immer eindeutig abgrenzbar sein, ob eine Institution oder ein Vorhaben dem Bereich gesamtstaatlicher Bedeutung oder dem Bereich Hauptstadtkulturförderung zuzuordnen ist. So sind viele Fälle denkbar, welche die Voraussetzungen für beide Förderkriterien erfüllen.

Weiterhin ist es Aufgabe des Bundes, das kulturelle Erbe zu schützen und zu bewahren.[388] Hierzu zählt auch der Schutz von deutschem Kulturgut gegen Abwanderung ins Ausland. Laut Art. 75 Abs. 1 GG obliegt es dem Bund diesbezüglich Rahmenvorschriften für die Gesetzgebung der Länder zu erlassen.

---

383 Vgl. K. Pabel, Grundfragen der Kompetenzordnung im Bereich der Kunst, Berlin 2003, S. 105.

384 Vgl. Presse- und Informationsamt der Bundesregierung (Hrsg.), Im Bund mit der Kultur. Neue Aufgaben der Kulturpolitik, Berlin 2002, S. 15; J. Nida-Rümelin, Perspektiven des Kulturföderalismus in Deutschland, in: Institut für Kulturpolitik der Kulturpolitischen Gesellschaft (Hrsg.), Jahrbuch für Kulturpolitik 2001. Thema: Kulturföderalismus, Essen 2002, S. 69.

385 Vgl. Presse- und Informationsamt der Bundesregierung (Hrsg.), Im Bund mit der Kultur. Neue Aufgaben der Kulturpolitik, Berlin 2002, S. 17.

386 Vgl. J. Nida-Rümelin, Perspektiven des Kulturföderalismus in Deutschland, in: Institut für Kulturpolitik der Kulturpolitischen Gesellschaft (Hrsg.), Jahrbuch für Kulturpolitik 2001. Thema: Kulturföderalismus, Essen 2002, S. 69. Eine Kompetenz des Bundes zur Förderung kultureller Einrichtungen in der Hauptstadt ablehnend K. Pabel, Grundfragen der Kompetenzordnung im Bereich der Kunst, Berlin 2003, S. 139.

387 Vgl. Presse- und Informationsamt der Bundesregierung (Hrsg.), Im Bund mit der Kultur. Neue Aufgaben der Kulturpolitik, Berlin 2002, S. 42 f.

388 Vgl. Presse- und Informationsamt der Bundesregierung (Hrsg.), Im Bund mit der Kultur. Neue Aufgaben der Kulturpolitik, Berlin 2002, S. 17.

Schließlich kam dem Bund auf Grundlage des Einigungsvertrags im Rahmen der bereits dargelegten Übergangsfinanzierung[389] die Aufgabe zu, die Einheit Deutschlands auf kulturellem Gebiet herzustellen.

Allerdings verbleiben auch nicht alle übrigen Aufgaben im Zuständigkeitsbereich der Länder, sondern werden zu großen Teilen auf die kommunale Ebene übertragen. Diese Regelung ergibt sich wiederum aus der in **Art. 28 Abs. 2 GG** ausformulierten **Selbstverwaltungsgarantie der Gemeinden**. Hiernach muss den Gemeinden "das Recht gewährleistet sein, alle Angelegenheiten der örtlichen Gemeinschaft im Rahmen der Gesetze in eigener Verantwortung zu regeln." Gleiches gilt auch für die Gemeindeverbände. Dass das kulturelle Angebot einer Gemeinde oder auch eines Gemeindeverbandes eine Angelegenheit der örtlichen Gemeinschaft darstellt, wird in der Literatur zumeist mit dem ihr innewohnenden identitätsstiftenden Moment begründet: So habe das regionale Kulturangebot die Funktion, die Bürger zu aktivieren.[390] Mithilfe eines kulturellen Angebots soll also erreicht werden, dass die Bevölkerung einer Gemeinde ihre privaten, individuellen Lebensräume verlässt, also aktiv wird, um gemeinschaftlich an diesem Angebot teilzuhaben. Hierdurch wird gegebenenfalls das Zugehörigkeits- bzw. Identitätsgefühl zu ihrer jeweiligen Gemeinde gestärkt. In diese Richtung geht auch folgende Einschätzung: "Es gibt kaum einen anderen Bereich der Kommunalverwaltung, der einen solchen Bezug zum jeweiligen örtlichen Lebenszusammenhang hat, wie die kommunale Kulturverwaltung. Durch und in kommunaler Kulturarbeit werden Bezüge zur örtlichen Geschichte, zum jeweiligen städtischen und kulturell gestalteten Raum vermittelt. Die gemeindliche Öffentlichkeit kann als eine 'kulturelle Öffentlichkeit' auch angesichts der Vielfalt und der Widersprüchlichkeiten der Lebensformen zur Gewinnung eines Interessenzusammenhangs beitragen und die Identitätsfindung fördern."[391] Ähnlich argumentiert schließlich auch Häberle, wenn er anführt, dass die Menschen angesichts fortschreitender Globalisierung zunehmend ihre Orientierung verlören, könnten sie nicht "in der kulturellen Heimat 'vor Ort' im Kleinen (kommunal, regional, national, europäisch) ein Stück eigener Identität aus Kultur gewinnen."[392] Begründungen, wonach Kulturangebote und deren Förderung eine Angelegenheit der örtlichen Gemeinschaft darstellen, bedienen

---

389 Vgl. hierzu Abschnitt 2.4.4.

390 Vgl. A. Gern, Deutsches Kommunalrecht, 3. Aufl., Baden-Baden 2003, Rz. 134.

391 O. Scheytt, Rechtsgrundlagen der kommunalen Kulturarbeit, Köln 1994, S. 3 f.

392 P. Häberle, Schriftliche Beantwortung der Fragen zur öffentlichen Anhörung zum Thema "Kulturelle Staatszielbestimmungen" am 20.09.2004, EK-Kultur (Hrsg.), K-Drs. 15/165, S. 2. Ähnlich argumentiert auch B. Vogel, Kulturföderalismus, in: N. Lammert (Hrsg.), Alles nur Theater? Beiträge zur Debatte über Kulturstaat und Bürgergesellschaft, Köln 2004, S. 39.

sich also häufig des bereits unter Abschnitt 2.3.5 vorgestellten externen Effekts der identitätsstiftenden Wirkung. Entsprechend liegt die Vermutung nahe, dass derartig begründete kommunale Kulturangebote eher einen affirmativen Charakter haben werden.

2.4.5.2 Konkretisierung der Zuständigkeiten durch Landesverfassungen und Gemeindeordnungen

Die Verteilung der Zuständigkeiten zwischen Bund, Ländern und Kommunen, die sich aus Art. 28 Abs. 2 und Art. 30 GG ergibt, wird durch kulturrelevante Ausführungen in den Landesverfassungen und Gemeindeordnungen bestätigt und entsprechend konkretisiert.

Je nach Bundesland finden sich in den **Landesverfassungen** besonders oder auch weniger eindringliche Bezüge zur Kulturförderung.

So wird zum Beispiel die Verfassung Sachsens und das darauf basierende **Sächsische Kulturraumgesetz**,[393] welches Kulturförderung explizit zur Pflichtaufgabe[394] deklariert[395], von Kulturpolitikern häufig als besonders vorbildlich im Sinne eines deutlichen Bekenntnisses zur Kulturförderung erwähnt.[396] Ursprüngliches Ziel dieses Gesetzesvorhabens, das 1994 mit einer Befristung von zunächst zehn Jahren[397] realisiert wurde, war es, den in Art. 35 Abs. 2 EinigV für die neuen Bundesländer geforderten kulturellen Substanzerhalt auch nach Beendigung der Zwischenfinanzierung durch den Bund weiter zu bewerkstelligen, indem man innerhalb der Gesetzesfrist tragfähige Organisations- und Leistungsstrukturen schafft.[398] Hierfür wurden laut Gesetz acht ländliche sowie drei urbane Kulturräume[399] gegründet, in die alle kreisfreien Städte und Landkreise Sachsens nach regionaler Zugehörigkeit pflichtig eingebunden wurden.[400]

---

393 Vgl. Gesetz über die Kulturräume in Sachsen vom 20.01.1994, SächsGVBl., S. 175.

394 Zur Diskussion um den Charakter einer freiwilligen oder pflichtigen Selbstverwaltungsaufgabe der kommunalen Kulturarbeit vgl. Abschnitt 2.4.5.3.

395 Vgl. § 2 Abs. 1 SächsKRG.

396 Vgl. zum Beispiel A. Klein, Kulturpolitik. Eine Einführung, Opladen 2003, S. 122 f.

397 Mittlerweile ist die Gesetzesfrist bis zum Jahr 2007 verlängert worden. Vgl. § 10 SächsKRG.

398 Vgl. Präambel SächsKRG.

399 Dies sind Chemitz, Leipzig und Dresden.

400 Vgl. § 1 SächsKRG.

Diese sollen die Träger kommunaler Kultur bei Aufgaben unterstützen, welche von regionaler Bedeutung sind.[401] Obligatorische Organe jedes Kulturraums sind der Kulturkonvent inklusive seines Vorsitzenden (Politik) sowie der ihn beratende Kulturbeirat (vom Konvent berufene Sachverständige). Optional können Letztere ihre Arbeit durch spartenbezogene Arbeitsgemeinschaften unterstützen lassen.[402] Die Finanzierung erfolgt zweistufig. Zum einen ist das Land zu einem Beitrag von mindestens 76.693.782,18 Euro verpflichtet,[403] der über einen interregionalen Kulturlastenausgleich auf die verschiedenen Kulturräume verteilt wird.[404] Zum anderen zahlen die Mitglieder der Kulturräume im Rahmen eines regionalen Kulturlastenausgleichs Umlagen in die Kulturkasse ihres jeweiligen Kulturraums, wobei die Höhe der Umlage vom jeweiligen Konvent beschlossen wird.[405] Lokale Projekte bleiben von dem Gesetz unberührt. Für diese sind weiterhin die jeweiligen Kommunen allein zuständig.[406]

Die Verfassung der Freien und Hansestadt Hamburg bildet hierzu einen deutlichen Gegenpol, indem sie keinerlei Bezüge zum Bereich der Kultur aufweist.[407] Neben Sachsen findet auch Bayern regelmäßig positive Erwähnung bei Kulturpolitikern und Wissenschaftlern, denen es daran gelegen ist, aus den Landesver-

---

401 Vgl. § 2 Abs. 2 SächsKRG.

402 Vgl. § 4 SächsKRG. Bei den urbanen Kulturräumen gelten andere Zuständigkeitsverteilungen.

403 Vgl. § 6 Abs. 2 SächsKRG.

404 Vgl. § 6 Abs. 3 SächsKRG.

405 Vgl. § 7 SächsKRG.

406 Ausführlicher zum Sächsischen Kulturraumgesetz vgl. M. Rößler, Vom Osten lernen? Erfahrungen mit dem sächsischen Kulturraumgesetz, in: Konrad-Adenauer Stiftung e. V. (Hrsg.), Pflichtaufgabe oder Selbstverpflichtung. Kulturförderung in Krisenhaushalten, Materialien für die Arbeit vor Ort Nr. 27, Wesseling 2003, S. 16-25; T. J. Knoblich, Das Gesetz über die Kulturräume in Sachsen. Ein Beitrag zum Kulturföderalismus, in: Institut für Kulturpolitik der Kulturpolitischen Gesellschaft (Hrsg.), Jahrbuch für Kulturpolitik 2001. Thema: Kulturföderalismus, Essen 2002, S. 245-251; W. Heinrichs, Kommunales Kulturmanagement. Rahmenbedingungen - Praxisfelder - Managementmethoden, Baden-Baden 1999, Rz. 111; B. Wagner, Neue Wege öffentlicher Kulturförderung, in: T. Heinze (Hrsg.), Kulturfinanzierung. Sponsoring - Fundraising - Public-Private-Partnership, Münster 1999, S. 198 ff.

407 Allerdings beschränkt sich die Hamburger Verfassung grundsätzlich auf ein Minimum des Regelungsbedürftigen und verzichtet weitestgehend auf Staatszielbestimmungen sowie auf Regeln zur Gestaltung des staatlichen Lebens. Vgl. K. David, Verfassung der Freien und Hansestadt Hamburg. Kommentar, 2. Aufl., Stuttgart u. a. 2004, Rz. 46.

fassungen einen Kulturauftrag im Sinne einer Pflichtaufgabe abzuleiten.[408] Bezüglich des Konkretisierungsgrads möglicher in den Landesverfassungen formulierter Verpflichtungen lässt sich allgemein zwischen einer bloßen Aufforderung zur Pflege und Förderung von Kunst bzw. Kultur, der darüber hinausgehenden Aufforderung, der Bevölkerung auch die Teilhabe an Kunst bzw. Kultur zu ermöglichen sowie schließlich der sehr konkreten Auflistung einzelner zu fördernder Kulturbereiche wie zum Beispiel Theater oder Denkmäler unterscheiden. Einen genauen Überblick über die kulturrelevanten Passagen innerhalb der verschiedenen Landesverfassungen Deutschlands gibt die folgende Abbildung.

Kulturrelevante Passagen der deutschen Landesverfassungen	
Baden-Württemberg	**Art. 3 c (1)** Der Staat und die Gemeinden fördern das kulturelle Leben und den Sport unter Wahrung der Autonomie der Träger. **(2)** Die Landschaft sowie die Denkmale der Kunst, der Geschichte und der Natur genießen öffentlichen Schutz und die Pflege des Staates und der Gemeinden.
Bayern	**Art. 3 (1)** Bayern ist ein Rechts-, Kultur- und Sozialstaat. Er dient dem Gemeinwohl. **(2)** Der Staat schützt die natürlichen Lebensgrundlagen und die kulturelle Überlieferung. **Art. 10 (4)** Das wirtschaftliche und kulturelle Eigenleben im Bereich der Gemeindeverbände ist vor Verödung zu schützen. **Art. 83 (1)** In den eigenen Wirkungskreis der Gemeinden ... fallen insbesondere die Verwaltung des Gemeindevermögens und der Gemeindebetriebe; ... örtliche Kulturpflege; Volks- und Berufsschulwesen und Erwachsenenbildung; ... körperliche Ertüchtigung der Jugend; öffentliche Bäder; ... Erhaltung ortsgeschichtlicher Denkmäler und Bauten. **Art. 108** Die Kunst, die Wissenschaft und ihre Lehre sind frei. **Art 140 (1)** Kunst und Wissenschaft sind von Staat und Gemeinde zu fördern. **(2)** Sie haben insbesondere Mittel zur Unterstützung schöpferischer Künstler, Gelehrter und Schriftsteller bereitzustellen, die den Nachweis ernster künstlerischer oder kultureller Tätigkeit erbringen. **(3)** Das kulturelle Leben und der Sport sind von Staat und Gemeinden zu fördern. **Art. 141 (2)** Staat, Gemeinden und Körperschaften des öffentlichen Rechts haben die Aufgabe, die Denkmäler der Kunst, der Geschichte, der Natur sowie die Landschaft zu schützen und zu pflegen, herabgewürdigte Denkmäler der Kunst und der Geschichte möglichst ihrer früheren Bestimmung wieder zuzuführen, die Abwanderung deutschen Kunstbesitzes ins Ausland zu verhüten. **Art. 162** Das geistige Eigentum, das Recht der Urheber, der Erfinder und Künst-

408 Vgl. zum Beispiel P. Häberle, Kulturpolitik in der Stadt. Ein Verfassungsauftrag, Heidelberg u. a. 1979, insbesondere S. 10 f.

	ler genießen den Schutz und die Obsorge des Staates.
Berlin	**Art. 20 (2)** Das Land schützt und fördert das kulturelle Leben. **Art. 21** Kunst und Wissenschaft, Forschung und Lehre sind frei. Die Freiheit der Lehre entbindet nicht von der Treue zur Verfassung.
Brandenburg	**Art. 2 (1)** Brandenburg ist ein freiheitliches, rechtsstaatliches, soziales, dem Frieden und der Gerechtigkeit, dem Schutz der natürlichen Umwelt und der Kultur verpflichtetes demokratisches Land, welches die Zusammenarbeit mit anderen Völkern, insbesondere mit den polnischen Nachbarn, anstrebt. **Art. 25 (1)** Das Recht des sorbischen Volkes auf Schutz, Erhaltung und Pflege seiner nationalen Identität und seines angestammten Siedlungsgebietes wird gewährleistet. Das Land, die Gemeinden und die Gemeindeverbände fördern die Verwirklichung dieses Rechts, insbesondere die kulturelle Eigenständigkeit und wirksame politische Mitgestaltung des sorbischen Volkes. **(2)** Das Land wirkt auf die Sicherung einer Landesgrenzen übergreifenden kulturellen Autonomie der Sorben hin. **(3)** Die Sorben haben das Recht auf Bewahrung und Förderung der sorbischen Sprache und Kultur im öffentlichen Leben und ihre Vermittlung in Schule und Kindertagesstätten. **Art. 33 (2)** Jeder hat das Recht auf Freistellung zur beruflichen, kulturellen oder politischen Weiterbildung. Das Nähere regelt ein Gesetz. **Art. 34 (1)** Die Kunst ist frei. Sie bedarf der öffentlichen Förderung, insbesondere durch Unterstützung der Künstler. **(2)** Das kulturelle Leben in seiner Vielfalt und die Vermittlung des kulturellen Erbes werden öffentlich gefördert. Kunstwerke und Denkmale der Kultur stehen unter dem Schutz des Landes, der Gemeinden und Gemeindeverbände. **(3)** Das Land, die Gemeinden und Gemeindeverbände unterstützen die Teilnahme am kulturellen Leben und ermöglichen den Zugang zu Kulturgütern.
Bremen	**Art. 2 (1)** Alle Menschen sind vor dem Gesetz gleich und haben das Recht auf gleiche wirtschaftliche und kulturelle Entwicklungsmöglichkeiten. **Art. 11 (1)** Die Kunst, die Wissenschaft und ihre Lehre sind frei. **(2)** Der Staat gewährt ihnen Schutz und nimmt an ihrer Pflege teil. **Art. 26** Die Erziehung und Bildung der Jugend hat im wesentlichen folgende Aufgaben ... 4) Die Erziehung zur Teilnahme am kulturellen Leben des eigenen Volkes und fremder Völker.
Hamburg	keine
Hessen	**Art. 10** Niemand darf in seinem wissenschaftlichen oder künstlerischen Schaffen und in der Verbreitung seiner Werke gehindert werden. **Art. 46** Die Rechte der Urheber, Erfinder und Künstler genießen den Schutz des Staates. **Art. 62** Die Denkmäler der Kunst, der Geschichte und Kultur sowie die Landschaft genießen den Schutz und die Pflege des Staates und der Gemeinden. Sie wachen im Rahmen besonderer Gesetze über die künstlerische Gestaltung beim Wiederaufbau

	der deutschen Städte, Dörfer und Siedlungen.
Mecklenburg-Vorpommern	**Art. 7 (1)** Kunst, Wissenschaft, Forschung und Lehre sind frei. Die Freiheit der Lehre entbindet nicht von der Treue zur Verfassung. **Art. 16 (1)** Land, Gemeinden und Kreise schützen und fördern Kultur, Sport, Kunst und Wissenschaft. Dabei werden die besonderen Belange der beiden Landesteile Mecklenburg und Vorpommern berücksichtigt. (2) Das Land schützt und fördert die Pflege der niederdeutschen Sprache. **Art. 18** Die kulturelle Eigenständigkeit ethnischer und nationaler Minderheiten und Volksgruppen von Bürgern deutscher Staatsangehörigkeit steht unter dem besonderen Schutz des Landes. **Art. 75** Zur Pflege und Förderung insbesondere geschichtlicher, kultureller und landschaftlicher Besonderheiten der Landesteile Mecklenburg und Vorpommern können durch Gesetz Landschaftsverbände mit dem Recht der Selbstverwaltung errichtet werden.
Nieder-sachsen	**Art. 6** Das Land, die Gemeinden und die Landkreise schützen und fördern Kunst, Kultur und Sport. **Art. 72 (1)** Die kulturellen und historischen Belange der ehemaligen Länder Hannover, Oldenburg, Braunschweig und Schaumburg-Lippe sind durch Gesetzgebung und Verwaltung zu wahren und zu fördern.
Nordrhein-Westfalen	**Art. 18 (1)** Kultur, Kunst und Wissenschaft sind durch Land und Gemeinden zu pflegen und zu fördern. **(2)** Die Denkmäler der Kunst, der Geschichte und der Kultur, die Landschaft und die Naturdenkmale stehen unter dem Schutz des Landes, der Gemeinden und der Gemeindeverbände.
Rheinland-Pfalz	**Art. 9** Die Kunst, die Wissenschaft und ihre Lehre sind frei. **Art. 40 (1)** Das künstlerische und kulturelle Schaffen ist durch das Land, die Gemeinden und Gemeindeverbände zu pflegen und zu fördern. **(2)** Die Erzeugnisse der geistigen Arbeit, die Rechte der Urheber, Erfinder und Künstler genießen den Schutz und die Fürsorge des Staates. **(3)** Der Staat nimmt die Denkmäler der Kunst, der Geschichte und der Natur sowie die Landschaft in seine Obhut und Pflege. Die Teilnahme an den Kulturgütern des Lebens ist dem gesamten Volke zu ermöglichen.
Saarland	**Art. 5 (2)** Die Kunst, die Wissenschaft und ihre Lehre sind frei. **Art. 34 (1)** Kulturelles Schaffen genießt die Förderung des Staates. (2) Die Denkmäler der Kunst, der Geschichte und der Natur sowie die Landschaft genießen den Schutz und die Pflege des Staates. Die Teilnahme an den Kulturgütern ist allen Schichten des Volkes zu ermöglichen.
Sachsen	**Art. 1** Der Freistaat Sachsen ist ein Land der Bundesrepublik Deutschland. Er ist ein demokratischer, dem Schutz der natürlichen Lebensgrundlagen und der Kultur verpflichteter sozialer Rechtsstaat. **Art. 5 (2)** Das Land gewährleistet und schützt das Recht nationaler und ethnischer Minderheiten deutscher Staatsangehörigkeit auf Bewahrung ihrer Identität sowie auf Pflege ihrer Sprache, Religion, Kultur und Überlieferung.

	Art. 6 (1) Die im Land lebenden Bürger sorbischer Volkszugehörigkeit sind gleichberechtigter Teil des Staatsvolkes. Das Land gewährleistet und schützt das Recht auf Bewahrung ihrer Identität sowie auf Pflege und Entwicklung ihrer angestammten Sprache, Kultur und Überlieferung, insbesondere durch Schulen, vorschulische und kulturelle Einrichtungen. **Art. 11 (1)** Das Land fördert das kulturelle, das künstlerische und wissenschaftliche Schaffen, die sportliche Betätigung sowie den Austausch auf diesen Gebieten. **(2)** Die Teilnahme an der Kultur in ihrer Vielfalt und am Sport ist dem gesamten Volk zu ermöglichen. Zu diesem Zweck werden öffentlich zugängliche Museen, Bibliotheken, Archive, Gedenkstätten, Theater, Sportstätten, musikalische und weitere kulturelle Einrichtungen sowie allgemein zugängliche Universitäten, Hochschulen, Schulen und andere Bildungseinrichtungen unterhalten. **(3)** Denkmale und andere Kulturgüter stehen unter dem Schutz und der Pflege des Landes. Für ihr Verbleiben in Sachsen setzt sich das Land ein. **Art. 21** Kunst und Wissenschaft, Forschung und Lehre sind frei. Die Freiheit der Lehre entbindet nicht von der Treue zur Verfassung. **Art. 112 (2)** Die Baudenkmale der Kirchen und Religionsgemeinschaften sind, unbeschadet des Eigentumsrechtes, Kulturgut der Allgemeinheit. Für ihre bauliche Unterhaltung haben die Kirchen und Religionsgemeinschaften daher Anspruch auf angemessene Kostenerstattung durch das Land nach Maßgabe der Gesetze.
Sachsen-Anhalt	**Art. 10 (3)** Kunst und Wissenschaft, Forschung und Lehre sind frei. Die Freiheit der Lehre entbindet nicht von der Treue zur Verfassung, die Freiheit der Forschung nicht von der Achtung der Menschenwürde und der Wahrung der natürlichen Lebensgrundlagen. **Art. 36 (1)** Kunst, Kultur und Sport sind durch das Land und die Kommunen zu schützen und zu fördern. **(2)** Die heimatbezogenen Einrichtungen und Eigenheiten der einzelnen Regionen innerhalb des Landes sind zu pflegen. **(3)** Das Land und die Kommunen fördern im Rahmen ihrer finanziellen Möglichkeiten die kulturelle Betätigung aller Bürger insbesondere dadurch, dass sie öffentlich zugängliche Museen, Büchereien, Gedenkstätten, Theater, Sportstätten und weitere Einrichtungen unterhalten. **(4)** Das Land sorgt, unterstützt von den Kommunen, für den Schutz und die Pflege der Denkmale von Kultur und Natur. **(5)** Das Nähere regeln die Gesetze. **Art. 37 (1)** Die kulturelle Eigenständigkeit und die politische Mitwirkung ethnischer Minderheiten stehen unter dem Schutz des Landes und der Kommunen. **(2)** Das Bekenntnis zu einer kulturellen Minderheit ist frei; es entbindet nicht von den allgemeinen staatsbürgerlichen Pflichten.
Schleswig-Holstein	**Art. 5 (2)** Die kulturelle Eigenständigkeit und die politische Mitwirkung nationaler Minderheiten und Volksgruppen stehen unter dem Schutz des Landes, der Gemeinden und Gemeindeverbände. Die nationale dänische Minderheit und die friesische Volksgruppe haben Anspruch auf Schutz und Förderung. **Art. 9 (1)** Das Land schützt und fördert Kunst und Wissenschaft, Forschung und Lehre. **(2)** Das Land schützt und fördert die Pflege der niederdeutschen Sprache. **(3)** Die Förderung der Kultur einschließlich des Sports, der Erwachsenenbildung, des Büchereiwesens und der Volkshochschulen ist Aufgabe des Landes, der Gemeinden

	und Gemeindeverbände.
Thüringen	**Art. 27 (1)** Kunst ist frei. Wissenschaft, Forschung und Lehre sind frei. **Art. 30 (1)** Kultur, Kunst, Brauchtum genießen Schutz und Förderung durch das Land und seine Gebietskörperschaften. **(2)** Die Denkmale der Kultur, Kunst, Geschichte und die Naturdenkmale stehen unter dem Schutz des Landes und seiner Gebietskörperschaften. Die Pflege der Denkmale obliegt in erster Linie ihren Eigentümern. Sie sind der Öffentlichkeit im Rahmen der Gesetze unter Beachtung der Rechte anderer zugänglich zu machen.

Abb. 4: Kulturrelevante Passagen der deutschen Landesverfassungen[409]

Wie der vorstehenden Abbildung zu entnehmen ist, greifen bereits die Landesverfassungen vereinzelt die kommunale Selbstverwaltung auf und garantieren sie teilweise über das im Grundgesetz formulierte Mindestmaß hinaus, wenn eben nicht nur von den Ländern, sondern zusätzlich auch von Gemeinden und Gemeindeverbänden als in der Förderungspflicht befindlichen Beteiligten die Rede ist.[410] Sie bestätigen hierüber also zusätzlich zu Art. 28 Abs. 2 GG die maßgebliche Zuständigkeit der Kommunen für Angelegenheiten der örtlichen Gemeinschaft und somit also auch für kulturelle Aufgaben.

In den Flächenländern gibt es in Ergänzung zu den Ausführungen innerhalb der Landesverfassungen auch noch kulturrelevante Passagen innerhalb der **Gemeinde- und (Land-)Kreisordnungen**[411] der jeweiligen Länder, die eine öffentliche Zuständigkeit für die Kulturförderung mitbegründen. Diese Abschnitte finden sich in der Regel im Zusammenhang mit dem Aufgabenbereich einer Gemeinde. So heißt es zum Beispiel in Art. 2 Abs. 1 der Niedersächsischen Gemeindeordnung: "Die Gemeinden sind in ihrem Gebiet die ausschließlichen Träger der gesamten öffentlichen Aufgaben, soweit die Gesetze nicht ausdrücklich etwas anderes bestimmen. Sie stellen in den Grenzen ihrer Leistungsfähigkeit die für ihre Einwohnerinnen und Einwohner erforderlichen

409 Eigene Darstellung.

410 Vgl. K. Vogelsang; U. Lübking; I.-M. Ulbrich, Kommunale Selbstverwaltung. Rechtsgrundlagen - Organisation - Aufgaben - Neue Steuerungsmodelle, 3. Aufl., Berlin 2005, Rz. 5. Hier findet sich zudem eine Übersicht über diejenigen Artikel der jeweiligen Landesverfassungen, welche die kommunale Selbstverwaltung garantieren und gegebenenfalls spezifizieren.

411 Diese haben entgegen ihrer Bezeichnung den Status von Landesgesetzen. Vgl. K. Vogelsang; U. Lübking; I.-M. Ulbrich, Kommunale Selbstverwaltung. Rechtsgrundlagen - Organisation - Aufgaben - Neue Steuerungsmodelle, 3. Aufl., Berlin 2005, Rz. 6.

sozialen, kulturellen und wirtschaftlichen öffentlichen Einrichtungen bereit." Ganz ähnliche Formulierungen finden sich auch in den Gemeindeordnungen anderer Länder, so dass eine vergleichende Übersicht wie im Zusammenhang mit den Landesverfassungen an dieser Stelle entbehrlich ist.

2.4.5.3 Kommunale Kulturarbeit: Freiwillige oder pflichtige Selbstverwaltungsaufgabe?

In den vorangegangenen Ausführungen wurde deutlich, dass die Kommunen die zentralen Akteure der deutschen Kulturpolitik und -förderung sind. Dies bestätigt auch die prozentuale Verteilung der jährlich öffentlich bereitgestellten Mittel für Kultur. Im Jahr 2003 stammten lediglich 12,44 % der Gelder vom Bund, während die Länder 42,07 % und Städte und Gemeinden zusammen 45,49 % aufbrachten.[412] Daher wird häufig auch von *kommunaler* Kulturhoheit anstelle von Kulturhoheit der Länder gesprochen, um die besondere Bedeutung der Kommunen für die Kulturarbeit zu betonen.[413]

Insofern überrascht es nicht, dass gerade auf kommunaler Ebene die Frage nach der Freiwilligkeit oder Pflichtigkeit der Aufgabenerfüllung, die ja bereits auf der Ebene des Grundgesetzes näher beleuchtet wurde,[414] von Kulturpolitikern und auch Juristen erneut aufgeworfen wird.[415]

Konzentriert man sich zunächst auf die Formulierungen in den Gemeindeordnungen selbst, so werden regelmäßig — wie auch in der exemplarisch herangezogenen Gemeindeordnung Niedersachsens — die Grenzen der Leistungsfähigkeit als Kriterium für das maximale Ausmaß der öffentlichen Aufgabenwahrnehmung herangezogen. Hieraus könnte man ableiten, dass es sich bei kulturellen Aufgaben nicht zwangsläufig um Pflichtaufgaben handeln muss.

---

412 Vgl. Statistische Ämter des Bundes und der Länder (Hrsg.), Kulturfinanzbericht 2003, Wiesbaden 2004, S. 21 und S. 31.

413 Vgl. K. Vogelsang; U. Lübking; I.-M. Ulbrich, Kommunale Selbstverwaltung. Rechtsgrundlagen - Organisation - Aufgaben - Neue Steuerungsmodelle, 3. Aufl., Berlin 2005, Rz. 44; P. Häberle, Kulturpolitik in der Stadt. Ein Verfassungsauftrag, Heidelberg u. a. 1979, S. 23.

414 Vgl. hierzu Abschnitt 2.4.3.

415 Zum Stand der Diskussion vgl. W.-D. Tillner, Die öffentliche Förderung der Musiktheater in Deutschland, Berlin 1999, S. 80 ff.; M. Mihatsch, Öffentliche Kunstsubventionierung. Verfassungs- und verwaltungsrechtliche Probleme, insbesondere bei Einschaltung nicht-staatlicher Instanzen in das Subventionsverfahren, Berlin 1989, S. 53 ff.

Allerdings, so könnte man weiter folgern, könnten wohlhabende Gemeinden sehr wohl zur öffentlichen Kulturförderung verpflichtet sein.

Bevor man weitere Schlussfolgerungen ziehen kann, ist es unabhängig von der konkreten Aufgabe Kultur sinnvoll, sich einen Überblick über die grundsätzliche Systematisierung kommunaler Aufgabenarten zu verschaffen.[416] Zunächst wird im Kommunalrecht zwischen **Auftragsangelegenheiten** und Selbstverwaltungsaufgaben unterschieden. Bei Ersteren handelt es sich um staatliche Aufgaben, die den Gemeinden von Bund und Ländern zur Ausführung übertragen werden, um staatliche Behörden einzusparen. Hierbei unterliegen die Gemeinden einem fachlichen Weisungsrecht. In einigen Bundesländern gibt es anstelle von Auftragsangelegenheiten **Pflichtaufgaben zur Erfüllung nach Weisung**. Auch diese sind staatliche Aufgaben. Sie unterscheiden sich jedoch von den Auftragsangelegenheiten bezüglich der genauen Ausgestaltung des Weisungsrechts. Beispiele für sowohl Auftragsangelegenheiten als auch Pflichtaufgaben zur Erfüllung nach Weisung sind das Melde- sowie Passwesen, Schulangelegenheiten oder auch die Mitwirkung der Gemeinden bei Bundes- oder Landtagswahlen. Im Gegensatz hierzu stehen **Selbstverwaltungsaufgaben**. Hier wird wiederum zwischen freiwilligen und pflichtigen Selbstverwaltungsaufgaben differenziert. Beide Aufgabenarten werden von den Gemeinden eigenverantwortlich durchgeführt. Bei **freiwilligen Selbstverwaltungsaufgaben** entscheiden die Gemeinden selbstständig darüber, *ob* und gegebenenfalls *wie* sie eine Aufgabe erfüllen wollen, da die Aufgaben zum eigenen Wirkungskreis der Gemeinden gehören und es keine staatlichen Rechtsvorschriften bzw. Weisungen gibt.[417] Voraussetzung für die Aufgabenwahrnehmung ist, dass hierfür nach entsprechender Berücksichtigung aller Pflichtaufgaben noch ausreichende Mittel vorhanden sind. Beispielsweise gehören die kommunale Wirtschaftsförderung oder auch der öffentliche Personennahverkehr zu diesem Bereich. Demgegenüber dürfen die Gemeinden bei den **pflichtigen Selbstverwaltungsaufgaben** lediglich über das *Wie*, nicht aber über das *Ob* der Aufgabenerfüllung entscheiden.[418] Zur grundsätzlichen Erfüllung der Aufgabe sind

[416] Vgl. im Folgenden K. Vogelsang; U. Lübking; I.-M. Ulbrich, Kommunale Selbstverwaltung. Rechtsgrundlagen - Organisation - Aufgaben - Neue Steuerungsmodelle, 3. Aufl., Berlin 2005, Rz. 45 ff.

[417] Vgl. W.-D. Tillner, Die öffentliche Förderung der Musiktheater in Deutschland, Berlin 1999, S. 81 m. w. N.

[418] Vgl. K. Vogelsang; U. Lübking; I.-M. Ulbrich, Kommunale Selbstverwaltung. Rechtsgrundlagen - Organisation - Aufgaben - Neue Steuerungsmodelle, 3. Aufl., Berlin 2005, Rz. 49; B. Pieroth, Schriftliche Beantwortung der Fragen zur öffentlichen Anhörung zum Thema "Kulturelle Staatszielbestimmungen" am 20.09.2004, EK-Kultur (Hrsg.), K-Drs. 15/178, S. 7; W.-D. Tillner, Die öffentliche Förderung der Musiktheater in Deutschland, Berlin 1999, S. 81 m. w. N.

die Gemeinden in diesem Fall per Bundes- oder Landesgesetz verpflichtet. Die Aufgaben gehören im Gegensatz zu den Auftragsangelegenheiten jedoch zum eigenen Wirkungskreis der Gemeinden, so dass es hierfür lediglich eine Rechtsaufsicht, nicht aber eine staatliche Fachaufsicht gibt.[419] Exemplarisch seien hierfür die Abwässerbeseitigung, aber auch die Bereitstellung von Kindergartenplätzen genannt.

Die gemeindliche Kulturarbeit wird in der überwiegenden kommunal- und verfassungsrechtlichen Literatur dem Bereich der **freiwilligen** Selbstverwaltungsaufgaben zugeordnet.[420] So kritisiert beispielsweise Stober mit Verweis auf das Kulturraumgesetz Sachsens[421] die von ihm beobachtete Tendenz, verstärkt die Kulturpflichtigkeit der Gemeinden zu betonen. Verpflichte man die Gemeinden von vornherein auf bestimmte Ausgaben für Kultur, so handele es sich hierbei um eine schweren und nicht zu rechtfertigenden Eingriff in das Recht auf kommunale Selbstverwaltung.[422] In die gleiche Richtung argumentiert auch Mag-

---

[419] Vgl. K. Vogelsang; U. Lübking; I.-M. Ulbrich, Kommunale Selbstverwaltung. Rechtsgrundlagen - Organisation - Aufgaben - Neue Steuerungsmodelle, 3. Aufl., Berlin 2005, Rz. 49; W.-D. Tillner, Die öffentliche Förderung der Musiktheater in Deutschland, Berlin 1999, S. 81 m. w. N.

[420] Vgl. K. Vogelsang; U. Lübking; I.-M. Ulbrich, Kommunale Selbstverwaltung. Rechtsgrundlagen - Organisation - Aufgaben - Neue Steuerungsmodelle, 3. Aufl., Berlin 2005, Rz. 48; R. Stober, Kommunalrecht in der Bundesrepublik Deutschland, 3. Aufl., Stuttgart u. a. 1996, S. 174; B. Pieroth, Schriftliche Beantwortung der Fragen zur öffentlichen Anhörung zum Thema "Kulturelle Staatszielbestimmungen" am 20.09.2004, EK-Kultur (Hrsg.), K-Drs. 15/178, S. 7; M. Mihatsch, Öffentliche Kunstsubventionierung. Verfassungs- und verwaltungsrechtliche Probleme, insbesondere bei Einschaltung nicht-staatlicher Instanzen in das Subventionsverfahren, Berlin 1989, S. 53 ff.; G. van der Beek, Kulturfinanzen. Ein volkswirtschaftlicher Beitrag zur Reform der öffentlichen Museen und Theater in Deutschland, Berlin 2002, S. 31; W.-D. Tillner, Die öffentliche Förderung der Musiktheater in Deutschland, Berlin 1999, S. 84. Nicht eindeutig A. Klein, Kulturpolitik. Eine Einführung, Opladen 2003, S. 78 und S. 84; W. Palm, Öffentliche Kunstförderung zwischen Kunstfreiheitsgarantie und Kulturstaat, Berlin 1998, S. 179.

[421] Vgl. hierzu Abschnitt 2.4.5.2.

[422] Vgl. R. Stober, Kommunalrecht in der Bundesrepublik Deutschland, 3. Aufl., Stuttgart u. a. 1996, S. 174. Anders U. Karpen, Rechtsgutachten zum Sächsischen Kulturraumgesetz, Hamburg 07.09.2001, S. 42 ff., der die kommunale Selbstverwaltungsgarantie nicht durch das Kulturraumgesetz gefährdet sieht. Laut Rößler wurden diesbezügliche verfassungsrechtliche Bedenken im Rahmen des damaligen Gesetzgebungsprozesses in landesweitem Einvernehmen für eine Übergangszeit zurückgestellt. M. Rößler, Vom Osten lernen? Erfahrungen mit dem sächsischen Kulturraumgesetz, in: Konrad-Adenauer Stiftung e. V. (Hrsg.), Pflichtaufgabe oder Selbstverpflichtung. Kulturförderung in Krisenhaushalten, Materialien für die Arbeit vor Ort Nr. 27, Wesseling 2003, S. 19.

dowski, wenn sie konstatiert: "Die Diskussion darüber, dass kulturelle Aufgaben als so genannte 'freiwillige' Aufgaben viel leichter zur Disposition gestellt werden könnten als beispielsweise die staatlichen Pflichtaufgaben ... bedeutet die Aushöhlung des für die Kommunen verfassungsrechtlich verbrieften Selbstverwaltungsrechts."[423] Anders als Bund und Länder haben Kommunen keine Gesetzgebungskompetenz, so dass sie eine mögliche Förderpflicht kaum durch Schaffung günstiger gesetzlicher Rahmenbedingungen ableisten können.[424] Vielmehr wären sie in diesem Fall zu finanzieller, zumindest aber materieller Förderung gezwungen.[425] Dass man auch bei einer freiwilligen Kulturaufgabe dennoch von einem öffentlichen Kulturauftrag sprechen kann, dokumentiert Stober in seinen Ausführungen zum Thema.[426]

Demgegenüber vertritt ein anderer Teil der Literatur die Auffassung, dass es sich bei der kommunalen Kulturarbeit um eine **pflichtige** Selbstverwaltungsaufgabe handelt.[427] Scheytt weist dabei zur Begründung differenzierend darauf hin, dass eine pauschale Kategorisierung in Pflicht oder Kür zu kurz greife, da hierbei unberücksichtigt bleibe, dass bestimmte Kultureinrichtungen durchaus individuelle verfassungsrechtliche Bezüge und einfachgesetzliche Grundlagen

---

423 I. Magdowski, Pflichtaufgabe oder Selbstverpflichtung? Die Zukunft der kommunalen Kulturpolitik, in: Konrad-Adenauer Stiftung e. V. (Hrsg.), Pflichtaufgabe oder Selbstverpflichtung. Kulturförderung in Krisenhaushalten, Materialien für die Arbeit vor Ort Nr. 27, Wesseling 2003, S. 10.

424 Vgl. M. Mihatsch, Öffentliche Kunstsubventionierung. Verfassungs- und verwaltungsrechtliche Probleme, insbesondere bei Einschaltung nicht-staatlicher Instanzen in das Subventionsverfahren, Berlin 1989, S. 52.

425 Vgl. M. Mihatsch, Öffentliche Kunstsubventionierung. Verfassungs- und verwaltungsrechtliche Probleme, insbesondere bei Einschaltung nicht-staatlicher Instanzen in das Subventionsverfahren, Berlin 1989, S. 52.

426 Vgl. R. Stober, Kommunalrecht in der Bundesrepublik Deutschland, 3. Aufl., Stuttgart u. a. 1996, S. 173 ff.

427 Vgl. zum Beispiel P. Häberle, Kulturpolitik in der Stadt. Ein Verfassungsauftrag, Heidelberg u. a. 1979, S. 3 und S. 21 ff.; E. Pappermann, Kommunale Kulturpolitik heute. Stellenwert, Chancen und Gefährdungen, in: C. Stolorz; S. Schmalhaus (Hrsg.), Kulturpolitik und Kultursponsoring, Münster u. a. 1992, S. 28 ff.; O. Scheytt, Rechtsgrundlagen der kommunalen Kulturarbeit, Köln 1994, S. 12.

aufweisen[428] bzw. verschiedene Kulturaufgaben schlichtweg unterschiedliche Charaktere haben.[429]

Der Auffassung, die vorbehaltlos von einer Pflichtaufgabe ausgeht, ist insbesondere aus folgendem Grund nicht zuzustimmen: Wie vorstehend gezeigt, ist eine kommunale Pflichtaufgabe entweder durch eine Fachaufsicht und Weisungsrechte (bei Auftragsangelegenheiten respektive Pflichtaufgaben zur Erfüllung nach Weisung) bzw. durch eine Rechtsaufsicht (bei pflichtigen Selbstverwaltungsaufgaben) übergeordneter Behörden gegenüber den Kommunen gekennzeichnet. In beiden Fällen läge dann das Entschließungsermessen, das heißt das *Ob* der Aufgabenerfüllung nicht mehr bei den Kommunen.[430] Einfachgesetzliche Grundlagen auf Bundes- und auf Länderebene[431] können für einzelne Bereiche der kommunalen Kulturarbeit zwar Vorgaben enthalten, die diese Bereiche dadurch entsprechend zu den pflichtigen Selbstverwaltungsaufgaben werden lassen. So können Formulierungen in den Weiterbildungsgesetzen der Länder dazu führen, dass der Aufbau und Unterhalt von Volkshochschulen zur kommunalen Pflichtaufgabe erwächst.[432] Dies ist beispielsweise in Nordrhein-Westfalen, Hessen, Bremen und Niedersachsen der Fall.[433] Soweit es jedoch im Bereich der Kultur weder eine damit einhergehende kulturelle Fach- noch eine Rechtsaufsicht gibt, scheidet die Annahme einer Pflichtaufgabe aus.[434] Dies gilt insbesondere für Theater und Museen. Eine allgemeine Aus-

---

428 Vgl. O. Scheytt, Rechtsgrundlagen der kommunalen Kulturarbeit, Köln 1994, S. 6 und S. 81 ff.

429 Vgl. O. Scheytt, Kulturpolitik und Recht. Ein Versuch zur Systematisierung des Rechts der Kultur in öffentlicher Verantwortung, in: Kulturpolitische Mitteilungen, H. 100/I (2003), S. 50.

430 Vgl. übereinstimmend auch B. Pieroth, Schriftliche Beantwortung der Fragen zur öffentlichen Anhörung zum Thema "Kulturelle Staatszielbestimmungen" am 20.09.2004, EK-Kultur (Hrsg.), K-Drs. 15/178, S. 7.

431 Vgl. hierzu Abschnitt 3.2.3.1.3.

432 Vgl. Deutscher Städtetag, Der kommunale Kulturauftrag. Eine Arbeitshilfe für die Kulturarbeit in Städten und Gemeinden, Köln 1991, S. 28.

433 Vgl. A. Klein, Kulturpolitik. Eine Einführung, Opladen 2003, S. 191.

434 Maßgebend ist hier somit insbesondere wieder die Auslegung des Kulturbegriffs. Ordnet man beispielsweise eine bestimmte Veranstaltung den Schulangelegenheiten zu, so käme man aufgrund der dort gegebenen Fachaufsicht im Vergleich zu einer Zuordnung zum Bereich der Kulturförderung zu unterschiedlichen Ergebnissen.

sage, dass es sich bei der kommunalen Kulturarbeit um eine pflichtige Selbstverwaltungsaufgabe handelt, ist daher nicht haltbar.[435]

Die Tendenz, kommunale Kulturförderung grundsätzlich als pflichtige Selbstverwaltungsaufgabe einzustufen, ist häufig bei Akteuren zu beobachten, die auf diese Weise versuchen, eine Besitzstandswahrung in Sachen Kulturförderung zu erreichen.[436] So wird oftmals zunächst akzeptiert, dass Kultur nach juristischer Sichtweise zwar zu den freiwilligen Selbstverwaltungsaufgaben gehört. Allerdings sei dieser Status Quo veränderungsbedürftig, um dem, was politisch weitgehend akzeptiert und praktiziert würde, auch juristisch Ausdruck zu verleihen und dies zu bekräftigen. Ziel eines solchen Vorgehens sei es, den kommunalen Kultursektor vor weiteren Streichungen und Kürzungen zu schützen.[437] Die hier quasi vorgenommene Differenzierung in eine juristische und eine politische Sichtweise teilte in der Vergangenheit auch der Deutsche Städtetag. Dort wurde in dem Bewusstsein, dass Kulturförderung traditionell als freiwillige Aufgabe erachtet wird, von einer politischen Pflichtaufgabe gesprochen.[438]

Auch hier — wie auch bereits bei der Untersuchung der grundgesetzlichen Anknüpfungspunkte — wird deutlich, dass ein öffentlicher Kulturauftrag im Sinne einer Förderpflicht auch auf kommunaler Ebene regelmäßig lediglich den Status eines politischen Programmsatzes einnimmt, der ausschließlich appellative Funktionen erfüllen kann.

Wie bereits dargestellt, sind die Kommunen im Verhältnis zu Bund und Ländern die zentralen Akteure des Kulturbereichs. Sie tragen die Hauptlast der

---

[435] Eine Ausnahme hierzu bildet das Bundesland Sachsen. Hier gibt es mit dem in Abschnitt 2.4.5.2 vorgestellten Sächsischem Kulturraumgesetz eine einzelgesetzliche Grundlage, die Kultur als Pflichtaufgabe defniert, sowie eine entsprechende Rechtsaufsichtsbehörde. Vgl. zu Letzterer § 2 Abs. 3 SächsKRG.

[436] Vgl. zum Beispiel M. Rößler, Vom Osten lernen? Erfahrungen mit dem sächsischen Kulturraumgesetz, in: Konrad-Adenauer Stiftung e. V. (Hrsg.), Pflichtaufgabe oder Selbstverpflichtung. Kulturförderung in Krisenhaushalten, Materialien für die Arbeit vor Ort Nr. 27, Wesseling 2003, S. 20, der in der "Kulturpflicht" eine Chance sieht, den kulturellen Bereich vor weiteren Kürzungen zu schützen.

[437] Vgl. so H. J. Meyer in H. J. Meyer; B. Meyer, Pflichtaufgabe Kultur?, in: puk, H. 2 (2004), S. 3.

[438] Vgl. Deutscher Städtetag, Der kommunale Kulturauftrag. Eine Arbeitshilfe für die Kulturarbeit in Städten und Gemeinden, Köln 1991, S. 29.

Kulturförderung in Gestalt der Finanzierung.[439] Mangels Gesetzgebungskompetenz haben sie dabei jedoch anders als Bund und Länder nicht die Möglichkeit, Förderung durch Gestaltung wesentlicher Rahmenbedingungen und Ausgestaltung der Steuergesetzgebung zu betreiben. Betrachtet man diesen Umstand isoliert, so zeigt die auf die klassische (direkte) Finanzierung reduzierte Förderung somit leistungsstaatliche Züge.

2.4.5.4 Relativierung politischer Entscheidungsmacht

Die aufgezeigten rechtlichen Ermessensspielräume in Bezug auf die Kulturförderung und die damit möglicherweise verbundenen Gefahren des kulturpolitischen Machtmissbrauchs werden in Deutschland durch mehrere Aspekte relativiert und abgemildert. Wesentlich ist hierbei zunächst der bereits herausgearbeitete, aus dem Zusammenspiel von Grundgesetz, Landesverfassungen und Gemeindeordnungen resultierende dezentral ausgerichtete Zuständigkeitsbereich. Man spricht hierbei vom so genannten **(kooperativen) Kulturföderalismus.**[440] Ziel dieses Kulturföderalismus, der auch als ***staatlicher*** **Trägerpluralismus** bezeichnet wird,[441] ist es, einem kulturpolitischen Zentralismus und dessen Gefahren, wie sie in Deutschland zur Zeit des Nationalsozialismus zum Ausdruck kamen, entgegenzuwirken. Er wurde diesen Erfahrungen zufolge nach dem Zweiten Weltkrieg dementsprechend auch von den Alliierten im Rahmen ihrer Demokratisierungsbestrebungen eingefordert.[442] Die Tatsache,

---

[439] Vgl. in diesem Sinne auch O. Zimmermann; G. Schulz, Kulturverwaltung im Kooperativen Kulturförderalismus, in: O. Zimmermann; G. Schulz (Hrsg.), Handbuch Kulturverwaltung 2001/2002, Bonn u. a. 2000, S. 14.

[440] Vgl. unter anderem B. Vogel, Kulturföderalismus, in: N. Lammert (Hrsg.), Alles nur Theater? Beiträge zur Debatte über Kulturstaat und Bürgergesellschaft, Köln 2004, S. 38 ff.; J. Nida-Rümelin, Perspektiven des Kulturföderalismus in Deutschland, in: Institut für Kulturpolitik der Kulturpolitischen Gesellschaft (Hrsg.), Jahrbuch für Kulturpolitik 2001. Thema: Kulturföderalismus, Essen 2002, S. 63 ff.; A. J. Wiesand, Kulturpolitik, in: U. Andersen; W. Woyke (Hrsg.), Handwörterbuch des politischen Systems der Bundesrepublik Deutschland, 5. Aufl., Opladen 2003, S. 276 ff.; V. Plagemann, "Aus-Wege". Auf der Suche nach Perspektiven, in: H. Hill; I. Magdowski (Hrsg.), Neue Wege für Kultureinrichtungen, Düsseldorf 1997, S. 153; O. Zimmermann; G. Schulz, Kulturverwaltung im Kooperativen Kulturförderalismus, in: O. Zimmermann; G. Schulz (Hrsg.), Handbuch Kulturverwaltung 2001/2002, Bonn u. a. 2000, S. 11 ff. Letztere sprechen bemerkenswerter Weise von Kultur*förder*alismus.

[441] Vgl. A. Klein, Kulturpolitik. Eine Einführung, Opladen 2003, S. 76 f.

[442] Vgl. T. Röbke; B. Wagner, Aufgaben eines undogmatischen Kulturföderalismus, in: Institut für Kulturpolitik der Kulturpolitischen Gesellschaft (Hrsg.), Jahrbuch für Kulturpolitik 2001. Thema: Kulturföderalismus, Essen 2002, S. 29.

dass die Zuständigkeit für die Kultur neben Bund und Ländern vor allem auf eine Vielzahl von Gemeinden verteilt ist, sichert weitgehend eine kulturelle Vielfalt, welche Gefahren einer staatlich indoktrinierten Kulturlandschaft entgegenwirkt. So ist im Zusammenhang mit der öffentlich geförderten deutschen Kulturlandschaft auch von einer Tausend-Blumen-Landschaft[443] die Rede.

Eine weitere Möglichkeit, Fragen der Kulturförderung von dem Machtfeld politischer Entscheidungsspielräume abzukoppeln, besteht darin, **Sachverständigengremien** in die Entscheidungsprozesse einzubinden. Dafür plädiert zum Beispiel auch Karpen, wenn er sagt: "Staatliche Kulturverantwortung ist den Maßstäben der Neutralität, Nichtidentifikation, Toleranz, Pluralität verpflichtet."[444] Diesen Maximen entspreche es, dass inhaltlich-kulturelle Entscheidungen organisatorisch in der Hand von Selbstverwaltungsgremien in Gestalt von Vergabekollegien, Jurys, künstlerischen Dachverbänden, Fonds usw. liegen.[445] Dies wird inzwischen auch weitläufig praktiziert, wobei es sich bewusst zu machen gilt, dass es sich bei der geforderten Neutralität lediglich um eine erstrebenswerte Maxime handelt. Schließlich sind es immer noch Politiker, welche die Entscheidungen über Gremienbesetzungen usw. treffen und möglicherweise nicht nur nach Sachverstand entscheiden.[446] Zu dieser Einschätzung kommt auch Bernhard Vogel, wenn er feststellt: "Auflösen lässt sich dieser Zusammenhang [zwischen Kultur und Macht] auch dann nicht, wenn wir weniger Politiker und mehr Fachleute in die Entscheidungsgremien schicken wür-

---

443 Vgl. T. E. Schmidt, Den Vorhang hoch und alle Säle offen. Wer soll künftig die öffentlich geförderten Theater, Opernhäuser und Museen besuchen?, in: DIE ZEIT vom 28.05.2005, S. 37.

444 U. Karpen, Schriftliche Beantwortung der Fragen zur öffentlichen Anhörung zum Thema "Kulturelle Staatszielbestimmungen" am 20.09.2004, EK-Kultur (Hrsg.), K-Drs. 15/174, S. 4.

445 Vgl C. Weiss, Stadt ist Bühne. Kulturpolitik heute, Hamburg 1999, S. 66; U. Karpen, Schriftliche Beantwortung der Fragen zur öffentlichen Anhörung zum Thema "Kulturelle Staatszielbestimmungen" am 20.09.2004, EK-Kultur (Hrsg.), K-Drs. 15/174, S. 4.

446 Vgl. hierzu die Ausführungen zu Möglichkeiten des Staatsversagens in Abschnitt 2.3.9 sowie N. Ewers, Politik und Management. Die Verantwortung der Kulturausschüsse nach Einführung der dezentralen Ressourcenverantwortung, in: R. Richter; N. Sievers; H.-J. Siewert (Hrsg.), "Unternehmen Kultur". Neue Strukturen und Steuerungsformen in der kommunalen Kulturverwaltung, Essen 1995, S. 99 f. Ähnlich auch C.-A. Andreae; C. Wilflingseder, Der Einfluss des öffentlichen Sektors auf die Kunst, in: Wirtschaftspolitische Blätter, Jg. 27 (1980), H. 6, S. 53.

den. Wichtig ist, dass die politische Verantwortung im Bereich der Kultur auf viele Schultern verteilt bleibt."[447]

Letzteres wird durch den bereits beschriebenen Kulturföderalismus und der daraus praktisch resultierenden Kulturhoheit der Kommunen gefördert. Insofern wird auch ein derzeit zu beobachtender Kompetenzzuwachs des Bundes vielfach kritisch beobachtet.[448] In diesem Zusammenhang ist zum Beispiel auf die 1998 eingeführte Position des Staatsministers respektive der Staatsministerin für Kultur und Medien auf Bundesebene mit der dazugehörigen obersten Bundesbehörde,[449] die Gründung einer Bundeskulturstiftung[450] in Konkurrenz zur Kulturstiftung der Länder[451] im Jahr 2002[452] sowie die aktuellen Überlegungen zur Verankerung von Kultur als Staatsziel,[453] von der vermehrt erwartet wird, dass sie zu einem Kompetenzzuwachs des Bundes führen wird, hinzuweisen.

Selbst wenn man als Folge eines Kompetenzzuwachses beim Bund mit gewissen Synergieeffekten rechnen kann, so ist doch deutlich hervorzuheben, dass eine derartige kulturpolitische Zentralisierung eindeutig leistungsstaatliche Tendenzen aufweist.

---

447 B. Vogel, Kulturföderalismus, in: N. Lammert (Hrsg.), Alles nur Theater? Beiträge zur Debatte über Kulturstaat und Bürgergesellschaft, Köln 2004, S. 41.

448 Vgl. M. Kilian, Stiftungserrichtung durch die öffentliche Hand, in: E. Bellezza; M. Kilian; K. Vogel, Der Staat als Stifter. Stiftungen als Public-Private Partnerships im Kulturbereich, Gütersloh 2003, S. 20 f.; K. Pabel, Grundfragen der Kompetenzordnung im Bereich der Kunst, Berlin 2003, S. 203 f.

449 Vgl. M. Kilian, Stiftungserrichtung durch die öffentliche Hand, in: E. Bellezza; M. Kilian; K. Vogel, Der Staat als Stifter. Stiftungen als Public-Private Partnerships im Kulturbereich, Gütersloh 2003, S. 20; K. Pabel, Grundfragen der Kompetenzordnung im Bereich der Kunst, Berlin 2003, S. 14 ff m. w. N.; M. Opielka, Kunst und Kultur im Wohlfahrtsstaat, in: Aus Politik und Zeitgeschichte vom 17.03.2003, S. 24. Letzterer bezeichnet diese als zumindest "kleines" Bundeskulturministerium.

450 Vgl. hierzu ausführlicher Abschnitt 3.2.1.1.2.

451 Vgl. hierzu ausführlicher Abschnitte 3.2.1.1.1 und 3.2.1.1.2.

452 Vgl. M. Kilian, Stiftungserrichtung durch die öffentliche Hand, in: E. Bellezza; M. Kilian; K. Vogel, Der Staat als Stifter. Stiftungen als Public-Private Partnerships im Kulturbereich, Gütersloh 2003, S. 20 f.; K. Pabel, Grundfragen der Kompetenzordnung im Bereich der Kunst, Berlin 2003, S. 18 f.

453 Vgl. hierzu ausführlich Abschnitt 2.4.6.

Schließlich darf nicht unerwähnt bleiben, dass die öffentliche Kulturpolitik im Sinne eines wirklichen kulturellen Trägerpluralismus durch eine Vielzahl gemeinnütziger bzw. privater Akteure ergänzt wird.[454]

Die durch den vorbezeichneten Kulturföderalismus bzw. Trägerpluralismus hervorgerufene Dezentralisierung von Entscheidungsprozessen kennzeichnet zwar grundsätzlich eine demokratische, einen Gewährleistungsstaat beschreibende Struktur. Stellt man jedoch auf den derzeit zu beobachtenden Kompetenzzuwachs des Bundes ab, so ist — wie bereits ausgeführt — eine gegenläufige Tendenz in Richtung Leistungsstaat zu beobachten. Insofern wird die auf kommunaler Ebene aufgrund der Reduzierung auf das Instrument der Finanzierung bestehende leistungsstaatliche Tendenz verstärkt.

2.4.6 Diskussion zur Verankerung einer kulturellen Staatszielbestimmung im Grundgesetz

Ob die dargelegte Verankerung des Themas Kultur im Grundgesetz und im Einigungsvertrag, aus denen sich — wie dargestellt — keine konkreten Förderungsansprüche ableiten lassen, ausreicht, um Kunst und Kultur in Deutschland ausreichend zu schützen und zu fördern, ist von jeher umstritten.[455] In der Vergangenheit haben sich auf politischer Ebene insbesondere drei Kommissionen mit dieser Frage auseinandergesetzt, ohne hierbei jedoch Änderungen des Grundgesetzes in Bezug auf den Bereich Kultur zu erwirken. Zum einen handelte es sich um die zwischen 1981 und 1983 tätige Sachverständigenkommission "Staatszielbestimmungen/Gesetzgebungsaufträge" der damaligen Bundesregierung, zum anderen 1992 um die Gemeinsame Verfassungskommission, die sich nach der Wiedervereinigung mit möglicherweise notwendig gewordenen Grundgesetzänderungen befasste.

---

[454] Vgl. P. Häberle, Kulturverfassungsrecht im Bundesstaat, Wien 1980, S. 32 f.; P. Häberle, Kulturpolitik in der Stadt. Ein Verfassungsauftrag, Heidelberg u. a. 1979, S. 22; U. Steiner, Kulturauftrag im staatlichen Gemeinwesen, in: Veröffentlichungen der Vereinigung der Deutschen Staatsrechtslehrer, H. 42 (1984), S. 25 ff. Zum kulturellen Trägerpluralismus bei staatlichen Stiftungen M. Kilian, Stiftungserrichtung durch die öffentliche Hand, in: E. Bellezza; M. Kilian; K. Vogel, Der Staat als Stifter. Stiftungen als Public-Private Partnerships im Kulturbereich, Gütersloh 2003, S. 61 m. w. N.

[455] Für einen Überblick hierzu vgl. B. Wagner, "Kulturstaat" und "kulturelle Grundversorgung". Ist ihre verfassungsmäßige Verankerung sinnvoll und hilfreich?, in: Kulturpolitische Mitteilungen, H. 106/III (2004), S. 32 ff.

Zuletzt beschäftigte sich die Enquete-Kommission des Deutschen Bundestags "Kultur in Deutschland" unter der Überschrift "Kulturelle Staatszielbestimmungen" mit der Frage, ob man zusätzlich zu den bestehenden Anknüpfungspunkten eine kulturelle Staatszielbestimmung im Grundgesetz verankern sollte. Um zu dieser Fragestellung eine dezidierte Einschätzung gewinnen zu können, bat die Kommission verschiedene Staatsrechtslehrer um Stellungnahme. Unabhängig davon, dass sich bereits die Begrifflichkeiten Kulturstaat, Kulturstaatsklausel und kulturelle Staatszielbestimmung aufgrund ihrer Komplexität einer einheitlichen Definition und Systematisierung entzogen, konnte unter den Staatsrechtlern auch keine Einigkeit darüber erzielt werden, ob eine Notwendigkeit für eine derartige grundgesetzliche Neuerung besteht.[456] Dissens bestand unter anderem im Hinblick auf die Frage, ob sich durch eine explizite kulturelle Staatszielbestimmung das Kompetenzgefüge zwischen Bund und Ländern zu Ungunsten der Kulturhoheit der Länder[457] verändern würde.[458] Weiterhin bestanden Kontroversen dahingehend, ob die geplante Verankerung im Grundgesetz überflüssig sei oder nicht. Zwar war man sich einig, dass von ihr ausschließlich eine appellative und verstärkende Wirkung ausgehen könnte und sich somit keine konkreten subjektiv-rechtlichen Ansprüche aus ihr ableiten ließen.[459] Darüber, ob diese Wirkung bereits gleichermaßen durch die Interpretation von Art. 5 Abs. 3 GG gegeben sei oder ob sie durch eine zusätzliche Verankerung weiter verstärkt würde, konnte hingegen keine Einigkeit erzielt werden. Ebenso strittig blieb die damit in unmittelbarem Zusammenhang stehende Frage der Justiziabilität des anvisierten neuen Grundgesetzartikels.[460] Größtenteils spiegelt die Auseinandersetzung der aktuell von der Enquete-Kommission befragten Verfassungsrechtler die Argumente früherer Kommissi-

---

456 Vgl. Deutscher Bundestag (Hrsg.), Kurzprotokoll der 19. Sitzung der Enquete-Kommission "Kultur in Deutschland" am 20.09.2004, BT-Protokoll Nr. 15/19.

457 Vgl. hierzu Abschnitt 2.4.5.1.

458 Allgemein zu dieser Problematik vgl. auch B. Geißler, Staatliche Kulturförderung nach Grundgesetz und Recht der EG, Berlin 1995, S. 164 ff.

459 Allgemein zu dieser Problematik vgl. auch M. Naucke, Der Kulturbegriff in der Rechtsprechung des Bundesverfassungsgerichts, Hamburg 2000, S. 147 f.; D. Grimm, Kulturauftrag im staatlichen Gemeinwesen, in: Veröffentlichungen der Vereinigung der Deutschen Staatsrechtslehrer, H. 42 (1984), S. 67 und S. 81.; F. Schaumann, Kulturföderalismus und Kulturförderung in Deutschland, in: O. Schwencke (Hrsg.), Kulturföderalismus und Kulturförderung. Neue Bundesstaatlichkeit im Kulturstaat Deutschland?, Hagen 1992, S. 31.

460 Vgl. Deutscher Bundestag (Hrsg.), Zwischenbericht der Enquete-Kommission "Kultur in Deutschland" vom 01.06.2005, BT-Drs. 15/5560, S. 9 ff.

onen wider.[461] Trotz der unter den hinzugezogenen Sachverständigen bestehenden Dissenzen forderte die Kommission in ihrem Zwischenbericht, den sie am 31.05.2005 dem Bundestagspräsidenten überreicht hat, Kultur als Staatsziel im Grundgesetz zu verankern. Auf diese Weise solle die ungeschriebene Staatszielbestimmung aus Art. 5 Abs. 3 GG um eine geschriebene Staatszielbestimmung ergänzt werden. Dies sei "in Zeiten klammer öffentlicher Haushalte" besonders wichtig, so die Kommission in einer Pressemitteilung zur Anhörung der Staatsrechtler.[462] Nach Empfehlung der Kommission soll hierzu das Grundgesetz um den Art. 20 b ergänzt werden, welcher folgenden Wortlaut haben soll: "Der Staat schützt und fördert die Kultur."[463] Damit würde die Kulturstaatszielbestimmung an einer Stelle im Grundgesetz verortet werden, die auch bereits von früheren Kommissionen diskutiert worden ist: Sie würde somit in unmittelbarer Nähe zu dem 1994 in das Grundgesetz aufgenommenen Art. 20 a GG stehen, in welchem der Umweltschutz sowie der Tierschutz durch den Staat hervorgehoben werden.

Wie bereits gezeigt, war man sich innerhalb der vorbezeichneten Diskussion darüber einig, dass aus der Aufnahme der kulturellen Staatszielbestimmung in Art. 20 b GG neben der rein appellativen Wirkung kein subjektives Recht auf Kulturförderung abgeleitet werden kann. Insofern ist qualitativ kein Unterschied zu der bisher durch das Bundesverfassungsgericht vorgenommenen Auslegung des Art. 5 Abs. 3 GG zu erkennen.[464] Danach würde allein der bis dato bestehende Status Quo der verfassungsrechtlichen Legitimation der Kulturförderung neu in Art. 20 b GG gekleidet. Fraglich ist somit, weshalb mit großer Vehemenz von den Verfechtern um die Aufnahme einer derartigen Staatszielbestimmung in das Grundgesetz gekämpft wird.

---

461 Vgl. B. Wagner, "Kulturstaat" und "kulturelle Grundversorgung". Ist ihre verfassungsmäßige Verankerung sinnvoll und hilfreich?, in: Kulturpolitische Mitteilungen, H. 106/III (2004), S. 33; W.-D. Tillner, Die öffentliche Förderung der Musiktheater in Deutschland, Berlin 1999, S. 52 ff. m. w. N.; W. Palm, Öffentliche Kunstförderung zwischen Kunstfreiheitsgarantie und Kulturstaat, Berlin 1998, S. 125 ff. m. w. N.; U. Steiner, Kulturauftrag im staatlichen Gemeinwesen, in: Veröffentlichungen der Vereinigung der Deutschen Staatsrechtslehrer, H. 42 (1984), S. 38 ff.

462 Vgl. EK-Kultur, Pressemitteilung zur Anhörung zu Kultur als Staatsziel am 20.09.2004.

463 Deutscher Bundestag (Hrsg.), Zwischenbericht der Enquete-Kommission "Kultur in Deutschland" vom 01.06.2005, BT-Drs. 15/5560, S. 12.

464 In diesem Sinne vgl. auch M. Naucke, Der Kulturbegriff in der Rechtsprechung des Bundesverfassungsgerichts, Hamburg 2000, S. 147 f.

Auffällig ist, dass die Forderung regelmäßig im Zusammenhang mit der desolaten Haushaltslage aufgestellt wird.[465] Es geht also offensichtlich darum, sich bei Verteilungskämpfen mit anderen Ressorts zu behaupten. In diesem Kontext ist beispielsweise auch die Äußerung Wecks einzuordnen, wenn er ausführt: "Der Stellenwert der Kultursubventionsvergabe durch den Staat kann hierdurch im öffentlichen Bewusstsein eine massive Steigerung erfahren, die nicht zuletzt auch im konkreten Förderungsalltag fruchtbar gemacht werden könnte, beispielsweise als schlagkräftige Argumentationsfigur in kultur- und finanzpolitischen Debatten über die Haushaltsmittelverteilung oder Diskussionen über Quotierung, Umsetzung und Erreichung von durch Finanzmittelengpässe unausweichlich gewordene Einsparvorgaben."[466] Wie bereits mehrfach hervorgehoben, sind derartige Ressortkämpfe ein typisches Merkmal leistungsstaatlichen Denkens. Den betroffenen Kulturverantwortlichen geht es dabei offenkundig lediglich um die Sicherung ihres bisherigen Status Quo, nicht aber um ein wirkliches Umdenken in Richtung Gewährleistungsstaat. Die Verfestigung des Status Quo macht jedoch nur dann Sinn, wenn man bisher bereits zu den Leistungsempfängern gezählt hat oder diesen nahe steht.

Wäre es den Verfechtern bzw. Antreibern der Diskussion um die kulturelle Staatszielbestimmung tatsächlich an einer qualitativen Verbesserung der Kulturförderung in Deutschland gelegen, das heißt ginge es ihnen vornehmlich um die Erschließung neuer (privater) Quellen der Finanzierung und damit um eine Fortentwicklung zu einem Gewährleistungsstaat, dann würde sich ihre Forderung nicht auf eine rein appellative Verfestigung des Status Quo beschränken, sondern vielmehr darauf abzielen, günstige Rahmenbedingungen zu schaffen bzw. die leistungsstaatlichen Finanzierungszusammenhänge auf kommunaler Ebene und die Zentralisierungstendenzen aufzubrechen.

Aus der gegenwärtigen Diskussion um die Verankerung einer kulturellen Staatszielbestimmung im Grundgesetz lässt sich somit ein Erstarren in leistungsstaatlichen Denkmustern erkennen.

---

465 So u. a. auch E.-M. Geis, "Staatsziel Kultur" als aktiver Schutz und Förderauftrag, in: puk, H. 4 (2005), S. 7: "In Zeiten katastrophaler Finanzknappheiten, und angesichts der Tatsache, dass der Kulturbereich traditionell zu den ersten Opfern zählt, möchte man jedoch ihren Schutz eher in einer verfassungsrechtlichen Norm als in einer nebulösen, quasi-ontologischen Konstruktion gesichert wissen."

466 B. Weck, Verfassungsrechtliche Legitimationsprobleme öffentlicher Kunstförderung aus wirklichkeitswissenschaftlicher Perspektive, Berlin 2001, S. 128.

2.4.7 Zwischenergebnis

Als Zwischenergebnis ist festzuhalten, dass sich aus Art. 5 Abs. 3 GG sowie aus Art. 35 EinigV ein öffentlicher Kulturauftrag ableiten lässt. Demgegenüber ergibt sich weder aus Art. 5 Abs. 3 GG bzw. Art. 35 EinigV noch aus der beabsichtigten Aufnahme einer kulturellen Staatszielbestimmung in einem möglichen Art. 20 b GG ein subjektives Recht, das heißt ein konkreter Anspruch auf Kulturförderung des Einzelnen.

Aus dem Einigungsvertrag ergibt sich außerhalb seines Zwecks, die Auswirkungen der Teilung Deutschlands auszugleichen, keine über den Regelungsgehalt des Grundgesetzes hinausgehende verfassungsrechtliche Legitimation einer Kulturförderung in einem vereinigten Deutschland. Insbesondere lässt sich eine durch den Wortlaut des Art. 35 EinigV naheliegende Forderung nach einem Leistungsstaat nach einem Wegfall der Auswirkungen der Teilung Deutschlands nicht aufrechterhalten. Vor allem ist keine allgemeine verfassungsrechtliche Verpflichtung des Staats zu erkennen, Kultur mit ausreichend (Finanz-)Mitteln zu unterstützen.[467]

Auch aus Art. 5 Abs. 3 GG bzw. dem Entwurf des Art. 20 b GG lässt sich keine zwingende Präferenz für einen Leistungsstaat oder für einen Gewährleistungsstaat erkennen. Vielmehr sind für beide Staatsmodelle Anzeichen ersichtlich. So sprechen insbesondere der vom Bundesverfassungsgericht im Rahmen des Art. 5 Abs. 3 GG verwendete weite Kulturbegriff und der verfassungsseitig statuierte Kulturföderalismus für einen Gewährleistungsstaat. Auf der anderen Seite sind auf kommunaler Ebene wegen mangelnder Gesetzgebungskompetenzen eine Reduzierung auf reine Finanzierungsmaßnahmen und somit leistungsstaatliche Strukturen erkennbar.

Stellt man auf den aktuellen verfassungsrechtlichen Diskurs ab, so sind sowohl in den derzeit zu beobachtenden Bestrebungen, die kulturpolitischen Kompetenzen des Bundes auszuweiten, als auch in der zuletzt geführten Diskussion um die Aufnahme der kulturellen Staatszielbestimmung in Art. 20 b GG Anzeichen für eine Zementierung eines leistungsstaatlichen Status Quo zu beobachten.

---

467 Abweichend vgl. B. M. Becker, Visionen. Wege aus der Krise, in: B. M. Becker; U. Herwig; U. Loch, Kultur geht neue Wege. Kulturförderung in Kassel/Nordhessen, Kassel 1996, S. 127; W.-D. Tillner, Die öffentliche Förderung der Musiktheater in Deutschland, Berlin 1999, S. 60.

2.5 Synthese: Der Weg zum Gewährleistungsstaat ist frei

Die in den Abschnitten 2.1 bis 2.4 vorgenommenen Untersuchungen lassen sich thesenartig wie folgt zuspitzen:

In der aktuellen kulturpolitischen Diskussion wird der Kulturbegriff zunehmend eingeengt, das heißt im Sinne eines Leistungsstaats verwendet. Hierbei handelt es sich jedoch weniger um das Ergebnis einer wissenschaftlichen Fortentwicklung als vielmehr um das Resultat gegenwärtiger Sparzwänge.

Soweit in der aktuellen Diskussion der Begriff der Förderung auf den der Finanzierung eingeengt wird, ist auch dies ein starkes Indiz für ein Verharren im Leistungsstaat. Gerade außerhalb der unmittelbaren Finanzierung liegende Förderungsmöglichkeiten werden hierdurch von vornherein nicht mehr in Betracht gezogen, mithin aufgegeben.

Einer Auseinandersetzung mit den in der Wohlfahrtsökonomik vertretenen Legitimationsansätzen für eine staatliche Kulturförderung sind grundsätzlich keine zwingenden Argumente für einen kulturellen Leistungsstaat zu entnehmen.

Auch eine Analyse der verfassungsrechtlichen Legitimation staatlicher Kulturförderung in Deutschland zeigt, dass darin zwar teilweise leistungsstaatliche Züge enthalten sind, diese jedoch nicht als zwingend vorausgesetzt werden. Im Gegenteil ergeben sich aus der Rechtsprechung des Bundesverfassungsgerichts starke Indizien für eine gewährleistungsstaatliche Sichtweise. Gleichwohl ist, wie gezeigt, der aktuellen Diskussion zur Verankerung der Kultur als Staatsziel im Grundgesetz zu entnehmen, dass die Kulturpolitik sich nicht wirklich auf den Weg zu einem Gewährleistungsstaat begibt. Vielmehr ist auch hierin ein Erstarren im Leistungsstaat zu erkennen.

Nach alledem kann man somit festhalten: Für die deutsche Kulturförderpolitik ist der Weg frei von einem Leistungsstaat hin zu einem Gewährleistungsstaat.

Die Beantwortung der Frage, ob und inwieweit bereits das bestehende Instrumentarium staatlichen Handelns für eine derartige Neuorientierung der Kulturförderung bereitsteht bzw. optimiert werden kann, soll nun im folgenden Teil der Arbeit im Rahmen einer Gegenüberstellung der in Deutschland und den USA vorzufindenden Instrumente erfolgen.

3 Öffentliche Kulturförderung in Deutschland und den USA

3.1 Historische Entwicklung

3.1.1 Vorbemerkung

In der Literatur wird häufig die jeweilige historische Entwicklung Deutschlands bzw. der USA als Hauptursache für deren aktuelle kulturpolitische Unterschiede genannt.[468] Um im Folgenden ein besseres Verständnis für die heutigen Beziehungen zwischen öffentlicher und privater Kulturförderung sowohl in Deutschland als auch in den USA zu erlangen, ist es daher erforderlich, vorab einen Blick auf die jeweiligen geschichtlichen Hintergründe zu werfen.

3.1.2 Deutschland

In Deutschland sowie auch in anderen Teilen Europas war Kultur in ihrer ästhetischen Dimension[469] über lange Zeit **Angelegenheit von Hof und Kirchen.**[470] Sie waren die primären Auftraggeber der damaligen Kunst- bzw. Kulturschaffenden. Kunst erfüllte damals nur selten einen ihrem Wesen immanenten Selbstzweck, sondern hatte vielmehr verschiedene **Gebrauchsfunktionen.**[471]

Diese bestanden zum einen darin, die Machtstellung der jeweiligen Auftraggeber zu unterstreichen. Es handelte sich also um repräsentative Zwecke. So gaben beispielsweise Fürsten Porträts von sich in Auftrag oder Kirchen und

---

468 Vgl. zum Beispiel J. W. O'Hagan, The State and the Arts. An Analysis of Key Economic Policy Issues in Europe and the United States, Cheltenham u. a. 1998, S. 11.

469 Die folgenden Ausführungen über die historischen Entwicklungen werden sich primär auf Kultur im engeren Sinne als Kunst beschränken, da eine umfassende Darstellung der kulturgeschichtlichen Entwicklung und der daran maßgeblich beteiligten Gruppen bzw. Individuen den Rahmen der vorliegenden Arbeit sprengen würde. Zudem wurden Kunst und Kultur — abgesehen von ethnologischen Interpretation — damals noch häufiger als Synonyme verstanden als heute der Fall, da eine Erweiterung des Kulturbegriffs zum Beispiel in Richtung Soziokultur erst wesentlich später erfolgte. Die Begrenzung auf Kultur im engeren Sinne gilt im Folgenden sowohl für die Darstellung der Situation in Deutschland als auch in den USA.

470 Vgl. D. Grimm, Kulturauftrag im staatlichen Gemeinwesen, in: Veröffentlichungen der Vereinigung der Deutschen Staatsrechtslehrer, H. 42 (1984), S. 47 f. m. w. N.

471 Vgl. D. Grimm, Kulturauftrag im staatlichen Gemeinwesen, in: Veröffentlichungen der Vereinigung der Deutschen Staatsrechtslehrer, H. 42 (1984), S. 48.

andere religiöse Einrichtungen ließen prunkvolle Gemälde anfertigen, welche die Macht Gottes und somit implizit auch ihre Macht als Vertreter Gottes auf Erden zum Ausdruck bringen sollten. Je nachdem, inwieweit die jeweiligen Kunstwerke der Öffentlichkeit zugänglich waren, dienten sie also in Ergänzung zu anderen Maßnahmen dazu, die Vormachtstellung und Autorität der jeweiligen Auftraggeber gegenüber der übrigen Bevölkerung klarzustellen. Neben der bereits beispielhaft erwähnten bildenden Kunst spielte in diesem Zusammenhang insbesondere auch die Architektur eine entscheidende Rolle. Allerdings erfüllten auch Kirchenmusik sowie kirchliche Passionsspiele ähnliche machtdemonstrierende bzw. -bewahrende Funktionen.[472]

Eine weitere Gebrauchsfunktion bestand zum anderen in dem vom Kunstkonsum abgeleiteten Unterhaltungswert. Hier sind insbesondere die Bereiche der Literatur und der Musik erwähnenswert, die im höfischen Bereich ähnlich wie die bereits erwähnten Kunstfelder von klaren Auftragsbeziehungen geprägt waren. Eine solche Beziehung war im Mittelalter beispielsweise diejenige zwischen höfischem Ritter und seinem nichtadligen Spielmann, wobei auch der Ritter selbst in Zusammenspiel mit dem Spielmann als Kunstproduzent auftrat und es dadurch zu einer Verwischung der klaren Rollenzuteilung kam.[473]

Obwohl insbesondere im Rahmen der oben genannten Repräsentationszwecke Teile der höfisch bzw. sakral geprägten Kunst bis zu einem gewissen Grad öffentlich waren und es im Sinne der Machtdemonstration auch sein mussten, kann man dennoch sagen, dass sich Kunst zur damaligen Zeit weitgehend der breiten Öffentlichkeit entzog und in abgeschiedenen bzw. Hof, Ständen und Kirche vorbehaltenen Sphären verborgen blieb. Die höfischen Sammlungen gewährten erst gegen Ende des 18. Jahrhunderts einem erlesenen öffentlichen Publikum Zugang[474] und die künstlerische Architektur beschränkte sich auf die

---

[472] Für einen ausführlichen, nach verschiedenen Kunstsparten gegliederten Überblick über die damaligen Auftragsbeziehungen bzw. Abhängigkeiten zwischen Hof, Kirche und Kunst vgl. W. Heinrichs, Kulturpolitik und Kulturfinanzierung. Strategien und Modelle für eine politische Neuorientierung der Kulturfinanzierung, München 1997, S. 8 ff. m. w. N.

[473] Vgl. W. Heinrichs, Kulturpolitik und Kulturfinanzierung. Strategien und Modelle für eine politische Neuorientierung der Kulturfinanzierung, München 1997, S. 9 f. m. w. N.

[474] Vgl. U. Scheuner, Die Kunst als Staatsaufgabe im 19. Jahrhundert, in: E. Mai; S. Waetzoldt (Hrsg.), Kunstverwaltung, Bau- und Denkmal-Politik im Kaiserreich, Berlin 1981, S. 18.

entsprechenden Residenzstädte, zu denen jedoch nur ein geringer Teil der Bevölkerung zugang hatte, weil er in ihrer Nähe lebte.[475]

Diese Koppelung von politischer sowie religiöser Macht mit Kunst wurde erst im Zeitalter der Aufklärung durch die so genannte **Emanzipation des Bürgertums** aufgeweicht. Nipperdey bezeichnet diese Entwicklung, deren Beginn er je nach Kunstsparte für das mittlere 18. bis frühe 19. Jahrhundert ansetzt, treffend als Verbürgerlichung der ästhetischen Kultur.[476] Mit Bürgertum ist hierbei zunächst nicht das altständische Bürgertum mit seinen Handwerkern und Kleinhändlern gemeint, sondern eine neue Schicht, die das Resultat der expandierenden Staatszwecke war. Zum einen förderte der Staat aufgrund seiner gesteigerten Konsumbedürfnisse Großproduktionen und Handelsorganisationen und bildete somit die neue Klasse des Besitzbürgertums heraus, die sich aus Großkaufleuten, Manufakturisten und Geldverleihern zusammensetzte. Zum anderen benötigte der Staat zunehmend qualifiziertes Personal für staatsnahe Tätigkeiten, zum Beispiel im administrativen Bereich. Auch hierfür diente ihm das Bürgertum als potenzieller Arbeitsmarkt und er begann bald daraufhin, Staatsbedienstete selbst auszubilden, so dass sich aus dem Bürgertum neben dem Besitzbürgertum als zweite neue Klasse noch das Bildungsbürgertum herausbildete. Hierzu gehörten unter anderem Lehrer, Professoren, Pfarrer und Juristen. Beide neu gebildeten Gruppierungen innerhalb des Bürgertums wurden von staatlicher Seite dahingehend privilegiert, dass sie nicht in das bestehende Ständesystem integriert wurden, sondern sich außerhalb der bisherigen gesellschaftlichen Ordnung wiederfanden.[477]

Dieses neue Bürgertum der Besitzenden und Gebildeten mit seinem frisch erstarkten Selbstbewusstsein und vor allem auch mit den entsprechenden finanziellen Mitteln interessierte sich zunehmend für Kunst und Kultur, wobei es ihm — anders als bisher Ständen und Kirche — in erster Linie nicht um Repräsentation und beiläufige Unterhaltung ging, sondern darum, über das Medium der Kunst die **eigene Identität** und Bestimmung zu erforschen, und sich dadurch selbstbewusst innerhalb der sich wandelnden Gesellschaftsstrukturen zu veror-

---

[475] Vgl. B. Biedermann, Bürgerliches Mäzenatentum im 19. Jahrhundert. Die Förderung öffentlicher Kunstwerke durch den Kunstverein für die Rheinlande und Westfalen, Petersberg 2001, S. 12.

[476] Vgl. T. Nipperdey, Deutsche Geschichte 1800-1866. Bürgerwelt und starker Staat, 4. Aufl., München 1987, S. 533.

[477] Vgl. D. Grimm, Soziale Voraussetzungen und verfassungsrechtliche Gewährleistungen der Meinungsfreiheit, in: J. Schwartländer; D. Willoweit (Hrsg.), Meinungsfreiheit. Grundgedanken und Geschichte in Europa und USA, Kehl am Rhein u. a. 1986, S. 146 f.

ten.[478] Dieses Bedürfnis erscheint nachvollziehbar angesichts der eigentümlichen Situation, in der sich dieses neu geschaffene Bürgertum vorfand: Auf der einen Seite war es von den ständischen Hierarchien befreit, auf der anderen Seite jedoch auch von der politischen Mitbestimmung ausgeschlossen und somit von den Herrschenden distanziert.[479] Durch diese Veränderung kam es demnach also zu besagter Neuorientierung im Kunst- und Kulturbereich: "Sie [die Kunst] wird einem nicht mehr ständischen 'Publikum', einer bürgerlichen Öffentlichkeit zugänglich, sie wird Sache ... der Allgemeinheit. Und sie wird nicht mehr nebenbei 'konsumiert' (Tafelmusik), sondern sie ist in sich selbst wesentlich ... Es entsteht das spezifische Kunst-, Musik- und Literatur'leben', der Kunst-, Musik- und Literatur'betrieb'."[480]

Allerdings vollzog sich diese Entwicklung, die auch als Herausbildung künstlerischer bzw. kultureller Autonomie vom Staat bezeichnet wird,[481] schrittweise. Zunächst kam es durch die Erweiterung des Kreises von Kunstinteressierten dazu, dass Künstler von nun an für einen Markt und nicht mehr lediglich auf konkreten Auftrag eines Fürsten oder einer Kirche produzieren konnten,[482] wobei das Verb *produzieren* für diesen Zeitraum nicht mehr ganz zutreffend erscheint. Dies liegt darin begründet, dass Kunst von nun an einen in ihrer Natur begründeten **Selbstzweck** hatte und nicht mehr ausschließlich kunstfremde Zwecke wie Repräsentation und Unterhaltung verfolgte. Der Kunstschaffende machte dadurch ebenfalls einen Rollenwechsel durch: aus dem ehemaligen Handwerker wurde nun ein "wahrer" Künstler, ein Genie.[483] Die zunehmende Inanspruchnahme von Kunst und Kultur durch das Bürgertum schlug sich — insbesondere in der Literatur, aber ebenso im Bereich der Oper — auch in den

---

478 Vgl. D. Grimm, Kulturauftrag im staatlichen Gemeinwesen, in: Veröffentlichungen der Vereinigung der Deutschen Staatsrechtslehrer, H. 42 (1984), S. 48 m. w. N.

479 Vgl. D. Grimm, Soziale Voraussetzungen und verfassungsrechtliche Gewährleistungen der Meinungsfreiheit, in: J. Schwartländer; D. Willoweit (Hrsg.), Meinungsfreiheit. Grundgedanken und Geschichte in Europa und USA, Kehl am Rhein u. a. 1986, S. 147.

480 T. Nipperdey, Deutsche Geschichte 1800-1866. Bürgerwelt und starker Staat, 4. Aufl., München 1987, S. 533.

481 Vgl. U. Scheuner, Die Kunst als Staatsaufgabe im 19. Jahrhundert, in: E. Mai; S. Waetzoldt (Hrsg.), Kunstverwaltung, Bau- und Denkmal-Politik im Kaiserreich, Berlin 1981, S. 21; D. Grimm, Kulturauftrag im staatlichen Gemeinwesen, in: Veröffentlichungen der Vereinigung der Deutschen Staatsrechtslehrer, H. 42 (1984), S. 47.

482 Vgl. D. Grimm, Kulturauftrag im staatlichen Gemeinwesen, in: Veröffentlichungen der Vereinigung der Deutschen Staatsrechtslehrer, H. 42 (1984), S. 49.

483 Vgl. D. Grimm, Kulturauftrag im staatlichen Gemeinwesen, in: Veröffentlichungen der Vereinigung der Deutschen Staatsrechtslehrer, H. 42 (1984), S. 49.

behandelten Sujets nieder. Diese wurden zunehmend bürgerlich. Als illustrierendes Beispiel sei auf das Genre des bürgerlichen Trauerspiels verwiesen, welches seine Handlung in einem deutlich bürgerlichen Umfeld ansiedelte und bürgerliche Hauptfiguren in tragische Handlungen verwickelte. Damit brach es mit den bestehenden Konventionen, wonach bürgerliche Protagonisten lediglich in Komödien vorkommen durften und hierbei auf die Funktion beschränkt waren, bestimmte Laster der Lächerlickeit preiszugeben. Die Tragödie war bis dato hingegen adligen oder historischen Protagonisten vorbehalten.[484]

Wie bereits angedeutet, vollzog sich der Prozess, an dessen Ende Kultur Sache der Allgemeinheit werden sollte, langsam und in mehreren Schritten. Nachdem ein **Kunstmarkt** entstanden war, begannen zunehmend auch private bürgerliche Sammler in Ergänzung zu Aristokratie und Kirchen Kunstgegenstände aufzukaufen. In diesem Zusammenhang ist auch die Säkularisierung zu Beginn des 19. Jahrhunderts als begünstigend zu erwähnen, da hierdurch eine Flut von Kunstgegenständen aus Klöstern und Kirchen im Rahmen von Auktionen zur Disposition standen, sofern sie nicht umgehend seitens der Fürstenhäuser annektiert worden waren.[485] Aber auch in anderen Kunstsparten kam es zu wesentlichen Veränderungen durch den neuen Einfluss des Bürgertums.[486]

Von besonderer Bedeutung ist in diesem Zusammenhang das **Vereinswesen**, in dem sich zunehmend mehr Bürger zur Verfolgung gemeinsamer kultureller, aber unter anderem auch sozialer Interessen zusammenschlossen.[487] Biedermann sieht hierin eine Reaktion des Bürgertums darauf, dass dessen neu formulierte Ansprüche auf verstärkte Mitbestimmung und Berücksichtigung von staatlicher Seite nicht erfüllt worden waren.[488] Somit können die Vereinsgründungen An-

---

484 Vgl. G. Fricke; M. Schreiber, Geschichte der deutschen Literatur, 20. Aufl., Paderborn 1988, S. 97 f.

485 Vgl. W. Heinrichs, Kulturpolitik und Kulturfinanzierung. Strategien und Modelle für eine politische Neuorientierung der Kulturfinanzierung, München 1997, S. 15 f.

486 Für einen ausführlichen Einblick über die Entwicklungen der einzelnen Kunstsparten im Rahmen der Verbürgerlichung der ästhetischen Kultur vgl. T. Nipperdey, Deutsche Geschichte 1800-1866. Bürgerwelt und starker Staat, 4. Aufl., München 1987, S. 533 ff.

487 Zur Entwicklung und Organisation von Kunstvereinen vgl. ausführlich B. Biedermann, Bürgerliches Mäzenatentum im 19. Jahrhundert. Die Förderung öffentlicher Kunstwerke durch den Kunstverein für die Rheinlande und Westfalen, Petersberg 2001, S. 19 ff.

488 Vgl. B. Biedermann, Bürgerliches Mäzenatentum im 19. Jahrhundert. Die Förderung öffentlicher Kunstwerke durch den Kunstverein für die Rheinlande und Westfalen, Petersberg 2001, S. 19.

fang des 19. Jahrhunderts quasi als Selbsthilfemaßnahme des Bürgertums interpretiert werden. Allerdings blieb man auch in den Vereinen zunächst unter sich. Kunst wurde also keineswegs unverzüglich nach Einsetzen der Emanzipation des Bürgertums in einem alle Gesellschaftsschichten umfassenden Sinne öffentlich, sondern war nun der elitären Gruppe von Bürgern[489] als Mitglieder von Musik- oder Kunstvereinen bzw. Lesegesellschaften oder Besuchern von höfischen Ausstellungen oder Theater- bzw. Opernveranstaltungen vorbehalten. Man kann also sagen, dass bis dato lediglich der Radius der so zu bezeichnenden In-Group von Kulturkonsumenten erweitert worden war. Dennoch handelte es sich im Vergleich zur Vergangenheit um Liberalisierungstrends, die auch von Fürsten und Adeligen nicht ignoriert werden konnten und daher vielfach unterstützt wurden. So wurden diese teilweise selbst Mitglieder bzw. Förderer der neu entstandenen kulturellen Vereine,[490] darüber hinaus öffneten sie aber auch zusehends ihre eigenen Sammlungen und Institutionen wie zum Beispiel die Hoftheater einer, wenn auch zunächst weiterhin elitären Öffentlichkeit.

Ein weiterer entscheidender Schritt zu mehr Öffentlichkeit und somit dahin, dass Kultur zu einer Sache der Allgemeinheit werden konnte, kann darin gesehen werden, dass sich insbesondere die Kunstvereine seit zirka 1830 auch der Förderung von Kunstwerken im öffentlichen Raum annahmen.[491] Dadurch sollte die seitens des Bildungsbürgertums konstatierte **humanitätsbefördernde Wirkung von Kunst**[492] nun endgültig der breiten Öffentlichkeit zugänglich gemacht werden. Parks und Plätze wurden zunehmend von Plastiken und Brunnen

---

[489] Zudem beschränkte sich diese Entwicklung auch innerhalb des Bürgertums auf eine elitäre Teilmenge der bürgerlichen Oberschicht, nämlich die des Bildungs- und Besitzbürgertums. Diesen homogenen Standard versuchte man zunächst durch bestimmte Beitrittsmodalitäten wie zum Beispiel die Höhe des Vereinsbeitrags zu sichern. Vgl. T. Nipperdey, Verein als soziale Struktur in Deutschland im späten 18. und frühen 19. Jahrhundert, in: H. Boockmann u. a. (Hrsg.), Geschichtswissenschaft und Vereinswesen im 19. Jahrhundert. Beiträge zur Geschichte historischer Forschung in Deutschland, Göttingen 1972, S. 17 f.

[490] Vgl. T. Nipperdey, Verein als soziale Struktur in Deutschland im späten 18. und frühen 19. Jahrhundert, in: H. Boockmann u. a. (Hrsg.), Geschichtswissenschaft und Vereinswesen im 19. Jahrhundert. Beiträge zur Geschichte historischer Forschung in Deutschland, Göttingen 1972, S. 14 f.

[491] Vgl. B. Biedermann, Bürgerliches Mäzenatentum im 19. Jahrhundert. Die Förderung öffentlicher Kunstwerke durch den Kunstverein für die Rheinlande und Westfalen, Petersberg 2001, S. 24 ff.

[492] Vgl. hierzu ausführlicher U. Scheuner, Die Kunst als Staatsaufgabe im 19. Jahrhundert, in: E. Mai; S. Waetzoldt (Hrsg.), Kunstverwaltung, Bau- und Denkmal-Politik im Kaiserreich, Berlin 1981, S. 18 f.

geziert. Nipperdey spricht in diesem Kontext von einer wahren Denkmalswut.[493] Aber auch die Freskenmalerei an Gebäudewänden gewann eine neue Bedeutung.[494] Der missionarische Eifer des Bürgertums, die kulturelle Bildung nicht nur in den eigenen Reihen zu verbessern, spiegelte sich auch über das Vereinsleben und dessen Engagement für Kunst im öffentlichen Raum hinaus in der Gründung von kunst- und kulturgeschichtlichen Museen, bürgerlichen Theater, Bibliotheken, Konservatorien und Volksbildungswerken wider.[495] Nicht zufällig fand mehr oder weniger zeitgleich in den 1840er-Jahren eine Öffnung des Vereinswesens auch für Beitrittswillige aus anderen Schichten statt.[496]

Man kann also zwischenzeitlich festhalten, dass Kunst im Verlauf des 18. bis 19. Jahrhunderts zusehends in die Sphäre der Öffentlichkeit gelangte. Dies besagt jedoch noch nicht, dass Kunst als Angelegenheit der Allgemeinheit auch öffentlich gefördert wurde. Akzeptiert man Hof und Kirche als Vertreter der politischen Macht und als öffentliche Hand im weitesten Sinne,[497] so kann man natürlich feststellen, dass diese ursprünglich sehr wohl diejenigen waren, die Kunst und Kultur gefördert haben. Allerdings erfolgte dies zunächst keinesfalls für die Öffentlichkeit, sondern nur zur Verfolgung ihrer eigenen, persönlichen Ziele. Man kann also noch nicht von einer öffentlichen Kunst- und Kulturförderung im heutigen Sinne sprechen: "Zwischen Kulturförderung als integralem Bestandteil wohlfahrtsstaatlicher Politik und einer Kulturförderung als Finanzierung von Kultur aus öffentlichen Mitteln bestehen erhebliche Unterschiede. Staatlich finanziert wurden in Europa Kunst und Kultur immer schon, und zwar entweder zum Amüsement absolutistischer Herrscher oder aber zu nationalstaatlichen Repräsentationszwecken. Demgegenüber ist die Kultur als

---

493 Vgl. T. Nipperdey, Deutsche Geschichte 1800-1866. Bürgerwelt und starker Staat, 4. Aufl., München 1987, S. 537.

494 Vgl. B. Biedermann, Bürgerliches Mäzenatentum im 19. Jahrhundert. Die Förderung öffentlicher Kunstwerke durch den Kunstverein für die Rheinlande und Westfalen, Petersberg 2001, S. 225 f. m. w. N.

495 Vgl. W. Heinrichs, Kulturpolitik und Kulturfinanzierung. Strategien und Modelle für eine politische Neuorientierung der Kulturfinanzierung, München 1997, S. 15.

496 Vgl. T. Nipperdey, Verein als soziale Struktur in Deutschland im späten 18. und frühen 19. Jahrhundert, in: H. Boockmann u. a. (Hrsg.), Geschichtswissenschaft und Vereinswesen im 19. Jahrhundert. Beiträge zur Geschichte historischer Forschung in Deutschland, Göttingen 1972, S. 19.

497 Diese Einschätzung stützt Scheuner, wenn er im Zusammenhang mit der Frage, was eigentlich Staat bedeute, feststellt, dass auch der Fürst des 18. Jahrhunderts das Gemeinwesen verkörperte. Vgl. U. Scheuner, Die Kunst als Staatsaufgabe im 19. Jahrhundert, in: E. Mai; S. Waetzoldt (Hrsg.), Kunstverwaltung, Bau- und Denkmal-Politik im Kaiserreich, Berlin 1981, S. 22.

Politikfeld und Bereich wohlfahrtsstaatlichen Engagements eine späte Entdeckung: Wohlfahrtsstaatliche Kulturpolitik bedarf der demokratischen Legitimation und steht im Dienst einer gesellschaftlichen Befähigungsstrategie, die weiten Kreisen der Bevölkerung die Rezeption von Kunst ermöglichen und selbstorganisierte kulturelle Aktivitäten befördern soll."[498]

Durch die Emanzipation des Bürgertums kamen zwar — wie beschrieben — Kunst und Kultur zunehmend aus den abgeschiedenen Sphären des Privaten in die Öffentlichkeit. Allerdings kam es dabei eher zu einer Autonomisierung der Kultur von der politischen Macht, da zunehmend Bürger als Mäzene auftraten oder sich sowohl innerhalb als auch außerhalb bürgerlicher Vereine der Kunst annahmen. Die entscheidende Frage ist also: Wann und wodurch kam es dazu, dass Kultur als Angelegenheit der Öffentlichkeit auch öffentlich bzw. staatlich gefördert wurde?[499] Mit anderen Worten: Wann und wodurch wurde der heute allgemein als für Deutschland typische Status Quo einer öffentlichen Kulturförderung im Sinne einer *Kultur für alle* oder zumindest doch für viele initiiert?

Zwar finden sich vereinzelt Ausführungen, die diesen schrittweisen Wandel dokumentieren, so zum Beispiel im Hinblick auf die bildende Kunst: "Die Kunstwerke werden öffentlich zugänglich; aus der fürstlichen Galerie ... wird das öffentlich zugängliche und dann generell öffentliche, ja zuletzt staatliche Kunstmuseum."[500] Für die Oper heißt es: "[A]us den fürstlichen Institutionen werden fürstlich subventionierte und/oder öffentliche, staatliche Institutionen."[501] Oder ganz allgemein: "Der Übergang zum 20. Jahrhundert führte schließlich von bürgerschaftlichen Gründungen über halbstaatliche Trägerschaften zu staat-

---

498 B. Wagner; A. Zimmer, Krise des Wohlfahrtsstaates. Zukunft der Kulturpolitik, in: B. Wagner; A. Zimmer (Hrsg.), Krise des Wohlfahrtsstaates. Zukunft der Kulturpolitik, Essen 1997, S. 14 f.

499 Laut Scheuner kann man ab 1848 staatliches Engagement für Kunst einigermaßen klar von höfischem Engagement für Kunst abgrenzen, da in diesem Jahr der Verfassungsstaat gegründet wurde, womit strengere Haushaltsvorschriften und somit die Notwendigkeit klarer Abgrenzungen einhergingen. Bis zu diesem Zeitpunkt verschwamm das Engagement höfischer und staatlich bürokratischer Instanzen noch sehr stark miteinander, nach diesem Zeitpunkt gab es zwar weiterhin Interdependenzen beider Stellen im Bereich der Kunstförderung, diese waren jedoch transparenter. Vgl. U. Scheuner, Die Kunst als Staatsaufgabe im 19. Jahrhundert, in: E. Mai; S. Waetzoldt (Hrsg.), Kunstverwaltung, Bau- und Denkmal-Politik im Kaiserreich, Berlin 1981, S. 22 f.

500 T. Nipperdey, Deutsche Geschichte 1800-1866. Bürgerwelt und starker Staat, 4. Aufl., München 1987, S. 536.

501 T. Nipperdey, Deutsche Geschichte 1800-1866. Bürgerwelt und starker Staat, 4. Aufl., München 1987, S. 534.

lichen und kommunalen Einrichtungen, wie wir sie heute kennen."[502] Warum es aber letztlich zu öffentlichen bzw. staatlichen Institutionen kommt, wird nicht weiter erläutert.

Erklärungsansätze finden sich bei Heinrichs: Ihm zufolge vermachten bürgerliche Kunstsammler häufig ihre Sammlungen der öffentlichen Hand, die dadurch quasi für die weitere Pflege und den Fortbestand dieser teils unfreiwilligen Erbschaften zuständig war und dadurch mit entsprechenden Folgekosten belastet wurde.[503] Ähnliches konstatiert er für den Bereich der Theater. Diese befanden sich bis Anfang des 19. Jahrhunderts ausschließlich an den Fürstenhöfen. Zusätzlich engagierte sich von da an auch die öffentliche Hand im Bereich der städtischen Theater, wobei sie sich jedoch auf die Funktion als Objektträgerin beschränkte. Das heißt, das Theater gehörte der Stadt und wurde saisonweise an entsprechende professionelle Theatergruppen verpachtet. Mit Ende des deutschen Kaiserreichs übernahmen 1918 die Länder als Rechtsnachfolger der ehemaligen Landesherren die noch existierenden Hoftheater des 18. Jahrhunderts.[504] Hieraus wurden in der Folge die heutigen Landesbühnen bzw. Staatstheater. Die öffentlichen Betriebsstätten der Städte wurden in den 1920er-Jahren vollständig kommunalisiert, das heißt auch der Betrieb der Theater erfolgte nun in öffentlicher Regie. Als Grund hierfür wird ein unbefriedigendes Argument angeführt, nämlich die schlechte Qualität der professionellen Truppen bzw. deren Aufführungen. Warum man zum damaligen Zeitpunkt davon ausging, dass diesem Manko durch einen öffentlichen Spielbetrieb entgegengewirkt werden könnte, bleibt offen.[505] Ein weiterer Grund für eine zunehmende Involvierung der öffentlichen Hand im Bereich der Kultur ist im Zusammenhang mit den Kunstvereinen zu konstatieren. Diese gerieten aufgrund sinkender Mitgliederzahlen im letzten Drittel des 19. Jahrhunderts zunehmend

---

502 I. Magdowski, Pflichtaufgabe oder Selbstverpflichtung? Die Zukunft der kommunalen Kulturpolitik, in: Konrad-Adenauer Stiftung e. V. (Hrsg.), Pflichtaufgabe oder Selbstverpflichtung. Kulturförderung in Krisenhaushalten, Materialien für die Arbeit vor Ort Nr. 27, Wesseling 2003, S. 12.

503 Vgl. W. Heinrichs, Kulturpolitik und Kulturfinanzierung. Strategien und Modelle für eine politische Neuorientierung der Kulturfinanzierung, München 1997, S. 16 m. w. N.

504 Vgl. L. Becker, Kulturfinanzierung in Großbritannien und Deutschland - ein Vergleich. Gutachten im Auftrag der Kulturstiftung der Länder, München 1996, S. 7.

505 Vgl. W. Heinrichs, Kulturpolitik und Kulturfinanzierung. Strategien und Modelle für eine politische Neuorientierung der Kulturfinanzierung, München 1997, S. 17 f. m. w. N.; L. Becker, Kulturfinanzierung in Großbritannien und Deutschland - ein Vergleich. Gutachten im Auftrag der Kulturstiftung der Länder, München 1996, S. 6 f.

in finanzielle Schieflagen, welche es ihnen erschwerten, ihre Ausstellungsbetriebe im gewohnten Maß aufrechtzuerhalten. Sie wandten sich daher vor allem an die Kommunalbehörden mit der Bitte um finanzielle Beihilfen. Diese wurden üblicherweise auch gewährt, häufig allerdings mit der Auflage entsprechender kommunaler Mitspracherechte in den Vereinen.[506]

Aber auch unabhängig von diesen exemplarisch dargestellten Entwicklungen, in denen die öffentliche Hand quasi hauptsächlich eine Auffangfunktion bisheriger Zuständigkeiten übernommen hatte, betätigten sich Städte und Kommunen seit Ende des 19. Jahrhunderts ebenso als öffentliche Förderer bei Neugründungen von Museen, Theatern und Bibliotheken. Dieser Trend gründete auf dem Selbstverständnis der Kommunen, die sich "in der Tradition der Freien Reichsstädte und anderer wohlhabenderer Städte des Mittelalters und der frühen Neuzeit [sahen], die ebenfalls großzügig Architektur und Bildende Kunst als unmittelbare Auftraggeber gefördert hatten."[507] Zur Weimarer Zeit dehnte sich die öffentliche Förderung der Kommunen auch auf die Neugründung von öffentlichen Bibliotheken, Volksbildungswerken sowie Jugendmusikschulen aus, was zur Folge hatte, dass die "Zahl der kommunalen Kultureinrichtungen eine Dimension erreichte, wie sie in anderen Ländern undenkbar gewesen wäre."[508]

Ein wesentlicher Grund für die beschriebenen Veränderungen, der sich nicht nur auf die Entwicklungen innerhalb des Kulturbereichs beschränkt, ist im **Wandel des Staatsverständnisses** zu sehen, der zwischen dem 19. und 20. Jahrhundert einsetzte: Während im 19. Jahrhundert zunächst der Polizeystaat und später der Rechtsstaat vorherrschten, stand das 20. Jahrhundert im Zeichen wohlfahrtsstaatlicher Steuerung. Im Rahmen dieses Staatsmodells werden primär zwei Zielsetzungen verfolgt: Zum einen gilt es Bürger vor finanziellen Notlagen zum Beispiel aufgrund von Alter, Krankheit oder Arbeitslosigkeit zu schützen, zum anderen wird eine Chancengleichheit für alle angestrebt. Letztere Zielsetzung wurde auch im Rahmen einer öffentlich geförderten Kultur zunehmend angeführt.[509] Man kann also mit Opielka übereinstimmen,

---

506 Vgl. T. Schmitz, Die deutschen Kunstvereine im 19. und frühen 20. Jahrhundert. Ein Beitrag zur Kultur-, Konsum- und Sozialgeschichte der bildenden Kunst im bürgerlichen Zeitalter, Neuried 2001, S. 123 m. w. N.

507 W. Heinrichs, Kulturpolitik und Kulturfinanzierung. Strategien und Modelle für eine politische Neuorientierung der Kulturfinanzierung, München 1997, S. 20 f.

508 W. Heinrichs, Kulturpolitik und Kulturfinanzierung. Strategien und Modelle für eine politische Neuorientierung der Kulturfinanzierung, München 1997, S. 21.

509 Vgl. B. Wagner; A. Zimmer, Krise des Wohlfahrtsstaates. Zukunft der Kulturpolitik, in: B. Wagner; A. Zimmer (Hrsg.), Krise des Wohlfahrtsstaates. Zukunft der Kulturpolitik, Essen 1997, S. 12 ff. und S. 16.

dass Kunst und Kultur erst in der Weimarer Republik zu einem sozialpolitischen Thema wurden.[510]

Resümierend lässt sich somit festhalten, dass die Entwicklungen gegen Ende des 19. und Anfang des 20. Jahrhunderts ausschlaggebend für die heutigen Finanzierungsschwierigkeiten im öffentlichen Kulturbereich sind, da der damals der öffentlichen Hand aufgebürdete Umfang kultureller Verpflichtungen nur in Zeiten wirtschaftlicher Prosperität zu bewältigen gewesen ist. Nachdem insbesondere in der Zeit nach dem Zweiten Weltkrieg wohlfahrtsstaatliche Leistungen stark ausgeweitet wurden, spricht man heute inzwischen nicht nur im Zusammenhang mit der Kulturpolitik von einer Krise des Wohlfahrtsstaats.[511] Aus heutiger Perspektive kam erschwerend hinzu, dass das verstärkte Engagement des Staats auch zu einem Crowding-Out des bürgerlichen Einsatzes für Kultur führte. Dies ist darauf zurückzuführen, dass die staatliche Institutionalisierung von Kultur es versäumte, die bürgerlichen Vereine und Institutionen entsprechend in die öffentliche Förderung zu integrieren.[512] Dem versucht man heute mit dem Konzept der so genannten Bürgergesellschaft sowohl im Bereich der Kultur als auch in anderen Lebensbereichen entgegenzuwirken.[513] Dennoch

---

[510] Vgl. M. Opielka, Kunst und Kultur im Wohlfahrtsstaat, in: Aus Politik und Zeitgeschichte vom 17.03.2003, S. 23.

[511] Vgl. hierzu allgemein B. Wagner; A. Zimmer (Hrsg.), Krise des Wohlfahrtsstaates. Zukunft der Kulturpolitik, Essen 1997.

[512] Vgl. W. Grasskamp, Die unbewältigte Moderne. Kunst und Öffentlichkeit, München 1989, S. 21; F. Loock, Public Private Partnership. Zwischen Patenschaft und Partnerschaft, in: S. Litzel; F. Loock; A. Brackert (Hrsg.), Handbuch Wirtschaft und Kultur. Formen und Fakten unternehmerischer Kulturförderung, Berlin u. a. 2003, S. 145.

[513] Vgl. M. Opielka, Kunst und Kultur im Wohlfahrtsstaat, in: Aus Politik und Zeitgeschichte vom 17.03.2003, S. 25; A. Zimmer; E. Priller, Zukunft des Dritten Sektors in Deutschland, in: H. K. Anheier u. a. (Hrsg.), Der Dritte Sektor in Deutschland. Organisationen zwischen Staat und Markt im gesellschaftlichen Wandel, Berlin 1997, S. 251 m. w. N.; R. Strachwitz; D. Delhaes, "Der Staat hat einfach versagt". Die Deutschen brauchen ein neues Gesellschaftsmodell, in: A. Grosz; D. Delhaes (Hrsg.), Die Kultur AG. Neue Allianzen zwischen Wirtschaft und Kultur, München u. a. 1999, S. 62; A. Habisch, "Corporate Citizenship". Unternehmerisches Bürgerengagement im Gemeinwesen des 21. Jahrhunderts, in: S. Litzel; F. Loock; A. Brackert, Annette (Hrsg.), Handbuch Wirtschaft und Kultur. Formen und Fakten unternehmerischer Kulturförderung, Berlin u. a. 2003, S. 7. Letzterer verwendet den Begriff Corporate Citizenship im Sinne von Bürgergesellschaft.

machte die private Kulturförderung in Deutschland im Jahr 2000 lediglich rund 7 bis 10 % der öffentlichen Kulturfinanzierung aus.[514]

3.1.3 USA

Bei der Analyse der kulturellen und kulturpolitischen Entwicklung der USA ist als besonders prägendes Moment der Umstand hervorzuheben, dass es sich bei den USA um ein **Einwanderungsland** handelt. Hieraus und aus den damit in unmittelbarem Kontext stehenden weiteren Umständen können — wie zu zeigen sein wird — eindeutige Ursachen für den gegenwärtigen kulturpolitischen Status Quo der USA abgeleitet werden.

Da die USA als Folge des Unabhängigkeitskriegs (1775-1783) aus den dreizehn britischen Kolonien an der Ostküste Nordamerikas hervorgingen, ist es gerechtfertigt, das historische Augenmerk zunächst auf die englischen Siedler zu lenken. Als diese zu Beginn des 17. Jahrhunderts an der Ostküste der heutigen USA anlandeten, trafen sie auf neues, nach europäischen Vorstellungen unkultiviertes Land, das es zu domestizieren und sich anzueignen galt.

Wesentlich ist hierbei festzuhalten, dass alle Siedler weitgehend gleiche Bedingungen in ihrer neuen, zukünftigen Heimat vorfanden. Jeder hatte die gleichen Chancen, die er gegenüber anderen auf dem freien Markt und in freiem Wettbewerb unter Beweis stellen konnte und musste. Die **Eigenverantwortlichkeit** des Einzelnen bzw. der örtlichen Gemeinschaft wurde zur Kolonialzeit bereits dadurch faktisch gestärkt, dass die zuständige Regierung geografisch weit entfernt in Europa ansässig war. Wurde die Unterstützung eines Einzelnen oder einzelner Gruppen erforderlich, so verließ man sich allein aus pragmatischen Gründen eher auf die vor Ort befindliche Gemeinschaft als auf etwaige staatliche bzw. öffentliche Hilfe durch die Regierung mit Sitz in Europa. In diesem Kontext ist auch die Tradition der **Vereinigungsfreiheit** zu verorten, wonach amerikanische Bürger sich zur Wahrnehmung gemeinsamer Interessen freiwillig zusammenschließen und somit eine Ebene zwischen staatlicher Ordnung und

---

514 Vgl. O. Singer, Die Förderung von Kunst und Kultur. Grundlagen und Formen der Kulturförderung und -finanzierung unter Berücksichtigung des internationalen Kontextes, Wissenschaftliche Dienste des Deutschen Bundestags (Hrsg.), Reg. Nr. WF X-060/03, Berlin 2003, S. 24 m. w. N.; S. Litzel, Zur Situation der privaten Kulturförderung. Anregungen zum Perspektivenwechsel, in: N. Lammert (Hrsg.), Alles nur Theater? Beiträge zur Debatte über Kulturstaat und Bürgergesellschaft, Köln 2004, S. 239. Letztere geht für das Jahr 2002 von durchschnittlich 8 bis 10 % aus.

privater Freiheitssphäre konstituieren.[515] Aus diesem Selbstverständnis heraus wurden und werden an den Staat weitaus weniger Zuständigkeitsbereiche herangetragen als es in stärker wohlfahrtsstaatlich geprägten Ländern wie beispielsweise Deutschland der Fall ist.

Zudem liefert auch die **puritanische Herkunft** vieler Siedler eine entscheidende Antwort auf die Frage, warum Kunst und Kultur und demzufolge auch deren mögliche öffentliche Förderung lange Zeit eine untergeordnete Rolle in der amerikanischen Gesellschaft gespielt haben. Die Puritaner hatten Europa und insbesondere England verlassen, weil sie feststellten, dass sie die Anglikanische Kirche nicht in dem gewünschten Maß von innen reformieren konnten, wie sie es ursprünglich nach dem Bruch der englischen Kirche mit Rom im Jahr 1534 erhofft hatten. Die Versuche der Puritaner, die Kirche vor allem von wachsender Unmoral und von weiterhin bestehenden katholischen Ritualen zu befreien, wurden zunehmend radikaler, so dass die Puritaner schließlich als Gefahr für die englische Regierung empfunden wurden und diese Gesetze gegen sie erließ.[516] Diese Situation verschärfte sich nach 1603 mit der Regentschaft von James I, so dass viele Puritaner aus England flohen. Amerika stellte sich ihnen hierbei als Möglichkeit dar, eine eigene Gemeinschaft von Gläubigen zu etablieren. Als Folge davon, dass sie in England von der Regierung gehindert worden waren, ihre Religionsfreiheit in dem eingeforderten Umfang auszuüben, stellte sich bei den Puritanern ein grundsätzliches Misstrauen gegenüber staatlicher Gewalt ein. Mit einer derart starken Einmischung des Staats in die menschlichen Lebensbereiche hatten sie negative Erfahrungen gemacht, so dass sie demzufolge eher einen zurückhaltenderen Staat wünschten.

Darüber hinaus standen die Puritaner der Kunst selbst kritisch gegenüber. Diese war für sie Ausdruck von Dekadenz und Unmoral. Zumindest hatten sie dies in Europa so kennen gelernt, wo die Kunst zu diesem Zeitpunkt noch maßgeblich eine Angelegenheit der Höfe und der Kirche war. Sowohl der dekadente Lebensstil der Mitglieder des Hofes, die mithilfe der Kunst ihre Eitelkeiten pflegten, als auch der Prunk der katholischen Kirche war den Puritanern zuwider. Gerade hiervor waren sie nach Amerika geflohen. "... from colonial times to the beginning of the republic, the young nation ... shared the resentment of

---

515 Vgl. W. Heinrichs, Instrumente der Kulturförderung im internationalen Vergleich, in: Aus Politik und Zeitgeschichte vom 29.11.2004, S. 29; W. Heinrichs, Kulturpolitik und Kulturfinanzierung. Strategien und Modelle für eine politische Neuorientierung der Kulturfinanzierung, München 1997, S. 135.

516 Vgl. G. Raeithel, Geschichte der nordamerikanischen Kultur, Bd. 1: Vom Puritanismus bis zum Bürgerkrieg (1600-1860), 3. Aufl., Frankfurt/M. 1997, S. 29 f.

both a strong government and the arts as 'inmates of corrupt and despotic courts' in Europe."[517]

Das bedeutet jedoch nicht, dass Puritaner per se vollkommen kunstfeindlich eingestellt waren bzw. deren Dasein gänzlich kunstfrei gewesen ist. Vielmehr ist man sich in der Literatur mittlerweile weitgehend einig, dass ihr Leben keineswegs ausschließlich von strikter Arbeitsamkeit und religiöser Pflichterfüllung gekennzeichnet war, wie lange Zeit angenommen.[518] So gab es durchaus puritanische Dichtung, allerdings war diese funktional-religiös ausgerichtet und von der Forderung gekennzeichnet, sich auf das Jenseits und nicht auf das Irdische zu konzentrieren.[519] Musik und Tanz wurden vor allem bei Hochzeiten praktiziert.[520] Verboten war hingegen das Theaterspiel, weil es den Puritanern widerstrebte, Unterhaltung zum Beruf werden zu lassen. Zudem hatten sie Angst davor, eigene Leidenschaften unfreiwillig durch die Darbietungen auf der Bühne geweckt zu sehen.[521] Auch wenn die Puritaner Kunst und Unterhaltung in angemessenem Maß durchaus wohl gesonnen gegenüberstanden, kann man schließlich festhalten, dass der Puritanismus für Kunst insgesamt eher geringen Raum vorsah und sie dadurch über lange Zeit eine untergeordnete Rolle in dieser prägenden Phase der amerikanischen Gesellschaft spielte.

Außerhalb der religiösen Orientierung lassen sich als weitere Ursachen für eine geringe Auseinandersetzung mit Kunst bzw. Kultur die **Umstände der Besiedelung** als solche ausmachen. So zeichnete sich der Alltag der ersten Siedler regelmäßig durch körperlich harte Arbeit aus. Oftmals ging es hierbei zunächst nur um das bloße Überleben in einer nach europäischen Maßstäben fremden Welt. Dies traf insbesondere auf diejenigen Siedler zu, die sich vor allem zur

---

517 S. Toepler; A. Zimmer, The State and the Non-Profit Sector in the Provision of Arts and Culture, in: European Journal of Cultural Policy, Bd. 3 (1997), H. 2, S. 300.

518 Vgl. hierzu ausführlicher B. C. Daniels, Puritans at Play. Leisure and Recreation in Colonial New England, Houndmills u. a. 1996; B. Friedl, Puritan Dress Code and the Matter of Fashion, in: H.-J. Grabbe (Hrsg.), Colonial Encounters. Essays in Early American History and Culture, Heidelberg 2003, S. 197 ff.; A. Meier-Dörzenbach, Decorating the "Citty vpon a Hill". Puritan Arts and Artifacts, in: H.-J. Grabbe (Hrsg.), Colonial Encounters. Essays in Early American History and Culture, Heidelberg 2003, S. 221 ff.

519 Vgl. G. Raeithel, Geschichte der nordamerikanischen Kultur, Bd. 1: Vom Puritanismus bis zum Bürgerkrieg (1600-1860), 3. Aufl., Frankfurt/M. 1997, S. 110.

520 Vgl. G. Raeithel, Geschichte der nordamerikanischen Kultur, Bd. 1: Vom Puritanismus bis zum Bürgerkrieg (1600-1860), 3. Aufl., Frankfurt/M. 1997, S. 113.

521 Vgl. G. Raeithel, Geschichte der nordamerikanischen Kultur, Bd. 1: Vom Puritanismus bis zum Bürgerkrieg (1600-1860), 3. Aufl., Frankfurt/M. 1997, S. 112.

Mitte des 19. Jahrhunderts[522] angesichts des Angebots der freien Landnahme sowie erster Goldfunde der verstärkten Erschließung des Westens annahmen. Ihre Aufgabe war es, die Frontier, also die Grenze zwischen bereits europäisch besiedeltem Gebiet und der so genannten Wildnis in Richtung Westen auszudehnen, um im Gegenzug hierfür eigenes Land zu erhalten. Das Leben dieser Siedler war entbehrungsreich und von ständigen Auseinandersetzungen mit Indianern bedroht. Der Einzelne hatte schlichtweg keine Zeit für Muße und Kontemplation, also auch nicht für die Auseinandersetzung mit Kunst und Kultur. Letzteres war als Luxus anzusehen, der zumindest im Leben der Frontier-Gesellschaft keinen Platz hatte. Dies lässt sich auch den vielen Erfahrungsberichten amerikanischer Siedlerinnen aus dieser Zeit entnehmen. Diese wurden regelmäßig erst nach Beendigung der Frontier-Erfahrung verfasst, da der Alltag am Rand der Wildnis für derartige schriftstellerische Tätigkeiten keine Zeit ließ. Exemplarisch für viele andere kann hier Caroline Kirklands *A New Home? Or, Glimpses of Western Life* (1839) genannt werden. Nicht zuletzt angesichts derartiger Erfahrungsberichte wird es nachvollziehbar, dass in dieser Zeit der Begriff des Wilden Westen geprägt wurde.

Entsprechend gab es bis zum amerikanischen Bürgerkrieg auch kaum Einrichtungen klassischer Hochkultur, wie man sie aus Europa kannte. Vielmehr wurde Kunst kommerziell und vor allem demokratisch angeboten: "From rustic troupes of thespians performing Shakespeare in makeshift frontier theaters to P. T. Barnum's spectacular showcasing of the Great Swedish soprana, Jenny Lind, the emphasis was democratic: their doors were open to all."[523]

Allerdings wurde auch in den USA schon bald zwischen Hochkultur und Unterhaltungskultur unterschieden.[524] Der Grund hierfür wird allgemein im Voranschreiten der Industrialisierung gesehen, durch die erste Bevölkerungsteile zu

522 Die Frontier-Bewegung begann ab zirka 1820, befand sich um die Jahrhundertmitte auf ihrem Höhepunkt und galt um 1890 als beendet, nachdem eine Bevölkerungszählung ergeben hatte, dass man keine Frontier-Linie mehr ausmachen konnte. Vgl. G. B. Tindall; D. E. Shi, America. A Narrative History, 3. Aufl., New York u. a. 1993, S. 278 f und S. 500 f.

523 K. McCarthy, American Cultural Philantrophy. Past, Present, and Future, in: Annals of the American Academy of Political and Social Science, Bd. 471 (1984), H. 1, S. 14.

524 Abweichend vgl. W. Heinrichs, Kulturpolitik und Kulturfinanzierung. Strategien und Modelle für eine politische Neuorientierung der Kulturfinanzierung, München 1997, S. 137. Ihmzufolge gibt es eine derartige Unterscheidung zwischen ernster und Unterhaltungskultur nicht.

beachtlichem Reichtum gekommen waren.[525] Nachdem es zunächst keine durch Stände geprägten sozialen Unterschiede wie in Europa gegeben hatte, bildete sich jetzt eine neue Art der Elite heraus. Diese schuf nun Institutionen der Hochkultur, um hierüber Prestige und sozialen Status zu dokumentieren.[526] "The arts took on a decidedly aristocratic cast..."[527] Insbesondere von den zunehmend in die USA strömenden europäischen Immigranten wollte man sich mithilfe dieser neu gegründeten Einrichtungen abgrenzen. Gleichzeitig sollten diese Einrichtungen für Neuankömmlinge jedoch auch als Vorbild zur späteren Nachahmung dienen: "The cultural superiority of the new monied class was asserted and maintained, and a structure was provided for the emulation of their taste by, and the ultimate assimilation of, the so-called uncultured immigrant class."[528] Schließlich befanden sich unter den vermeintlich unkultivierten Einwanderern aber auch viele Künstler, die wiederum als willkommenes künstlerisches Personal in den Kultureinrichtungen der neuen Eliten dienten.[529] Einerseits wollte man sich also von den Immigranten abgrenzen bzw. sie mittels der neuen Kultureinrichtungen "kultivieren", andererseits schwelgte man in Vorstellungen europäischer Hochkultur. Letzteres führte schließlich dazu, dass sich die zu gründenden Institutionen zunehmend an europäischen Vorbildern orientierten.[530] Der Hauptunterschied dieser Einrichtungen zu denen Europas bestand in ihrer privaten Finanzierung. 1917 wurde ihnen schließlich der bis heute weitgehend vorherrschende Non-Profit-Status zugesprochen und damit ihr Unter-

---

525 Vgl. S. Toepler, Kulturförderung in den USA, in: R. Strachwitz; S. Toepler (Hrsg.), Kulturförderung. Mehr als Sponsoring, Wiesbaden 1993, S. 72; J. H. Balfe; M. Peters, Public Involvement in the Arts, in: J. M. Cherbo; M. J. Wyszomirski (Hrsg.), The Public Life of the Arts in America, New Brunswick 2000, S. 84 f. m. w. N.

526 Vgl. S. Toepler, Kulturförderung in den USA, in: R. Strachwitz; S. Toepler (Hrsg.), Kulturförderung. Mehr als Sponsoring, Wiesbaden 1993, S. 72.

527 K. McCarthy, American Cultural Philantrophy. Past, Present, and Future, in: Annals of the American Academy of Political and Social Science, Bd. 471 (1984), H. 1, S. 14.

528 J. H. Balfe; M. Peters, Public Involvement in the Arts, in: J. M. Cherbo; M. J. Wyszomirski (Hrsg.), The Public Life of the Arts in America, New Brunswick 2000, S. 85.

529 Vgl. J. Heilbrun; C. M. Gray, The Economics of Art and Culture. An American Perspective, Cambridge/Mass. 1993, S. 228 f.; J. H. Balfe; M. Peters, Public Involvement in the Arts, in: J. M. Cherbo; M. J. Wyszomirski (Hrsg.), The Public Life of the Arts in America, New Brunswick 2000, S. 85.

530 Vgl J. H. Balfe; M. Peters, Public Involvement in the Arts, in: J. M. Cherbo; M. J. Wyszomirski (Hrsg.), The Public Life of the Arts in America, New Brunswick 2000, S. 85.

schied zum kommerziellen Kultursektor zementiert.[531] Entsprechend sind öffentliche Kultureinrichtungen im klassisch deutschen oder europäischen Sinne in den USA eine vergleichsweise Randerscheinung. Die wenigen öffentlichen Einrichtungen, die es gibt, sind häufig an Bildungseinrichtungen wie Schulen und Universitäten angegliedert.[532] Vielmehr ist die typische amerikanische Kultureinrichtung eine private Non-Profit-Organization (NPO),[533] die sich aus Eigeneinnahmen, privaten und auch Firmenspenden sowie begrenzt auch aus öffentlichen Mitteln finanziert.[534]

Die aufgezeigte Form des umfangreichen privaten Mäzenatentums und freiwilligen sozialen Engagements ist in den USA nicht nur für den Bereich der Kultur bis heute stark ausgeprägt. Sie basiert unter anderem auch auf der Vorstellung, sich bei der Gemeinschaft für das zu bedanken, was man durch sie gewonnen hat,[535] und wird allgemein als so genanntes **Philantrophic Giving** bezeichnet.

Die Frage öffentlicher bzw. staatlicher Förderung von Kunst und Kultur drängte sich aus den dargelegten Gründen zunächst kaum auf. Vielmehr kennzeichnete sich der Staat angesichts des freiheitlich geprägten Gemeinwesens durch nahezu minimalstaatliche Tendenzen aus.

---

531 Vgl. J. H. Balfe; M. Peters, Public Involvement in the Arts, in: J. M. Cherbo; M. J. Wyszomirski (Hrsg.), The Public Life of the Arts in America, New Brunswick 2000, S. 85.

532 Vgl. S. Toepler, Kulturförderung in den USA, in: R. Strachwitz; S. Toepler (Hrsg.), Kulturförderung. Mehr als Sponsoring, Wiesbaden 1993, S. 73 m. w. N.; S. Toepler, Kulturpolitik im "liberalen Staat". Das Beispiel USA, in: B. Wagner; A. Zimmer (Hrsg.), Krise des Wohlfahrtsstaates. Zukunft der Kulturpolitik, Essen 1997, S. 51 f. m. w. N.

533 In den USA werden unter NPOs regelmäßig solche Organisationen verstanden, die steuerbefreit sind und deren Spendeneinkünfte bei den Spendern steuerlich abzugsfähig sind. Vgl. E.-B. Blümle, Nonprofit-Organisationen in Amerika. Forschung, Lehre und Weiterbildung, in: ZögU, Bd. 17 (1994), H. 2, S. 218.

534 Vgl. K. V. Mulcahy, The Government and Cultural Patronage. A Comparative Analysis of Cultural Patronage in the United States, France, Norway, and Canada, in: J. M. Cherbo; M. J. Wyszomirski (Hrsg.), The Public Life of the Arts in America, New Brunswick 2000, S. 144.

535 Vgl. E. Lissek-Schütz, Kulturfinanzierung in privater Hand. Das Beispiel USA, in: T. Heinze (Hrsg.), Kulturfinanzierung. Sponsoring - Fundraising - Public-Private-Partnership, Münster 1999, S. 220; E. Lissek-Schütz, Kultur in der Eigenverantwortung der Bürger. Möglichkeiten und Grenzen in den USA, in: H. Hill; I. Magdowski (Hrsg.), Neue Wege für Kultureinrichtungen, Düsseldorf 1997, S. 135.

Dies bedeutet jedoch nicht, dass es öffentliche Kulturförderung in den USA nicht auch schon im 18. und 19. Jahrhundert vereinzelt gegeben hätte. Diese beschränkte sich allerdings vorrangig auf den Bereich der gestaltenden Künste, namentlich in Form von Bau und künstlerischer Ausgestaltung von öffentlichen Gebäuden und nationalen Monumenten.[536] Es handelte sich hierbei also um die bereits aus Europa bekannte Form der Auftragskunst im Sinne staatlicher Selbstrepräsentanz. Weitere erwähnenswerte Ausnahmen bilden die Gründung der Library of Congress im Jahr 1800 sowie die der Smithsonian Institution[537] im Jahr 1846.[538]

Insgesamt blieben die Maßnahmen öffentlicher Förderung jedoch sporadisch und vor allem indirekt. So betätigte sich der Staat vor allem über steuerliche Maßnahmen oder die anderweitige Ausgestaltung von Rahmenbedingungen beispielsweise im Bereich des Urheberschutzes. Direkte finanzielle Förderung hingegen blieb lange Zeit die Ausnahme.[539]

Erstmals wurden in den USA Bundesmittel für die Kultur in den 1930er-Jahren bereitgestellt.[540] Dies geschah im Rahmen der **New Deal Politik** von Präsident Franklin D. Roosevelt, die der Überwindung der Großen Depression galt. Entsprechend waren die diversen öffentlichen Kunst- bzw. Künstlerförderprojekte dieser Zeit auch nicht von einer besonderen Fürsorglichkeit für den Kunst- und Kulturbereich per se gekennzeichnet. Vielmehr galt es, die durch die Depression verursachte Arbeitslosigkeit auch unter den Künstlern zu bekämpfen.[541]

---

[536] Vgl. J. W. O'Hagan, The State and the Arts. An Analysis of Key Economic Policy Issues in Europe and the United States, Cheltenham u. a. 1998, S. 8.

[537] Vgl. hierzu Abschnitt 3.2.1.2.1.

[538] Vgl. K. V. Mulcahy; M. J. Wyszomirski, The Organization of Public Support for the Arts, in: K. V. Mulcahy; M. J. Wyszomirski (Hrsg.), America's Commitment to Culture. Government and the Arts, Boulder u. a. 1995, S. 122.

[539] Vgl. A. Zimmer; S. Toepler, The Subsidized Muse. Government and the Arts in Western Europe and the United States, in: Journal of Cultural Economics, Bd. 23 (1999), H. 1-2, S. 42; K. V. Mulcahy; M. J. Wyszomirski, The Organization of Public Support for the Arts, in: K. V. Mulcahy; M. J. Wyszomirski (Hrsg.), America's Commitment to Culture. Government and the Arts, Boulder u. a. 1995, S. 121 f.

[540] Vgl. S. Saunders, The Case for the National Endowment for the Arts. Federal Funding for the Arts in America in the 1960s and 1970s, in: History of Political Economy, Bd. 37 (2005), H. 3, S. 594.

[541] Vgl. hierzu ausführlich L. D. Mankin, Federal Arts Patronage in the New Deal, in: K. V. Mulcahy; M. J. Wyszomirski (Hrsg.), America's Commitment to Culture. Government and the Arts, Boulder u. a. 1995, S. 77 ff.; D. Netzer, The Subsidized Muse. Public Support for the Arts in the United States, London u. a. 1978, S. 53 ff.

Entsprechend liefen die Programme mit der sinkenden Arbeitslosigkeit während des Zweiten Weltkriegs aus.[542]

Ein langfristigeres Engagement des Bundes im Bereich der direkten finanziellen Unterstützung von Kunst und Kultur setzte erst mit **Gründung der National Endowment for the Arts** (NEA) als nationaler Kulturstiftung im Jahr 1965 ein.[543] Eine unmittelbare öffentliche Förderung durch die NEA erfolgt vorrangig auf Basis so genannter **Matching Grants**. Dieses Fördersystem basiert auf der Idee, dass die Vergabe öffentlicher Mittel davon abhängig gemacht wird, inwieweit der jeweilige Empfänger aus eigenen Kräften zusätzliche Mittel aufbringt. Nach dem Prinzip der NEA haben sich seit den 1960er-Jahren auch auf Ebene der Einzelstaaten sowie auf lokaler Ebene Kulturförderungsagenturen herausgebildet.[544] Zwar gab es bereits vor Gründung der NEA Kulturförderungsagenturen in einzelnen Bundesstaaten (Utah, New York,[545] Kalifornien, Georgia, Minnesota, Missouri und North Carolina), eine flächendeckende Etablierung solcher Agenturen ist jedoch vorrangig auf finanzielle Anreize zurückzuführen, welche die NEA hierfür in Aussicht stellte.[546] Nachdem sich so auf einzelstaatlicher Ebene Kulturförderungsagenturen herausgebildet hatten, förderten diese dann ihrerseits in den 1970er-Jahren den Aufbau lokaler Agenturen durch Bereitstellung von Mitteln.[547]

---

542 Vgl. D. Netzer, The Subsidized Muse. Public Support for the Arts in the United States, London u. a. 1978, S. 57.

543 Vgl. S. Toepler, Kulturfinanzierung. Ein Vergleich USA - Deutschland, Wiesbaden 1991, S. 18 f. m. w. N.

544 Zur genauen Arbeitsweise der amerikanischen Kulturförderungsagenturen vgl. Abschnitt 3.2.1.2.1.

545 In Bezug auf die New Yorker Kulturförderungsagentur, den New York State Arts Council on the Arts, wird häufig erwähnt, dass dieser die Vergabe nach dem Matching-Grant-Prinzip initiierte und somit der NEA bezüglich des Vergabeverfahrens als Vorbild diente. Vgl. D. Netzer, The Subsidized Muse. Public Support for the Arts in the United States, London u. a. 1978, S. 80.

546 Vgl. J. Heilbrun; C. M. Gray, The Economics of Art and Culture. An American Perspective, Cambridge/Mass. 1993, S. 261; K. V. Mulcahy, The State Arts Agency. An Overview of Cultural Federalism in the United States, in: Journal of Arts Management, Law, and Society, Bd. 32 (2002), H. 1, S. 68 f. m. w. N.

547 Vgl. M. J. Wyszomirski, Background on Cultural Policies and Programs in the U.S., in: J. Zemans; A. Kleingartner (Hrsg.), Comparing Cultural Policy. A Study of Japan and the United States, London u. a. 1999, S. 128; K. V. Mulcahy; M. J. Wyszomirski, The Organization of Public Support for the Arts, in: K. V. Mulcahy; M. J. Wyszomirski (Hrsg.), America's Commitment to Culture. Government and the Arts, Boulder u. a. 1995, S. 133; K. V. Mulcahy, The State Arts Agency. An Overview of

Abschließend lässt sich zusammenfassend festhalten, dass in den USA eindeutig die private gegenüber der öffentlichen Kulturförderung dominiert. So entstammen in den USA — Steuermindereinnahmen nicht mitgerechnet — lediglich rund 10 % aller Mittel für die Kultur der öffentlichen Hand.[548] Ursachen hierfür lassen sich entstehungsgeschichtlich insbesondere aus den Umständen der Besiedelung, der überwiegend puritanischer Abstammung der ersten englischen Siedler und einem freiheitlich ausgerichteten Staatswesen sowie einer daraus resultierenden Tradition des Philantrophic Giving ableiten.

3.2 Instrumente öffentlicher Kulturförderung

3.2.1 Direkte Finanzierung

3.2.1.1 Deutschland

3.2.1.1.1 Institutionelle Finanzierung

Wie bereits gezeigt, wird die Hauptlast der Kulturfinanzierung in Deutschland nicht von Privaten, sondern durch die öffentliche Hand getragen. Im Rahmen des dezentralen, föderativen Systems von Bund, Ländern und Gemeinden erfolgt die Förderung dabei überwiegend durch die Finanzierung eigener öffentlicher Kulturinstitutionen in Gestalt von Regie- und Eigenbetrieben, Zweckverbänden, GmbHs, Vereinen und Stiftungen[549] sowie durch die finanzielle Unter-

---

Cultural Federalism in the United States, in: Journal of Arts Management, Law, and Society, Bd. 32 (2002), H. 1, S. 75.

548 Vgl. NEA, How the United States Funds the Arts, Washington/D. C. 2004, S. V f.; O. Singer, Die Förderung von Kunst und Kultur. Grundlagen und Formen der Kulturförderung und -finanzierung unter Berücksichtigung des internationalen Kontextes, Wissenschaftliche Dienste des Deutschen Bundestags (Hrsg.), Reg. Nr. WF X-060/03, Berlin 2003, S. 30 m. w. N.

549 Zu den Rechtsformen öffentlicher Kulturbetriebe vgl. im Einzelnen T. Konietzka; H.-G. Küppers, Neue Steuerung in der kommunalen Kulturarbeit. Alternative Formen der Organisation und Finanzwirtschaft für Kultureinrichtungen, Bonn 1998, S. 15 ff.; H. Mühlenkamp, Der Einfluss der Rechtsform auf die Kosten und den Kostendeckungsgrad von öffentlichen Theatern in der Bundesrepublik Deutschland, Arbeitsbericht Nr. 192 der Universität Lüneburg, FB Wirtschafts- und Sozialwissenschaften, Lüneburg 1998, S. 13 ff.; P. Radunski, Neue Modelle der Kulturfinanzierung, in: A. Grosz; D. Delhaes (Hrsg.), Die Kultur AG. Neue Allianzen zwischen Wirtschaft und Kultur, München u. a. 1999, S. 116 f.; A. Bretz, Kulturbetriebe als Partner. Was und wer steckt hinter den Kulturinstitutionen, in: S. Litzel; F. Loock; A. Brackert (Hrsg.),

stützung privater, in der Regel gemeinnütziger Institutionen. Wie bereits in Abschnitt 2.4.5.3 ausgeführt, entfielen dabei im Jahr 2003 anteilig 12,44 % des Finanzierungsaufkommens auf den Bund, 42,07 % auf die Länder und 45,49 % auf Städte und Gemeinden.[550]

Aus dieser Verteilung wird bereits deutlich, dass der **Bund** eine nachrangige Stellung bei der Frage der direkten Kulturfinanzierung einnimmt. Dennoch finanziert er ebenso wie Länder und Kommunen auf institutioneller Ebene. So gibt es Museen und Archive, die sich in hundertprozentiger Trägerschaft des Bundes befinden. Hierzu gehören beispielsweise das Haus der Geschichte der Bundesrepublik Deutschland, das Deutsche Historische Museum und das Jüdische Museum in Berlin. Für Archive seien exemplarisch das Bundesarchiv als eine dem Staatsminister für Kultur nachgeordnete Behörde sowie die Deutsche Bibliothek genannt.[551]

Darüber hinaus finanziert der Bund gemeinnützige Institutionen, die nicht ausschließlich von ihm getragen werden. Hierzu gehören beispielsweise das AlliiertenMuseum Berlin als gemeinnütziger Verein und das Deutsch-Russische Museum Berlin-Karlshorst.[552]

Letztlich finanziert der Bund Einrichtungen des Arbeitskreises selbstständiger Kulturinstitute e. V. wie zum Beispiel das Germanische Nationalmuseum in Nürnberg, die Stiftung Weimarer Klassik in Weimar, den Verein Beethoven-Haus in Bonn sowie die Deutsche Akademie für Sprache und Dichtung in Darmstadt.[553]

Als Beispiele für eine **gemeinsame institutionelle Finanzierung von Bund und Ländern** sind insbesondere die Kulturstiftung der Länder, die Stiftung

---

Handbuch Wirtschaft und Kultur. Formen und Fakten unternehmerischer Kulturförderung, Berlin u. a. 2003, S. 123 ff.; W. Heinrichs, Kulturmanagement. Eine praxisorientierte Einführung, 2. Aufl., Darmstadt 1999, S. 95 ff.

550 Vgl. Statistische Ämter des Bundes und der Länder (Hrsg.), Kulturfinanzbericht 2003, Wiesbaden 2004, S. 21 und S. 31.

551 Vgl. Presse- und Informationsamt der Bundesregierung (Hrsg.), Im Bund mit der Kultur. Neue Aufgaben der Kulturpolitik, Berlin 2002, S. 60 ff.

552 Vgl. Presse- und Informationsamt der Bundesregierung (Hrsg.), Im Bund mit der Kultur. Neue Aufgaben der Kulturpolitik, Berlin 2002, S. 65 ff.

553 Vgl. Presse- und Informationsamt der Bundesregierung (Hrsg.), Im Bund mit der Kultur. Neue Aufgaben der Kulturpolitik, Berlin 2002, S. 68 f.

Preußischer Kulturbesitz sowie die Stiftung Schlösser und Gärten in Berlin-Brandenburg zu nennen.

Die **Kulturstiftung der Länder** wurde noch in jüngster Vergangenheit als gelungenes Beispiel für kooperativen Föderalismus im Bereich der Kultur bezeichnet.[554] Sie wurde im Jahr 1987 aufgrund eines Länderabkommens gegründet und der Bund beteiligte sich bis Ende 2005 aufgrund eines Mitwirkungsabkommens[555] ungefähr hälftig an deren Finanzierung.[556] Stiftungszweck ist die Förderung und Bewahrung von Kunst und Kultur nationalen Ranges.[557] Eine Finanzierung durch die Stiftung erfolgt regelmäßig dann, wenn Museen, Archiven und Bibliotheken die erforderlichen Mittel für Ankäufe bedeutender Werke der Malerei, Grafik, Skulptur, Fotografie, des Kunstgewerbes sowie der Musik

---

554 Vgl. K. von Welck, Die Kulturstiftung der Länder, in: Beauftragte der Bundesregierung für Kultur und Medien; Bundesverband Deutscher Stiftungen e. V.; Deutscher Kulturrat (Hrsg.), Handbuch Kulturstiftungen. Ein Ratgeber für die Praxis, 2. Aufl., Berlin 2004, S. 141. Dass dies nicht von Beginn an so positiv eingeschätzt wurde, zeigt ein Blick auf die Entstehungsgeschichte der Stiftung. Ihrer Gründung gingen Überlegungen zu einer Nationalstiftung vorweg, die jedoch aufgrund der Besorgnis der Länder, dass es hierdurch zu einer Gefährdung ihrer Kulturhoheit kommen könnte, aufgegeben wurden. Die Gründung der Kulturstiftung unter Beteiligung von Bund und Ländern stellte damals für die Länder den einzig vorstellbaren Kompromiss dar. Vgl. O. Zimmermann; G. Schulz, Kulturverwaltung im Kooperativen Kulturförderalismus, in: O. Zimmermann; G. Schulz (Hrsg.), Handbuch Kulturverwaltung 2001/2002, Bonn u. a. 2000, S. 12.

555 Das Mitwirkungsabkommen wurde von der ehemaligen Staatsministerin für Kultur und Medien, Christina Weiss, im Rahmen aktueller Diskussionen um eine Fusion zwischen der Bundeskulturstiftung und der Kulturstiftung der Länder mit Wirkung zum 31.12.2005 gekündigt. Vgl. K. von Welck, Die Kulturstiftung der Länder, in: Beauftragte der Bundesregierung für Kultur und Medien; Bundesverband Deutscher Stiftungen e. V.; Deutscher Kulturrat (Hrsg.), Handbuch Kulturstiftungen. Ein Ratgeber für die Praxis, 2. Aufl., Berlin 2004, S. 143. Aufgrund der Kündigung des Abkommens erhält die Kulturstiftung der Länder seit 01.01.2006 keine Bundesmittel mehr für ihre Arbeit. Die geplante Fusion der beiden Stiftungen wurde bis dato hingegen noch nicht realisiert, wird jedoch auch von der jetzigen Bundesregierung weiterhin angestrebt. Vgl. CDU; CSU; SPD, Gemeinsam für Deutschland - mit Mut und Menschlichkeit. Koalitionsvertrag vom 11.11.2005, Z. 5536 ff.

556 Vgl. M. Kilian, Stiftungserrichtung durch die öffentliche Hand, in: E. Bellezza; M. Kilian; K. Vogel, Der Staat als Stifter. Stiftungen als Public-Private Partnerships im Kulturbereich, Gütersloh 2003, S. 41 f.

557 § 2 der Stiftungssatzung zitiert nach K. von Welck, Die Kulturstiftung der Länder, in: Beauftragte der Bundesregierung für Kultur und Medien; Bundesverband Deutscher Stiftungen e. V.; Deutscher Kulturrat (Hrsg.), Handbuch Kulturstiftungen. Ein Ratgeber für die Praxis, 2. Aufl., Berlin 2004, S. 141.

und Literatur nicht im Rahmen ihrer jeweiligen Etats zur Verfügung stehen.[558] Hierdurch soll insbesondere einer etwaigen Abwanderung ins Ausland entgegengewirkt werden.[559] Die Stiftung beschränkt ihre Finanzierung dabei regelmäßig auf maximal ein Drittel des erforderlichen Finanzvolumens.[560] Über die beschriebene Finanzierungsfunktion hinaus ist die Kulturstiftung der Länder auch beratend — zum Beispiel bei Rückforderungsansprüchen oder Vertragsverhandlungen — tätig.[561]

In der 1957 gegründeten **Stiftung Preußischer Kulturbesitz** sind die ehemaligen preußischen Sammlungen zu einer Stiftung zusammengefasst.[562] Sie zählt zu den bedeutendsten Kultureinrichtungen Deutschlands und wird von Bund und Ländern gemeinsam finanziert.[563] Stiftungszweck ist nach § 3 Abs. 1 des Errichtungsgesetzes, "die ihr [der Stiftung] übertragenen preußischen Kulturgüter für das deutsche Volk zu bewahren, zu pflegen und zu ergän-

---

558 Vgl. Presse- und Informationsamt der Bundesregierung (Hrsg.), Im Bund mit der Kultur. Neue Aufgaben der Kulturpolitik, Berlin 2002, S. 54.

559 Vgl. A. Klein, Kulturpolitik. Eine Einführung, Opladen 2003, S. 107; B. Küster, Die verfassungsrechtliche Problematik der gesamtstaatlichen Kunst- und Kulturpflege in der Bundesrepublik Deutschland, Frankfurt/M. 1990, S. 282.

560 Vgl. K. von Welck, Die Kulturstiftung der Länder, in: Beauftragte der Bundesregierung für Kultur und Medien; Bundesverband Deutscher Stiftungen e. V.; Deutscher Kulturrat (Hrsg.), Handbuch Kulturstiftungen. Ein Ratgeber für die Praxis, 2. Aufl., Berlin 2004, S. 141.

561 Vgl. K. von Welck, Die Kulturstiftung der Länder, in: Beauftragte der Bundesregierung für Kultur und Medien; Bundesverband Deutscher Stiftungen e. V.; Deutscher Kulturrat (Hrsg.), Handbuch Kulturstiftungen. Ein Ratgeber für die Praxis, 2. Aufl., Berlin 2004, S. 141.

562 Zu Art. 135 GG als etwaige Rechtsgrundlage für die Beteiligung des Bundes an der Stiftung vgl. B. Geißler, Staatliche Kulturförderung nach Grundgesetz und Recht der EG, Berlin 1995, S. 128 ff.; B. Küster, Die verfassungsrechtliche Problematik der gesamtstaatlichen Kunst- und Kulturpflege in der Bundesrepublik Deutschland, Frankfurt/M. 1990, S. 201 und S. 242 ff.; K. Pabel, Grundfragen der Kompetenzordnung im Bereich der Kunst, Berlin 2003, S. 97 f.

563 Vgl. Presse- und Informationsamt der Bundesregierung (Hrsg.), Im Bund mit der Kultur. Neue Aufgaben der Kulturpolitik, Berlin 2002, S. 56; K. Pabel, Grundfragen der Kompetenzordnung im Bereich der Kunst, Berlin 2003, S. 96. Auch bei Gründung dieser Stiftung hatten die Bundesländer zunächst Sorge vor einem zu starken Einfluss des Bundes. Vgl. O. Zimmermann; G. Schulz, Kulturverwaltung im Kooperativen Kulturförderalismus, in: O. Zimmermann; G. Schulz (Hrsg.), Handbuch Kulturverwaltung 2001/2002, Bonn u. a. 2000, S. 12.

zen..."[564] Insofern kommt der Stiftung eine Auffang- und Konservierungsfunktion zu.[565] Zur Stiftung Preußischer Kulturbesitz gehören unter anderem die staatlichen Museen mit diversen Einrichtungen wie zum Beispiel das Ägyptische Museum oder die Nationalgalerie, die Staatsbibliothek, das Geheime Staatsarchiv, das Ibero-amerikanische Institut sowie das Staatliche Institut für Musikforschung. Darüber hinaus nimmt sie sich neben der allgemeinen Sanierung verschiedener durch den Krieg zerstörter Museen und Gebäude der Stiftung insbesondere der Restaurierung und dem Wiederaufbau der Gebäude auf der Museumsinsel in Berlin an.[566]

Die **Stiftung Preußische Schlösser und Gärten in Berlin-Brandenburg** wurde 1994 von den Ländern Berlin und Brandenburg gegründet, um die durch die Wiedervereinigung gegebene Chance zu nutzen, die ehemaligen preußischen Königsschlösser und -gärten als zusammenhängenden Komplex erfahrbar zu machen. Auf Grundlage eines gemeinsamen Finanzierungsabkommens teilen sich inzwischen Brandenburg, Berlin und der Bund die Kosten für bauliche Sanierungsmaßnahmen und laufenden Unterhalt.[567]

Der ganz überwiegende Anteil der öffentlichen Kulturausgaben wird von den Ländern und Kommunen getragen. Auf **Landesebene** ist dabei zunächst die Einrichtung und der Unterhalt eigener Kulturinstitutionen wie zum Beispiel Staatstheater und Landesmuseen zu nennen. Darüber hinaus werden jedoch auch kommunale Institutionen sowie private Gruppen und Organisationen unterstützt.[568] Über ihre Beteiligung an den bereits vorgestellten Stiftungen wurden auch eigene Landesstiftungen eingerichtet, die der Kulturförderung des jeweiligen Landes dienen sollen und entweder ausschließlich eigenfinanziert

---

564 Vgl. Gesetz zur Errichtung einer Stiftung "Preußischer Kulturbesitz" und zur Übertragung von Vermögenswerten des ehemaligen Landes Preußen auf die Stiftung vom 25.07.1957, BGBl. I, S. 841.

565 Vgl. M. Kilian, Stiftungserrichtung durch die öffentliche Hand, in: E. Bellezza; M. Kilian; K. Vogel, Der Staat als Stifter. Stiftungen als Public-Private Partnerships im Kulturbereich, Gütersloh 2003, S. 48.

566 Vgl. Presse- und Informationsamt der Bundesregierung (Hrsg.), Im Bund mit der Kultur. Neue Aufgaben der Kulturpolitik, Berlin 2002, S. 56 f.

567 Vgl. Presse- und Informationsamt der Bundesregierung (Hrsg.), Im Bund mit der Kultur. Neue Aufgaben der Kulturpolitik, Berlin 2002, S. 59.

568 Vgl. S. Toepler, Kulturfinanzierung. Ein Vergleich USA - Deutschland, Wiesbaden 1991, S. 32 f m. w. N.

oder zwecks Anregung privaten Engagements in Mischformen ausgestaltet sind.[569]

Auf **kommunaler Ebene** sind schließlich im Rahmen der institutionellen Förderung zunächst die sich in unmittelbarer Trägerschaft der Kommunen befindlichen Kulturbetriebe (Theater, Museen, Bibliotheken usw.) zu erwähnen. Während historisch bedingt kommunale Kulturbetriebe überwiegend in öffentlich-rechtlichen Organisationsformen betrieben wurden, ist inzwischen eine zunehmende Tendenz hin zu privatrechtlichen Formen beobachtbar.[570] Darüber hinaus werden aber auch kulturelle Einrichtungen Dritter regelmäßig durch Zuwendungen gefördert. Hierzu gehören beispielsweise kommunale Kunstvereine, soziokulturelle Zentren sowie Gesangs- und Musikvereine.[571]

---

569 Vgl. S. Toepler, Kulturfinanzierung. Ein Vergleich USA - Deutschland, Wiesbaden 1991, S. 33 m. w. N.; L. Becker, Kulturfinanzierung in Großbritannien und Deutschland - ein Vergleich. Gutachten im Auftrag der Kulturstiftung der Länder, München 1996, S. 11.

570 Vgl. so auch W. Benkert, Kulturfinanzierung, in: H. Rauhe; C. Demmer (Hrsg.), Kulturmanagement. Theorie und Praxis einer professionellen Kunst, Berlin u. a. 1994, S. 78. Zur Relevanz der Rechtsform für die betriebliche Effizienz öffentlicher Kulturbetriebe vgl. H. Mühlenkamp, Der Einfluss der Rechtsform auf die Kosten und den Kostendeckungsgrad von öffentlichen Theatern in der Bundesrepublik Deutschland, Arbeitsbericht Nr. 192 der Universität Lüneburg, FB Wirtschafts- und Sozialwissenschaften, Lüneburg 1998, S. 12 ff.; P.-G. Bohrenkämper, Kulturmanagement und seine Betriebsformen. Das Stadttheater und seine Rechtsformen, in: K. Siebenhaar; M. Pröhl; C. Pawlowsky-Flodell (Hrsg.), Kulturmanagement. Wirkungsvolle Strukturen im kommunalen Kulturbereich, Gütersloh 1993, S. 81 ff.; R. Richter, Das Prinzip der dezentralen Ressourcenverantwortung in der kommunalen Kulturverwaltung, in: R. Richter; N. Sievers; H.-J. Siewert (Hrsg.), "Unternehmen Kultur". Neue Strukturen und Steuerungsformen in der kommunalen Kulturverwaltung, Essen 1995, S. 75 ff.; G. E. Braun; T. Gallus; O. Scheytt, Kultur-Sponsoring für die kommunale Kulturarbeit. Grundlagen, Praxisbeispiele, Handlungsempfehlungen für Kulturmanagement und -verwaltung, Köln 1996, S. 19 f.; H.-G. Küppers, Betriebsformen für die kommunale Kulturarbeit. Neue Chancen für öffentliche Kultureinrichtungen, in: H. Hill; I. Magdowski (Hrsg.), Neue Wege für Kultureinrichtungen, Düsseldorf 1997, S. 40 ff.; W. Schwarzmann, Entwurf eines Controllingkonzepts für deutsche Musiktheater und Kulturorchester in öffentlicher Verantwortung, Aachen 2000, S. 50 m. w. N.; A. Bretz, Kulturbetriebe als Partner. Was und wer steckt hinter den Kulturinstitutionen, in: S. Litzel; F. Loock; A. Brackert (Hrsg.), Handbuch Wirtschaft und Kultur. Formen und Fakten unternehmerischer Kulturförderung, Berlin u. a. 2003, S. 123 ff.

571 Vgl. A. Klein, Kulturpolitik. Eine Einführung, Opladen 2003, S. 199.

3.2.1.1.2 Projektfinanzierung

In Abgrenzung zur institutionellen Finanzierung ist die Projektfinanzierung darauf ausgerichtet, einzelne inhaltlich und zeitlich abgrenzbare Maßnahmen durch bestimmte Zuschüsse zu fördern.[572] Derartige Projektzuwendungen existieren gleichermaßen auf allen drei föderativen Ebenen.

Auf Bundesebene ist dabei insbesondere die 2002 gegründete **Kulturstiftung des Bundes** zu nennen, die seit 2004 mit einem Budget von 38,3 Mio. Euro jährlich ausgestattet wird und damit die größte Kulturstiftung Europas darstellt.[573] Im Gegensatz zur Kulturstiftung der Länder fördert sie nicht institutionell, sondern grundsätzlich projektbezogen.[574] Der Schwerpunkt liegt hierbei auf der Förderung innovativer Programme und Projekte im internationalen Kontext.[575] Die Stiftungssatzung enthält dabei ein konkretes Kooperationsangebot an die Bürger, einzelne Projekte über die Stiftung zu unterstützen.[576]

Auch die **Kulturstiftung der Länder** unterstützt über die institutionelle Kulturfinanzierung hinaus einzelne Projekte wie zum Beispiel die Documenta in Kassel.[577]

Auf **Landesebene** sind als Beispiele für Projektförderung die Filmförderung sowie die Organisation und Finanzierung größerer Ausstellungen, Theater-

---

572 Vgl. A. Klein, Kulturpolitik. Eine Einführung, Opladen 2003, S. 200.

573 Vgl. H. Völckers; A. Farenholtz, Die Kulturstiftung des Bundes, in: Beauftragte der Bundesregierung für Kultur und Medien; Bundesverband Deutscher Stiftungen e. V.; Deutscher Kulturrat (Hrsg.), Handbuch Kulturstiftungen. Ein Ratgeber für die Praxis, 2. Aufl., Berlin 2004, S. 138.

574 Vgl. H. Völckers; A. Farenholtz, Die Kulturstiftung des Bundes, in: Beauftragte der Bundesregierung für Kultur und Medien; Bundesverband Deutscher Stiftungen e. V.; Deutscher Kulturrat (Hrsg.), Handbuch Kulturstiftungen. Ein Ratgeber für die Praxis, 2. Aufl., Berlin 2004, S. 140.

575 Vgl. H. Völckers; A. Farenholtz, Die Kulturstiftung des Bundes, in: Beauftragte der Bundesregierung für Kultur und Medien; Bundesverband Deutscher Stiftungen e. V.; Deutscher Kulturrat (Hrsg.), Handbuch Kulturstiftungen. Ein Ratgeber für die Praxis, 2. Aufl., Berlin 2004, S. 138.

576 Vgl. Presse- und Informationsamt der Bundesregierung (Hrsg.), Im Bund mit der Kultur. Neue Aufgaben der Kulturpolitik, Berlin 2002, S. 53.

577 Vgl. Presse- und Informationsamt der Bundesregierung (Hrsg.), Im Bund mit der Kultur. Neue Aufgaben der Kulturpolitik, Berlin 2002, S. 54.

treffen, Festspiele und Symposien von überregionaler Bedeutung anzuführen.[578] Entsprechende Projektförderungsmaßnahmen gibt es auch auf **kommunaler Ebene.**

Im Rahmen der Projektfinanzierung sind verschiedene Finanzierungsarten anzutreffen. Neben der seltenen Vollfinanzierung, sind hierbei namentlich die Anteils-, Fehlbetrags- und Festbetragsfinanzierung vorzufinden.[579]

3.2.1.1.3 Neuere Formen partnerschaftlicher Finanzierung

3.2.1.1.3.1 Public Private Partnership

Unter dem Begriff Public Private Partnership (PPP) lässt sich im Rahmen einer Minimaldefinition zunächst eine Partnerschaft zwischen Akteuren des öffentlichen und des privat(wirtschaftlich)en Sektors zur gemeinsamen Erfüllung einer (öffentlichen) Aufgabe verstehen.[580] Noch nicht abgeschlossen ist die Diskussion in der Literatur um eine differenziertere einheitliche Definition von PPP. Dies gilt nicht nur für den Bereich kultureller PPPs,[581] sondern grundsätzlich für alle denkbaren Anwendungsbereiche.[582]

---

578 Vgl. S. Toepler, Kulturfinanzierung. Ein Vergleich USA - Deutschland, Wiesbaden 1991, S. 33; Becker, L. Becker, Kulturfinanzierung in Großbritannien und Deutschland - ein Vergleich. Gutachten im Auftrag der Kulturstiftung der Länder, München 1996, S. 11.

579 Vgl. hierzu im Einzelnen A. Klein, Kulturpolitik. Eine Einführung, Opladen 2003, S. 201 f.

580 In diesem Sinne vgl. zum Beispiel H. Mühlenkamp, "Public Private Partnership" ökonomisch analysiert. Eine Abhandlung aus der Sicht der Transaktionskostenökonomik und der Neuen Politischen Ökonomie, Speyerer Arbeitsheft Nr. 166, Speyer 2004, S. 1; A. Duda; A. Hausmann, Public Private Partnerships zur Ressourcenbündelung im Kulturbereich, in: ZögU, Bd. 25 (2002), H. 3, S. 341; A. Hausmann, Kooperationen zwischen Kultur und Wirtschaft. Neue Wege in der Finanzierung öffentlicher Kulturbetriebe, in: F. Keuper; C. Schaefer (Hrsg.), Führung und Steuerung öffentlicher Unternehmen. Probleme, Politiken und Perspektiven entlang des Privatisierungsprozesses, Berlin 2005, S. 113; D. Sack, Gratwanderung zwischen Partizipation und Finanzengpässen. Ein Überblick über die deutsche Public Private Partnership-Entwicklung, in: ZögU, Bd. 26 (2003), H. 4, S. 357.

581 Vgl. A. Hausmann, Kooperationen zwischen Kultur und Wirtschaft. Neue Wege in der Finanzierung öffentlicher Kulturbetriebe, in: F. Keuper; C. Schaefer (Hrsg.), Führung und Steuerung öffentlicher Unternehmen. Probleme, Politiken und Perspektiven entlang des Privatisierungsprozesses, Berlin 2005, S. 114 ff.; P. Bendixen; T. Heinze,

Hausmann beschreibt den Begriff PPP für den Kulturbereich beispielsweise als "eine Form der freiwilligen, auf Dauer angelegten Zusammenarbeit zwischen Privaten und öffentlicher Hand ... mit dem Ziel der Bereitstellung öffentlicher Infrastruktur, Einrichtungen und Leistungen sowie der Initiierung, Finanzierung, Trägerschaft oder allgemeinen Förderung einer kulturellen Einrichtung oder Aktivität".[583] Danach ist eine partnerschaftliche Finanzierung in Gestalt von PPPs sowohl institutionell als auch projektbezogen möglich.

Kultur und Wirtschaft. Perspektiven gemeinsamer Innovation, in: T. Heinze (Hrsg.), Kulturfinanzierung. Sponsoring - Fundraising - Public-Private-Partnership, Münster 1999, S. 33 ff.; H.-H. Grosse-Brockhoff, Erfolge in Düsseldorf mit PPPs im kulturellen Bereich, in: GÖW (Hrsg.), Public Private Partnership. Formen - Risiken - Chancen, Berlin 2004, S. 174; C. Reichard, Public Private Partnership im Kultur-, Bildungs- und Sport-/Freizeitbereich. Einführende Bemerkungen, in: GÖW (Hrsg.), Public Private Partnership. Formen - Risiken - Chancen, Berlin 2004, S. 173; W. Heinrichs, Kulturpolitik und Kulturfinanzierung. Strategien und Modelle für eine politische Neuorientierung der Kulturfinanzierung, München 1997, S. 219 f.; F. Loock, Public Private Partnership. Zwischen Patenschaft und Partnerschaft, in: S. Litzel; F. Loock; A. Brackert (Hrsg.), Handbuch Wirtschaft und Kultur. Formen und Fakten unternehmerischer Kulturförderung, Berlin u. a. 2003, S. 146.

582 Vgl. H. Mühlenkamp, "Public Private Partnership" ökonomisch analysiert. Eine Abhandlung aus der Sicht der Transaktionskostenökonomik und der Neuen Politischen Ökonomie, Speyerer Arbeitsheft Nr. 166, Speyer 2004, S. 1 f.; D. Budäus; G. Grüning; A. Steenbock, Public Private Partnership I. State of the Art, Public Management-Diskussionsbeitrag Nr. 32, Hamburg 1997, S. 14 ff.; D. Budäus, Public Private Partnership. Ansätze, Funktionen, Gestaltungsbedarfe, in: GÖW (Hrsg.), Public Private Partnership. Formen - Risiken - Chancen, Berlin 2004, S. 12 ff.; Wissenschaftlicher Beirat der GÖW, Public Private Partnership. Positionspapier, in: ZögU, Bd. 27 (2004), H. 4, S. 411; P. O. Oberender; T. Rudolf, Public Private Partnership, in: WiSt, Jg. 33 (2004), H. 8, S. 493; F. Loock, Public Private Partnership. Zwischen Patenschaft und Partnerschaft, in: S. Litzel; F. Loock; A. Brackert (Hrsg.), Handbuch Wirtschaft und Kultur. Formen und Fakten unternehmerischer Kulturförderung, Berlin u. a. 2003, S. 146; D. Sack, Gratwanderung zwischen Partizipation und Finanzengpässen. Ein Überblick über die deutsche Public Private Partnership-Entwicklung, in: ZögU, Bd. 26 (2003), H. 4, S. 354 ff.

583 A. Hausmann, Kooperationen zwischen Kultur und Wirtschaft. Neue Wege in der Finanzierung öffentlicher Kulturbetriebe, in: F. Keuper; C. Schaefer (Hrsg.), Führung und Steuerung öffentlicher Unternehmen. Probleme, Politiken und Perspektiven entlang des Privatisierungsprozesses, Berlin 2005, S. 113 f.

Als Organisationsformen von PPPs im Kulturbereich kommen unter anderem die eines eingetragenen Vereins, einer Gesellschaft des bürgerlichen Rechts, einer Gesellschaft des Handelsrechts oder einer Stiftung in Betracht.[584]

Unter anderem das neue Literaturhaus in München, das museum kunst palast in Düsseldorf, das Museum Baden in Solingen sowie die Stadtbibliothek in Gütersloh gelten als Beispiele für PPPs im Kulturbereich.[585]

3.2.1.1.3.2 Matching Grants

Bei Matching Grants[586] handelt es sich um ein Instrument, das auf eine komplementäre Finanzierung durch die öffentliche Hand und durch Private abzielt. Hierbei macht die öffentliche Hand ihren finanziellen Beitrag davon abhängig, dass auch von privater Seite ein Beitrag in einem bestimmten Verhältnis beige-

---

584 Vgl. W. Heinrichs, Kulturpolitik und Kulturfinanzierung. Strategien und Modelle für eine politische Neuorientierung der Kulturfinanzierung, München 1997, S. 219; A. Duda, Begründung und Effektivität von Kulturstiftungen in Form einer Public Private Partnership, Münster 2002, S. 16; A. Hausmann, Kooperationen zwischen Kultur und Wirtschaft. Neue Wege in der Finanzierung öffentlicher Kulturbetriebe, in: F. Keuper; C. Schaefer (Hrsg.), Führung und Steuerung öffentlicher Unternehmen. Probleme, Politiken und Perspektiven entlang des Privatisierungsprozesses, Berlin 2005, S. 123; F. Loock, Public Private Partnership. Zwischen Patenschaft und Partnerschaft, in: S. Litzel; F. Loock; A. Brackert (Hrsg.), Handbuch Wirtschaft und Kultur. Formen und Fakten unternehmerischer Kulturförderung, Berlin u. a. 2003, S. 147.

585 Für diese und weitere Beispiele vgl. B. Wagner, Neue Wege öffentlicher Kulturförderung, in: T. Heinze (Hrsg.), Kulturfinanzierung. Sponsoring - Fundraising - Public-Private-Partnership, Münster 1999, S. 210 f.; H.-H. Grosse-Brockhoff, Erfolge in Düsseldorf mit PPPs im kulturellen Bereich, in: GÖW (Hrsg.), Public Private Partnership. Formen - Risiken - Chancen, Berlin 2004, S. 174 ff.; F. Loock, Public Private Partnership. Zwischen Patenschaft und Partnerschaft, in: S. Litzel; F. Loock; A. Brackert (Hrsg.), Handbuch Wirtschaft und Kultur. Formen und Fakten unternehmerischer Kulturförderung, Berlin u. a. 2003, S. 149; A. Hausmann, Kooperationen zwischen Kultur und Wirtschaft. Neue Wege in der Finanzierung öffentlicher Kulturbetriebe, in: F. Keuper; C. Schaefer (Hrsg.), Führung und Steuerung öffentlicher Unternehmen. Probleme, Politiken und Perspektiven entlang des Privatisierungsprozesses, Berlin 2005, S. 125.

586 Während in den USA von Matching Grants gesprochen wird, ist in Großbritannien der Begriff Matching Funds üblich. Beide Begriffe beschreiben jedoch das Gleiche und werden daher im Folgenden als Synonyme verstanden. Vgl. W. Heinrichs, Instrumente der Kulturförderung im internationalen Vergleich, in: Aus Politik und Zeitgeschichte vom 29.11.2004, S. 29.

steuert wird.[587] Neben einer finanziellen Entlastung der öffentlichen Hand werden durch den Multiplikatoreffekt Anreize zur Finanzierung geschaffen.

Auch wenn der Ursprung dieser Finanzierungstradition üblicherweise den USA oder Großbritannien zugeschrieben wird, gab es auch in Deutschland bereits frühzeitig Finanzierungsbeispiele, die dem Konzept der Matching Grants nahe kamen. Als prägnantes Beispiel ist hier der Bau des Kölner Doms im frühen 19. Jahrhundert anzuführen. Damals versprach der preußische König dem Dombau-Verein, jährlich 50.000 Taler zum Bau des Doms unter der Prämisse zur Verfügung zu stellen, dass der Verein selbst den gleichen Betrag aufbringe.[588]

Jüngere Beispiele sind die Kunststiftung Baden-Württemberg, bei der das Land Baden-Württemberg jede Spende grundsätzlich in gleicher Höhe aufstockt,[589] oder auch der Bau der Pinakothek der Moderne in München, bei dem der Freistaat Bayern den Neubau von einer privaten Finanzierung in Höhe von zehn Prozent abhängig gemacht hat.[590]

3.2.1.1.4 Auszeichnungen

Die öffentliche Hand finanziert über Auszeichnungen auch einzelne Künstler und Kulturschaffende. Hierbei kann man zwischen Preisen, Ehrungen und Sti-

---

587 Vgl. B. Wagner, Neue Wege öffentlicher Kulturförderung, in: T. Heinze (Hrsg.), Kulturfinanzierung. Sponsoring - Fundraising - Public-Private-Partnership, Münster 1999, S. 211; A. Hausmann, Kooperationen zwischen Kultur und Wirtschaft. Neue Wege in der Finanzierung öffentlicher Kulturbetriebe, in: F. Keuper; C. Schaefer (Hrsg.), Führung und Steuerung öffentlicher Unternehmen. Probleme, Politiken und Perspektiven entlang des Privatisierungsprozesses, Berlin 2005, S. 122.

588 Vgl. W. Heinrichs, Kulturpolitik und Kulturfinanzierung. Strategien und Modelle für eine politische Neuorientierung der Kulturfinanzierung, München 1997, S. 217.

589 Vgl. B. Wagner, Neue Wege öffentlicher Kulturförderung, in: T. Heinze (Hrsg.), Kulturfinanzierung. Sponsoring - Fundraising - Public-Private-Partnership, Münster 1999, S. 212; W. Heinrichs, Kulturpolitik und Kulturfinanzierung. Strategien und Modelle für eine politische Neuorientierung der Kulturfinanzierung, München 1997, S. 218.

590 Vgl. B. Wagner, Neue Wege öffentlicher Kulturförderung, in: T. Heinze (Hrsg.), Kulturfinanzierung. Sponsoring - Fundraising - Public-Private-Partnership, Münster 1999, S. 212; A. Hausmann, Kooperationen zwischen Kultur und Wirtschaft. Neue Wege in der Finanzierung öffentlicher Kulturbetriebe, in: F. Keuper; C. Schaefer (Hrsg.), Führung und Steuerung öffentlicher Unternehmen. Probleme, Politiken und Perspektiven entlang des Privatisierungsprozesses, Berlin 2005, S. 122.

pendien unterscheiden. Während bei Stipendien ungeachtet der Vielzahl verschiedener Ausprägungen[591] der materielle Wert dieser Finanzierungsmaßnahme im Vordergrund steht, zeichnen sich Preise und Ehrungen vorrangig durch ihren ideellen Wert aus, der sich aber durch eine Steigerung des Bekanntheitsgrads des jeweiligen Künstlers langfristig auch finanziell positiv auswirken kann. Zudem sind derartige Auszeichnungen in der Regel aber auch mit einem Preisgeld dotiert, so dass man sie grundsätzlich durchaus zu den Instrumenten der direkten Finanzierung zählen kann. Ein weiterer Unterschied zwischen Preisen und Ehrungen einerseits sowie Stipendien andererseits besteht darin, dass Erstere vergangenheitsorientiert sind, indem sie bereits Geleistetes würdigen, während Letztere zukunftsorientiert sind und eine Investition in den künftigen künstlerischen Schaffensprozess darstellen.[592] Auszeichnungen sind sowohl auf Bundes-, Landes- als auch kommunaler Ebene anzutreffen.[593]

3.2.1.1.5 Öffentliche Hand als Nachfragerin von Kunst und Kultur

Wie in Abschnitt 3.1.2 gezeigt, lässt sich die Rolle des Staats als Nachfrager von Kunst und Kultur historisch betrachtet bis auf die Auftragskunst der Fürsten und des Klerus des Mittelalters zurückverfolgen. Eine direkte Kulturfinanzierung durch die öffentliche Hand erfolgt auch heute noch, indem diese selbst als Nachfragerin von Kunst und Kultur am Markt auftritt, das heißt selbst Kunstwerke ankauft bzw. in Auftrag gibt. Hierunter fällt auch die Einbeziehung künstlerischer Werke bei öffentlichen Baumaßnahmen (so genannte Kunst am Bau).[594]

3.2.1.1.6 Sonstige personenbezogene Finanzierung

Über die bisherigen Finanzierungsinstrumente hinaus gibt es weitere finanzwirksame Instrumente, mit denen die öffentliche Hand Künstler unmittelbar fördert. So sind insbesondere Maßnahmen zu nennen, welche die Arbeitsbedingungen der Künstler und Kulturschaffenden erleichtern. Diese können nicht nur

---

[591] Zu Reisestipendien und Stipendien zu Auslandsaufhalten vgl. B. Geißler, Staatliche Kulturförderung nach Grundgesetz und Recht der EG, Berlin 1995, S. 32; B. Küster, Die verfassungsrechtliche Problematik der gesamtstaatlichen Kunst- und Kulturpflege in der Bundesrepublik Deutschland, Frankfurt/M. 1990, S. 267 f.

[592] Vgl. R. Evans, Playing Diaghilev. A Report on Selective Support for the Originating Artist, Freeland 1993, S. 31.

[593] Vgl. A. Klein, Kulturpolitik. Eine Einführung, Opladen 2003, S. 205 f.

[594] Vgl. A. Klein, Kulturpolitik. Eine Einführung, Opladen 2003, S. 205.

durch die bereits erwähnte Vergabe von Stipendien verbessert werden, sondern beispielsweise auch dadurch, dass Probenräume oder Ateliers kostenfrei oder zu vergünstigten Konditionen zur Verfügung gestellt werden.[595] Weitere Beispiele sind die Ermöglichung von Ausstellungen, Lesungen oder Konzerten bzw. Auftrittsmöglichkeiten in öffentlichen Räumen.[596]

3.2.1.1.7 Garantien

Die öffentliche Hand kann auch Garantien für bestimmte mit einem Projekt oder einer Veranstaltung verbundene Risiken übernehmen. Hierzu gehören einerseits Ausfallgarantien, die greifen, wenn eine Veranstaltung aufgrund widriger Umstände (zum Beispiel schlechten Wetters) nicht oder nicht im geplanten Umfang stattfinden kann.[597] Auf Bundes- und Länderebene werden andererseits aber auch Transportrisiken für bestimmte hochwertige Kunstgegenstände, die zum Beispiel im Rahmen einer Wanderausstellung gezeigt werden sollen, übernommen.[598]

3.2.1.2 USA

3.2.1.2.1 Institutionelle Finanzierung

Wie in Deutschland verteilt sich die öffentliche Kulturförderung in den USA auf die verschiedenen föderativen Ebenen.[599] Auch hier wird Kultur als vorrangig lokale Angelegenheit erachtet.[600] Ebenso wie in Deutschland findet öffentliche Kulturfinanzierung in institutioneller Form statt. Allerdings gibt es in den USA vergleichsweise wenige öffentliche Kultureinrichtungen,[601] die es

---

595 Vgl. B. Geißler, Staatliche Kulturförderung nach Grundgesetz und Recht der EG, Berlin 1995, S. 32.

596 Vgl. A. Klein, Kulturpolitik. Eine Einführung, Opladen 2003, S. 205.

597 Vgl. A. Klein, Kulturpolitik. Eine Einführung, Opladen 2003, S. 202.

598 Vgl. A. Holland, Bundesstaatliche Kunstförderung in der Schweiz. Anregungen aus einem Rechtsvergleich mit den USA, Bamberg 2002, S. 36 m. w. N.

599 Vgl. M. J. Wyszomirski, Background on Cultural Policies and Programs in the U.S., in: J. Zemans; A. Kleingartner (Hrsg.), Comparing Cultural Policy. A Study of Japan and the United States, London u. a. 1999, S. 120.

600 Vgl. M. J. Wyszomirski, Background on Cultural Policies and Programs in the U.S., in: J. Zemans; A. Kleingartner (Hrsg.), Comparing Cultural Policy. A Study of Japan and the United States, London u. a. 1999, S. 117.

601 Vgl. hierzu Abschnitt 3.1.3.

institutionell zu finanzieren gilt. Erwähnenswerte Ausnahmen auf **Bundesebene** sind die Smithsonian Institution und die National Gallery of Art.[602]

Bei der **Smithsonian Institution** handelt es sich um eine unabhängige Einrichtung auf Bundesebene,[603] die darin ihren Ursprung hatte, dass der Engländer James Smithson 1835 sein Vermögen den Vereinigten Staaten vermachte mit der Maßgabe, es zur Mehrung und Verbreitung von Wissen unter den Menschen einzusetzen.[604] 1846 nahm der Kongress das Vermächtnis an und gründete die Smithsonian Institution.[605] Sie betreibt heute fünfzehn Museen (unter anderem die National Portrait Gallery, die National Collection of Fine Arts sowie seit Herbst 2004 auch das National Museum on the American Indian), unterhält Forschungseinrichtungen sowie den Nationalzoo. Zusätzlich ist die National Gallery of Art an die Smithsonian Institution angegliedert.[606] Man kann also zustimmen, wenn es heißt die Institution habe sich vom "Dachboden der Nation" zu einer riesigen Holding von Museen und weiteren Einrichtungen entwickelt.[607] Fast alle Museen der Smithsonian Institution werden öffentlich finanziert, befinden sich in öffentlichem Eigentum und verlangen keinen Eintritt.[608] Die Finanzierung erfolgt hierbei nahezu ausschließlich durch den Bund. Dieser veranschlagte im Jahr 2004 ein Budget von 489 Mio. USD für die Einrichtung.[609]

---

602 Darüber hinaus finanziert die Bundesregierung auch die Library of Congress, die Corporation for Public Broadcasting, das Institute of Museum and Library Services sowie das Kennedy Center for the Performing Arts institutionell. Vgl. K. V. Mulcahy, The Government and Cultural Patronage. A Comparative Analysis of Cultural Patronage in the United States, France, Norway, and Canada, in: J. M. Cherbo; M. J. Wyszomirski (Hrsg.), The Public Life of the Arts in America, New Brunswick 2000, S. 143 f.

603 Vgl. NEA, How the United States Funds the Arts, Washington/D. C. 2004, S. 9.

604 Vgl. J. W. O'Hagan, The State and the Arts. An Analysis of Key Economic Policy Issues in Europe and the United States, Cheltenham u. a. 1998, S. 9.

605 Vgl NEA, The National Endowment for the Arts 1965-2000. A Brief Chronology of Federal Support for the Arts, Washington/D. C. 2000, S. 6.

606 Vgl. NEA, How the United States Funds the Arts, Washington/D. C. 2004, S. 9 f.

607 Vgl. K. V. Mulcahy, Government and the Arts in the United States, in: M. C. Cummings; R. S. Katz (Hrsg.), The Patron State. Government and the Arts in Europe, North America, and Japan, New York u. a. 1987, S. 311.

608 Vgl. J. W. O'Hagan, The State and the Arts. An Analysis of Key Economic Policy Issues in Europe and the United States, Cheltenham u. a. 1998, S. 156.

609 Vgl. NEA, How the United States Funds the Arts, Washington/D. C. 2004, S. 8.

Die **National Gallery of Art** gibt es seit 1941. Auch sie geht auf die Schenkung einer Privatperson zurück und illustriert somit einmal mehr das Zusammenwirken von Privaten und öffentlicher Hand als kennzeichnend für die Gründung amerikanischer Kultureinrichtungen. In diesem Fall war es ein amerikanischer Außenminister, der anbot seine Kunstsammlung zu spenden und ein Gebäude für die Sammlung zu errichten. Das Gebäude sollte dabei auf öffentlichem Grund errichtet werden. Der Kongress stimmte zu und erließ ein entsprechendes Gesetz, wonach die National Gallery of Art eine unabhängige Einrichtung innerhalb der Smithsonian Institution werden sollte. Bereits während der Bauzeit des Museums kamen weitere Spenden von Kunstwerken und Sammlungen Privater hinzu.[610]

Auch auf **einzelstaatlicher Ebene** gibt es institutionelle Finanzierung in Form von regelmäßigen Einzelzuweisungen. Diese gehen üblicherweise an Kultureinrichtungen in den jeweiligen Hauptstädten.[611]

Das eigentliche so genannte Flaggschiff der Kulturförderung auf Bundesebene ist jedoch die **NEA**,[612] welche aufgrund ihrer herausragenden Stellung innerhalb der Bundesfinanzierung ausführlich vorzustellen ist.

Die NEA ist eine unabhängige Bundesbehörde,[613] die in der Form einer nationalen Stiftung besteht. Sie wurde 1965 durch Verabschiedung eines Bundesgesetzes zusammen mit der National Endowment for the Humanities unter dem Dach der National Foundation on the Arts and the Humanities gegründet.[614] Von Beginn an war man sich darüber im Klaren, dass die NEA nur einen begrenzten Beitrag zur Kulturfinanzierung leisten können würde. Dies verdeutlicht eine Aussage des ersten Vorsitzenden der neugegründeten Einrichtung, Roger Stevens, aus dem Jahr 1967: "... the federal government cannot, and should not

---

610 Vgl NEA, How the United States Funds the Arts, Washington/D. C. 2004, S. 10.

611 Vgl. M. J. Wyszomirski, Background on Cultural Policies and Programs in the U.S., in: J. Zemans; A. Kleingartner (Hrsg.), Comparing Cultural Policy. A Study of Japan and the United States, London u. a. 1999, S. 178 f.

612 Vgl. M. J. Wyszomirski, Background on Cultural Policies and Programs in the U.S., in: J. Zemans; A. Kleingartner (Hrsg.), Comparing Cultural Policy. A Study of Japan and the United States, London u. a. 1999, S. 170.

613 Vgl. NEA, How the United States Funds the Arts, Washington/D. C. 2004, S. 4; S. Toepler, Kulturfinanzierung. Ein Vergleich USA - Deutschland, Wiesbaden 1991, S. 19.

614 Vgl. hierzu ausführlich NEA (Hrsg.), The National Endowment for the Arts 1965-2000. A Brief Chronology of Federal Support for the Arts, Washington/D. C. 2000, S. 10 f.

be expected to carry the whole burden. This must be a cooperative effort, to include private enterprise, foundations, state and municipal support, regional organizations and individual contributions."[615]

So arbeitete und arbeitet die NEA denn auch mit einem für europäische Verhältnisse vergleichsweise geringen Budget.[616] Im Jahr 2004 betrug es 121 Mio. USD, wovon nach Abzug der Gemeinkosten noch 100 Mio. USD zur Mittelvergabe verblieben.[617] Erschwert wird die Situation zudem durch das öffentliche Mandat der NEA, jegliche Formen der Kunst sowie auch die Kunsterziehung zu fördern, und zwar in allen Bundesstaaten sowie den zugehörigen Territorien der USA.[618]

Um mit den begrenzten Mitteln dennoch eine effektive direkte Kulturfinanzierung zu betreiben, konzentriert sich die NEA auf ihre Rolle als Katalysator für zusätzliches privates Engagement.[619] Zum einen koppelt sie im Rahmen von Matching Grants die Vergabe eines Großteils ihrer Mittel ganz konkret an die Bedingung, dass der Empfänger der Mittel aus eigenen Kräften zumindest ebensoviel Mittel aufbringt.[620] Zum anderen hat sich im Laufe der Jahre aber auch gezeigt, dass die Mittel der NEA nicht ausschließlich aufgrund des Vergabeverfahrens der Matching Grants einen starken Multiplikatoreffekt generieren. So vervielfacht sich nach Angaben der NEA jeder von ihr vergebene Subventi-

---

615 Roger Stevens zitiert nach NEA, The National Endowment for the Arts 1965-2000. A Brief Chronology of Federal Support for the Arts, Washington/D. C. 2000, S. 14.

616 Zu den Budgetentwicklungen im Einzelnen und insbesondere der drastischen Budgetkürzung um 39 % im Jahr 1996 und den damit verbundenen Plänen seitens des Kongresses und des Repräsentantenhauses, die NEA auslaufen zu lassen, vgl. ausführlich NEA, The National Endowment for the Arts 1965-2000. A Brief Chronology of Federal Support for the Arts, Washington/D. C. 2000, S. 54; S. Toepler, Kulturpolitik im "liberalen Staat". Das Beispiel USA, in: B. Wagner; A. Zimmer (Hrsg.), Krise des Wohlfahrtsstaates. Zukunft der Kulturpolitik, Essen 1997, S. 57 ff.; A. Koch, Strukturen der Kulturfinanzierung in den USA, in: W. Heinrichs; A. Klein (Hrsg.), Deutsches Jahrbuch für Kulturmanagement 2000, Baden-Baden 2001, S. 80 ff.

617 Vgl. NEA, How the United States Funds the Arts, Washington/D. C. 2004, S. VII.

618 Vgl. NEA, How the United States Funds the Arts, Washington/D. C. 2004, S. VII.

619 Vgl. A. Holland, Bundesstaatliche Kunstförderung in der Schweiz. Anregungen aus einem Rechtsvergleich mit den USA, Bamberg 2002, S. 108; B. Grüßer, Kultursponsoring. Die gegenseitigen Abhängigkeiten von Kultur, Wirtschaft und Politik, Tübingen 1991, S. 293.

620 Vgl. S. Toepler, Kulturförderung in den USA, in: R. Strachwitz; S. Toepler (Hrsg.), Kulturförderung. Mehr als Sponsoring, Wiesbaden 1993, S. 74; B. Grüßer, Kultursponsoring. Die gegenseitigen Abhängigkeiten von Kultur, Wirtschaft und Politik, Tübingen 1991, S. 292.

onsdollar durch Matching Grants, weitere Spenden sowie schließlich auch durch die erzielten Einnahmen der geförderten Organisation üblicherweise um das Sieben- bis Achtfache.[621] Als Ursache für diesen Erfolg wird Folgendes angeführt: "NEA funding has the power to legitimize a new organization and further validate an existing one. Such endorsements attract further support."[622] In der deutschsprachigen Literatur hat sich in diesem Zusammenhang der Begriff der so genannten Gütesiegelfunktion der NEA herausgebildet,[623] im Englischen ist die Rede vom "Good Housekeeping seal of approval" der NEA.[624] Dieser Einfluss ist auch zahlenmäßig nachzuvollziehen. So ist die Anzahl von Non-Profit-Kultureinrichtungen in den letzten Jahrzehnten enorm angestiegen, was zumindest zum Teil auf die Gründung der NEA zurückgeführt wird.[625] Um nur ein Beispiel zu nennen: Die Zahl der Opern-Ensembles mit Budgets von mehr als 100.000 USD stieg von 29 im Jahr 1964 auf 209 im Jahr 1989.[626]

Die Mittelvergabe der NEA erfolgt durch das Zusammenwirken folgender drei Organe: dem Vorsitzenden (Chairman), dem Beirat (National Council on the Arts) sowie unabhängigen Expertenausschüssen (Panels). Förderanträge werden

---

621 Vgl. NEA (Hrsg.), How the United States Funds the Arts, Washington/D. C. 2004, S. VII

622 NEA, How the United States Funds the Arts, Washington/D. C. 2004, S. VII f.

623 Vgl. unter anderem S. Toepler, Kulturfinanzierung. Ein Vergleich USA - Deutschland, Wiesbaden 1991, S. 19; S. Toepler, Kulturförderung in den USA, in: R. Strachwitz; S. Toepler (Hrsg.), Kulturförderung. Mehr als Sponsoring, Wiesbaden 1993, S. 74; W. Heinrichs, Instrumente der Kulturförderung im internationalen Vergleich, in: Aus Politik und Zeitgeschichte vom 29.11.2004, S. 29; A. Holland, Bundesstaatliche Kunstförderung in der Schweiz. Anregungen aus einem Rechtsvergleich mit den USA, Bamberg 2002, S. 110; E. Lissek-Schütz, Kultur in der Eigenverantwortung der Bürger. Möglichkeiten und Grenzen in den USA, in: H. Hill; I. Magdowski (Hrsg.), Neue Wege für Kultureinrichtungen, Düsseldorf 1997, S. 138.

624 Vgl. M. J. Wyszomirski, Background on Cultural Policies and Programs in the U.S., in: J. Zemans; A. Kleingartner (Hrsg.), Comparing Cultural Policy. A Study of Japan and the United States, London u. a. 1999, S. 170.

625 Vgl. J. M. Cherbo; M. J. Wyszomirski, Mapping the Public Life of the Arts in America, in: J. M. Cherbo; M. J. Wyszomirski (Hrsg.), The Public Life of the Arts in America, New Brunswick 2000, S. 5.

626 Für weitere Beispiele, die diese Entwicklung dokumentieren vgl. J. M. Cherbo; M. J. Wyszomirski, Mapping the Public Life of the Arts in America, in: J. M. Cherbo; M. J. Wyszomirski (Hrsg.), The Public Life of the Arts in America, New Brunswick 2000, S. 5 f.; M. J. Wyszomirski, Background on Cultural Policies and Programs in the U.S., in: J. Zemans; A. Kleingartner (Hrsg.), Comparing Cultural Policy. A Study of Japan and the United States, London u. a. 1999, S. 150.

zunächst an die Expertenausschüsse geleitet, die aus national anerkannten Künstlern und Kunstexperten bestehen.[627] Der jeweilige Ausschuss spricht dann eine Empfehlung aus, die wiederum an den Beirat weitergeleitet wird.[628] Dieser besteht seit 1998 aus vierzehn anerkannten Künstlern, Wissenschaftlern und Kunstförderern, die vom Präsidenten der USA ernannt und vom Senat bestätigt werden, sowie aus sechs stimmrechtslosen Kongressmitgliedern.[629] Der Beirat spricht wiederum auf Grundlage der Empfehlung durch den jeweiligen Expertenausschuss eine eigene Empfehlung an den Vorsitzenden aus. Dieser ist ebenfalls vom Präsidenten der USA ernannt und trifft schließlich die endgültige Entscheidung über die Förderung.[630]

Die NEA unterhält selbst keine eigenen Kultureinrichtungen.[631] Auch die Kultureinrichtungen Dritter in Form von NPOs finanziert sie grundsätzlich nicht institutionell, sondern nur projektbezogen: "Assistance is not available for general operating or seasonal support; the creation of new organizations; the construction, purchase, or renovation of facilities; or directly for individual elementary or secondary schools."[632]

Dennoch ist die NEA auch im Bereich der institutionellen Finanzierung tätig, indem sie jährlich 40 % ihrer Mittel als so genannte Block Grants an die **Kulturförderungsagenturen auf einzelstaatlicher Ebene und auf regionaler Ebene** weiterleitet.[633] Bei den Kulturförderungsagenturen, die diese Mittel empfangen, handelt es sich zum einen um die so genannten **State Arts Agencies**

---

627 Pro Jahr werden vierzig bis fünfzig Ausschüsse einberufen, an denen insgesamt bis zu 500 Experten beteiligt sind. Vgl. F. Borgonovi; M. O'Hare, The Impact of the National Endowment for the Arts in the United States. Institutional and Sectoral Effects on Private Funding, in: Journal of Cultural Economics, Bd. 28 (2004), H. 1, S. 26 und S. 27.

628 Vgl. NEA, How the United States Funds the Arts, Washington/D. C. 2004, S. 5.

629 Vgl. NEA, The National Endowment for the Arts 1965-2000. A Brief Chronology of Federal Support for the Arts, Washington/D. C. 2000, S. 58.

630 Vgl. NEA, How the United States Funds the Arts, Washington/D. C. 2004, S. 5.

631 Vgl. W. Heinrichs, Kulturpolitik und Kulturfinanzierung. Strategien und Modelle für eine politische Neuorientierung der Kulturfinanzierung, München 1997, S. 142.

632 NEA, 2005 Guide, Washington/D. C. 2005, S. 5.

633 Vgl. NEA, Annual Report 2004, Washington/D. C. 2005, S. 15; NEA, How the United States Funds the Arts, Washington/D. C. 2004, S. 4 f.; M. J. Wyszomirski, Background on Cultural Policies and Programs in the U.S., in: J. Zemans; A. Kleingartner (Hrsg.), Comparing Cultural Policy. A Study of Japan and the United States, London u. a. 1999, S. 129.

(SAAs)[634] und zum anderen um die so genannten **Regional Arts Organizations** (RAOs).[635] Während es SAAs seit 1974 in allen amerikanischen Bundesstaaten, dem District of Columbia sowie den Territorien Puerto Rico, Virgin Islands, American Samoa, Guam sowie Northern Marianas gibt,[636] existieren für sechs Regionen RAOs.

Wie die NEA operieren auch die SAAs bei der Vergabe von Fördermitteln nach dem Matching-Grant-Prinzip.[637] Sie sind dabei weitestgehend ähnlich organisiert. Für die Förderentscheidungen sind wie im Fall der NEA Expertenkommissionen (Panels) zuständig.[638] Aufgrund dieser Ähnlichkeiten werden sie auch "little NEAs" genannt.[639] Bei den RAOs handelt es sich um Dachorganisationen, in denen sich die SAAs nach regionaler Zugehörigkeit (zum Beispiel Mittlerer Westen oder Neuengland) zwecks Verfolgung gemeinsamer Belange ab Mitte der 1970er-Jahre zusammengeschlossen haben.[640]

---

[634] In Anlehnung an die in der Literatur übliche Praxis werden die Begriffe SAA und State Arts Council in dieser Arbeit als Synonyme verstanden und verwendet. Vgl. zum Beispiel K. V. Mulcahy, The State Arts Agency. An Overview of Cultural Federalism in the United States, in: Journal of Arts Management, Law, and Society, Bd. 32 (2002), H. 1, S. 67; A. Koch, Strukturen der Kulturfinanzierung in den USA, in: W. Heinrichs; A. Klein (Hrsg.), Deutsches Jahrbuch für Kulturmanagement 2000, Baden-Baden 2001, S. 83.

[635] Vgl. NEA, How the United States Funds the Arts, Washington/D. C. 2004, S. 5.

[636] Vgl. K. V. Mulcahy, The State Arts Agency. An Overview of Cultural Federalism in the United States, in: Journal of Arts Management, Law, and Society, Bd. 32 (2002), H. 1, S. 67 f.

[637] Vgl. A. Koch, Strukturen der Kulturfinanzierung in den USA, in: W. Heinrichs; A. Klein (Hrsg.), Deutsches Jahrbuch für Kulturmanagement 2000, Baden-Baden 2001, S. 83; J. Heilbrun; C. M. Gray, The Economics of Art and Culture. An American Perspective, Cambridge/Mass. 1993, S. 268; E. Lissek-Schütz, Kultur in der Eigenverantwortung der Bürger. Möglichkeiten und Grenzen in den USA, in: H. Hill; I. Magdowski (Hrsg.), Neue Wege für Kultureinrichtungen, Düsseldorf 1997, S. 138.

[638] Vgl. S. Toepler, Kulturfinanzierung. Ein Vergleich USA - Deutschland, Wiesbaden 1991, S. 24; J. Heilbrun; C. M. Gray, The Economics of Art and Culture. An American Perspective, Cambridge/Mass. 1993, S. 268.

[639] Vgl. K. V. Mulcahy, The State Arts Agency. An Overview of Cultural Federalism in the United States, in: Journal of Arts Management, Law, and Society, Bd. 32 (2002), H. 1, S. 68.

[640] Vgl. K. V. Mulcahy; M. J. Wyszomirski, The Organization of Public Support for the Arts, in: K. V. Mulcahy; M. J. Wyszomirski (Hrsg.), America's Commitment to Culture. Government and the Arts, Boulder u. a. 1995, S. 133 f.

Auf **lokaler** bzw. **kommunaler Ebene** sind die so genannten **Local Arts Agencies** (LAAs) vorzufinden. Auch diese sind teilweise wie die NEA strukturiert,[641] weswegen sie wie die SAAs als "little NEAs" bezeichnet werden.[642] Nach der in Deutschland bestehenden Systematik lassen sich diese Einrichtungen jedoch nicht eindeutig dem privaten oder öffentlichen Sektor zuordnen.[643] Von den rund 3.800 derartigen Organisationen operieren rund Dreiviertel als NPOs und ein Viertel als Teil der Kommunalverwaltung.[644] Anders als die NEA finanzieren SAAs und LAAs jedoch auf institutioneller Ebene auch direkt den Betrieb von Kultureinrichtungen.[645]

Durch das Zusammenwirken von NEA, SAAs und LAAs ergibt sich ein "intergovernmental system of support,"[646] dessen Besonderheit darin besteht, dass sich die Beträge aufgrund des Matching-Grant-Prinzips auf jeder föderalen Ebene vervielfältigen.[647]

---

641 Vgl. E. Lissek-Schütz, Kulturfinanzierung in privater Hand. Das Beispiel USA, in: T. Heinze (Hrsg.), Kulturfinanzierung. Sponsoring - Fundraising - Public-Private-Partnership, Münster 1999, S. 225.

642 Vgl. K. V. Mulcahy; M. J. Wyszomirski, The Organization of Public Support for the Arts, in: K. V. Mulcahy; M. J. Wyszomirski (Hrsg.), America's Commitment to Culture. Government and the Arts, Boulder u. a. 1995, S. 123.

643 Vgl. E. Lissek-Schütz, Kulturfinanzierung in privater Hand. Das Beispiel USA, in: T. Heinze (Hrsg.), Kulturfinanzierung. Sponsoring - Fundraising - Public-Private-Partnership, Münster 1999, S. 225.

644 Vgl. A. Koch, Strukturen der Kulturfinanzierung in den USA, in: W. Heinrichs; A. Klein (Hrsg.), Deutsches Jahrbuch für Kulturmanagement 2000, Baden-Baden 2001, S. 84; M. J. Wyszomirski, Background on Cultural Policies and Programs in the U.S., in: J. Zemans; A. Kleingartner (Hrsg.), Comparing Cultural Policy. A Study of Japan and the United States, London u. a. 1999, S. 128 und S. 182.

645 Vgl. M. J. Wyszomirski, Background on Cultural Policies and Programs in the U.S., in: J. Zemans; A. Kleingartner (Hrsg.), Comparing Cultural Policy. A Study of Japan and the United States, London u. a. 1999, S. 179 und S. 182.

646 M. J. Wyszomirski, Background on Cultural Policies and Programs in the U.S., in: J. Zemans; A. Kleingartner (Hrsg.), Comparing Cultural Policy. A Study of Japan and the United States, London u. a. 1999, S. 128.

647 Vgl. S. Toepler, Kulturfinanzierung. Ein Vergleich USA - Deutschland, Wiesbaden 1991, S. 25.

3.2.1.2.2 Projektfinanzierung

Im Rahmen der Projektfinanzierung vergibt die NEA Mittel an steuerbefreite NPOs.[648] Dies erfolgt auf Basis der bereits vorgestellten Matching Grants.[649] Pro Jahr darf sich eine Organisation grundsätzlich nur für ein Projekt bewerben.[650] NEA-Mittel unterstützen hierbei "vorbildliche" Projekte in Bereichen wie zum Beispiel Tanz, Design, Volks- und traditionelle Kunst, Literatur, Medienkunst, Museen, Musik, Musical, Oper, Theater und bildende Künste.[651] Innerhalb dieser Bereiche oder Disziplinen können sich Organisationen über eine der drei folgenden Projektkategorien bewerben: Die Kategorie "Access to Artistic Excellence" zielt darauf ab, hervorragende künstlerische Qualität zu fördern und zu bewahren sowie allen amerikanischen Bürgern Zugang zur Kunst zu gewähren. "Challenge America: Reaching Every Community" hingegen konzentriert sich darauf, Organisationen in die Lage zu versetzen, die Reichweite der Kunst auszudehnen, um geografisch, ethnisch, wirtschaftlich oder gesundheitlich benachteiligte Gruppen zu erreichen. In Frage kommen hierfür vor allem einfache lokale Projekte, die erfahrene Künstler oder Kunstexperten involvieren. Schließlich gibt es noch die Kategorie "Learning in the Arts for Children and Youth". Diese Kategorie finanziert Projekte, die Kindern und Jugendlichen sowohl das Verständnis für Kunst als auch künstlerische Fähigkeiten näher bringen.[652]

Zusätzlich hat die NEA in Kooperation mit verschiedenen Partnern seit 2003 Programme mit nationaler Ausrichtung aufgelegt. Sie werden unter dem Begriff "National Initiatives" zusammengefasst.[653] Im Jahr 2004 waren es folgende vier Programme: "Shakespeare in American Communities", "NEA Jazz Masters", "NEA Arts Journalism Institutes" sowie "Operation Homecoming".[654] Bei letztgenanntem Programm handelt es sich beispielsweise um eine Kooperation mit dem Verteidigungsministerium, die zusätzlich durch das Unternehmen Boeing unterstützt wurde. Hierbei geht es darum, Mitgliedern des Militärs sowie ihren Angehörigen im Rahmen von so genannten "writing workshops" unter professi-

---

648 Vgl. NEA, 2005 Guide, Washington/D. C. 2005, S. 5.

649 Vgl. NEA, How the United States Funds the Arts, Washington/D. C. 2004, S. 4.

650 Vgl. NEA, 2005 Guide, Washington/D. C. 2005, S. 5.

651 Vgl. NEA, 2005 Guide, Washington/D. C. 2005, S. 5.

652 Vgl. NEA, 2005 Guide, Washington/D. C. 2005, S. 5 ff.

653 Vgl. NEA, Annual Report 2004, Washington/D. C. 2005, S. 9.

654 Vgl. NEA, Annual Report 2004, Washington/D. C. 2005, S. 9.

oneller Anleitung von Schriftstellern die Möglichkeit zu bieten, ihre Kriegserlebnisse zu verarbeiten.[655]

Ebenso wie die NEA betreiben auch SAAs und LAAs Projektfinanzierung.[656]

3.2.1.2.3 Personenbezogene Finanzierung

Die NEA gewährt auch personenbezogene Finanzierung in Gestalt von Stipendien. Dies erfolgt grundsätzlich nicht in Form von Matching Grants.[657]

Zu erwähnen sind zunächst die so genannten **Literature Fellowships**, also Stipendien im Bereich der Literatur. Sie werden an bereits publizierte Schriftsteller der Bereiche Prosa und Lyrik sowie an besonders talentierte Übersetzer vergeben.[658] Die Stipendien dienen zum einen dazu, die Arbeitsbedingungen der jeweiligen Empfänger zu verbessern. Zum anderen sollen sie jedoch auch den nationalen Bekanntheitsgrad der Stipendienempfänger fördern.[659]

Darüber hinaus gibt es das so genannte **NEA Jazz Masters Fellowship**. Hierbei handelt es sich um Stipendien im Bereich der Jazz-Musik. Dass gerade dieser Musikbereich mit der Vergabe von Stipendien Unterstützung erhält, wird damit begründet, dass es sich hierbei um eine Musikform handelt, die tief in der amerikanischen Kultur verwurzelt ist. Stipendien werden in unterschiedlichen Kategorien wie zum Beispiel Vokalist, Klavier oder auch Komponist ausgelobt.[660]

Schließlich gibt es als dritte Form von Stipendien noch das so genannte **NEA National Heritage Fellowship**. Dies wird für den Bereich kulturelles Erbe gewährt. Es richtet sich an Künstler aus den Bereichen der Volks- und traditio-

---

655 Vgl. NEA, Annual Report 2004, Washington/D. C. 2005, S. 12 f.

656 Vgl. M. J. Wyszomirski, Background on Cultural Policies and Programs in the U.S., in: J. Zemans; A. Kleingartner (Hrsg.), Comparing Cultural Policy. A Study of Japan and the United States, London u. a. 1999, S. 179 und S. 182.

657 Vgl. NEA, How the United States Funds the Arts, Washington/D. C. 2004, S. 4.

658 Vgl. NEA, 2005 Guide, Washington/D. C. 2005, S. 8.

659 Vgl. NEA, Annual Report 2004, Washington/D. C. 2005, S. 128.

660 Vgl. NEA, 2005 Guide, Washington/D. C. 2005, S. 9; NEA, Annual Report 2004, Washington/D. C. 2005, S. 20 f.

nellen Kunst. Hierdurch soll der Tatsache Rechnung getragen werden, dass es sich bei den USA um ein multikulturell geprägtes Land handelt.[661]

Auch SAAs und LAAs finanzieren personenbezogen[662] Dies geschieht unter anderem in Form von Stipendien, Auszeichnungen und Praktika.[663]

3.2.1.2.4 Staat als Nachfrager von Kunst und Kultur

Wie bereits in der Vergangenheit[664] tritt der Staat in den USA auch heute noch als Nachfrager von Kultur auf. Bei Art-in-Architecture handelt es sich um ein Programm, das der Förderung von Kunst an und in öffentlichen Bundesgebäuden dient. Die jeweiligen Kunstwerke werden in Auftrag gegeben und gehören nach Abschluss der Arbeiten der Bundesregierung. Das Programm sieht vor, dass 0,5 % aller öffentlichen Baukosten der Kunst am Bau vorbehalten werden.[665] Ähnliche Programme gibt es teilweise auch auf einzelstaatlicher Ebene.[666] Sowohl Bund als auch Einzelstaaten treten zudem als Ankäufer von Kunst auf.[667]

3.2.1.2.5 Garantien

Auch in den USA übernimmt der Staat im Rahmen der so genannten Arts and Artifacts Indemnity Funds projektbezogene Garantien in Form von Versiche-

---

661 Vgl. NEA, 2005 Guide, Washington/D. C. 2005, S. 9; NEA, Annual Report 2004, Washington/D. C. 2005, S. 22 f.

662 Vgl. M. J. Wyszomirski, Background on Cultural Policies and Programs in the U.S., in: J. Zemans; A. Kleingartner (Hrsg.), Comparing Cultural Policy. A Study of Japan and the United States, London u. a. 1999, S. 179 und S. 182.

663 Vgl. M. J. Wyszomirski, Background on Cultural Policies and Programs in the U.S., in: J. Zemans; A. Kleingartner (Hrsg.), Comparing Cultural Policy. A Study of Japan and the United States, London u. a. 1999, S. 179.

664 Vgl. hierzu Abschnitt 3.1.3.

665 Vgl. NEA, How the United States Funds the Arts, Washington/D. C. 2004, S. 11.

666 Vgl. M. J. Wyszomirski, Background on Cultural Policies and Programs in the U.S., in: J. Zemans; A. Kleingartner (Hrsg.), Comparing Cultural Policy. A Study of Japan and the United States, London u. a. 1999, S. 179.

667 Vgl. K. V. Mulcahy, The Government and Cultural Patronage. A Comparative Analysis of Cultural Patronage in the United States, France, Norway, and Canada, in: J. M. Cherbo; M. J. Wyszomirski (Hrsg.), The Public Life of the Arts in America, New Brunswick 2000, S. 151.

rungen für ausländische Kunstobjekte, die fest an ein amerikanisches Museum ausgeliehen werden oder sich innerhalb der USA auf Wanderausstellung befinden.[668] Die Haftungsgrenze wurde 2003 erheblich angehoben und beträgt seitdem 8 Mrd. USD.[669]

3.2.1.2.6 Sonstige direkte Finanzierung

Neben den hier exemplarisch vorgestellten öffentlichen oder quasi-öffentlichen Kultureinrichtungen und Förderprogrammen gibt es allein auf Bundesebene mehr als zweihundert weitere Programme, die Kunst und Kultur finanziell unterstützen.[670] Dies erscheint zunächst viel, darf aber nicht darüber hinwegtäuschen, dass insgesamt nur zirka 10 % aller Mittel für die Kunst- und Kulturfinanzierung der öffentlichen Hand entstammen.[671]

3.2.1.3 Zwischenergebnis

Wie aufgezeigt wurde, gibt es sowohl in Deutschland als auch in den USA eine direkte öffentliche Kulturfinanzierung. Während allerdings in Deutschland zirka 90 % der Kulturfinanzierung durch die öffentliche Hand und nur zirka 10 % durch andere, private bzw. privatwirtschaftliche Quellen erfolgen, ist dieses Verhältnis in den USA genau umgekehrt.

In beiden Ländern findet die direkte öffentliche Kulturfinanzierung sowohl in Form von institutioneller Finanzierung als auch in Form von Projektfinanzierung statt. Allerdings bestehen hinsichtlich der institutionellen Finanzierung wesentliche Unterschiede. Während in den USA vor allem auch die Kulturförderungsagenturen der unterschiedlichen föderativen Ebenen im Sinne einer Multiplikatorwirkung institutionell finanziert werden, werden in Deutschland in weitaus größerem Umfang unmittelbar auch Kulturbetriebe finanziert, die selbst Kultur zum Konsum anbieten (Theater, Konzerthäuser usw.). Zudem werden

---

668 Vgl. M. J. Wyszomirski, Background on Cultural Policies and Programs in the U.S., in: J. Zemans; A. Kleingartner (Hrsg.), Comparing Cultural Policy. A Study of Japan and the United States, London u. a. 1999, S. 126.

669 Vgl. NEA, How the United States Funds the Arts, Washington/D. C. 2004, S. 10 f.

670 Vgl. NEA, How the United States Funds the Arts, Washington/D. C. 2004, S. 8.

671 Die 10 % beziehen sich hierbei lediglich auf die direkte Kulturfinanzierung durch die öffentliche Hand. Der Bereich der indirekten Finanzierung durch Steuererleichterungen ist in diesem Zusammenhang nicht berücksichtigt. Vgl. NEA, How the United States Funds the Arts, Washington/D. C. 2004, S. V f.

hierbei nicht nur Kultureinrichtungen Dritter finanziert. Vielmehr unterhält die öffentliche Hand in Deutschland eine Vielzahl eigener öffentlicher Kulturbetriebe selbst. Dies ist in den USA abgesehen von wenigen Ausnahmen nicht der Fall. Sicherlich handelt es sich dabei in Deutschland um eine gewachsene Tradition, die es nicht in Abrede zu stellen gilt. Niemand wird ernsthaft vorschlagen, alle öffentlichen Kultureinrichtungen in die Hände Privater, seien sie nun gemeinnützig oder auch privatwirtschaftlich-kommerziell ausgerichtet, zu überführen. Dennoch ist zu hinterfragen, ob die Schaffung (neuer) öffentlicher Kulturbetriebe immer noch ein Instrument von Kulturpolitik sein sollte.[672] In jedem Fall ist festzuhalten, dass der Betrieb und Unterhalt eigener Kulturbetriebe durch den Staat eine sehr starke Affinität zu leistungsstaatlichen Vorstellungen aufweist. Allerdings ist zu konstatieren, dass Deutschland unter anderem deswegen eine flächendeckendere kulturelle Infrastruktur aufweist als es in den USA der Fall ist.

Während zwar das Instrumentarium der direkten öffentlichen Kulturfinanzierung in Deutschland und den USA durchaus Ähnlichkeiten aufweist, findet jedoch eine unterschiedliche Schwerpunktsetzung bei der Auswahl aus diesem Instrumentarium statt. Beispielsweise konzentriert sich die öffentliche Hand in den USA maßgeblich auf ihre Katalysatorrolle und finanziert daher zu weiten Teilen in Form der beschriebenen Matching Grants, deren Funktionsweise grundsätzlich eine engagierte Beteiligung Privater bzw. der betroffenen Kultureinrichtungen voraussetzt. Zwar kennt man Matching Grants oder auch Formen von PPP mittlerweile auch in der deutschen Kulturlandschaft, sie finden aber bisher immer noch geringere Anwendung als die klassische öffentliche Finanzierung. Allerdings gewinnen diese Modelle angesichts einer desolaten Haushaltslage auch hier zunehmend an Bedeutung.

Weitere klassische Instrumente der direkten öffentlichen Kulturfinanzierung wie beispielsweise Garantien, Auszeichnungen oder auch das Auftreten der öffentlichen Hand als Nachfrager von Kulturprodukten sind in beiden Ländern gleichermaßen vertreten.

Ebenfalls trifft es für beide Länder zu, dass sich die öffentliche Zuständigkeit für Kultur auf mehrere föderative Ebenen verteilt und somit eine Dezentralisierung von Entscheidungsmacht gewährleistet ist. Allerdings ist in diesem Zusammenhang nochmals darauf hinzuweisen, dass die direkte öffentliche Kulturfinanzierung immer normative Züge aufweist und mit der Gefahr politischen Machtmissbrauchs verbunden ist. So werden auch die Gremien der NEA zu Teilen durch die Politik bzw. sogar direkt durch den Präsidenten der USA

[672] Vgl. so aber A. Klein, Kulturpolitik. Eine Einführung, Opladen 2003, S. 195.

besetzt. Ein Unterschied hinsichtlich des politischen Entscheidungsspielraums im Rahmen der direkten Kulturfinanzierung ist also nicht unmittelbar wahrnehmbar. Immer ist direkte Kulturfinanzierung — auch unter Einbezug von Fachgremien — mit punktuellen Einzelentscheidungen verbunden.

Am Beispiel der USA lässt sich zeigen, dass sich mithilfe von Matching Grants in Verbindung mit föderativen Strukturen bei sehr begrenzten Mitteln eine effektive direkte öffentliche Kulturfinanzierung bewerkstelligen lässt.

3.2.2 Indirekte Finanzierung durch Steuererleichterungen

3.2.2.1 Deutschland

3.2.2.1.1 Ertragsteuerliche Befreiung des gemeinnützigen Kulturträgers

Sind Kulturinstitutionen nach Maßgabe der Abgabenordnung als gemeinnützig anerkannt, so sind diese grundsätzlich sowohl von der Körperschaftsteuer[673] als auch von der Gewerbesteuer[674] befreit. Die Steuerbefreiung ist lediglich insoweit ausgeschlossen, als ein wirtschaftlicher Geschäftsbetrieb unterhalten wird und die Einnahmen hieraus insgesamt 30.678 Euro im Jahr übersteigen.[675] Als wirtschaftlicher Geschäftsbetrieb kommen hierbei unter anderem der Verkauf von Speisen und Getränken in kulturellen Einrichtungen bzw. anlässlich kultureller Veranstaltungen oder auch der Betrieb von Museumsshops in Betracht.

Von der ertragsteuerlichen Steuerbefreiung können Körperschaften, Personenvereinigungen und Vermögensmassen, die nach der Satzung, dem Stiftungsgeschäft oder der sonstigen Verfassung als gemeinnützig anerkannt sind, profitieren. Erfasst werden in der Praxis hiervon neben den in der Rechtsform des Privatrechts organisierten gemeinnützigen Vereinen, Stiftungen[676] und Gesellschaften mit beschränkter Haftung (gGmbH) sowie selbstständigen öffentlichen

---

673 Vgl. § 5 Abs. 1 Nr. 9 KStG.

674 Vgl. § 3 Nr. 6 GewStG.

675 Vgl. § 5 Abs. 1 Nr. 9 Satz 2 KStG, § 3 Nr. 6 Satz 2 GewStG sowie §§ 64 Abs. 3 und 68 Nr. 7 AO.

676 Für eine zusammenfassende Übersicht steuerrechtlicher Aspekte von Kulturstiftungen vgl. G. Winands, Steuerrechtliche Aspekte von Kulturstiftungen, in: Beauftragte der Bundesregierung für Kultur und Medien; Bundesverband Deutscher Stiftungen e. V.; Deutscher Kulturrat (Hrsg.), Handbuch Kulturstiftungen. Ein Ratgeber für die Praxis, 2. Aufl., Berlin 2004, S. 32 ff.

Körperschaften insbesondere auch die von der öffentlichen Hand geführten Regie- und Eigenbetriebe.[677] Bei Letzteren handelt es sich zwar grundsätzlich um wirtschaftliche Geschäftsbetriebe der jeweiligen Körperschaft, unter den Voraussetzungen der §§ 65 und 68 Nr. 7 AO gelten diese jedoch als Zweckbetriebe und können damit ebenfalls als gemeinnützig anerkannt werden.[678]

Voraussetzung der Steuerbefreiung der Kulturinstitutionen ist, dass sie selbstlos, ausschließlich und unmittelbar gemeinnützige Zwecke verfolgen, diese Zwecke in der Satzung klar und eindeutig verankert sind und die tatsächliche Geschäftsführung diesen Satzungsbestimmungen entspricht.[679]

Im Zusammenhang mit der erforderlichen Selbstlosigkeit nach § 55 AO ist auf ein aktuelles Verfahren vor dem Bundesfinanzhof[680] hinzuweisen. Mit Beschluss vom 27.04.2005 hat dieser das Bundesministerium der Finanzen zum Verfahrensbeitritt aufgefordert, um zu der Frage Stellung zu nehmen, ob eine Kapitalgesellschaft, die öffentlich-rechtliche Pflichtaufgaben ihrer Gesellschafter wahrnimmt, selbstlos und unmittelbar gemeinnützige Zwecke verfolgt.[681] Diese Frage ist derzeit umstritten[682] und würde sich bei einer Verneinung unter anderem unmittelbar steuerschädlich auf kommunale Kulturinstituti-

---

677 Vgl. T. Konietzka; H.-G. Küppers, Neue Steuerung in der kommunalen Kulturarbeit. Alternative Formen der Organisation und Finanzwirtschaft für Kultureinrichtungen, Bonn 1998, S. 31.

678 Vgl. T. Konietzka; H.-G. Küppers, Neue Steuerung in der kommunalen Kulturarbeit. Alternative Formen der Organisation und Finanzwirtschaft für Kultureinrichtungen, Bonn 1998, S. 31.

679 Vgl. §§ 51-68 AO.

680 Vgl. Az. des BFH: I R 90/04.

681 Vgl. BFH, Beschluss vom 27.04.2005, BFHE Bd. 209, S. 489; Vorinstanz: FG Köln, Urteil vom 15.07.2004, EFG (2005), S. 222.

682 Während ein Teil der Literatur und Rechtsprechung die Auffassung vertritt, die Wahrnehmung hoheitlicher Pflichtaufgaben sei generell nicht selbstlos und damit gemeinnützigkeitsunfähig (vgl. Nachweise in BFH, Beschluss vom 27.04.2005, BFHE Bd. 209, S. 489; Vorinstanz: FG Köln, Urteil vom 15.07.2004, EFG (2005), S. 222), vertritt ein anderer Teil die Auffassung, dass eine Übertragung hoheitlicher Aufgaben auf Körperschaften des Privatrechts nichts daran ändere, dass es sich um Tätigkeiten handele, die der Förderung der Allgemeinheit dienen (vgl. K. Tipke, in: K. Tipke; H. W. Kruse, Abgabenordnung und Finanzgerichtsordnung. Kommentar, Köln 1965, 108. Lfg. (2005), § 55, Rz. 5; FG Hamburg, Urteil vom 05.03.1986, EFG (1986), S. 516 sowie weitere Nachweise in BFH, Beschluss vom 27.04.2005, BFHE Bd. 209, S. 489).

onen in Gestalt gemeinnütziger Gesellschaften mit beschränkter Haftung[683] auswirken, wenn man, abweichend von der hier vertretenen Auffassung, bei der Kulturförderung von einer kommunalen Pflichtaufgabe[684] ausgeht.

3.2.2.1.2 Ertragsteuerliche Begünstigung des Förderers

3.2.2.1.2.1 Spenden

Neben der vorbezeichneten Befreiung gemeinnütziger Kulturinstitutionen von Ertragsteuern besteht ein weiterer Vorteil der Gemeinnützigkeit darin, dass diese Institutionen zur Entgegennahme steuervergünstigter Spenden berechtigt sind.[685] Nach einer Neuordnung des Spendenrechts ist dabei ab dem 01.01.2000 ein etwaiger Umweg über das ehemalige so genannte Durchlaufspendenverfahren[686] nicht mehr erforderlich.[687]

---

683 Zu etwaigen Interessenkonflikten bei Gemeindevertretern, die gleichzeitig Aufsichtsratsmitglied der GmbH und weisungsgebundener Vertreter der Gebietskörperschaft sind, sowie zu einem damit möglicherweise verbundenen Verlust öffentlicher Einflussnahme vgl. H.-G. Küppers, Betriebsformen für die kommunale Kulturarbeit. Neue Chancen für öffentliche Kultureinrichtungen, in: H. Hill; I. Magdowski (Hrsg.), Neue Wege für Kultureinrichtungen, Düsseldorf 1997, S. 44; I. Magdowski, Die rechtliche Verselbstständigung von Kultureinrichtungen als Herausforderung für das politische Mandat und ein effektives Management, in: H. Hill; I. Magdowski (Hrsg.), Neue Wege für Kultureinrichtungen, Düsseldorf 1997, S. 85 f.; T. Konietzka; H.-G. Küppers, Neue Steuerung in der kommunalen Kulturarbeit. Alternative Formen der Organisation und Finanzwirtschaft für Kultureinrichtungen, Bonn 1998, S. 168.

684 Vgl. zum Stand der Diskussion im Einzelnen Abschnitt 2.4.5.3.

685 Vgl. M. Görsch, Komplementäre Kulturfinanzierung. Das Zusammenwirken von staatlichen und privaten Zuwendungen bei der Finanzierung von Kunst und Kultur, Berlin 2001, S. 117; T. Konietzka; H.-G. Küppers, Neue Steuerung in der kommunalen Kulturarbeit. Alternative Formen der Organisation und Finanzwirtschaft für Kultureinrichtungen, Bonn 1998, S. 32.

686 Danach konnte für Spenden zu Gunsten bestimmter als besonders förderungswürdig anerkannter gemeinnütziger Zwecke eine Steuervergünstigung beim Spender nur gewährt werden, wenn der Zuwendungsempfänger eine juristische Person des öffentlichen Rechts oder eine öffentliche Dienststelle war.

687 Vgl. W. Heinicke, in: L. Schmidt (Hrsg.), Einkommensteuergesetz. Kommentar, 24. Aufl., München 2005, § 10 b, Rz. 32; A. Klein, Kulturpolitik. Eine Einführung, Opladen 2003, S. 194; G. Winands, Steuerrechtliche Aspekte von Kulturstiftungen, in: Beauftragte der Bundesregierung für Kultur und Medien; Bundesverband Deutscher Stiftungen e. V.; Deutscher Kulturrat (Hrsg.), Handbuch Kulturstiftungen. Ein Ratgeber für die Praxis, 2. Aufl., Berlin 2004, S. 35.

Bei Spenden handelt es sich dabei in Abgrenzung zum später zu behandelnden Sponsoring[688] um unentgeltliche Zuwendungen von Einzelpersonen, Organisationen oder Betrieben, die zwar regelmäßig zweckgerichtet, nicht aber an eine konkrete Gegenleistung gebunden sind.[689]

Soweit Spenden zur Förderung der als besonders förderungswürdig anerkannten gemeinnützigen Zwecke bestimmt sind, können diese gemäß § 10 b EStG sowohl bei der Einkommensteuer als auch bei der Körperschaftsteuer des Spenders steuermindernd berücksichtigt werden. Für den Spendenabzug nach § 10 b EStG ist somit nicht ausreichend, dass die spendenempfangende Körperschaft nach § 5 Abs. 1 Nr. 9 KStG und § 3 Nr. 6 GewStG steuerbefreit ist. Vielmehr muss deren Zweck als besonders förderungswürdig anerkannt worden sein. Welche Zwecke dies sind, ergibt sich aus **Anlage 1 zu § 48 Abs. 2 EStDV**. Während für die in Abschnitt A dieser Anlage bezeichneten Zwecke sowohl Mitgliedsbeiträge als auch Spenden steuerlich abziehbar sind, sind für die in Abschnitt B der Anlage bezeichneten Zwecke nach § 48 EStDV nur Spenden begünstigt. Im Bereich der Kultur können sich hinsichtlich der Zuordnung der begünstigten Zwecke zu den Abschnitten A oder B Abgrenzungsschwierigkeiten ergeben, da die Förderung kultureller Zwecke sowohl in Abschnitt A Nr. 3 als auch in Abschnitt B Nr. 2 der Anlage 1 genannt ist. Während in **Abschnitt B Nr. 2** die Förderung kultureller Betätigungen, die in erster Linie der Freizeitgestaltung dienen, aufgeführt ist, ist die Förderung kultureller Zwecke in **Abschnitt A Nr. 3** als die ausschließliche und unmittelbare Förderung der Kunst, die Förderung der Pflege und Erhaltung von Kulturwerten sowie die Förderung der Denkmalpflege beschrieben. Danach umfasst die Förderung der Kunst die Bereiche der Musik, der Literatur, der darstellenden und bildenden Kunst und schließt die Förderung von kulturellen Einrichtungen, wie Theater und Museen, sowie von kulturellen Veranstaltungen, wie Konzerte und Kunstausstellungen ein. Als Kulturwerte gelten Gegenstände von künstlerischer und sonstiger kultureller Bedeutung, Kunstsammlungen und künstlerische Nachlässe, Bibliotheken, Archive sowie andere vergleichbare Einrichtungen. Die Förderung der Denkmalpflege bezieht sich auf die Erhaltung und Wiederherstellung von Bau- und Bodendenkmälern, die nach den jeweiligen landesrecht-

---

[688] Vgl. hierzu Abschnitt 3.2.2.1.2.2.

[689] Vgl. A. Klein, Kulturpolitik. Eine Einführung, Opladen 2003, S. 194; N. Thom, Sponsoring aus betriebswirtschaftlicher Sicht. Grundlagen und das Universitätssponsoring als Anwendungsbeispiel, in: H. Neuhaus (Hrsg.), Mäzenatentum - Stiftungswesen - Sponsoring. Atzelsberger Gespräche 1998, Erlangen 1999, S. 113; J. Thiel, Kulturförderung als Betriebsausgabe aus steuerlicher Sicht, in: Kulturstiftung Haus Europa (Hrsg.), Kultursponsoring in der Diskussion. Deutschland und Europa, München 1995, S. 97.

lichen Vorschriften anerkannt sind. Die Anerkennung als Denkmal wird durch eine Bescheinigung der nach Landesrecht zuständigen Stelle nachgewiesen.

Fördert danach beispielsweise ein gemeinnütziger Verein sowohl in Abschnitt A als auch in Abschnitt B aufgeführte Zwecke, so sind die Mitgliedsbeiträge insgesamt nicht nach § 48 Abs. 4 Satz 2 EStDV abziehbar, vielmehr können nur die Spenden an den Verein steuerlich abgezogen werden.[690]

Voraussetzung eines Spendenabzugs nach § 10 b EStG ist jedoch, dass die Spende auch tatsächlich dem steuerbegünstigten Zweck der Körperschaft zugeführt wird und dass eine Spendenbescheinigung[691] vorgelegt werden kann.

Die Höhe der abziehbaren Spenden ist jedoch begrenzt. Zunächst sind grundsätzlich nach § 10 b Abs. 1 Satz 1 EStG alle Spenden bis zu 5 % des Gesamtbetrags der Einkünfte oder — wenn dies günstiger ist — 0,2 % der Summe der gesamten Umsätze und der gezahlten Löhne des Kalenderjahres abziehbar.[692] Bei Zuwendungen für besonders förderungswürdige kulturelle Zwecke erhöht sich nur der Prozentsatz von 5 % auf 10 %.[693] **Laufende Zuwendungen an gemeinnützige Stiftungen** des öffentlichen und des privaten Rechts sind über die Höchstbeträge des § 10 b Abs. 1 Satz 1 und 2 EStG hinaus und unabhängig von Gründungsspenden[694] bis zu einem Betrag von 20.450 Euro abziehbar.[695] Überschreitet eine Einzelspende von mindestens 25.565 Euro (so genannte Großspende) für besonders förderungswürdig anerkannte kulturelle Zwecke diese Höchstsätze, so ist der übersteigende Betrag nach § 10 b Abs. 1 Satz 4 und 5 EStG grundsätzlich rück- bzw. vortragsfähig. Bei Unternehmen mindern die Spenden entsprechend nach § 9 Abs. 1 Nr. 2 Satz 3 KStG und § 9 Nr. 5

---

690 Nach Auffassung der Finanzverwaltung gilt dies bereits dann, wenn Körperschaften ihren Mitgliedern geldwerte Vorteile wie zum Beispiel kostenlose oder verbilligte Eintrittskarten zu Veranstaltungen gewähren. Vgl. OFD Hannover, Verfügung vom 26.06.2002, in: DStR, Jg. 40 (2002), H. 47, S. 2036.

691 Vgl. § 50 EStDV.

692 Vgl. W. Heinicke, in: L. Schmidt (Hrsg.), Einkommensteuergesetz. Kommentar, 24. Aufl., München 2005, § 10 b, Rz. 60.

693 Vgl. § 10 b Abs. 1 Satz 2 EStG.

694 Vgl. § 10 b Abs. 1 a EStG.

695 Vgl. W. Heinicke, in: L. Schmidt (Hrsg.), Einkommensteuergesetz. Kommentar, 24. Aufl., München 2005, § 10 b, Rz. 63.

Satz 3 GewStG den Gewinn der Kapitalgesellschaft, Personengesellschaft bzw. des Einzelunternehmers.[696]

Natürliche Personen, Einzelunternehmen und Personengesellschaften werden darüber hinaus als Gründer einer Stiftung begünstigt.[697] Danach können **Zuwendungen** im Sinne des § 10 b Abs. 1 EStG, die **anlässlich der Neugründung** in den Vermögensstock **einer Stiftung** des öffentlichen Rechts oder einer nach § 5 Abs. 1 Nr. 9 KStG steuerbefreiten Stiftung des privaten Rechts bis zu einem Betrag von 307.000 Euro steuerlich geltend gemacht und der Abzug nach eigener Wahl auf das Jahr der Zuwendung und die folgenden neun Veranlagungszeiträume verteilt werden. Von einer Implementierung der Vergünstigung von Stiftungs-Neugründungsspenden in das Körperschaftsteuergesetz und damit einer entsprechenden Begünstigung von juristischen Personen hat der Gesetzgeber bewusst aus haushaltspolitischen Erwägungen Abstand genommen.[698]

Hinsichtlich der **Wirkung des steuerlichen Spendenabzugs** und damit der mittelbaren Finanzierung durch die öffentliche Hand ist darauf hinzuweisen, dass diese vom jeweiligen Spitzen- bzw. Grenzsteuersatz des Spenders abhängig ist.[699]

Während sich bei gewerbesteuerpflichtigen Unternehmen lediglich aufgrund unterschiedlicher Gewerbesteuerhebesätze kommunal abweichende Steuerquoten ergeben, hängt bei natürlichen Personen die ertragsteuerliche Entlastung maßgebend vom individuellen Steuersatz des Spenders ab. So errechnet sich beispielsweise bei einer natürlichen Person mit einem Spitzensteuersatz von derzeit 42 %[700] und einem Kirchensteuersatz von 9 % zusammen mit dem

---

696 Vgl. W. Heinicke, in: L. Schmidt (Hrsg.), Einkommensteuergesetz. Kommentar, 24. Aufl., München 2005, § 10 b, Rz. 64.

697 Vgl. § 10 b Abs. 1 a EStG. Für die Gewerbesteuer gilt Entsprechendes nach § 9 Nr. 5 Satz 5 ff. GewStG.

698 Vgl. R. Herfurth, Spenden und Stiften. Formen der Zuwendung, in: S. Litzel; F. Loock; A. Brackert (Hrsg.), Handbuch Wirtschaft und Kultur. Formen und Fakten unternehmerischer Kulturförderung, Berlin u. a. 2003, S. 42 mit Kritik an dieser Vorgehensweise.

699 Für ein anschauliches Berechnungsbeispiel zu den Auswirkungen von Zuwendungen an steuerbefreite Stiftungen auf die Festsetzung der Einkommensteuer vgl. W. Prophete, Renaissance des gemeinnützigen Stiftungswesens, in: DVP, Jg. 54 (2003), H. 6, S. 226.

700 Nach dem Koalitionsvertrag zwischen CDU, CSU und SPD vom 11.11.2005 ist beabsichtigt, den Steuersatz ab dem 01.01.2007 für besonders hohe Einkommen (über 250.000 Euro bzw. 500.000 Euro für zusammenveranlagte Ehegatten) auf 45 % zu er-

Solidaritätszuschlag von 5,5 % eine kumulierte[701] Gesamtsteuerquote von 48,09 %. Eine steuerlich abzugsfähige Spende dieser Person von 100 Euro wäre somit in Höhe von 48,09 Euro durch die öffentliche Hand mitfinanziert. Bei einem unterstellten Grenzsteuersatz von 30 % reduziert sich die kumulierte Gesamtsteuerquote auf 34,35 %, die öffentliche Hand verbilligt die private Spende von 100 Euro somit nur noch um 34,35 Euro. Hieraus wird deutlich, dass durch den steuerlichen Spendenabzug höhere Einkommen stärker begünstigt werden. In der Literatur wird daher auch kritisiert, dass durch diese Praxis vorrangig eine Spendenbereitschaft und im Ergebnis auch ein darauf abzielendes Kunst- und Kulturangebot für hohe Einkommensbezieher resultiert.[702] Besserverdienende Spender entscheiden somit über ihren Eigenanteil hinaus auch über die mittelbare Förderung durch den Staat,[703] welche Kulturinstitutionen gefördert werden sollen. Zur Vermeidung derartiger Implikationen bietet es sich an, anstelle einer Steuerermäßigung in Höhe des jeweiligen Grenzsteuersatzes eine tarifliche Steuerermäßigung in Höhe einer festen Quote — wie zum Beispiel 50 % — bei Spenden zu Gunsten kultureller Zwecke einzuführen. Letzteres Instrumentarium ist in Deutschland bereits für Spenden an politische Parteien anzutreffen[704] und könnte insoweit leicht auf Spenden an Kultureinrichtungen ausgedehnt werden.

3.2.2.1.2.2 Sponsoring

Neben dem Spendenwesen trägt heutzutage auch das Kultursponsoring der Wirtschaft zur Kulturfinanzierung bei.[705] Beim Sponsoring handelt es sich im

---

höhen (so genannte Reichensteuer). Vgl. CDU; CSU; SPD, Gemeinsam für Deutschland - mit Mut und Menschlichkeit. Koalitionsvertrag vom 11.11.2005, Z. 3359 ff.

701 Bemessungsgrundlage der Kirchensteuer und des Solidaritätszuschlags ist jeweils die Einkommensteuer.

702 Vgl. W. W. Pommerehne; B. S. Frey, Musen und Märkte. Ansätze zu einer Ökonomik der Kunst, München 1993, S. 208; N. Ebker, Politische Ökonomie der Kulturförderung. Entwicklungen zwischen Staat, Markt und 3. Sektor, Bonn 2000, S. 244. In diesem Sinne wohl auch W.-D. Tillner, Die öffentliche Förderung der Musiktheater in Deutschland, Berlin 1999, S. 60.

703 Vgl. in diesem Sinne auch W. Benkert, Kulturfinanzierung, in: H. Rauhe; C. Demmer (Hrsg.), Kulturmanagement. Theorie und Praxis einer professionellen Kunst, Berlin u. a. 1994, S. 82.

704 Vgl. § 34 g EStG.

705 Nach Bruhn ist davon auszugehen, dass jährlich überschlägig 300 Mio. Euro in Form von Kultursponsoring von Unternehmen ausgegeben werden. Vgl. M. Bruhn, Sponsoring. Systematische Planung und integrativer Einsatz, 4. Aufl., Wiesbaden 2003, S. 147.

Gegensatz zu mäzenatisch, das heißt altruistisch ausgerichteten Spenden um eine Zuwendung eines Unternehmens, die auf eine Gegenleistung ausgerichtet ist.[706]

Die Finanzverwaltung hat sich mit Erlass vom 18.02.1998 zu der ertragsteuerlichen Behandlung[707] des Sponsoring geäußert.[708] Unter Sponsoring wird danach üblicherweise die Gewährung von Geld oder geldwerten Vorteilen durch Unternehmen zur Förderung von Personen, Gruppen und Organisationen in sportlichen, kulturellen, kirchlichen, wissenschaftlichen, sozialen, ökologischen oder ähnlich bedeutsamen gesellschaftspolitischen Bereichen verstanden, mit der regelmäßig auch eigene unternehmensbezogene Ziele der Werbung oder Öffentlichkeitsarbeit verfolgt werden.[709] Im Zusammenhang mit Kultursponsoring gemachte Aufwendungen können danach beim Sponsor entweder steuerlich abziehbare Betriebsausgaben, Spenden, die nach Maßgabe von § 10 b EStG, § 9 Abs. 1 Nr. 2 KStG und § 9 Nr. 5 GewStG abziehbar sind, oder aber steuerlich nicht abziehbare Kosten der Lebensführung bzw. bei Kapitalgesellschaften verdeckte Gewinnausschüttungen sein.[710]

---

706 Vgl. R. von Ameln, Aufgaben und Grenzen des Kultursponsoring in Europa, in: C. Stolorz; S. Schmalhaus (Hrsg.), Kulturpolitik und Kultursponsoring, Münster u. a. 1992, S. 79; G. E. Braun; T. Gallus; O. Scheytt, Kultur-Sponsoring für die kommunale Kulturarbeit. Grundlagen, Praxisbeispiele, Handlungsempfehlungen für Kulturmanagement und -verwaltung, Köln 1996, S. 35; F. Meininger, Möglichkeiten, Grenzen und Praxis des Sponsoring in der Öffentlichen Vewaltung. Die öffentliche Verwaltung in ihrer Eigenschaft als Sponsor und Gesponsorte, Speyer 2000, S. 69 f.; E. Wolf-Csanády, Kunstsponsoring und Kulturförderung durch Unternehmen in Deutschland und Österreich und ihr kulturpolitischer Kontext, Frankfurt/M. u. a. 1994, S. 68; H. Rundshagen, Sponsoring. Die steuerliche Behandlung, in: S. Litzel; F. Loock; A. Brackert (Hrsg.), Handbuch Wirtschaft und Kultur. Formen und Fakten unternehmerischer Kulturförderung, Berlin u. a. 2003, S. 57. Speziell zum Kultursponsoring aus Sicht der öffentlichen Einrichtung G. E. Braun; T. Gallus, Kultur-Sponsoring als Management-Aufgabe der Städte. Zukunftsaufgabe der Städte und Gemeinden, in: Der Städtetag, Jg. 49 (1996), H. 4, S. 248 ff.

707 Rundshagen kritisiert, dass darin keine Aussagen zur Umsatzsteuer enthalten sind, es gerade dort jedoch zu Abgrenzungsschwierigkeiten kommt. Vgl. H. Rundshagen, Sponsoring. Die steuerliche Behandlung, in: S. Litzel; F. Loock; A. Brackert (Hrsg.), Handbuch Wirtschaft und Kultur. Formen und Fakten unternehmerischer Kulturförderung, Berlin u. a. 2003, S. 64 und S. 66.

708 Vgl. BMF, Schreiben vom 18.02.1998, BStBl. I (1998), S. 212 f.

709 Vgl. BMF, Schreiben vom 18.02.1998, BStBl. I (1998), S. 212, Rz. 1.

710 Vgl. BMF, Schreiben vom 18.02.1998, BStBl. I (1998), S. 212, Rz. 2; H. Rundshagen, Sponsoring. Die steuerliche Behandlung, in: S. Litzel; F. Loock; A. Brackert

Bei steuerbegünstigten Empfängern können die durch das Sponsoring erhaltenen Leistungen entweder steuerfreie Einnahmen im ideellen Bereich bzw. aus der Vermögensverwaltung oder aber steuerpflichtige Einnahmen eines wirtschaftlichen Geschäftsbetriebs sein.[711] Die steuerliche Behandlungen der Leistungen beim Empfänger hängt dabei grundsätzlich nicht davon ab, wie die entsprechenden Aufwendungen beim Sponsor behandelt werden.[712]

Während beispielsweise beim Sportsponsoring die Unternehmen in der Lage sind, hierdurch unmittelbar ökonomische Ziele zu erreichen, stehen im Kultursponsoring regelmäßig psychologische Kommunikationsziele wie zum Beispiel die Imagepflege, die Kontakt- und Goodwill-Pflege, die Steigerung des Bekanntheitsgrads, die Schaffung von Goodwill sowie die Mitarbeitermotivation im Vordergrund.[713]

(Hrsg.), Handbuch Wirtschaft und Kultur. Formen und Fakten unternehmerischer Kulturförderung, Berlin u. a. 2003, S. 71 ff.

711 Zu etwaigen Abgrenzungslücken zwischen steuerfreien und steuerpflichtigen Sponsoringeinnahmen seitens der empfangenden Kultureinrichtung vgl. S. Litzel, Zur Situation der privaten Kulturförderung. Anregungen zum Perspektivenwechsel, in: N. Lammert (Hrsg.), Alles nur Theater? Beiträge zur Debatte über Kulturstaat und Bürgergesellschaft, Köln 2004, S. 248 sowie H. Rundshagen, Sponsoring. Die steuerliche Behandlung, in: S. Litzel; F. Loock; A. Brackert (Hrsg.), Handbuch Wirtschaft und Kultur. Formen und Fakten unternehmerischer Kulturförderung, Berlin u. a. 2003, S. 65 mit Folgen für die Umsatzsteuer.

712 Vgl. BMF, Schreiben vom 18.02.1998, BStBl. I (1998), S. 213, Rz. 9; J. Thiel, Kulturförderung als Betriebsausgabe aus steuerlicher Sicht, in: Kulturstiftung Haus Europa (Hrsg.), Kultursponsoring in der Diskussion. Deutschland und Europa, München 1995, S. 100.

713 Vgl. F. Loock, Kunstsponsoring. Ein Spannungsfeld zwischen Unternehmen, Künstlern und Gesellschaft, Wiesbaden 1990, S. 61 ff. m. w. N.; M. Bruhn, Sponsoring. Systematische Planung und integrativer Einsatz, 4. Aufl., Wiesbaden 2003, S. 147 ff. m. w. N.; P. Bendixen, Einführung in das Kultur- und Kunstmanagement, 2. Aufl., Wiesbaden 2002, S. 263 ff.; G. E. Braun; T. Gallus; O. Scheytt, Kultur-Sponsoring für die kommunale Kulturarbeit. Grundlagen, Praxisbeispiele, Handlungsempfehlungen für Kulturmanagement und -verwaltung, Köln 1996, S. 32 ff.; R. von Ameln, Aufgaben und Grenzen des Kultursponsoring in Europa, in: C. Stolorz; S. Schmalhaus (Hrsg.), Kulturpolitik und Kultursponsoring, Münster u. a. 1992, S. 82 m. w. N.; C. Stolorz, Zur unternehmenspolitischen Zielsetzung von Sponsoring, in: C. Stolorz; S. Schmalhaus (Hrsg.), Kulturpolitik und Kultursponsoring, Münster u. a. 1992, S. 55 ff. m. w. N.; B. Grüßer, Kultursponsoring. Die gegenseitigen Abhängigkeiten von Kultur, Wirtschaft und Politik, Tübingen 1991, S. 65 f.; F. Meininger, Möglichkeiten, Grenzen und Praxis des Sponsoring in der Öffentlichen Vewaltung. Die öffentliche Verwaltung in ihrer Eigenschaft als Sponsor und Gesponsorte, Speyer 2000, S. 24 ff. m. w. N. und S. 49 ff. m. w. N.; M. Hummel, Aktuelle Übersicht der

Im Bereich des Veranstaltungssponsoring, insbesondere im Bereich des Sports, werden häufig kostenlose Eintrittskarten und Bewirtungen an Geschäftsfreunde ausgegeben. Die Finanzverwaltung hat in diesem Zusammenhang erst kürzlich zusätzlich mit Erlass vom 22.08.2005[714] zur ertragsteuerlichen Behandlung von Aufwendungen für so genannte VIP-Logen in Sportstätten umfangreich zu weiteren Abgrenzungsfragen bzw. Vereinfachungsregelungen Stellung genommen. Dieser Erlass der Finanzverwaltung, der zwar dem Wortlaut nach auf Sportsponsoring und nicht ausdrücklich auf Kultursponsoring abzielt, ist vor dem Hintergrund zu betrachten, dass anlässlich des Aus- und Neubaus von Fußballstadien im Vorfeld der Fußballweltmeisterschaft 2006 in Deutschland verstärkt VIP-Logen eingerichtet werden. Da derartige Arenen bzw. Hallen jedoch zunehmend auch für kulturelle Zwecke wie zum Beispiel Konzerte genutzt werden, ist zu erwarten, dass die Finanzverwaltung in diesen Fällen den bezeichneten Erlass entsprechend anwenden wird.

3.2.2.1.3 Umsatzsteuerliche Begünstigungen für kulturelle Einrichtungen und Leistungen

Wie schon das Bundesverfassungsgericht in seiner Schallplatten-Entscheidung ausführte, ist dem deutschen Umsatzsteuerrecht kein geschlossenes System der Begünstigung des Kulturschaffens zu entnehmen, vielmehr sei der Gesetzgeber mit den in §§ 4 und 12 UStG angeführten Steuerbefreiungen und Steuerbegünstigungen enumerativ vorgegangen.[715] Das Bundesministerium der Finanzen beziffert für 2000-2001 die Steuermindereinnahmen der öffentlichen Hand, die durch eine befreite bzw. ermäßigte Umsatzsteuer auf kulturelle Leistungen entstanden sind, auf rund 1,4 Mrd. Euro.[716]

Im Bereich der umsatzsteuerlichen Begünstigungen von Kultureinrichtungen ist dabei zunächst die Steuerbefreiungsvorschrift des § 4 Nr. 20 UStG mit den drei darin genannten Gruppierungen zu nennen. Danach sind zunächst die Umsätze

---

unternehmerischen Kulturförderung in Deutschland, in: Kulturstiftung Haus Europa (Hrsg.), Kultursponsoring in der Diskussion. Deutschland und Europa, München 1995, S. 87.

714 Vgl. BMF, Schreiben vom 22.08.2005, in: DStR, Jg. 43 (2005), H. 35, S. 1492.

715 Vgl. BVerfGE Bd. 36, S. 336 ff.

716 Vgl. M. Söndermann, Zur Empirie des Kultursektors. Struktur und Finanzierung des Kultursektors in Bund, Ländern und Gemeinden, in: N. Lammert (Hrsg.), Alles nur Theater? Beiträge zur Debatte über Kulturstaat und Bürgergesellschaft, Köln 2004, S. 194.

des Bundes, der Länder, der Gemeinden und Gemeindeverbände mit ihren Theatern, Orchestern, Kammermusikensembles, Chören, Museen, botanischen und zoologischen Gärten, Tierparks, Archiven, Büchereien sowie Denkmälern der Bau- und Gartenbaukunst umsatzsteuerbefreit.[717] Entsprechendes gilt für gleichartige Einrichtungen anderer Unternehmer im Sinne des Umsatzsteuerrechts, wenn die zuständige Landesbehörde bescheinigt, dass die gleichen kulturellen Aufgaben wie die von den in § 4 Nr. 20 a) Satz 1 UStG genannten Gebietskörperschaften geführten Einrichtungen erfüllt werden.[718] Schließlich werden sonstige Unternehmer erfasst, die Theateraufführungen oder Konzerte veranstalten und sich dabei der unter § 4 Nr. 20 a) Satz 1 UStG bezeichneten Theater, Orchester, Kammermusikensembles oder Chöre bedienen.[719]

Während der Gesetzgeber die Steuerbefreiung der Gebietskörperschaften damit begründet, dass diese Einrichtungen in erheblichen Maße staatlich subventioniert sind, erfolgt die Einbeziehung der anderen Unternehmer zur Wahrung der Wettbewerbsneutralität.[720] Mittlerweile hat die Finanzverwaltung zudem bestätigt, dass die Steuerbefreiung des § 4 Nr. 20 UStG auch für Solokünstler gilt.[721]

Unter dem in § 4 Nr. 20 UStG verwendeten Begriff Theater fällt nach Auffassung der Finanzverwaltung die Gesamtheit der darstellenden Künste, insbesondere Schauspiel, Oper, Operette, Ballett, Musical, Zimmertheater, Heimatbühne, literarisches Kabarett, Puppen-, Marionetten- und Pantomimentheater. Varietés sind danach grundsätzlich nicht mit einem Theater gleichgesetzt. Die Grenzen können jedoch fließend sein.[722] Über die Anwendung der Steuerbefreiung des § 4 Nr. 20 UStG wird daher im Rahmen von Einzelfallprüfungen entschieden.[723]

Soweit die Umsätze nicht nach § 4 Nr. 20 UStG steuerbefreit sind, kommt insbesondere der auf 7 % ermäßigte Umsatzsteuersatz nach § 12 Abs. 2 Nr. 7 und Nr. 8 UStG in Betracht. Nach § 12 Abs. 2 Nr. 7 a) UStG sind beispielsweise begünstigt die Eintrittsberechtigung für Theater, Konzerte und Museen, sowie die den Theateraufführungen und Konzerten vergleichbaren Darbietungen

---

717 Vgl. § 4 Nr. 20 a) Satz 1 UStG.

718 Vgl. § 4 Nr. 20 a) Satz 2 UStG.

719 Vgl. § 4 Nr. 20 b) UStG.

720 Vgl. OFD Nürnberg, Verfügung vom 14.04.2004, in: UR, Jg. 54 (2005), H. 4, S. 228.

721 Vgl. BMF, Schreiben vom 31.07.2003, BStBl. I (2003), S. 424.

722 Vgl. OFD Nürnberg, Verfügung vom 14.04.2004, in: UR, Jg. 54 (2005), H. 4, S. 228.

723 Vgl. BMF, Schreiben vom 06.11.1999, in: UR, Jg. 48 (1999), H. 2, S. 82.

ausübender Künstler.[724] Leistungen von Kultureinrichtungen in Gestalt gemeinnütziger Körperschaften werden zudem von § 12 Abs. 2 Nr. 8 a) UStG erfasst.

Die Befreiung von der Umsatzsteuer wirkt sich im Gegensatz zur Besteuerung mit dem ermäßigten Steuersatz nicht immer steuerlich vorteilhaft aus, da sie den so genannten Vorsteuerabzug[725] ausschließt.[726] Letzteres kann insbesondere in Verbindung mit Baumaßnahmen von Nachteil sein.[727]

3.2.2.1.4 Erbschaft- und schenkungsteuerliche Begünstigungen

Zuwendungen an gemeinnützige Körperschaften sind erbschaft- und schenkungsteuerfrei.[728] Auch kommt es im Vergleich zu einer Familienstiftung, bei der alle dreißig Jahre nach § 1 Abs. 1 Nr. 4 ErbStG ein fiktiver Erbfall besteuert wird, zu keiner wiederkehrenden Belastung mit Erbschaft- bzw. Schenkungsteuer.[729]

---

[724] Dass sich auch im Rahmen des § 12 Abs. 2 Nr. 7 a) UStG dieselben normativen Abgrenzungsprobleme wie im Rahmen des § 4 Nr. 20 UStG ergeben, wird durch das Urteil des FG Baden-Württemberg vom 26.01.2005 deutlich. Darin verneinte das FG den Begriff Theater im Sinne des § 12 Abs. 2 Nr. 7 a) UStG für eine Stripteaseshow von Männern für Frauen. Vgl. FG Baden-Württemberg, Urteil vom 26.01.2005, EFG (2005), S. 911.

[725] Vgl. § 15 Abs. 2 Nr. 1 UStG.

[726] Vgl. R. Herfurth, Spenden und Stiften. Formen der Zuwendung, in: S. Litzel; F. Loock; A. Brackert (Hrsg.), Handbuch Wirtschaft und Kultur. Formen und Fakten unternehmerischer Kulturförderung, Berlin u. a. 2003, S. 37; H. Rundshagen, Sponsoring. Die steuerliche Behandlung, in: S. Litzel; F. Loock; A. Brackert (Hrsg.), Handbuch Wirtschaft und Kultur. Formen und Fakten unternehmerischer Kulturförderung, Berlin u. a. 2003, S. 75.

[727] Vgl. R. Herfurth, Spenden und Stiften. Formen der Zuwendung, in: S. Litzel; F. Loock; A. Brackert (Hrsg.), Handbuch Wirtschaft und Kultur. Formen und Fakten unternehmerischer Kulturförderung, Berlin u. a. 2003, S. 37; M. Boecker; W. Schulz, Unternehmerisches Engagement und Steuern am Beispiel der Stiftung Johannes a Lasco Bibliothek in Emden, in: R. Strachwitz; V. Then (Hrsg.), Kultureinrichtungen in Stiftungsform, Gütersloh 2004, S. 134 und S. 137; S. Litzel, Zur Situation der privaten Kulturförderung. Anregungen zum Perspektivenwechsel, in: N. Lammert (Hrsg.), Alles nur Theater? Beiträge zur Debatte über Kulturstaat und Bürgergesellschaft, Köln 2004, S. 248 sowie nachfolgend Abschnitt 3.3.3.

[728] Vgl. § 13 Abs. 1 Nr. 16 b) ErbStG.

[729] Vgl. R. Herfurth, Spenden und Stiften. Formen der Zuwendung, in: S. Litzel; F. Loock; A. Brackert (Hrsg.), Handbuch Wirtschaft und Kultur. Formen und Fakten unternehmerischer Kulturförderung, Berlin u. a. 2003, S. 37.

Darüber hinaus sind nach § 13 Abs. 1 Nr. 2 ErbStG Kulturgüter voll bzw. teilweise von der Erbschaftsteuer befreit. Danach sind Grundbesitz, Teile von Grundbesitz, Kunstgegenstände, Kunstsammlungen, wissenschaftliche Sammlungen, Bibliotheken und Archive nur mit 40 % ihres Werts anzusetzen, wenn ihre Erhaltung wegen ihrer Bedeutung für Kunst, Geschichte oder Wissenschaft im öffentlichen Interesse liegt, die jährlichen Kosten in der Regel die erzielten Einnahmen übersteigen und die Gegenstände in einem den Verhältnissen entsprechenden Umfang den Zwecken der Forschung oder der Volksbildung nutzbar gemacht sind oder werden. Wenn darüber hinaus der Erwerber bereit ist, die Gegenstände den Bestimmungen der Denkmalpflege zu unterstellen und sich diese Gegenstände seit mindestens zwanzig Jahren im Besitz der Familie befinden[730] oder in das Verzeichnis national wertvollen Kulturguts oder national wertvoller Archive eingetragen sind, bleiben sie vollen Umfangs von der Erbschaftsteuer befreit. Nach der Finanzverwaltung kommen diese Steuerbefreiungen nur für Gegenstände in Betracht, die sich im Inland befinden und für mindestens zehn Jahre dort verbleiben.[731] Eine vorübergehende Ausstellung der Kunstgegenstände im Ausland ist jedoch unschädlich.[732]

Eine etwaige Erbschaft- bzw. Schenkungsteuerfreiheit kann schließlich nach § 29 Abs. 4 Nr. 4 ErbStG für eine Zuwendung auch insoweit mit Wirkung für die Vergangenheit hergestellt werden, als Vermögensgegenstände innerhalb von vierundzwanzig Monaten nach dem Erbfall oder der Schenkung einer gemeinnützigen Kulturinstitution zugewendet werden.[733]

3.2.2.1.5 Grunderwerb- und Grundsteuer

Grundstückserwerbe von Todes wegen und Grundstücksschenkungen unter Lebenden im Sinne des Erbschaftsteuer- und Schenkungsteuergesetzes sind von

---

730 Diese auch als "Adelsprivileg" bezeichnete Voraussetzung stößt in der Literatur auf verfassungsrechtliche Bedenken, da hierdurch weder die Minderung der finanziellen Leistungsfähigkeit des Erben noch die Gemeinwohlgebundenheit und Gemeinwohlverpflichtetheit des Kunstbesitzes indiziert werde. Vgl. C.-H. Heuer, Der gemeine Wert von Kunstgegenständen. Anmerkungen zum Urteil des BFH vom 06.06.2001, II R 7/98, in: DStR, Jg. 40 (2002), H. 20-21, S. 847 f.

731 Vgl. Richtlinie 42 Abs. 1 Erbschaftsteuer-Richtlinien 2003 vom 17.03.2003, BStBl. I (2003), S. 2.

732 Vgl. Hinweis 42 Erbschaftsteuer-Hinweise, Gleichlautender Ländererlass vom 17.03.2003, BStBl. I (2003), S. 91.

733 Vgl. H. Berndt, Stiftungen und Unternehmen. Rechtsvorschriften - Besteuerung - Zweckmäßigkeit, 7. Aufl., Berlin 2003, Rz. 807.

der Grunderwerbsteuer befreit.[734] Im Ergebnis sind derartige Grundstückserwerbe von gemeinnützigen Kultureinrichtungen somit grundsätzlich sowohl von der Erbschaft- bzw. Schenkungsteuer als auch von der Grunderwerbsteuer freigestellt.

Grundbesitz, der von gemeinnützigen Kultureinrichtungen für gemeinnützige Zwecke benutzt wird, ist zudem von der Grundsteuer befreit.[735]

Durch das Gesetz zur Beschleunigung der Umsetzung von Öffentlich Privaten Partnerschaften und zur Verbesserung gesetzlicher Rahmenbedingungen für Öffentlich Private Partnerschaften vom 01.09.2005[736] wurden darüber hinaus die grundsteuerlichen und grunderwerbsteuerlichen Befreiungstatbestände im Bereich der PPP erweitert.

3.2.2.1.6 Vermögensteuer

Mit der Anerkennung der Gemeinnützigkeit einer Kultureinrichtung ist deren Befreiung von der Vermögensteuer verbunden.[737] Letztere wird allerdings aufgrund des Beschlusses des Bundesverfassungsgerichts vom 22.06.1995[738] wegen ihrer teilweisen Verfassungswidrigkeit ab 1997 in Deutschland ohnehin nicht mehr erhoben.

3.2.2.2 USA

3.2.2.2.1 Ertragsteuerliche Befreiung des gemeinnützigen Kulturträgers

Auch in den USA können gemeinnützige Kulturinstitutionen — wie auch andere NPOs — von der Bundeseinkommensteuer befreit werden. So fallen insbesondere Kulturstiftungen hierunter, wenn sie — wie in Deutschland — die Voraussetzungen der Selbstlosigkeit, Zweck- und Vermögensbindung er-

---

734 Vgl. § 3 Nr. 2 GrEStG.

735 Vgl. § 3 Abs. 1 Nr. 3 b) GrStG.

736 Vgl. Gesetz zur Beschleunigung der Umsetzung von Öffentlich Privaten Partnerschaften und zur Verbesserung gesetzlicher Rahmenbedingungen für Öffentlich Private Partnerschaften vom 01.09.2005, BGBl. I, S. 2676.

737 Vgl. § 3 Abs. 1 Nr. 12 VStG.

738 Vgl. Beschluss des Bundesverfassungsgerichts vom 22.06.1995, BGBl. I, S. 1191.

füllen.[739] Sofern die Steuerbefreiung auf Bundesebene anerkannt ist, führt dies regelmäßig auch zu einer Befreiung von der Einkommensteuer auf Ebene der Bundesstaaten.[740]

Ähnlich wie in Deutschland bei wirtschaftlichen Geschäftsbetrieben der jeweiligen Körperschaft sind in den USA auf Dauer angelegte wirtschaftliche Tätigkeiten von NPOs, die nicht in einer substantiellen kausalen Beziehung zur Erreichung des befreiten Zwecks stehen und zu dieser selbst wesentlich beitragen, von der Steuerbefreiung ausgenommen, und unterliegen insoweit der so genannten Unrelated Business Income Tax.[741]

Allerdings ist in den USA bei der Anwendung dieser Unrelated Business Income Tax im Vergleich zu Deutschland eine liberalere Auslegung zu beobachten. So wird in den USA der Betrieb eines Museumsladens oder auch der einer Bar oder Cafeteria in einem Konzerthaus üblicherweise nicht von der Besteuerung erfasst, da diese Leistungen — anders als in Deutschland[742] — regelmäßig noch dem originären Zweck der Einrichtungen zugeordnet werden.[743] Der Unrelated Business Income Tax unterliegen demgegenüber Erlöse aus nicht-kausalen Objekten wie zum Beispiel aus einem museumseigenen Wohngebäude.[744]

Im Bereich der Stiftungen unterliegen so genannte Private Foundations einer speziellen Stiftungsteuer. Diese beträgt grundsätzlich 2 % des Nettoeinkom-

---

[739] Vgl. S. Toepler, Das gemeinnützige Stiftungswesen in der modernen demokratischen Gesellschaft. Ansätze zu einer ökonomischen Betrachtungsweise, München 1996, S. 90 f.

[740] Vgl. S. Toepler, Das gemeinnützige Stiftungswesen in der modernen demokratischen Gesellschaft. Ansätze zu einer ökonomischen Betrachtungsweise, München 1996, S. 90 f.

[741] Vgl. A. L. Feld; M. O'Hare; J. M. Davidson Schuster, Patrons Despite Themselves. Taxpayers and Arts Policy, New York u. a. 1983, S. 54 f.; S. Toepler, Das gemeinnützige Stiftungswesen in der modernen demokratischen Gesellschaft. Ansätze zu einer ökonomischen Betrachtungsweise, München 1996, S. 92.

[742] Vgl. hierzu Abschnitt 3.2.2.1.1.

[743] Vgl. A. L. Feld; M. O'Hare; J. M. Davidson Schuster, Patrons Despite Themselves. Taxpayers and Arts Policy, New York u. a. 1983, S. 54 f.; S. Toepler, Das gemeinnützige Stiftungswesen in der modernen demokratischen Gesellschaft. Ansätze zu einer ökonomischen Betrachtungsweise, München 1996, S. 93.

[744] Vgl. A. L. Feld; M. O'Hare; J. M. Davidson Schuster, Patrons Despite Themselves. Taxpayers and Arts Policy, New York u. a. 1983, S. 54.

mens[745] aus der Vermögensanlage der Stiftung.[746] Zweck dieser Steuer ist es, die Kosten der Überwachung bzw. Administration der steuerbefreiten Stiftungen zu kompensieren.[747] Eine entsprechende Regelung ist im deutschen Steuerrecht nicht vorzufinden.

3.2.2.2.2 Ertragsteuerliche Begünstigung des Förderers

3.2.2.2.2.1 Spenden

In den USA sind Spenden von natürlichen Personen laut Bundessteuergesetz bis zu 50 % des Bruttoeinkommens abziehbar.[748] Die konkrete Höhe hängt dabei von der jeweiligen Organisationsform der gemeinnützigen Körperschaft ab.[749] Spenden von Unternehmen sind bis zu einer Höhe von 10 % des Bruttoeinkommens abziehbar.[750] Im Hinblick auf die Abzugsfähigkeit von Spenden an gemeinnützige Einrichtungen folgen auch hier die Einzelstaaten regelmäßig der gesetzlichen Regelung auf Bundesebene.[751]

---

745 Unter bestimmten Voraussetzungen kann die Steuerbelastung auf 1 % reduziert werden. Vgl. A. Schlüter, Stiftungsrecht zwischen Privatautonomie und Gemeinwohlbindung. Ein Rechtsvergleich Deutschland, Frankreich, Italien, England, USA, München 2004, S. 146 m. w. N.; S. Toepler, Das gemeinnützige Stiftungswesen in der modernen demokratischen Gesellschaft. Ansätze zu einer ökonomischen Betrachtungsweise, München 1996, S. 107.

746 Vgl. A. Schlüter, Stiftungsrecht zwischen Privatautonomie und Gemeinwohlbindung. Ein Rechtsvergleich Deutschland, Frankreich, Italien, England, USA, München 2004, S. 146 m. w. N. und S. 150 m. w. N.; S. Toepler, Das gemeinnützige Stiftungswesen in der modernen demokratischen Gesellschaft. Ansätze zu einer ökonomischen Betrachtungsweise, München 1996, S. 107.

747 Vgl. A. Schlüter, Stiftungsrecht zwischen Privatautonomie und Gemeinwohlbindung. Ein Rechtsvergleich Deutschland, Frankreich, Italien, England, USA, München 2004, S. 146 m. w. N.; S. Toepler, Das gemeinnützige Stiftungswesen in der modernen demokratischen Gesellschaft. Ansätze zu einer ökonomischen Betrachtungsweise, München 1996, S. 108.

748 Vgl. I.R.C. § 170(b)(1) (2005).

749 Vgl. I.R.C. § 170(c) (2005) i. V. m. § 170(b) (2005).

750 Vgl. I.R.C. § 170(b)(2) (2005); J. W. O'Hagan, The State and the Arts. An Analysis of Key Economic Policy Issues in Europe and the United States, Cheltenham u. a. 1998, S. 109.

751 Vgl. J. W. O'Hagan, The State and the Arts. An Analysis of Key Economic Policy Issues in Europe and the United States, Cheltenham u. a. 1998, S. 109.

Werden die Höchstsätze überschritten, ist grundsätzlich eine Verteilung auf die fünf folgenden Jahre erlaubt.[752] Ab einem Spendenbetrag von 250 USD ist für die steuerliche Anerkennung eine Spendenbescheinigung des Empfängers erforderlich.[753]

Unter Berücksichtigung des gegenwärtigen Spitzensteuersatzes in den USA von 35 % wird bei einer natürlichen Person eine abzugsfähige Spende somit entsprechend dieser Quote subventioniert.[754] Wie in Deutschland werden somit auch in den USA durch die Koppelung des Spendenabzugs an den individuellen Steuersatz vorrangig besser verdienende Einkommensbezieher zum Spenden motiviert.[755] Stellt man rein auf den Spitzensteuersatz ab, so ist festzuhalten, dass in Deutschland aufgrund des höheren Spitzensteuersatzes von derzeit 42 % ein höherer Anreiz zum Spenden gegeben ist. Dies wird in den USA jedoch dadurch überkompensiert, dass dort das zu versteuernde Einkommen nicht wie in Deutschland bis zu 10 %, sondern bis zu 50 % durch Spenden an Kulturinstitutionen gemindert werden kann. Insoweit ist das Steuersystem in Bezug auf die steuerliche Abzugsfähigkeit von Spenden in den USA insgesamt betrachtet als großzügiger zu bezeichnen.[756]

3.2.2.2.2.2 Sponsoring

Neben der vorbeschriebenen Spendenmöglichkeit können Aufwendungen für kulturelle Projekte von Unternehmen im Rahmen von PR- bzw. Marketing-

---

752 Vgl. I.R.C. § 170(d)(1) (2005) und § 170(d)(2) (2005).

753 Vgl. I.R.C. § 170(f)(8)(A) (2005).

754 Vgl. W. Heinrichs, Kulturpolitik und Kulturfinanzierung. Strategien und Modelle für eine politische Neuorientierung der Kulturfinanzierung, München 1997, S. 148.

755 Vgl. A. L. Feld; M. O'Hare; J. M. Davidson Schuster, Patrons Despite Themselves. Taxpayers and Arts Policy, New York u. a. 1983, S. 29 f.

756 Vgl. H. K. Anheier; L. M. Salamon; E. Archambault, Ehrenamtlichkeit und Spendenverhalten in Deutschland, Frankreich und den USA, in: H. K. Anheier u. a. (Hrsg.), Der Dritte Sektor in Deutschland. Organisationen zwischen Staat und Markt im gesellschaftlichen Wandel, Berlin 1997, S. 198; E. Lissek-Schütz, Kultur in der Eigenverantwortung der Bürger. Möglichkeiten und Grenzen in den USA, in: H. Hill; I. Magdowski (Hrsg.), Neue Wege für Kultureinrichtungen, Düsseldorf 1997, S. 134 f.

maßnahmen als normale Geschäftsausgaben steuermindernd berücksichtigt werden.[757]

3.2.2.2.3 Umsatzsteuerliche Begünstigungen für kulturelle Einrichtungen und Leistungen

Im Gegensatz zu Deutschland sind in den USA umsatzsteuerliche Begünstigungen von kulturellen Leistungen bzw. Kulturinstitutionen nicht ersichtlich.[758]

3.2.2.2.4 Erbschaft- und schenkungsteuerliche Begünstigungen

In den USA unterliegen Nachlässe und Schenkungen grundsätzlich der Erbschaft- bzw. Schenkungsteuer. Hiervon ausgenommen sind lediglich Zuwendungen an Ehegatten sowie Zuwendungen an gemeinnützige Organisationen.[759] Schenkungen und Verfügungen von Todes wegen zu Gunsten von gemeinnützigen Kulturinstitutionen sind danach ohne Wertbegrenzung[760] von der Schenkung- und Erbschaftsteuer befreit. Insoweit besteht kein Unterschied zur Situation in Deutschland.

---

757 Vgl. S. Toepler, Kulturfinanzierung. Ein Vergleich USA - Deutschland, Wiesbaden 1991, S. 42; J. W. O'Hagan, The State and the Arts. An Analysis of Key Economic Policy Issues in Europe and the United States, Cheltenham u. a. 1998, S. 109 f.

758 Vgl. J. W. O'Hagan, Tax Concessions, in: R. Towse (Hrsg.), A Handbook of Cultural Economics, Cheltenham u. a. 2003, S. 455; J. W. O'Hagan, The State and the Arts. An Analysis of Key Economic Policy Issues in Europe and the United States, Cheltenham u. a. 1998, S. 120.

759 Vgl. E. Lissek-Schütz, Kulturfinanzierung in privater Hand. Das Beispiel USA, in: T. Heinze (Hrsg.), Kulturfinanzierung. Sponsoring - Fundraising - Public-Private-Partnership, Münster 1999, S. 229; S. Toepler, Das gemeinnützige Stiftungswesen in der modernen demokratischen Gesellschaft. Ansätze zu einer ökonomischen Betrachtungsweise, München 1996, S. 106.

760 Vgl. J. W. O'Hagan, The State and the Arts. An Analysis of Key Economic Policy Issues in Europe and the United States, Cheltenham u. a. 1998, S. 114; A. L. Feld; M. O'Hare; J. M. Davidson Schuster, Patrons Despite Themselves. Taxpayers and Arts Policy, New York u. a. 1983, S. 57.

3.2.2.2.5 Kapitalgewinnsteuer

In den USA unterliegen — anders als bis dato in Deutschland[761] — Kapitalgewinne aus der Veräußerung von Privatvermögen nach einer Frist von zwölf Monaten in der Regel einer pauschalen Kapitalgewinnsteuer von 20 %. Hierunter fallen somit auch in Privatbesitz befindliche Kunstgegenstände. Die Kapitalgewinnsteuer fällt jedoch nicht an, wenn ein Vermögenswert nicht veräußert, sondern vielmehr einer gemeinnützigen und steuerbefreiten Organisation zugewendet wird. So weisen Feld, O'Hare und Schuster rechnerisch nach, dass es steuerlich durchaus günstiger ist, einen Kunstgegenstand einem Museum als Sachspende zu überlassen als diesen zu veräußern und dann den Erlös dem Museum zu spenden.[762] Im Ergebnis werden hierdurch Anreize geschaffen, Kunstsammlungen der Allgemeinheit zugänglich zu machen.

3.2.2.2.6 Grundsteuer

Soweit Stiftungen bzw. NPOs auf Bundesebene als gemeinnützig anerkannt sind, werden diese regelmäßig auch auf kommunaler Ebene von der Grundsteuer (Property Tax) befreit.[763] Dieser Steuervorteil wirkt sich jedoch nur bei den Kulturinstitutionen aus, die Eigentümer der von ihnen genutzten Immobilien sind, als Mieter oder Pächter werden sie demgegenüber mittelbar über die Miete bzw. Pacht mit der Property Tax belastet.[764] Da es sich bei der Property Tax regelmäßig um die Haupteinnahmequelle der Kommunen handelt, wird diese Steuerbefreiung für NPOs dort vermehrt als Belastung wahrgenommen und kritisiert.[765] Problematisch ist in diesem Zusammenhang, dass die Kommu-

---

761 Dem Vernehmen nach beabsichtigt auch die deutsche Bundesregierung ab dem 01.07.2007 auf private Veräußerungsgewinne ohne zeitliche Begrenzung eine Pauschalsteuer von 20 % zu erheben. Demnach würde dann soweit kein wesentlicher Unterschied zu der Situation in den USA mehr bestehen. Vgl. o. V., Verwirrung um geplante Spekulationssteuer, in: FAZ vom 16.11.2005, S. 21.

762 Vgl. A. L. Feld; M. O'Hare; J. M. Davidson Schuster, Patrons Despite Themselves. Taxpayers and Arts Policy, New York u. a. 1983, S. 44.

763 Vgl. S. Toepler, Das gemeinnützige Stiftungswesen in der modernen demokratischen Gesellschaft. Ansätze zu einer ökonomischen Betrachtungsweise, München 1996, S. 90 m. w. N.; A. Schlüter, Stiftungsrecht zwischen Privatautonomie und Gemeinwohlbindung. Ein Rechtsvergleich Deutschland, Frankreich, Italien, England, USA, München 2004, S. 150.

764 Vgl. A. L. Feld; M. O'Hare; J. M. Davidson Schuster, Patrons Despite Themselves. Taxpayers and Arts Policy, New York u. a. 1983, S. 133.

nen selbst keine gesetzliche Handhabe gegen die Steuerbefreiung der NPOs haben, sie letztlich aber die finanziellen Lasten aus der entgangenen Steuer allein tragen müssen.[766]

Dies führt zum Teil bereits zu freiwilligen Zuwendungen von wohlhabenden NPOs an die betroffenen Kommunen.[767] Zudem sind in diesem Zusammenhang Fehlallokationen dergestalt zu beobachten, dass Kulturinstitutionen wegen dieser Steuerbefreiung zunehmend Mittel in Grundbesitz anstatt in originäre Kunst- bzw. Kulturprojekte investieren.[768]

3.2.2.3 Zwischenergebnis

Hinsichtlich der indirekten Finanzierung durch Steuererleichterungen sind bei einem Vergleich zwischen Deutschland und den USA keine grundlegenden Unterschiede im ertragsteuerlichen Instrumentarium zu erkennen. Insbesondere das System der steuerbefreiten gemeinnützigen Körperschaften und die steuerliche Abzugsfähigkeit von Spenden an derartige Institutionen sind ähnlich ausgestaltet. Unterschiede sind im Bereich der Auswirkungen des Spendenabzugs insoweit zu beobachten, dass in Deutschland zwar ein höherer Spitzensteuersatz von 42 % gegenüber 35 % in den USA zur Anwendung kommt. Dieser vermeintliche Nachteil in den USA wird jedoch durch eine verbreiterte Bemes-

765 Vgl. S. Toepler, Das gemeinnützige Stiftungswesen in der modernen demokratischen Gesellschaft. Ansätze zu einer ökonomischen Betrachtungsweise, München 1996, S. 90 m. w. N.; S. Toepler, Culture, Commerce, and Civil Society. Rethinking Support for the Arts, in: Administration & Society, Bd. 33 (2001), H. 5, S. 515 f.; S. Toepler, Modell USA? Der Dritte Sektor im Umbruch, in: R. Strachwitz (Hrsg.), Dritter Sektor - Dritte Kraft. Versuch einer Standortbestimmung, Düsseldorf 1998, S. 71 f.

766 Vgl. A. L. Feld; M. O'Hare; J. M. Davidson Schuster, Patrons Despite Themselves. Taxpayers and Arts Policy, New York u. a. 1983, S. 64.

767 Zu den so genannten Payments in Lieu of Taxes (PILOTS) vgl. S. Toepler, Modell USA? Der Dritte Sektor im Umbruch, in: R. Strachwitz (Hrsg.), Dritter Sektor - Dritte Kraft. Versuch einer Standortbestimmung, Düsseldorf 1998, S. 71 f. In diesem Sinne auch S. Toepler, Culture, Commerce, and Civil Society. Rethinking Support for the Arts, in: Administration & Society, Bd. 33 (2001), H. 5, S. 516.

768 Vgl. A. L. Feld; M. O'Hare; J. M. Davidson Schuster, Patrons Despite Themselves. Taxpayers and Arts Policy, New York u. a. 1983, S. 133 ff.; S. Toepler, Kulturfinanzierung. Ein Vergleich USA - Deutschland, Wiesbaden 1991, S. 38; A. Holland, Bundesstaatliche Kunstförderung in der Schweiz. Anregungen aus einem Rechtsvergleich mit den USA, Bamberg 2002, S. 124.

sungsgrundlage (Abzugsfähigkeit von 50 % im Vergleich zu maximal 10 % der Spenden) gegenüber Deutschland kompensiert.

Im Bereich der Umsatzsteuer ist mangels entsprechender Regelungen in den USA in Deutschland eine weitergehende Förderungsmöglichkeit durch Steuerbefreiungen bzw. -ermäßigungen vorzufinden.

Mangels einer in Deutschland bis dato geltenden Kapitalgewinnsteuer bzw. Besteuerung von Spekulationsgewinnen ohne zeitliche Begrenzung lässt sich aus den in den USA anzutreffenden diesbezüglichen Befreiungsmöglichkeiten für Zuwendungen an gemeinnützige Körperschaften gegenwärtig kein konkretes Potenzial zur indirekten Kulturfinanzierung ableiten.

Im Ergebnis lässt sich somit festhalten, dass sich aus einem Vergleich der beiden Länder keine qualitativ neuen steuerlichen Förderungsinstrumente bzw. -potenziale ergeben, die nicht schon durch das in Deutschland vorzufindende Instrumentarium abgedeckt werden.

Dennoch ist das private Spenden- und Sponsoringwesen im Bereich der Kultur in den USA wesentlich stärker ausgeprägt als in Deutschland. Dies ist insbesondere auf die unterschiedliche historische Entwicklung beider Länder zurückzuführen und gekennzeichnet durch eine "andere Positionierung individueller Verantwortung im Verhältnis von Staat und Gesellschaft."[769]

3.2.3 Gestaltung von Rahmenbedingungen

3.2.3.1 Deutschland

3.2.3.1.1 Sozialversicherung von Künstlern

Die Künstlersozialversicherung trat 1983 in Kraft und dient seitdem der sozialen Absicherung von selbstständigen Künstlern und Publizisten im Hinblick auf die Kranken-, Pflege- und Rentenversicherung.[770] Wer als Künstler oder Publi-

---

[769] E. Lissek-Schütz, Kultur in der Eigenverantwortung der Bürger. Möglichkeiten und Grenzen in den USA, in: H. Hill; I. Magdowski (Hrsg.), Neue Wege für Kultureinrichtungen, Düsseldorf 1997, S. 143.

[770] Vgl. Gesetz über die Sozialversicherung der selbstständigen Künstler und Publizisten vom 27.07.1981, BGBl. I, S. 705.

In Deutschland wird das Urheberrecht heute[781] im Gesetz über Urheberrecht und verwandte Schutzrechte[782] geregelt. Schutz genießen hierbei zunächst[783] nach § 1 UrhG die Urheber von Werken der Literatur, Wissenschaft und Kunst. Unter Urheber versteht man dabei den Schöpfer des Werks.[784] § 2 Abs. 1 UrhG gibt eine nicht abschließende Auflistung derjenigen Werke, die unter den Schutz des Gesetzes fallen. Hierzu gehören Sprachwerke, Werke der Musik, pantomimische Werke inklusive der Werke der Tanzkunst, Werke der bildenden Kunst inklusive der Werke der Baukunst und der angewandten Kunst sowie Entwürfe solcher Werke, Lichtbildwerke, Filmwerke sowie Darstellungen wissenschaftlicher oder technischer Art. Voraussetzung ist zudem, dass es sich dabei um persönliche geistige Schöpfungen handeln muss.[785]

Im Rahmen des **Urheberpersönlichkeitsrechts** sind drei Punkte wesentlich: So darf der Urheber selbst über das *Ob* und das *Wie* einer Veröffentlichung seines Werks entscheiden (so genanntes Veröffentlichungsrecht).[786] Zudem hat er das Recht auf Anerkennung und Benennung seiner Urheberschaft.[787] Schließlich ist sein Werk gesetzlich vor Entstellung oder ähnlichen Beeinträchtigungen geschützt (so genanntes Werkintegritätsrecht).[788]

Von wesentlicher Bedeutung sind aber auch die **Verwertungsrechte**. Nach § 15 Abs. 1 und 2 UrhG obliegt es zunächst ausschließlich dem Urheber bzw. Schöpfer eines Werks, dies in körperlicher Form zu verwerten (Vervielfältigungs-, Verbreitungs- und Ausstellungsrecht) bzw. es in unkörperlicher Form wiederzugeben (Vortrags-, Aufführungs- und Vorführungsrecht, Recht der öffentlichen Zugänglichmachung, Senderecht, Recht der Wiedergabe durch

---

781 Zur Rechtslage vor Inkrafttreten des Gesetzes über Urheberrecht und verwandte Schutzrechte von 1965 vgl. J. Dieselhorst, Was bringt das Urheberpersönlichkeitsrecht? Urheberpersönlichkeitsschutz im Vergleich. Deutschland - USA, Frankfurt/M. u. a. 1995, S. 96 ff.

782 Vgl. Gesetz über Urheberrecht und verwandte Schutzrechtevom 09.09.1965, BGBl. I, S. 1273.

783 Im späteren Verlauf dieses Abschnitts werden neben den Urhebern auch noch die so genannten Leistungsschutzberechtigten betrachtet.

784 Vgl. § 7 UrhG.

785 Vgl. § 2 Abs. 2 UrhG.

786 Vgl. § 12 UrhG.

787 Vgl. § 13 UrhG.

788 Vgl. § 14 UrhG.

Bild- oder Tonträger, Recht der Wiedergabe von Funksendungen und von öffentlicher Zugänglichmachung).[789]

Allerdings kann der Urheber Dritten gegenüber **Nutzungsrechte** einräumen,[790] wobei diese angemessen zu vergüten sind.[791] Bei den Nutzungsrechten unterscheidet man zwischen einfachen Nutzungsrechten, bei denen mehrere das Werk nutzen dürfen, und exklusiven Nutzungsrechten. Zudem gibt es die Möglichkeit Nutzungsrechte räumlich, zeitlich oder inhaltlich zu begrenzen. Um die Vergütung zwischen Urheber und Nutzer (Verwerter) möglichst unaufwändig und reibungslos zu organisieren wurden von der öffentlichen Hand für die unterschiedlichen künstlerischen Bereiche so genannte Verwertungsgesellschaften gegründet. Die bekanntesten Beispiele hierfür sind die GEMA, die Verwertungsgesellschaft Wort oder auch die Verwertungsgesellschaft Bild-Kunst.[792] Diese nehmen die Aufgaben ihrer Mitglieder treuhänderisch wahr, indem sie die vereinbarten Vergütungen einziehen und nach einem bestimmten Verteilungsschlüssel an die Rechteinhaber auszahlen.[793] Die Details hierzu werden in einem separaten Gesetz, dem Urheberrechtswahrnehmungsgesetz[794] geregelt. Von Beachtung ist hierbei vor allem § 7 UrhWG. Hier heißt es, dass der Verteilungsplan der Verwertungsgesellschaften dem Grundsatz entsprechen soll, dass kulturell bedeutende Werke und Leistungen zu fördern sind. Es erfolgt also eine Unterscheidung in höherwertige und weniger hochwertige Kunst, wobei erstere unabhängig von ihrer tatsächlichen Verwertung einen höheren Anteil aus den Einnahmen der Verwertungsgesellschaft erhalten.[795]

---

789 Die Einzelheiten hierzu sind in den §§ 16-22 UrhG geregelt.

790 Vgl. § 31 UrhG.

791 Vgl. § 32 UrhG.

792 Vgl. hierzu ausführlicher W. Heinrichs, Kulturmanagement. Eine praxisorientierte Einführung, 2. Aufl., Darmstadt 1999, S. 90 f.; O. Zimmermann, Was ist eigentlich das Urheberrecht? Zur Bewertung kreativer Leistungen, in: puk, H. 1 (2005), S. 2.

793 Vgl. O. Zimmermann, Was ist eigentlich das Urheberrecht? Zur Bewertung kreativer Leistungen, in: puk, H. 1 (2005), S. 2.

794 Vgl. Gesetz über die Wahrnehmung von Urheberrechten und verwandten Schutzrechten vom 09.09.1965, BGBl. I, S. 1294.

795 Vgl. O. Zimmermann, Was ist eigentlich das Urheberrecht? Zur Bewertung kreativer Leistungen, in: puk, H. 1 (2005), S. 2. Es ist also einmal mehr von Gesetzes wegen notwendig, ein qualitatives Werturteil im Bereich der Kunst respektive der Kultur vorzunehmen. Eine derartige Definitionsproblematik kann - wie mehrfach gezeigt — als typisch leistungsstaatlich eingestuft werden, da man sich in diesem Zusammenhang wieder stärker um das *Was* als um das *Wie* der Förderung kümmert und der Staat wertend über mehr oder weniger zu fördernde Kultur urteilt.

Das Urheberrecht gilt jedoch nicht unbegrenzt.[796] So ergeben sich beispielsweise Schranken aus der Rechtspflege und öffentlichen Sicherheit,[797] dem Kirchen-, Schul- oder Unterrichtsgebrauch,[798] dem Zitierrecht[799] oder auch dem zunehmend komplexer werdenden Bereich der Vervielfältigung zum privaten oder sonstigen eigenen Gebrauch.[800]

Neben den Nutzungsrechten der Verwerter ist in Deutschland aber auch das **Folgerecht**[801] nach § 26 UrhG von besonderer Bedeutung. Es greift im Fall einer Veräußerung von Originalen der bildenden Kunst. Werden diese nicht privat, sondern über einen Galeristen, Kunsthändler oder Auktionator weiterveräußert und beträgt der Verkaufspreis mindestens 51 Euro, so erhält der Urheber des Werks jedes Mal 5 % des Verkaufserlöses. Er ist somit an einer später möglichen Wertsteigerung seines Werks beteiligt. Allerdings, so wird kritisiert, erfahren nur die einigermaßen etablierten Künstler, deren Werke professionell gehandelt werden, diesen Vorteil.[802] Auch hier erfolgt die Vergütung regelmäßig über ein Pauschalinkasso durch die Verwertungsgesellschaft Bild-Kunst, die hierfür eine eigene Verwaltungsabteilung, die Ausgleichsvereinigung Kunst, gegründet hat.[803]

Zusätzlich zu den Urhebern genießt noch eine weitere Gruppe den Schutz des Urheberrechts. Hierbei handelt es sich um die Leistungsschutzberechtigten, zu denen ausübende Künstler,[804] Hersteller von Tonträgern,[805] Sendeunterneh-

---

796 Vgl. §§ 44 a-63 a UrhG.

797 Vgl. § 45 UrhG.

798 Vgl. § 46 UrhG.

799 Vgl. § 51 UrhG.

800 Vgl. § 53 UrhG.

801 Entsprechend seines Ursprungs in Frankreich, wird das Folgerecht international häufig als so genanntes Droit de Suite bezeichnet. Zur Historie des Begriffs vgl. zum Beispiel F. Mercker; G. Mues, Folgerecht. Vielleicht ist auch bald die Fotografie abgabepflichtig, in: FAZ vom 17.06.2005, Redaktionsbeilage, S. 6.

802 Vgl. B. M. Sturm, Zehn Fragen und Antworten zum Thema Folgerecht, in: KUR, Jg. 7 (2005), H. 5, S. 135.

803 Vgl. hierzu ausführlicher F. Mercker; G. Mues, Folgerecht. Vielleicht ist auch bald die Fotografie abgabepflichtig, in: FAZ vom 17.06.2005, Redaktionsbeilage, S. 6; B. M. Sturm, Zehn Fragen und Antworten zum Thema Folgerecht, in: KUR, Jg. 7 (2005), H. 5, S. 138.

804 Vgl. § 73 ff. UrhG.

805 Vgl. § 85 ff. UrhG.

men,[806] Datenbankhersteller[807] sowie Filmhersteller[808] gehören. Eine denkbare Verwertungskette im Bereich der Musik könnte beispielsweise wie folgt aussehen: Ein Komponist tritt als Urheber das Nutzungsrecht an einem Lied[809] an einen Interpreten als ausübenden Musiker ab. Dieser wiederum tritt in Kontakt mit einem Tonträgerhersteller und sichert sich dabei seinerseits seine Rechte an seinem interpretatorischen Werk. Auch der Tonträgerhersteller muss letztlich vor Raubkopien seitens der Industrie, aber seit dem Zeitalter des Internets insbesondere auch seitens Privatpersonen geschützt werden. Die Rechte der jeweiligen Anspruchsberechtigten angemessen zu schützen ist also ein sehr komplexer Vorgang.

Unter anderem deswegen gab es in jüngster Zeit eine ganze Reihe von Gesetzesänderungen, die zum Teil im Zusammenhang mit der EU-Harmonisierung stehen. So ist beispielsweise die EU-Richtlinie zur Harmonisierung bestimmter Aspekte des Urheberrechts und der verwandten Schutzrechte in der Informationsgesellschaft[810] aus dem Jahr 2001 zu nennen, mit deren Hilfe ein "harmonisierter, adäquater Rechtsrahmen für Urheberrecht und verwandte Schutzrechte geschaffen werden [soll], um ein reibungsloses Funktionieren des Binnenmarkts zu gewährleisten."[811] Ein Teil dieser Richtlinie (so genannter Korb I) wurde bereits 2003 im Rahmen des Gesetzes zur Regelung des Urheberrechts in der Informationsgesellschaft[812] in nationales Recht umgesetzt. Der so genannte Korb II befindet sich derzeit im Gesetzgebungsprozess. Er enthält die fakultativen Regelungen.[813]

---

806 Vgl. § 87 UrhG.

807 Vgl. § 87 a ff. UrhG.

808 Vgl. § 88 ff. UrhG.

809 Zur Vereinfachung des Beispiels wird davon ausgegangen, dass der Komponist sowohl Melodie als auch Text für dieses Lied verfasst hat.

810 Vgl. Richtlinie 2001/29/EG des Europäischen Parlaments und des Rates vom 22.05.2001 zur Harmonisierung bestimmter Aspekte des Urheberrechts und der verwandten Schutzrechte in der Informationsgesellschaft, Amtsblatt der Europäischen Gemeinschaften Nr. L 167 vom 22.06.2001, S. 10-19.

811 Presse- und Informationsamt der Bundesregierung (Hrsg.), Im Bund mit der Kultur. Neue Aufgaben der Kulturpolitik, Berlin 2002, S. 27.

812 Vgl. Gesetz zur Regelung des Urheberrechts in der Informationsgesellschaft vom 10.09.2003, BGBl. I, S. 1774.

813 Vgl. O. Zimmermann, Was ist eigentlich das Urheberrecht? Zur Bewertung kreativer Leistungen, in: puk, H. 1 (2005), S. 2.

Auf nationaler Ebene ist vor allem das Gesetz zur Stärkung der vertraglichen Stellung von Urhebern und ausübenden Künstlern[814] aus dem Jahr 2002 zu nennen, durch das Urhebern und ausübenden Künstlern zum ersten Mal ein gesetzlicher Anspruch auf eine angemessene Vergütung zugesprochen wurde. Dies geschieht mithilfe von gerichtlich überprüfbaren Gesamtverträgen über Mindestkonditionen.[815]

Abschließend sei noch auf die Fristen des Urheberrechts verwiesen. Beim Urheber erlischt dies siebzig Jahre nach dessen Tod,[816] während bei den ausübenden Künstlern eine Frist von fünfzig Jahren nach Darbietung gilt.[817]

3.2.3.1.3 Weitere kulturspezifische Einzelgesetze

Neben dem Künstlersozialversicherungsgesetz und dem Gesetz über Urheberrecht und verwandte Schutzrechte gibt es weitere kulturspezifische Einzelgesetze, die der Schaffung günstiger Rahmenbedingungen für Künstler und Kultur dienen. Auf **Bundesebene** gehören hierzu unter anderem das Filmförderungsgesetz,[818] das Gesetz zum Schutz deutschen Kulturguts gegen Abwanderung[819] sowie auch das Gesetz zur Buchpreisbindung. Auf **Landesebene** kommen neben dem bereits vorgestellten Kulturraumgesetz Sachsens[820] Denkmalschutz-, Weiterbildungs- sowie Archivgesetze hinzu.

---

814 Vgl. Gesetz zur Stärkung der vertraglichen Stellung von Urhebern und ausübenden Künstlern vom 01.07.2002, BGBl. I, S. 1155.

815 Vgl. hierzu ausführlicher Presse- und Informationsamt der Bundesregierung (Hrsg.), Im Bund mit der Kultur. Neue Aufgaben der Kulturpolitik, Berlin 2002, S. 25 f.

816 Vgl. § 64 UrhG.

817 Vgl. § 76 UrhG.

818 Vgl. hierzu B. Geißler, Staatliche Kulturförderung nach Grundgesetz und Recht der EG, Berlin 1995, S. 92 ff.; B. Küster, Die verfassungsrechtliche Problematik der gesamtstaatlichen Kunst- und Kulturpflege in der Bundesrepublik Deutschland, Frankfurt/M. 1990, S. 226 ff.; K. Pabel, Grundfragen der Kompetenzordnung im Bereich der Kunst, Berlin 2003, S. 100 ff.

819 Vgl. hierzu K. Pabel, Grundfragen der Kompetenzordnung im Bereich der Kunst, Berlin 2003, S. 121 f.

820 Vgl. hierzu Abschnitt 2.4.5.2.

3.2.3.1.4 Gesetze mit kulturellem Bezug sowie Einführung einer Kulturverträglichkeitsprüfung

Wie bereits im Zusammenhang mit den Ausführungen zur indirekten Finanzierung von Kultur durch Steuererleichterungen[821] deutlich geworden ist, gibt es in Deutschland eine Reihe weiterer Einzelgesetze, die sich nicht ausschließlich auf den Bereich der Kunst und Kultur beschränken, diesen aber neben anderen Bereichen tangieren. Hierzu gehören neben der Steuergesetzgebung unter anderem auch das Jugendschutzgesetz sowie das Stiftungs- und das Vereinsrecht. Zu erwarten ist zudem, dass künftig auch die Rechtsform der Genossenschaft für kulturelle Zwecksetzungen zur Verfügung stehen und wohl auch eine entsprechende steuerliche Begünstigung erfahren wird.[822] Demnach wird auch das Genossenschaftsrecht künftig im Zusammenhang mit der Kulturförderung eine Rolle spielen.

Da vielfach Gesetze existieren bzw. erlassen werden, bei denen auf den ersten Blick kein unmittelbarer Bezug zum Bereich der Kultur erkennbar ist, die diesen Bereich jedoch auf die eine oder andere Weise beeinflussen können, wurde im Jahr 2002 erstmals die Kulturverträglichkeit als politisches Ziel in den Koalitionsvereinbarungen der damaligen Bundesregierung berücksichtigt. Danach werden grundsätzlich alle Gesetzesentwürfe der Regierung einer **Kulturverträglichkeitsprüfung** unterzogen. Das bedeutet, es wird geprüft, inwieweit Gesetzesvorhaben mit den spezifischen Bedingungen des Kulturbetriebs in Deutschland zu vereinbaren sind. Da diese Aufgabe dem Amt des Beauftragten der Bundesregierung für Kultur und Medien zukommt, fungiert die Regierungsbehörde in diesem Zusammenhang quasi als eine Art Aufsichtsbehörde. So konnte durch die Kulturverträglichkeitsprüfung beispielsweise vermieden werden, dass § 8 KStG dahingehend geändert wurde, dass Spenden von körperschaftsteuerpflichtigen Unternehmen nicht länger absetzbar gewesen wären.[823]

---

821 Vgl. hierzu Abschnitt 3.2.2.1.

822 Parallel zur Einführung der Europäischen Genossenschaft oder Societas Cooperativa Eurpaea in das deutsche Recht soll das deutsche Genossenschaftsrecht reformiert werden und diese Rechtsform sich nach einem Entwurf des Bundesfinanzministeriums auch für soziale und kulturelle Zwecke öffnen. Vgl. o. V., Start einer Genossenschaft wird einfacher, in: Handelsblatt vom 20.10.2005, S. 12.

823 Vgl. hierzu Deutscher Bundestag (Hrsg.), Kurz- bzw. Wortprotokoll der 35. Sitzung des Ausschusses für Kultur und Medien am 05.05.2004, BT-Protokoll Nr. 15/35, S. 11; S. Litzel, Zur Situation der privaten Kulturförderung. Anregungen zum Perspektivenwechsel, in: N. Lammert (Hrsg.), Alles nur Theater? Beiträge zur Debatte über Kulturstaat und Bürgergesellschaft, Köln 2004, S. 241.

Laut Koalitionsvertrag der derzeitigen Regierung wird die Kulturverträglichkeitsprüfung auch in Zukunft beibehalten.[824]

3.2.3.1.5 Sonstige Rahmenbedingungen

Neben einzelgesetzlichen Regelungen sind natürlich auch die unter Abschnitt 2.4 ausführlich behandelten **verfassungsrechtlichen Bezüge** von Relevanz. Insbesondere die in Art. 5 Abs. 3 Satz 1 GG statuierte **Kunstfreiheitsgarantie** stellt eine wesentliche, wenn nicht gar *die* wesentliche Rahmenbedingung für ein kunst- und kulturfreundliches Klima in Deutschland dar.

Ein weiteres Beispiel für die Etablierung günstiger Rahmenbedingungen sind die zwischenzeitlichen Überlegungen zur Schaffung einer so genannte **Quote für Musik in Deutschland,**[825] wobei es um die Erhöhung des Medienanteils von in Deutschland produzierter Musik ging. Ziel war es, sowohl die öffentlich-rechtlichen als auch die privaten Rundfunksender zu einer Selbstverpflichtung zu bewegen, wonach diese einen gewissen Mindestanteil an in Deutschland produzierter Musik spielen.

3.2.3.2 USA

3.2.3.2.1 Sozialversicherung von Künstlern

Eine vergleichbare soziale Absicherung von Künstlern, wie sie in Deutschland durch die Künstlersozialversicherung gewährleistet wird, gibt es in den USA nicht.[826] Allerdings ist laut Evans auch in den USA die Notwendigkeit einer besonderen Regelung der Sozialversicherung gegeben: "... this workforce [individual artists] is the single largest educated group in the country for whom no regular health insurance is provided (or is easily accessible) and who have no

---

[824] Vgl. CDU; CSU; SPD, Gemeinsam für Deutschland - mit Mut und Menschlichkeit. Koalitionsvertrag vom 11.11.2005, Z. 5530 ff.

[825] Vgl. hierzu Deutscher Bundestag (Hrsg.), Antrag der Fraktionen SPD und BÜNDNIS 90/DIE GRÜNEN für eine Selbstverpflichtung öffentlich-rechtlicher und privater Rundfunksender zur Förderung von Vielfalt im Bereich von Pop- und Rockmusik in Deutschland, BT-Drs. 15/4521.

[826] Vgl. A. Holland, Bundesstaatliche Kunstförderung in der Schweiz. Anregungen aus einem Rechtsvergleich mit den USA, Bamberg 2002, S. 48 und S. 125 f.

prospect of pension benefits."[827] Entsprechend bemühen sich Vereinigungen wie zum Beispiel das Washington Artists Health Insurance Project oder auch die National Artists' Equity Association um eine Verbesserung der sozialen Situation von Künstlern.

3.2.3.2.2 Urheberrecht

Wie bei der Darstellung des deutschen Urheberrechts deutlich wurde, lassen sich grundsätzlich drei Bereiche unterscheiden: das Urheberpersönlichkeitsrecht, die Verwertungsrechte mit den damit verbundenen Nutzungsrechten sowie das Folgerecht. Während diese drei Bereiche in Deutschland alle im Urheberrechtsgesetz geregelt sind, gestaltet sich dies in den USA etwas anders, wie im Folgenden zu zeigen sein wird.

Von zentraler Bedeutung ist in den USA der so genannte U.S. Copyright Act,[828] wobei es ungenau wäre, den Begriff **Copyright** mit dem deutschen Verständnis von Urheberrecht zu interpretieren. Vielmehr versteht man darunter "the exclusive legal right to produce copies of, and control, one's artistic output"[829] Insofern konzentriert sich der Copyright Act vornehmlich auf das, was man in Deutschland unter den Verwertungs- und Nutzungsrechten versteht. Diese Dominanz utilitaristischer Vorstellungen ist historisch begründet.[830] Sie geht zurück auf die so genannte Copyright Clause der amerikanischen Verfassung, die bis heute unverändert geblieben ist. Diese lautet: "The Congress shall have power ... to promote the progress of science and useful arts, by securing for limited times to authors and inventors the exclusive right to their respective writings and discoveries..."[831] Die Betonung liegt hierbei auf der Förderung "nützlicher" Kunst durch die Schaffung zeitlich begrenzter Eigentumsrechte. Man kann also sagen, dass das Copyright in den USA historisch bedingt ein temporär befristetes gewerbliches Monopolrecht darstellt, welches Urhebern im öffentlichen Interesse zugestanden wird, damit sie einen Anreiz zur schöpfe-

---

827 R. Evans, Playing Diaghilev. A Report on Selective Support for the Originating Artist, Freeland 1993, S. 3.

828 Vgl. 17 U.S.C §§ 101-810 (2005).

829 J. W. O'Hagan, The State and the Arts. An Analysis of Key Economic Policy Issues in Europe and the United States, Cheltenham u. a. 1998, S. 73.

830 Vgl. hierzu ausführlicher J. Dieselhorst, Was bringt das Urheberpersönlichkeitsrecht? Urheberpersönlichkeitsschutz im Vergleich. Deutschland - USA, Frankfurt/M. u. a. 1995, S. 7 ff.

831 U.S. Const. Art. I, § 8.

rischen Produktion haben.[832] In diesem Zusammenhang wird das Copyright auch als die spektakulärste und gleichzeitig traditionellste Form von Anreizen zu Innovation durch die Regierung verstanden.[833]

Der in der Verfassung verwendete Begriff "writings" bezieht sich inzwischen nicht mehr ausschließlich auf schriftstellerische Werke. Unter den Schutzbereich fallen nunmehr auch die Bereiche Literatur, Musik, Drama, Pantomimik und Choreographie, bildende Kunst, Filme und weitere audiovisuelle Arbeiten, Tonaufnahmen sowie Architektur, sofern es sich dabei um Arbeiten in tangibler Form handelt.[834] Auch in den USA handelt es sich bei der Auflistung der Bereiche um eine illustrierende und nicht um eine abschließende Darstellung.[835] Man kann also festhalten, dass in Deutschland und den USA weitgehend ähnliche Bereiche geschützt werden. Eine Ausnahme hierzu bilden jedoch die Tonaufnahmen, die in Deutschland in den Bereich der Leistungsschutzrechte fallen.

Ähnlich zu den Regelungen nach §§ 16-22 UrhG stehen auch nach dem amerikanischen Copyright die Verwertungsrechte zunächst ausschließlich dem Eigentümer des Copyright zu. Dies ist zunächst der Autor, also der Verfasser bzw. Schöpfer des jeweiligen Werks.[836] Dieser darf das Werk selbst vervielfältigen, Derivate[837] des Werks herstellen, Kopien des Werks durch Verkauf, Vermietung, Leasing oder Verleih an die Öffentlichkeit bringen, das Werk öffentlich aufführen sowie das Werk öffentlich ausstellen. Allerdings darf er auch Dritte dazu autorisieren.[838]

Während in Deutschland lediglich Nutzungsrechte eingeräumt werden können, kann in den USA der Eigentümer des Copyright dieses auch an Dritte übertragen.[839] Letzteres ist in Deutschland aufgrund der traditionell als eng erach-

---

832 Vgl. J. Dieselhorst, Was bringt das Urheberpersönlichkeitsrecht? Urheberpersönlichkeitsschutz im Vergleich. Deutschland - USA, Frankfurt/M. u. a. 1995, S. 26.

833 Vgl. R. M. Hurt; R. M. Schuchman, The Economic Rationale of Copyright, in: American Economic Review, Bd. 56 (1966), H. 1-2, S. 421.

834 Vgl. 17 U.S.C. § 102(a) (2005).

835 Vgl. 17 U.S.C. § 101 (2005).

836 Vgl. 17 U.S.C. 201(a) (2005).

837 Hierbei handelt es sich um Werke, die auf einem bereits existierenden Werk des Copyright-Eigentümers basieren. Beispiele sind Übersetzungen oder auch verkürzte Fassungen eines Werks. Vgl. 17 U.S.C. § 101 (2005).

838 Vgl. 17 U.S.C. 106 (2005).

839 Vgl. 17 U.S.C. § 201(d) (2005).

teten geistig-persönlichen Verbindung zwischen Urheber und Werk, wie sie im Urheberpersönlichkeitsrecht zum Ausdruck kommt, nicht möglich.

Wie in Deutschland gibt es auch im amerikanischen Copyright Grenzen.[840] Diese sind den deutschen Schranken ähnlich. So entspricht beispielsweise der Bereich des so genannten Fair Use nach 17 U.S.C. § 107 (2005) weitgehend dem deutschen Zitierrecht nach § 51 UrhG.

Im Vergleich zu Deutschland ist das Urheberpersönlichkeitsrecht vergleichsweise schwächer ausgeprägt. Der Begriff der so genannten **Moral Rights**[841] entspricht hierbei dem deutschen Begriff des Urheberpersönlichkeitsrechts. Der Schutz solcher Moral Rights bestand lange Zeit lediglich vereinzelt auf einzelstaatlicher Ebene. So war Kalifornien der erste Staat, der mit dem Inkrafttreten des so genannten California Art Preservation Act[842] im Jahr 1979 eine Art Urheberpersönlichkeitsrecht etablierte.[843] Auf Bundesebene fand das Urheberpersönlichkeitsrecht erst mit dem Visual Arts Rights Act von 1990 Berücksichtigung.[844] Demnach haben die Schöpfer von Werken der bildenden Kunst das Recht auf Anerkennung der Urheberschaft sowie das Recht auf Werkintegrität. Anders als das Eigentum am Copyright können diese Rechte nicht übertragen werden. Stattdessen ist lediglich eine Verzichtserklärung möglich.[845] Im Vergleich zu Deutschland ist das Urheberpersönlichkeitsrecht in Form der Moral Rights in den USA auf Bundesebene immer noch vergleichsweise schwach ausgeprägt. Zum einen beschränkt es sich lediglich auf den Bereich der bildenden Kunst, zum anderen finden auch nur zwei Rechte Anwendung. Die schwache Stellung der Urheberpersönlichkeitsrechte innerhalb des Copyright Acts werden in den USA damit begründet, dass diese Rechte durch Rechtsnormen und -grundsätze geschützt werden, die außerhalb des Urheberrechts liegen. Hierzu zählen zum Beispiel das Vertragsrecht, das Wettbewerbs-

---

840 Vgl. 17 U.S.C. § 107 bis 17 U.S.C. § 121 (2005).

841 Ebenso häufig ist auch vom so genannten Droit Moral die Rede. Dies ist darauf zurückzuführen, dass Frankreich ein besonders stark ausgeprägtes Urheberpersönlichkeitsrecht vorweist.

842 Vgl. Cal. Civ. Code § 987 (2005).

843 Vgl. J. W. O'Hagan, The State and the Arts. An Analysis of Key Economic Policy Issues in Europe and the United States, Cheltenham u. a. 1998, S. 84 f.

844 Dessen Inhalte finden sich heute in 17 U.S.C. § 106A (2005).

845 Vgl. 17 U.S.C. § 106A(e) (2005).

derung von Kultur durch die Ausgestaltung günstiger Rahmenbedingungen entnehmen. Gleiches gilt auch für die in beiden Ländern verfassungsseitig statuierte Kunstfreiheitsgarantie. Während diese in den USA lediglich implizit als Teil der Rede- und Pressefreiheit zum Ausdruck kommt, wird sie in Deutschland ausdrücklich durch das Grundgesetz benannt. Ihr wird damit innerhalb der Verfassung eine hervorgehobene Stellung zugesprochen.

Auch die in den USA verliehene Medal of Arts bietet aus deutscher Sicht keinen über das bereits bestehende Instrumentarium hinausgehenden Ansatz. Wie bereits in Abschnitt 3.2.1.1.4 ausgeführt, werden Auszeichnungen und Preise in Deutschland auf sämtlichen föderativen Ebenen vergeben. Soweit hierbei unmittelbare Finanzmittel in Form von Preisgeldern fließen, sind diese — wie bereits gezeigt — der direkten Finanzierung zuzuordnen.

3.3 Fallbeispiel Hamburger Elbphilharmonie

3.3.1 Vorbemerkung

Nachdem vorstehend Unterschiede zwischen dem in Deutschland und den USA vorzufindenden Förderungsinstrumentarium herausgearbeitet wurden, sollen diese nun anhand eines aktuell in Hamburg diskutierten Kulturprojekts, namentlich dem Bau der Elbphilharmonie, exemplarisch illustriert werden, um etwaige Optimierungspotenziale für eine gewährleistungsstaatlichere Kulturförderung zu verdeutlichen.

3.3.2 Projektentwicklung

Seit dem Jahr 2001 gibt es Bestrebungen, im Hamburger Hafen ein neues Konzerthaus zu bauen. Erklärtes Ziel des Hamburger Senats ist es hierbei, einen neuen kulturellen Leuchtturm zu schaffen: "Die Freie und Hansestadt Hamburg möchte mit der Elbphilharmonie ein neues kulturelles und architektonisches Wahrzeichen an exponierter Stelle am Eingang der Hafen-City errichten. Dieses Haus soll zu einem der zehn besten Konzerthäuser der Welt werden und den Bürgern ein attraktives und hochwertiges Programm bieten. Hamburg soll auf diese Weise als herausgehobene Musikstadt national und international im öffentlichen Bewusstsein verankert werden."[858] Zudem erhofft man sich positive wirtschaftliche Effekte durch eine Belebung der Hafen-City sowie einen Zu-

[858] Bürgerschaft der Freien und Hansestadt Hamburg (Hrsg.), Mitteilung des Senats an die Bürgerschaft vom 12.07.2005, Bürgerschaftsdrucksache 18/2570, S. 2.

wachs im Bereich des Kulturtourismus.[859] Die Elbphilharmonie soll auf dem Dach eines im Hamburger Hafen gelegenen stadteigenen Kaispeichers erbaut werden. Der architektonische Entwurf sieht neben dem eigentlichen Konzerthaus, das aus einem großen und aus einem kleinen Saal bestehen wird, eine integrierte Mantelbebauung mit einem Hotel, Luxuswohnungen sowie einem Parkhaus vor.

Durch eine stadteigene Projektgesellschaft wurde eine technische und wirtschaftliche Machbarkeitsstudie erstellt und ein Teilnahmewettbewerb zur Gewinnung privater Investoren für die Mantelbebauung europaweit ausgeschrieben. Da bis zur Veröffentlichung der Studie Mitte 2005 noch keine Entscheidung für einen mit der Durchführung des Gesamtbauvorhabens zu betrauenden Investor gefallen war, konnten laut Studie nicht alle Wirtschaftlichkeitsberechnungen offen gelegt werden.[860] Am 26.10.2005 hat sich die Hamburger Bürgerschaft dessen ungeachtet mehrheitlich für eine Realisierung der geplanten Elbphilharmonie auf Grundlage der Machbarkeitsstudie entschieden.

3.3.3 Finanzierungsstruktur

Gemäß der wirtschaftlichen Machbarkeitsstudie sollen die Gesamtbaukosten netto rund 187 Mio. Euro betragen. Davon entfallen rund 95 Mio. Euro auf die Philharmonie, rund 70 Mio. Euro auf die Mantelbebauung (Hotel, Wohnen, Parken) und rund 22 Mio. Euro auf besondere Erschließungskosten.[861]

Ebenfalls auf Grundlage der Studie wird davon ausgegangen, dass die Stadt Hamburg einen eigenen Investitionskostenanteil von bis zu 77 Mio. Euro zu leisten haben wird. Dies gilt unter der Annahme, dass über Sponsoring, Fundraising[862] und Mäzenatentum[863] 30 bis 35 Mio. Euro aufgebracht wer-

---

859 Vgl. Bürgerschaft der Freien und Hansestadt Hamburg (Hrsg.), Mitteilung des Senats an die Bürgerschaft vom 12.07.2005, Bürgerschaftsdrucksache 18/2570, S. 2.

860 Vgl. ReGe Hamburg, Machbarkeitsstudie zur Elbphilharmonie Hamburg. Anlage zur Bürgerschaftsdrucksache 18/2570, Hamburg 2005, S. 116.

861 Vgl. ReGe Hamburg, Machbarkeitsstudie zur Elbphilharmonie Hamburg. Anlage zur Bürgerschaftsdrucksache 18/2570, Hamburg 2005, S. 77.

862 Nach der in der Machbarkeitsstudie verwendeten Definition wird unter Fundraising ein Maßnahmenspektrum verstanden, das der Beschaffung privater Mittel und hierbei insbesondere Spenden dient. Vgl. ReGe Hamburg, Machbarkeitsstudie zur Elbphilharmonie Hamburg. Anlage zur Bürgerschaftsdrucksache 18/2570, Hamburg 2005, S. 117.

den.[864] Der verbleibende Betrag soll möglichst durch den privaten Investor getragen werden. So erhofft man sich von ihm vor allem eine Quersubventionierung der nicht klar zuordnungsfähigen besonderen Erschließungskosten.

Laut Machbarkeitsstudie wurde der Wert des stadteigenen Grundstücks gutachterlich zwischen 38 und 47 Mio. Euro beziffert. Dessen ungeachtet wurde kein Grundstückswert bei der Bewertung der wirtschaftlichen Machbarkeit angesetzt, da unterstellt wurde, dass die Stadt Hamburg dem privaten Investor die Grundstücksanteile für die rentierlichen Nutzungen (Hotel, Wohnungen, Parken) unentgeltlich überträgt.[865]

Neben der Anfangsinvestition für den Bau der Elbphilharmonie ergibt sich nach der Machbarkeitsstudie im so genannten eingeschwungenen Zustand, das heißt ab der zweiten Spielsaison 2010/2011,[866] ein zu erwartendes Betriebskostendefizit von 3,6 Mio. Euro pro Jahr.[867] Auch hierbei geht die Studie davon aus, dass dieses Defizit nicht allein von der Stadt zu tragen sein wird. Vielmehr wird erwartet, dass Sponsoringeinnahmen den jährlichen Deckungsbeitrag der Stadt auf 2,5 Mio. Euro pro Jahr reduzieren werden.[868] Zusätzlich wird die Möglichkeit nicht ausgeschlossen, dass eine zu gründende Betriebsstiftung, die sich über Spenden finanziert, die Deckungslücke weiter reduziert bzw. unter Umständen sogar ganz schließt.[869]

---

863 Mäzenatentum hebt sich nach der Definition der Machbarkeitsstudie vom Spendenwesen ab, indem darunter nur Einzelbeiträge von Privatpersonen verstanden werden, die 2 Mio. Euro übersteigen. Vgl ReGe Hamburg, Machbarkeitsstudie zur Elbphilharmonie Hamburg. Anlage zur Bürgerschaftsdrucksache 18/2570, Hamburg 2005, S. 117.

864 Vgl. ReGe Hamburg, Machbarkeitsstudie zur Elbphilharmonie Hamburg. Anlage zur Bürgerschaftsdrucksache 18/2570, Hamburg 2005, S. 121.

865 Vgl. ReGe Hamburg, Machbarkeitsstudie zur Elbphilharmonie Hamburg. Anlage zur Bürgerschaftsdrucksache 18/2570, Hamburg 2005, S. 73 und S. 113.

866 Vgl. ReGe Hamburg, Machbarkeitsstudie zur Elbphilharmonie Hamburg. Anlage zur Bürgerschaftsdrucksache 18/2570, Hamburg 2005, S. 90.

867 Vgl. ReGe Hamburg, Machbarkeitsstudie zur Elbphilharmonie Hamburg. Anlage zur Bürgerschaftsdrucksache 18/2570, Hamburg 2005, S. 87.

868 Vgl. ReGe Hamburg, Machbarkeitsstudie zur Elbphilharmonie Hamburg. Anlage zur Bürgerschaftsdrucksache 18/2570, Hamburg 2005, S. 89.

869 Vgl. ReGe Hamburg, Machbarkeitsstudie zur Elbphilharmonie Hamburg. Anlage zur Bürgerschaftsdrucksache 18/2570, Hamburg 2005, S. 89.

Am Ende der Machbarkeitsstudie wird hinsichtlich der auf das Konzerthaus entfallenden Baukosten auf ein latentes Umsatzsteuer-Risiko hingewiesen.[870] Dies ergibt sich aus dem kalkulatorischen Ansatz der Nettobaukosten ohne eine etwaige darauf entfallende Umsatzsteuer. Eine vollständige Entlastung von diesen so genannten Vorsteuern, das heißt eine wirtschaftliche Belastung mit den reinen Nettobaukosten würde sich nur ergeben, wenn auch die Ausgangsleistungen der Elbphilharmonie umsatzsteuerpflichtig sind. Soweit diese jedoch als kulturelle Leistungen umsatzsteuerbefreit[871] sind, entfällt auch ein entsprechender Vorsteuerabzug auf die Baukosten und würde die Investition insoweit verteuern.[872] Nach Einschätzung der Studie lässt sich dieses Risiko derzeit nicht beziffern. Unter Berücksichtigung des ab 2007 geplanten Umsatzsteuersatzes von 19 % dürfte sich dieses jedoch im ungünstigsten Fall auf 19 % der auf das Konzerthaus entfallenden Baukosten belaufen.

3.3.4 Spenden- und Sponsoringkonzept

3.3.4.1 Vorgaben der Machbarkeitsstudie

Wie bereits im Zusammenhang mit der geplanten Finanzierungsstruktur ersichtlich geworden ist, sollen laut Machbarkeitsstudie für zwei Bereiche des auf die Philharmonie entfallenden Teils private Gelder akquiriert werden. Zum einen geht es darum, den Bau der Elbphilharmonie zu unterstützen, zum anderen soll die bei der Stadt verbleibende Deckungslücke aus dem laufenden Betrieb reduziert werden.

Für Ersteres soll — wie bereits erwähnt — ein Betrag von 30 bis 35 Mio. Euro über Sponsoring, Fundraising und Mäzenatentum aufgebracht werden. Hierzu sieht die Studie verschieden Kampagnen vor. Diese beinhalten im Wesentlichen die Vergabe von Namensrechten an den beiden Konzertsälen, den symbolischen Verkauf einzelner Sitzplätze im Rahmen einer so genannten Stuhlkampagne, die Zuwendung von Sachleistungen zum Beispiel im Bereich der Ton- oder auch Lichttechnik sowie die Ansprache der breiten Bevölkerung durch so genannte

---

[870] Vgl. ReGe Hamburg, Machbarkeitsstudie zur Elbphilharmonie Hamburg. Anlage zur Bürgerschaftsdrucksache 18/2570, Hamburg 2005, S. 123.

[871] Vgl. hierzu Abschnitt 3.2.2.1.3.

[872] Zu dieser Problematik ausführlich vgl. M. Boecker; W. Schulz, Unternehmerisches Engagement und Steuern am Beispiel der Stiftung Johannes a Lasco Bibliothek in Emden, in: R. Strachwitz; V. Then (Hrsg.), Kultureinrichtungen in Stiftungsform, Gütersloh 2004, S. 133 ff.

Liebhaberprodukte wie beispielsweise Stifterbriefe oder Merchandising-Artikel.[873]

Im Zusammenhang mit der Einwerbung von Spenden ist darauf hinzuweisen, dass in der Machbarkeitsstudie selbst von einer bestimmten Reihenfolge ausgegangen wird. So sollen zunächst Mäzene bzw. Initialspender gewonnen sowie eine Fundraising-Stiftung gegründet werden und ausdrücklich erst anschließend der Beginn einer öffentlich wahrnehmbaren Kampagne zur weiteren Mittelgewinnung erfolgen.[874]

Auch zur Deckung der laufenden Betriebskosten rechnet man mit privatem Engagement. Zum einen soll durch Sponsoring der Deckungsbeitrag der Stadt reduziert werden, zum anderen sieht die Studie auch für diesen Bereich eine Stiftung vor.[875]

3.3.4.2 Tatsächliche Umsetzung

Am 26.10.2005 hat sich die Hamburger Bürgerschaft zur Realisierung der Elbphilharmonie und somit auch zur Bereitstellung von bis zu 77 Mio. Euro aus dem Sonderinvestitionsprogramm Hamburg 2010 entschlossen.

Bereits vor der Bürgerschaftsentscheidung sind zwei signifikante Großspenden zugesagt worden, welche zusammen die für den Bau der Philharmonie geforderten 30 bis 35 Mio. Euro an privaten Geldern bereits übersteigen.[876] In unmittelbarem zeitlichen Zusammenhang mit diesen Entwicklungen wurde dabei einem Ehepaar, das sich in der Vergangenheit bereits umfangreich mäzenatisch betätigt hat und sich nun auch im Fall der Elbphilharmonie zu einer Großspende von 30 Mio. Euro bereit erklärt hat, die Ehrenbürgerschaft der Hansestadt Hamburg verliehen.[877] Dieses durch den Senat veranlasste Vorgehen stieß in der Öffentlichkeit auf Kritik. So wurde die Frage aufgeworfen, ob eine

---

873 Vgl. ReGe Hamburg, Machbarkeitsstudie zur Elbphilharmonie Hamburg. Anlage zur Bürgerschaftsdrucksache 18/2570, Hamburg 2005, S. 118.

874 Vgl. ReGe Hamburg, Machbarkeitsstudie zur Elbphilharmonie Hamburg. Anlage zur Bürgerschaftsdrucksache 18/2570, Hamburg 2005, S. 120.

875 Vgl. ReGe Hamburg, Machbarkeitsstudie zur Elbphilharmonie Hamburg. Anlage zur Bürgerschaftsdrucksache 18/2570, Hamburg 2005, S. 89.

876 Vgl. J. Mischke, Michael Otto spendet zehn Millionen für die Elbphilharmonie, in: Hamburger Abendblatt vom 27.09.2005, S. 6.

877 Vgl. G. Stiller, Greves: "Dies ist unser stolzester Tag", in: Hamburger Abendblatt vom 30.09.2005, S. 15.

Ehrenbürgerwürde quasi mit Geld zu erwerben sei. In der Presse fand sich ein Teil der Opposition der Kritik ausgesetzt, einerseits zwar nach privaten Kapitalgebern zu rufen, andererseits aber der Abstimmung über die besagte Ehrung demonstrativ fernzubleiben.[878]

Erst nach Zusage dieser Großspenden wurde in der Presse verstärkt auch von Fundraising-Maßnahmen berichtet, die auch die breite Öffentlichkeit ansprechen sollen.[879] Insofern ist man den Vorgaben der Machbarkeitsstudie bezüglich der Vorgehensreihenfolge gefolgt.

Nachdem zunächst zwei Stiftungen — eine für den Bau und eine weitere für den Betrieb der Philharmonie — vorgesehen waren, konzentrierten sich die Pläne zunehmend auf nur eine Stiftung zur Unterstützung der Bau- und Betriebskosten. Sollten mehr Spenden für den Bau der Philharmonie eingehen als erwartet, ist nicht beabsichtigt, dass die Stadt sich mit weniger als den geplanten 77 Mio. Euro an dem Projekt beteiligt. Vielmehr sollen in diesem Fall die entsprechenden Beträge aus dem Sonderinvestitionsprogramm als Zustiftung in die Stiftung zwecks Finanzierung des laufenden Betriebs umgeleitet werden.[880] Nachdem die Bürgerschaft sich für das Projekt entschieden hat, wurde eine einheitliche Stiftung gegründet und begonnen, auch öffentlich Spenden einzuwerben.[881] Bis Mitte Januar 2006 beliefen sich die privat zugesagten Spenden auf rund 53 Mio. Euro.[882]

---

878 Vgl. M. Schmoock, Petersens Rückwärtsrolle, in: Hamburger Abendblatt vom 22.10.2005, S. 14.

879 Vgl. o. V., Dinner für die Elbphilharmonie. 60 Hamburger sollen das Projekt ermöglichen, in: Hamburger Abendblatt vom 10.11.2005, S. 18; J. Mischke, Elbphilharmonie. Reemtsma-Stiftung gibt zehn Millionen, in: Hamburger Abendblatt vom 29.11.2005, S. 8; J. Mischke, Von Kleingeld bis Großgabe. Elbphilharmonie sucht Spender, in: Hamburger Abendblatt vom 11.11.2005, S. 7.

880 Vgl J. Mischke, Stiftung als Sponsoren-Magnet, in: Hamburger Abendblatt vom 08.09.2005, S. 8.

881 Vgl. J. Mischke, Von Kleingeld bis Großgabe. Elbphilharmonie sucht Spender, in: Hamburger Abendblatt vom 11.11.2005, S. 7.

882 Vgl. S. Beyer; N. von Festenberg; M. Matussek, Ein Schiff wird kommen, in: DER SPIEGEL, Jg. 59 (2006), H. 3, S. 141.

3.3.5 Analyse und Ableitung konkreter Handlungspotenziale

Betrachtet man die bisherige Vorgehensweise, so ist festzustellen, dass die Stadt Hamburg bei der Realisierung des Projekts Elbphilharmonie immer noch einem leistungsstaatlich verhafteten Schema folgt.

Kennzeichnend hierfür ist zunächst die Tatsache, dass der Schwerpunkt der öffentlichen Förderung im Bereich der direkten Finanzierung liegt. So ist neben dem insbesondere in der Öffentlichkeit diskutierten Finanzierungsanteil von 77 Mio. Euro auch der Wert der stadteigenen Immobilie zu berücksichtigen. Hinsichtlich der auf die Mantelbebauung entfallenden Grundstücksanteile ist eine unentgeltliche Übertragung an einen privaten Investor vorgesehen. Bezieht man zudem auch das oben dargestellte Umsatzsteuer-Risiko in die Betrachtung mit ein,[883] so ist nicht ausgeschlossen, dass sich der tatsächliche Investitionskostenanteil selbst ohne Berücksichtigung des laufenden Betriebsergebnisses leicht im dreistelligen Millionenbereich bewegen könnte.

Darüber hinaus ist planungsgemäß auch künftig mit erheblichen laufenden Zuschüssen der Stadt Hamburg zum Ausgleich eines Betriebskostendefizits zu rechnen. So ist fraglich, ob ein derartig hohes Stiftungsvermögen eingeworben werden kann, dass allein aus dessen Erträgen das laufende Betriebskostendefizit merklich gesenkt werden kann.

Weder Planung noch tatsächliche Umsetzung des Projekts lassen Matching-Grant-Strukturen erkennen. Gerade in einer Stadt wie Hamburg, die deutschlandweit als Hauptstadt der Stifter und Mäzene gilt,[884] wäre jedoch ein Vorgehen nach diesem Prinzip erfolgversprechend und könnte dazu beitragen, dass die öffentliche Hand sich bezüglich ihrer Förderpolitik zunehmend auf den indirekten Finanzierungsbereich durch Steuererleichterungen beschränkt.

---

[883] Gerade im Hinblick darauf, dass die Aufwendungen im Kulturbereich die Einnahmen häufig weit übersteigen, stellt der Vorsteuerabzug eine hohe Vermögensposition dar. Vgl. M. Boecker; W. Schulz, Unternehmerisches Engagement und Steuern am Beispiel der Stiftung Johannes a Lasco Bibliothek in Emden, in: R. Strachwitz; V. Then (Hrsg.), Kultureinrichtungen in Stiftungsform, Gütersloh 2004, S. 134 und S. 137. In diesem Sinne auch S. Litzel, Zur Situation der privaten Kulturförderung. Anregungen zum Perspektivenwechsel, in: N. Lammert (Hrsg.), Alles nur Theater? Beiträge zur Debatte über Kulturstaat und Bürgergesellschaft, Köln 2004, S. 248.

[884] Vgl. V. Mester, Hamburg, die Hauptstadt der Stifter, in: Hamburger Abendblatt vom 21.10.2005, S. 26. Auch nach Ansicht des ehemaligen Hamburger Bürgermeisters Klaus von Dohnanyi ist Hamburg "*die* Stadt der Mäzene." K. von Dohnanyi, "Kultur ist eine Lebensader", in: DER SPIEGEL, Jg. 59 (2006), H. 3, S. 142.

Auch die Entscheidungsfindung ist durch leistungsstaatliche Züge gekennzeichnet. Die durch die Hamburger Bürgerschaft getroffene Entscheidung für eine Realisierung und eine entsprechende Finanzierung durch die Stadt erfolgte zwar auch unter Berücksichtigung erwarteter bzw. bereits zugesagter Spenden, gleichwohl hat der Senat klar gemacht, dass auch weitere Spenden die direkte Finanzierung der Stadt nicht reduzieren würden. Das durch die Machbarkeitsstudie empfohlene und auch tatsächlich umgesetzte Fundraising-Konzept, nämlich zunächst Großspender zu akquirieren und erst dann das Vorhaben stärker in der breiten Öffentlichkeit zu propagieren und um weitere Spenden zu werben, legt die Vermutung nahe, dass hierdurch bezweckt wurde, zunächst Tatsachen zu schaffen, um einer etwaigen Kritik am Finanzierungskonzept von vornherein entgegenzuwirken. Jedem potenziellen Kritiker des geplanten Projekts könnte entgegen gehalten werden, dass hierdurch bereits zugesagte Großspenden wieder in Frage gestellt würden.

Bei dieser Vorgehensweise wird zudem deutlich, dass hier eine kulturpolitische Entscheidung im typisch leistungsstaatlichen Stil von einem sehr begrenzten Personenkreis antizipiert und beeinflusst wurde, anstelle zuvor eine breite öffentliche Diskussion über das *Ob* und *Wie* eines derartigen Kulturprojekts anzustrengen.

Bei Bekanntwerden der Projektpläne wurden sowohl in der Politik als auch in der Öffentlichkeit die leistungsstaatstypischen Ressortkämpfe entfacht. So wurden Schwimmbad- und Schulschließungen sowie allgemein Kürzungen in der Sozialpolitik gegen den Bau der Philharmonie als Kultureinrichtung für die Eliten ins Feld geführt.[885]

Im Zusammenhang mit der Finanzierung ist zu beobachten, dass wesentliche Informationen der Machbarkeitsstudie wie zum Beispiel die kostenlose Einbringung des Grundstückes oder auch das signifikante Umsatzsteuer-Risiko keinen Eingang in den öffentlich geführten Diskurs gefunden haben. Ebenso wenig wurde thematisiert, dass sich für die öffentliche Hand allein über die steuerliche Abzugsfähigkeit der privaten Sponsoring- bzw. Spendenleistungen im Rahmen der zulässigen Grenzen ein nicht unwesentlicher, wenn auch indirekter öffentlicher Finanzierungsanteil an der Gesamtrealisierung ergibt.

Welche Handlungsalternativen hätten im vorliegenden Projekt in Betracht gezogen werden können, wenn sich die Stadt Hamburg bei der Umsetzung weniger leistungsstaatlich verhalten hätte? Bei einer alternativen, gewährleistungs-

---

[885] Vgl. J. Meyer-Wellmann; J. Mischke, Joachim: Elbphilharmonie. Woher soll das Geld kommen?, in: Hamburger Abendblatt vom 08./09.10.2005, S. 11.

staatlicher orientierten Projektrealisierung käme es zu einer Verlagerung von der direkten zur indirekten öffentlichen Finanzierung unter Einbeziehung von Matching-Grant-Strukturen. Es wäre damit zu rechnen, dass sowohl das Fundraising- als auch das Sponsoring-Konzept vergleichsweise ausgeprägter ausgestaltet wäre. Bezüglich des Sponsoring bestünde unter anderem dahingehend Innovationspotenzial, dass man innerhalb des Publikumsbereichs der Philharmonie VIP-Logen etabliert. Diese könnten dann zum Beispiel durch Unternehmen gemietet und ausgewählten Mitarbeitern und Geschäftskunden veranstaltungsweise zur Verfügung gestellt werden. Dies ist in Deutschland bereits bei den neueren Sportarenen der Fall. In den USA findet es auch für den Bereich von Kultureinrichtungen Anwendung. Entsprechendes gilt für die Vermarktung von Namensrechten. Diese könnte entgegen der Vorstellungen der Machbarkeitsstudie nicht nur für einzelne Säle, sondern auch für die gesamte Kultureinrichtung zur Disposition gestellt werden. Ein Beispiel sowohl hierfür als auch für die Einrichtung von VIP-Logen ist die Walt Disney Concert Hall in Los Angeles.[886]

Neben dem Rückzug der öffentlichen Hand aus dem Bereich der direkten Finanzierung scheint es vor allem wichtig, eine höhere gesellschaftliche Akzeptanz für derartige Projekte zu gewinnen. Hierfür ist eine transparente Information bezüglich der Finanzierung unabdingbar. Ebenso unerlässlich ist eine frühzeitige Einbindung der breiten Öffentlichkeit in das Projektvorhaben zur Generierung von Identifikationspotenzial. Für beides wäre beispielsweise eine Spendenuhr in einer Tageszeitung denkbar, die den jeweils aktuellen Spendenstand anzeigt und darüber innerhalb der Bevölkerung ein "Mitfiebern" für das Projekt auslöst.

Hervorzuheben ist andererseits aber auch, dass die Politik sich klar zum Einbezug privater Mäzene bekennt und ein derartiges Engagement entsprechend würdigt. So sollte unter anderem die Verleihung von Ehrenbürgerschaften in diesem Zusammenhang grundsätzlich kein Tabu-Thema sein. Vielmehr gilt es für die Politik, die Akzeptanz für Mäzenatentum auch innerhalb der Gesellschaft durch eine Vorbildfunktion zu stärken. Schließlich besteht die Sorge, dass der jeweilige Geldgeber Einfluss auf das kulturelle Angebot nehmen will, gleichermaßen gegenüber öffentlichen und privaten Förderern, wie bereits im Abschnitt 2.3.9 gezeigt wurde.

Nach alledem muss man Beyer, von Festenberg und Mattusek ausdrücklich widersprechen, wenn sie behaupten: "Die Elbphilharmonie ist eine Fähre, die in

---

[886] Vgl. J. Mischke, So machen's die Amerikaner, in: Hamburger Abendblatt vom 19.10.2005, S. 6.

Deutschland zu einem neuen Verständnis von Kulturförderung ablegt. Und zu einer neuen Freiheit vom Staat."[887]

---

[887] S. Beyer; N. von Festenberg; M. Matussek, Ein Schiff wird kommen, in: DER SPIEGEL, Jg. 59 (2006), H. 3, S. 144.

4 Schlussbetrachtung

4.1 Zusammenfassung

Im ersten Teil dieser Arbeit wurde im Rahmen einer Standortbestimmung anhand verschiedener Diskurse herausgearbeitet, dass die Kulturförderung in Deutschland immer noch stark leistungsstaatlich geprägt ist, es hierfür aber keine zwingenden Argumente gibt.

Bei der Untersuchung des Kulturbegriffs wurde zunächst deutlich, dass es sich um einen sehr komplexen und kaum fassbaren Begriff handelt, für den es eine Vielzahl unterschiedlicher Definitionsansätze gibt. Als Ergebnis historischer Entwicklungen wurde Kultur in der deutschen Nachkriegszeit leistungsstaatlich angeboten. Da zur damaligen Zeit in der Kulturpolitik ein enger Kulturbegriff, der Kultur weitgehend mit Kunst gleichsetzte, vorherrschte, ergaben sich für die politischen Entscheidungsträger kaum definitorische Schwierigkeiten. Das staatliche Selbstverständnis war davon geprägt, zu wissen, was unter Kultur zu fassen und zu fördern sei. Nachdem ab den späten 1960er-Jahren zunehmend Forderungen laut wurden, dem Kulturbegriff seine elitären Züge zu nehmen, ihn also mithin zu demokratisieren, kam es in der Folge zu einer Erweiterung des Kulturbegriffs vor allem um den Bereich der Soziokultur. Erst in Zeiten sich zusehends verknappender öffentlicher Mittel ist faktisch eine erneute begriffliche Einengung zu beobachten, auch wenn pro forma noch ein erweiterter Kulturbegriff vertreten wird. Letztere Entwicklung kann als symptomatisch für ein leistungsstaatliches Handeln angesehen werden.

Auch soweit im aktuellen Diskurs der Begriff Kulturfinanzierung anstelle von Kulturförderung verwendet wird, impliziert dies eine leistungsstaatliche Denkweise. Differenziert man den Begriff Kulturförderung in die drei Bereiche direkte Finanzierung, indirekte Finanzierung durch Steuererleichterungen sowie die Gestaltung von Rahmenbedingungen, so werden Letztere, die schließlich wesentliches Merkmal eines Gewährleistungsstaats sind, bei einer unreflektierten Verwendung des Begriffs Kulturfinanzierung von vornherein aus dem Fokus der Betrachtung ausgegrenzt.

Weiter wurde gezeigt, dass es keinen überzeugenden wohlfahrtstheoretischen Erklärungsansatz gibt, der eine leistungsstaatliche Kulturförderung zwingend erfordert. Weder das Argument der Doppelnatur von Kultur noch die Baumolsche Kostenkrankheit liefern für sich genommen eine hinreichende Legitimation. Auch eine Begründung mithilfe meritorischer und verteilungspolitischer Argumente ist abzulehnen. Zwar lassen sich im Bereich der Museen die Existenz natürlicher Monopole nachweisen und auch die Theorien der öffentlichen

Güter und externen Effekte bieten zum Teil Legitimationsansätze für eine öffentliche Kulturförderung. Diese muss jedoch nicht zwangsläufig in leistungsstaatlicher Form erfolgen. Im Zusammenhang mit der Behebung eines Marktversagens durch staatliche Intervention wurde zudem die Gefahr eines möglichen Staatsversagens aufgezeigt.

Verfassungsrechtlich lässt sich sowohl aus Art. 5 Abs. 3 GG sowie aus Art. 35 EinigV ein öffentlicher Kulturauftrag ableiten, wobei sich hieraus jedoch keine Präferenz für eines der beiden Staatsmodelle ergibt. Zwar legt Art. 35 EinigV durch seinen Wortlaut eine leistungsstaatliche Vorgehensweise nahe, da es sich bei der dort geregelten Übergangsfinanzierung jedoch um eine temporäre Aufgabe handelt, lassen sich hieraus keine langfristigen Rückschlüsse für eine leistungsstaatliche Kulturförderung ableiten. Vielmehr sprechen die weite Auslegung des Kulturbegriffs durch das Bundesverfassungsgericht und auch der durch das Grundgesetz geforderte Kulturföderalismus für eine gewährleistungsstaatliche Vorgehensweise. Dessen ungeachtet lassen die derzeit zu beobachtenden Tendenzen einer Ausweitung bundesstaatlicher Kompetenzen für den Kulturbereich sowie die Bemühungen, Kultur als Staatsziel im Grundgesetz zu verankern auf ein leistungsstaatliches Verharren deutscher Kulturförderung schließen.

Anhand der verschiedenen untersuchten Diskurse wurde herausgearbeitet, dass zwar gegenwärtig von einem stark leistungsstaatlich geprägten Status Quo in der deutschen Kulturförderpolitik auszugehen ist. Weder aus der Betrachtung wohlfahrtstheoretischer Erklärungsansätze noch aus der Untersuchung verfassungsrechtlicher Bezüge lassen sich jedoch Hindernisse für eine Abkehr von der leistungsstaatlichen und Hinwendung zu einer gewährleistungsstaatlichen Kulturpolitik erkennen.

Aus der im zweiten Teil der Arbeit vorgenommenen Gegenüberstellung der Kulturförderung in Deutschland und den USA wurde deutlich, dass in beiden Ländern im Wesentlichen das gleiche Instrumentarium vorhanden ist und sich lediglich abweichende Schwerpunkte in seiner Anwendung entwickelt haben. Letzteres ist insbesondere auf die jeweilige historische Entwicklung zurückzuführen.

Eindeutige Unterschiede lassen sich bei der Verteilung zwischen direkter und indirekter Finanzierung erkennen. Erstere nimmt in den USA weitaus weniger Raum ein als in Deutschland. Zwar bietet das im Rahmen der indirekten Finanzierung in beiden Ländern angewendete Instrumentarium der Steuererleichterungen durchweg ähnliche Anreize, gleichwohl ist in den USA eine breitere gesellschaftliche Akzeptanz gegenüber dem Spenden und Sponsoring anzutreffen.

Trotz weitestgehend gleichem Instrumentarium sind innerhalb der direkten und indirekten Finanzierung weitere Gestaltungspotenziale für die deutsche Kulturförderung erkennbar. So lassen auch aktuelle Projekte wie beispielsweise das der Hamburger Elbphilharmonie ein Vorgehen nach dem Matching-Grant-Prinzip bis dato vermissen, obwohl dieses auch in Deutschland seit längerem nicht mehr unbekannt ist. Auch für das Sponsoring lässt sich aus der entsprechenden Praxis in den USA weiteres Innovationspotenzial für Deutschland deduzieren.

Demgegenüber lassen sich hinsichtlich der Ausgestaltung kultureller Rahmenbedingungen aus einem Vergleich mit den USA keine wesentlichen Impulse für Deutschland ableiten. Sowohl die verfassungsrechtliche Verankerung der Kunstfreiheitsgarantie, die sozialversicherungsrechtliche Absicherung von Künstlern als auch die Ausgestaltung des Urheberrechts sind in Deutschland umfassender ausgestaltet.

4.2 Ergebnis und Ausblick

Will die öffentliche Hand den ihr obliegenden Kulturauftrag trotz knapper öffentlicher Haushaltsmittel auch künftig erfolgreich wahrnehmen, so ist hierfür ein Wandel von leistungsstaatlichen zu gewährleistungsstaatlichen Denk- und Handlungsmustern erforderlich. Etwaige Restriktionen gegen einen derartigen Paradigmenwechsel ergeben sich weder aus wohlfahrtstheoretischer noch aus verfassungsrechtlicher Perspektive.

Für eine Orientierung am Modell des Gewährleistungsstaats kann im Wesentlichen auf das in Deutschland bereits existierende Instrumentarium öffentlicher Kulturförderung, namentlich der direkten Finanzierung, der indirekten Finanzierung mittels Steuererleichterungen sowie der Ausgestaltung von Rahmenbedingungen, zurückgegriffen werden. Eine vollständige Verlagerung der Kulturfinanzierung vom Staat auf private bzw. privatwirtschaftliche Akteure erscheint im Hinblick auf die in Deutschland historisch gewachsene umfangreiche Staatsquote im Kulturbereich in naher Zukunft utopisch. Innerhalb des anzutreffenden Instrumentariums der Kulturförderung ist daher zunächst eine Verlagerung des Schwerpunkts von der direkten Finanzierung hin zur indirekten Finanzierung anzustreben. Die verbleibende direkte Finanzierung sollte möglichst nach dem Matching-Grant-Prinzip vergeben werden. Derartige Strukturen führen zu einem höheren Ausmaß an Transparenz von Finanzierungsentscheidungen, mithin zu einer besseren Kostenkontrolle und einem effizienteren Mitteleinsatz.

Eine stärkere Fokussierung auf den Bereich der indirekten Finanzierung mittels Steuererleichterungen setzt zunächst eine Schärfung des öffentlichen Bewusstseins voraus, dass es sich auch hierbei um eine Form der öffentlichen Finanzierung und somit nicht um einen Ausstieg der öffentlichen Hand aus der Kulturförderung handelt. Erwartet man durch die Gewährung von Steuererleichterungen einen höheren Anteil privater Finanzierung, so ist hiermit nicht zwingend eine unmittelbare Beeinflussung kultureller Inhalte durch die daran beteiligten privaten Akteure verbunden. Ein etwaiges Risiko sachfremder Erwägungen besteht grundsätzlich auch bei einer rein öffentlichen Finanzierung. Vielmehr kommt es durch einen verstärkten Einbezug Privater zu einer Ausweitung des Trägerpluralismus und somit potenziell zu einem erhöhten Ausmaß an demokratischer Willensbildung. Durch eine lediglich geringfügige Änderung der Steuergesetzgebung bei der Abzugsfähigkeit von Spenden ließe sich eine einkommensneutrale Steuerbegünstigung erreichen und somit eine etwaige überproportionale Einflussnahme von Besserverdienenden auf kulturpolitische Entscheidungen vermeiden. Auch ist das Risiko einer mangelnden Nachhaltigkeit der Kulturfinanzierung in wirtschaftlich angespannten Zeiten sowohl bei Privaten als auch bei der öffentlichen Hand gleichermaßen gegeben.

Selbst eine theoretisch vorstellbare vollständige Abkehr von öffentlicher Finanzierung und ausschließliche Konzentration auf den Bereich der Gestaltung von Rahmenbedingungen käme nach gewährleistungsstaatlichem Verständnis nicht einer Aufgabe der verfassungsrechtlich gebotenen Verpflichtung zur öffentlichen Kulturförderung gleich.

Solange der Staat es als seine Aufgabe ansieht, Kultur öffentlich zu fördern, besteht die Notwendigkeit, sich normativ mit dem Kulturbegriff auseinander zu setzen. Von diesem Erfordernis ist auch der Gewährleistungsstaat nicht befreit. Im Gegensatz zum Leistungsstaat kommt es hierbei jedoch weniger auf die Festlegung kultureller Inhalte an, sondern vielmehr darauf, im Sinne eines offenen Kulturbegriffs die Grenzen von Kultur festzulegen, also Kultur von Nicht-Kultur zu differenzieren. Ein derartiges Vorgehen entspricht sowohl dem verfassungsseitig geforderten Neutralitätsprinzip als auch dem durch das Bundesverfassungsgericht vertretenen offenen Kulturbegriff. Einzel- bzw. Detailentscheidungen ästhetischer Natur durch politische Entscheidungsträger für oder gegen eine bestimmte Einrichtung, ein bestimmtes Projekt oder einen bestimmten Künstler wären nicht mehr wie im bisherigen Umfang erforderlich.

Vor dem Hintergrund des bereits existierenden Instrumentariums ist eine Neuausrichtung der öffentlichen Kulturförderung in Deutschland am Modell des Gewährleistungsstaats vor allem durch einen gesellschaftspolitischen Wandel zu bewerkstelligen, der eine öffentliche Finanzierung gegenüber der privaten Finanzierung in den Hintergrund drängt. Während das Philantrophic Giving in den USA eine lange Tradition aufweist und allgemein anerkannt ist, steht man der privaten Kulturförderung in Deutschland häufig noch kritisch gegenüber. Aufgabe der Politik ist es, dieses Klima der Skepsis aufzubrechen und einen gesellschafts- und kulturpolitischen Wandel aktiv einzuleiten. Hierzu kann jeder Akteur in der Kulturpolitik beitragen, indem er sich vor künftigen Entscheidungen fragt, ob diese noch leistungsstaatlich oder bereits gewährleistungsstaatlich motiviert sind.

Quellenverzeichnis

Ameln, Ralf von: Aufgaben und Grenzen des Kultursponsoring in Europa, in: Stolorz, Christian; Schmalhaus, Stefan (Hrsg.), Kulturpolitik und Kultursponsoring, Münster u. a. 1992, S. 75-97.

Andreae, Clemens-August; Wilflingseder, Cornelia: Der Einfluss des öffentlichen Sektors auf die Kunst, in: Wirtschaftspolitische Blätter, Jg. 27 (1980), H. 6, S. 47-54.

Anheier, Helmut K.; Salamon, Lester M.; Archambault, Edith: Ehrenamtlichkeit und Spendenverhalten in Deutschland, Frankreich und den USA, in: Anheier, Helmut K. u. a. (Hrsg.), Der Dritte Sektor in Deutschland. Organisationen zwischen Staat und Markt im gesellschaftlichen Wandel, Berlin 1997, S. 197-209.

Baecker, Dirk: Wozu Kultur?, 3. Aufl., Berlin 2003.

Balfe, Judith Huggins; Peters, Monnie: Public Involvement in the Arts, in: Cherbo, Joni M.; Wyszomirski, Margaret J. (Hrsg.), The Public Life of the Arts in America, New Brunswick 2000, S. 81-107.

Bandemer, Stephan von; Hilbert, Josef: Vom expandierenden zum aktivierenden Staat, in: Blanke, Bernhard u. a. (Hrsg.), Handbuch zur Verwaltungsreform, 3. Aufl, Wiesbaden 2005, S. 26-35.

Baumol, William J.; Bowen, William G.: Performing Arts - The Economic Dilemma. A Study of Problems common to Theater, Opera, Music and Dance, New York 1966.

Bechler, Ekkehard: Effizienz und Kultur. Volkswirtschaftliche Überlegungen zum Kulturmanagement, in: HWP (Hrsg.), Kultur braucht Management. Management braucht Kultur, Diskussionsbeiträge Kultur- und Bildungsmanagement Bd. 1, Hamburg 1991, S. 35-56.

Bechler, Ekkehard: Über den Gütercharakter der Kunst. Einige wirtschaftstheoretische Aspekte von Kulturförderung und Kulturmanagement, in: Strachwitz, Rupert; Toepler, Stefan (Hrsg.), Kulturförderung. Mehr als Sponsoring, Wiesbaden 1993, S. 41-56.

Becker, Bettina M.: Visionen. Wege aus der Krise, in: Becker, Bettina M.; Herwig, Udo; Loch, Ulrike, Kultur geht neue Wege. Kulturförderung in Kassel/Nordhessen, Kassel 1996, S. 127-137.

Becker, Lisa: Kulturfinanzierung in Großbritannien und Deutschland - ein Vergleich. Gutachten im Auftrag der Kulturstiftung der Länder, München 1996.

Beek, Gregor van der: Kulturfinanzen. Ein volkswirtschaftlicher Beitrag zur Reform der öffentlichen Museen und Theater in Deutschland, Berlin 2002.

Beisel, Daniel: Die Kunstfreiheitsgarantie des Grundgesetzes und ihre strafrechtlichen Grenzen, Heidelberg 1997.

Bendixen, Peter: Einführung in die Thematik des Symposiums, in: Fuchs, Max (Hrsg.), Zur Theorie des Kulturmanagements. Ein Blick über Grenzen, Remscheid 1993, S. 15-17.

Bendixen, Peter: Zur Verselbstständigung von Theater- und Museumsbetrieben, in: Damkowski, Wulf; Precht, Claus (Hrsg.), Moderne Verwaltung in Deutschland. Public Management in der Praxis, Stuttgart u. a. 1998, S. 382-397.

Bendixen, Peter: Einführung in die Kultur- und Kunstökonomie, 2. Aufl., Wiesbaden 2001.

Bendixen, Peter: Einführung in das Kultur- und Kunstmanagement, 2. Aufl., Wiesbaden 2002.

Bendixen, Peter; Heinze, Thomas: Kultur und Wirtschaft. Perspektiven gemeinsamer Innovation, in: Heinze, Thomas (Hrsg.), Kulturfinanzierung. Sponsoring - Fundraising - Public-Private-Partnership, Münster 1999, S. 15-44.

Benkert, Wolfgang: Kulturfinanzierung, in: Rauhe, Hermann; Demmer, Christine (Hrsg.), Kulturmanagement. Theorie und Praxis einer professionellen Kunst, Berlin u. a. 1994, S. 73-83.

Berndt, Hans: Stiftungen und Unternehmen. Rechtsvorschriften - Besteuerung - Zweckmäßigkeit, 7. Aufl., Berlin 2003.

Besharov, Gregory: The Outbreak of the Cost Disease: Baumol and Bowen's Founding of Cultural Economics, in: History of Political Economy, Bd. 37 (2005), H. 3, S. 413-430.

Beyer, Susanne; Festenberg, Nikolaus von; Matussek, Matthias: Ein Schiff wird kommen, in: DER SPIEGEL, Jg. 59 (2006), H. 3, S. 140-144.

Beyme, Klaus von: Kulturpolitik und nationale Identität. Studien zur Kulturpolitik zwischen staatlicher Steuerung und gesellschaftlicher Autonomie, Opladen 1998.

Biedermann, Birgit: Bürgerliches Mäzenatentum im 19. Jahrhundert. Die Förderung öffentlicher Kunstwerke durch den Kunstverein für die Rheinlande und Westfalen, Petersberg 2001.

Blankart, Charles B.: Ökonomie der öffentlichen Unternehmen. Eine institutionelle Analyse der Staatswirtschaft, München 1980.

Blankart, Charles B.: Öffentliche Finanzen in der Demokratie, 5. Aufl., München 2003.

Blaug, Mark: Where Are We Now on Cultural Economics?, in: Journal of Economic Surveys, Bd. 15 (2001), H. 2, S. 123-143.

Blaug, Mark: Welfare Economics, in: Towse, Ruth (Hrsg.), A Handbook of Cultural Economics, Cheltenham u. a. 2003, S. 476-481.

Blümle, Ernst-Bernd: Nonprofit-Organisationen in Amerika. Forschung, Lehre und Weiterbildung, in: ZögU, Bd. 17 (1994), H. 2, S. 216-220.

Boecker, Malte; Schulz, Walter: Unternehmerisches Engagement und Steuern am Beispiel der Stiftung Johannes a Lasco Bibliothek in Emden, in: Strachwitz, Rupert; Then, Volker (Hrsg.), Kultureinrichtungen in Stiftungsform, Gütersloh 2004, S. 133-142.

Bohrenkämper, Paul-Gerhard: Kulturmanagement und seine Betriebsformen. Das Stadttheater und seine Rechtsformen, in: Siebenhaar, Klaus; Pröhl, Marga; Pawlowsky-Flodell, Charlotta (Hrsg.), Kulturmanagement. Wirkungsvolle Strukturen im kommunalen Kulturbereich, Gütersloh 1993, S. 81-104.

Borgonovi, Francesca; O'Hare, Michael: The Impact of the National Endowment for the Arts in the United States. Institutional and Sectoral Effects on Private Funding, in: Journal of Cultural Economics, Bd. 28 (2004), H. 1, S. 21-36.

Braun, Günther E.; Gallus, Thomas: Kultur-Sponsoring als Management-Aufgabe der Städte. Zukunftsaufgabe der Städte und Gemeinden, in: Der Städtetag, Jg. 49 (1996), H. 4, S. 248-257.

Braun, Günther E.; Gallus, Thomas; Scheytt, Oliver: Kultur-Sponsoring für die kommunale Kulturarbeit. Grundlagen, Praxisbeispiele, Handlungsempfehlungen für Kulturmanagement und -verwaltung, Köln 1996.

Bretz, Alexander: Kulturbetriebe als Partner. Was und wer steckt hinter den Kulturinstitutionen, in: Litzel, Susanne; Loock, Friedrich; Brackert, Annette (Hrsg.), Handbuch Wirtschaft und Kultur. Formen und Fakten unternehmerischer Kulturförderung, Berlin u. a. 2003, S. 123-138.

Brooks, Arthur C.: Do People Really Care About the Arts for Future Generations?, in: Journal of Cultural Economics, Bd. 28 (2004), H. 4, S. 275-284.

Bruhn, Manfred: Sponsoring. Systematische Planung und integrativer Einsatz, 4. Aufl., Wiesbaden 2003.

Brumlik, Michael: Der Vorhang fällt. Kultur in Zeiten leerer Kassen, Berlin 1997.

Brümmerhoff, Dieter: Finanzwissenschaft, 8. Aufl., München u. a. 2001.

Budäus, Dietrich: Public Private Partnership. Ansätze, Funktionen, Gestaltungsbedarfe, in: GÖW (Hrsg.), Public Private Partnership. Formen - Risiken - Chancen, Berlin 2004, S. 9-22.

Budäus, Dietrich; Grüning, Gernod; Steenbock, Andreas: Public Private Partnership I. State of the Art, Public Management-Diskussionsbeitrag Nr. 32, Hamburg 1997.

Bürgerschaft der Freien und Hansestadt Hamburg (Hrsg.): Mitteilung des Senats an die Bürgerschaft vom 12.07.2005, Bürgerschaftsdrucksache 18/2570.

CDU; CSU; SPD: Gemeinsam für Deutschland - mit Mut und Menschlichkeit. Koalitionsvertrag vom 11.11.2005.

Cherbo, Joni M.; Wyszomirski, Margaret J.: Mapping the Public Life of the Arts in America, in: Cherbo, Joni M.; Wyszomirski, Margaret J. (Hrsg.), The Public Life of the Arts in America, New Brunswick 2000, S. 3-21.

Daniels, Bruce C.: Puritans at Play. Leisure and Recreation in Colonial New England, Houndmills u. a. 1996.

David, Klaus: Verfassung der Freien und Hansestadt Hamburg. Kommentar, 2. Aufl., Stuttgart u. a. 2004.

Deutsche UNESCO-Kommission (Hrsg.): Weltkonferenz über Kulturpolitik. Schlussbericht der von der UNESCO vom 26.07. bis 06.08.1982 in Mexiko-Stadt veranstalteten internationalen Konferenz, München 1983.

Deutscher Bundestag (Hrsg.): Kurz- bzw. Wortprotokoll der 35. Sitzung des Ausschusses für Kultur und Medien am 05.05.2004, BT-Protokoll Nr. 15/35.

Deutscher Bundestag (Hrsg.): Kurzprotokoll der 19. Sitzung der Enquete-Kommission "Kultur in Deutschland" am 20.09.2004, BT-Protokoll Nr. 15/19.

Deutscher Bundestag (Hrsg.): Antrag der Fraktionen SPD und BÜNDNIS 90/DIE GRÜNEN für eine Selbstverpflichtung öffentlich-rechtlicher und privater Rundfunksender zur Förderung von Vielfalt im Bereich von Pop- und Rockmusik in Deutschland, BT-Drs. 15/4521.

Deutscher Bundestag (Hrsg.): Zwischenbericht der Enquete-Kommission "Kultur in Deutschland" vom 01.06.2005, BT-Drs. 15/5560.

Deutscher Städtetag: Der kommunale Kulturauftrag. Eine Arbeitshilfe für die Kulturarbeit in Städten und Gemeinden, Köln 1991.

Dieselhorst, Jochen: Was bringt das Urheberpersönlichkeitsrecht? Urheberpersönlichkeitsschutz im Vergleich. Deutschland - USA, Frankfurt/M. u. a. 1995.

Dohnanyi, Klaus von: "Kultur ist eine Lebensader", in: DER SPIEGEL, Jg. 59 (2006), H. 3, S. 142.

Drukarczyk, Jochen: Finanzierung, in: Bea, Franz Xaver; Dichtl, Erwin; Schweitzer, Marcell (Hrsg.), Allgemeine Betriebswirtschaftslehre, Bd. 3: Leistungsprozess, 7. Aufl., Stuttgart 1997, S. 283-399.

Duda, Alexandra: Begründung und Effektivität von Kulturstiftungen in Form einer Public Private Partnership, Münster 2002.

Duda, Alexandra; Hausmann, Andrea: Public Private Partnerships zur Ressourcenbündelung im Kulturbereich, in: ZögU, Bd. 25 (2002), H. 3, S. 340-349.

Ebker, Nikola: Politische Ökonomie der Kulturförderung. Entwicklungen zwischen Staat, Markt und 3. Sektor, Bonn 2000.

Eichhorn, Peter u. a. (Hrsg.): Verwaltungslexikon, 3. Aufl., Baden-Baden 2002.

Grosse-Brockhoff, Hans-Heinrich: Erfolge in Düsseldorf mit PPPs im kulturellen Bereich, in: GÖW (Hrsg.), Public Private Partnership. Formen - Risiken - Chancen, Berlin 2004, S. 174-181.

Grüßer, Birgit: Kultursponsoring. Die gegenseitigen Abhängigkeiten von Kultur, Wirtschaft und Politik, Tübingen 1991.

Häberle, Peter: Kulturpolitik in der Stadt. Ein Verfassungsauftrag, Heidelberg u. a. 1979.

Häberle, Peter: Kulturverfassungsrecht im Bundesstaat, Wien 1980.

Häberle, Peter: Die Gemeinwohlproblematik in rechtswissenschaftlicher Sicht, in: Rechtstheorie. Zeitschrift für Logik, Methodenlehre, Kybernetik und Soziologie des Rechts, Bd. 14 (1983), H. 3, S. 257-284.

Häberle, Peter: Schriftliche Beantwortung der Fragen zur öffentlichen Anhörung zum Thema "Kulturelle Staatszielbestimmungen" am 20.09.2004, EK-Kultur (Hrsg.), K-Drs. 15/165.

Habisch, André: "Corporate Citizenship". Unternehmerisches Bürgerengagement im Gemeinwesen des 21. Jahrhunderts, in: Litzel, Susanne; Loock, Friedrich; Brackert, Annette (Hrsg.), Handbuch Wirtschaft und Kultur. Formen und Fakten unternehmerischer Kulturförderung, Berlin u. a. 2003, S. 4-13.

Hahlen, Johann: Vorwort, in: Statistische Ämter des Bundes und der Länder (Hrsg.), Kulturfinanzbericht 2003, Wiesbaden 2004, S. 7.

Hansen, Klaus P.: Kultur und Kulturwissenschaft. Eine Einführung, 3. Aufl., Tübingen u. a. 2003.

Hausmann, Andrea: Kooperationen zwischen Kultur und Wirtschaft. Neue Wege in der Finanzierung öffentlicher Kulturbetriebe, in: Keuper, Frank; Schaefer, Christina (Hrsg.), Führung und Steuerung öffentlicher Unternehmen. Probleme, Politiken und Perspektiven entlang des Privatisierungsprozesses, Berlin 2005, S. 110-129.

Heilbrun, James; Gray, Charles, M.: The Economics of Art and Culture. An American Perspective, Cambridge/Mass. 1993.

Heinelt, Hubert: Vom Verwaltungsstaat zum Verhandlungsstaat, in: Blanke, Bernhard u. a. (Hrsg.), Handbuch zur Verwaltungsreform, 3. Aufl, Wiesbaden 2005, S. 10-17.

Heinicke, Wolfgang, in: Schmidt, Ludwig (Hrsg.), Einkommensteuergesetz. Kommentar, 24. Aufl., München 2005.

Heinrichs, Werner: Kulturpolitik und Kulturfinanzierung. Strategien und Modelle für eine politische Neuorientierung der Kulturfinanzierung, München 1997.

Heinrichs, Werner: Kommunales Kulturmanagement. Rahmenbedingungen - Praxisfelder - Managementmethoden, Baden-Baden 1999.

Heinrichs, Werner: Kulturmanagement. Eine praxisorientierte Einführung, 2. Aufl., Darmstadt 1999.

Heinrichs, Werner: Instrumente der Kulturförderung im internationalen Vergleich, in: Aus Politik und Zeitgeschichte vom 29.11.2004, S. 26-33.

Heinz, Kersten: Kultur - Kulturbegriff - Kulturdenkmalbegriff. Eine rechtliche und methodische Analyse des Kulturdenkmalbegriffs und seiner Auswirkungen auf die Unterschutzstellung von Teilen von Gebäuden, Frankfurt/M. u. a. 1993.

Heinze, Thomas u. a.: Einführung, in: Heinze, Thomas (Hrsg.), Kulturmanagement. Professionalisierung kommunaler Kulturarbeit, Opladen 1994, S. 7-20.

Henschel, Johann Friedrich: Die Kunstfreiheit in der Rechtsprechung des BVerfG, in: NJW, Jg. 43 (1990), H. 32, S. 1937-1944.

Herfurth, Rudolf: Spenden und Stiften. Formen der Zuwendung, in: Litzel, Susanne; Loock, Friedrich; Brackert, Annette (Hrsg.), Handbuch Wirtschaft und Kultur. Formen und Fakten unternehmerischer Kulturförderung, Berlin u. a. 2003, S. 27-45.

Heuer, Carl-Heinz: Der gemeine Wert von Kunstgegenständen. Anmerkungen zum Urteil des BFH vom 06.06.2001, II R 7/98, in: DStR, Jg. 40 (2002), H. 20-21, S. 845-848.

Hoffmann, Hilmar: Kultur für alle. Perspektiven und Modelle, Frankfurt/M. 1979.

Hoffmann, Hilmar; Kramer, Dieter: Zum Kulturbegriff demokratischer Kulturpolitik, in: Brackert, Helmut; Wefelmeyer, Fritz (Hrsg.), Kultur. Bestimmungen im 20. Jahrhundert, Frankfurt/M. 1990, S. 421-440.

Holland, Andrew: Bundesstaatliche Kunstförderung in der Schweiz. Anregungen aus einem Rechtsvergleich mit den USA, Bamberg 2002.

Horn, Karen Ilse: Moral und Wirtschaft. Zur Synthese von Ethik und Ökonomik in der modernen Wirtschaftsethik und zur Moral in der Wirtschaftstheorie und im Ordnungskonzept der Sozialen Marktwirtschaft, Tübingen 1996.

Hummel, Marlies: Kultur als Standortfaktor, in: ifo-Schnelldienst, Jg. 43 (1990), H. 10-11, S. 3-10.

Hummel, Marlies: Aktuelle Übersicht der unternehmerischen Kulturförderung in Deutschland, in: Kulturstiftung Haus Europa (Hrsg.), Kultursponsoring in der Diskussion. Deutschland und Europa, München 1995, S. 84-93.

Hummel, Marlies; Berger, Manfred: Die volkswirtschaftliche Bedeutung von Kunst und Kultur. Gutachten im Auftrag des Bundesministeriums des Innern, Berlin u. a. 1988.

Hummel, Marlies; Brodbeck, Karl-Heinz: Längerfristige Wechselwirkungen zwischen kultureller und wirtschaftlicher Entwicklung, Berlin u. a. 1991.

Hummel, Marlies; Waldkircher, Cornelia: Kulturfinanzierung in Bundesländern und Großstädten. Das Beispiel Bremen, in: ifo-Schnelldienst, Jg. 43 (1990), H. 32, S. 3-15.

Hummel, Marlies; Waldkircher, Cornelia: Wirtschaftliche Entwicklungstrends von Kunst und Kultur. Gutachten im Auftrag des Bundesministeriums des Innern, Berlin u. a. 1992.

Hurt, Robert M.; Schuchman, Robert M.: The Economic Rationale of Copyright, in: American Economic Review, Bd. 56 (1966), H. 1-2, S. 421-432.

Hutter, Michael: Kulturökonomik, in: Rauhe, Hermann; Demmer, Christine (Hrsg.), Kulturmanagement. Theorie und Praxis einer professionellen Kunst, Berlin u. a. 1994, S. 57-71.

Institut für Kulturpolitik der Kulturpolitischen Gesellschaft: Jahresbericht 2004, Bonn 2005.

Irmscher, Johannes: Der Begriff der Kultur. Ursprünge und Entwicklungen, in: Sitzungsberichte der Leibniz-Sozietät, Bd. 10 (1996), H. 1-2, S. 5-24.

Karpen, Ulrich: Rechtsgutachten zum Sächsischen Kulturraumgesetz, Hamburg 07.09.2001.

Karpen, Ulrich: Schriftliche Beantwortung der Fragen zur öffentlichen Anhörung zum Thema "Kulturelle Staatszielbestimmungen" am 20.09.2004, EK-Kultur (Hrsg.), K-Drs. 15/174.

Kaufmann, Franz-Xaver: Diskurse über Staatsaufgaben, MPIFG Discussion Paper Nr. 91/5, Köln 1991.

Kaufmann, Franz-Xaver: Varianten des Wohlfahrtsstaats. Der deutsche Sozialstaat im internationalen Vergleich, Frankfurt/M. 2003.

Kaufmann, Franz-Xaver: Zur historischen und aktuellen Entwicklung des europäischen Staates, in: Blanke, Bernhard u. a. (Hrsg.), Handbuch zur Verwaltungsreform, 3. Aufl., Wiesbaden 2005, S. 3-10.

Kilian, Michael: Stiftungserrichtung durch die öffentliche Hand, in: Bellezza, Enrico; Kilian, Michael; Vogel, Klaus, Der Staat als Stifter. Stiftungen als Public-Private Partnerships im Kulturbereich, Gütersloh 2003, S. 11-134.

Klein, Armin: Kultur-Marketing. Das Marketing-Konzept für Kulturbetriebe, München 2001.

Klein, Armin: Kulturpolitik. Eine Einführung, Opladen 2003.

Koch, Angela: Strukturen der Kulturfinanzierung in den USA, in: Heinrichs, Werner; Klein, Armin (Hrsg.), Deutsches Jahrbuch für Kulturmanagement 2000, Baden-Baden 2001, S. 76-93.

Knauff, Matthias: Unbegrenzte Gewährleistung statt unbegrenzter Leistung? Kritische Anmerkungen zum Wandel von Staatlichkeit im Zeitalter der Globalisierung, in: Verwaltungsrundschau Jg. 49 (2003), H. 8, S. 269-276.

Knies, Wolfgang: Schranken der Kunstfreiheit als verfassungsrechtliches Problem, München 1967.

Knoblich, Tobias J.: Das Gesetz über die Kulturräume in Sachsen. Ein Beitrag zum Kulturföderalismus, in: Institut für Kulturpolitik der Kulturpolitischen Gesellschaft (Hrsg.), Jahrbuch für Kulturpolitik 2001. Thema: Kulturföderalismus, Essen 2002, S. 245-251.

Knoblich, Tobias J.: Kunst- und Kulturförderung im föderativen System. Hintergründe und Probleme, in: Aus Politik und Zeitgeschichte vom 29.11.2004, S. 5-12.

Konietzka, Thomas; Küppers, Hans-Georg: Neue Steuerung in der kommunalen Kulturarbeit. Alternative Formen der Organisation und Finanzwirtschaft für Kultureinrichtungen, Bonn 1998.

Koslowski, Peter: Wirtschaft als Kultur, in: Brezinski, Horst (Hrsg.), Wirtschaft und Kultur, Frankfurt/M. 1989, S. 33-49.

Krieger, Georg: Ökonomie und Kunst. Wechselseitige Beziehungen und regionale Aspekte, Berlin 1996.

Kroeber, Alfred L.; Kluckhohn, Clyde: Culture. A Critical Review of Concepts and Definitions, Cambridge/Mass. 1952.

Künzel, Annegret: Geschlechtsspezifische Aspekte von Kunst- und Kulturförderung, in: Aus Politik und Zeitgeschichte vom 29.11.2004, S. 34-38.

Küppers, Hans-Georg: Betriebsformen für die kommunale Kulturarbeit. Neue Chancen für öffentliche Kultureinrichtungen, in: Hill, Hermann; Magdowski, Iris (Hrsg.), Neue Wege für Kultureinrichtungen, Düsseldorf 1997, S. 39-46.

Küster, Bernd: Die verfassungsrechtliche Problematik der gesamtstaatlichen Kunst- und Kulturpflege in der Bundesrepublik Deutschland, Frankfurt/M. 1990.

Lissek-Schütz, Ellen: Kultur in der Eigenverantwortung der Bürger. Möglichkeiten und Grenzen in den USA, in: Hill, Hermann; Magdowski, Iris (Hrsg.), Neue Wege für Kultureinrichtungen, Düsseldorf 1997, S. 133-145.

Lissek-Schütz, Ellen: Kulturfinanzierung in privater Hand. Das Beispiel USA, in: Heinze, Thomas (Hrsg.), Kulturfinanzierung. Sponsoring - Fundraising - Public-Private-Partnership, Münster 1999, S. 217-246.

Litzel, Susanne: Zur Situation der privaten Kulturförderung. Anregungen zum Perspektivenwechsel, in: Lammert, Norbert (Hrsg.), Alles nur Theater? Beiträge zur Debatte über Kulturstaat und Bürgergesellschaft, Köln 2004, S. 238-250.

Loock, Friedrich: Kunstsponsoring. Ein Spannungsfeld zwischen Unternehmen, Künstlern und Gesellschaft, Wiesbaden 1990.

Loock, Friedrich: Public Private Partnership. Zwischen Patenschaft und Partnerschaft, in: Litzel, Susanne; Loock, Friedrich; Brackert, Annette (Hrsg.),

Handbuch Wirtschaft und Kultur. Formen und Fakten unternehmerischer Kulturförderung, Berlin u. a. 2003, S. 144-154.

Luhmann, Niklas: Die Kunst der Gesellschaft, Frankfurt/M. 1995.

Magdowski, Iris: Die rechtliche Verselbstständigung von Kultureinrichtungen als Herausforderung für das politische Mandat und ein effektives Management, in: Hill, Hermann; Magdowski, Iris (Hrsg.), Neue Wege für Kultureinrichtungen, Düsseldorf 1997, S. 81-88.

Magdowski, Iris: Pflichtaufgabe oder Selbstverpflichtung? Die Zukunft der kommunalen Kulturpolitik, in: Konrad-Adenauer Stiftung e. V. (Hrsg.), Pflichtaufgabe oder Selbstverpflichtung. Kulturförderung in Krisenhaushalten, Materialien für die Arbeit vor Ort Nr. 27, Wesseling 2003, S. 7-15.

Mankin, Lawrence D.: Federal Arts Patronage in the New Deal, in: Mulcahy, Kevin V.; Wyszomirski, Margaret J. (Hrsg.), America's Commitment to Culture. Government and the Arts, Boulder u. a. 1995, S. 77-93.

McCarthy, Kathleen: American Cultural Philantrophy. Past, Present, and Future, in: Annals of the American Academy of Political and Social Science, Bd. 471 (1984), H. 1, S. 13-26.

Meier-Dörzenbach, Alexander: Decorating the "Citty vpon a Hill". Puritan Arts and Artifacts, in: Grabbe, Hans-Jürgen (Hrsg.), Colonial Encounters. Essays in Early American History and Culture, Heidelberg 2003, S. 221-242.

Meininger, Frank: Möglichkeiten, Grenzen und Praxis des Sponsoring in der Öffentlichen Vewaltung. Die öffentliche Verwaltung in ihrer Eigenschaft als Sponsor und Gesponsorte, Speyer 2000.

Mercker, Florian; Mues, Gabor: Folgerecht. Vielleicht ist auch bald die Fotografie abgabepflichtig, in: FAZ vom 17.06.2005, Redaktionsbeilage, S. 6.

Mester, Volker: Hamburg, die Hauptstadt der Stifter, in: Hamburger Abendblatt vom 21.10.2005, S. 26.

Meyer, Hans Joachim; Meyer, Bernd: Pflichtaufgabe Kultur?, in: puk, H. 2 (2004), S. 3.

Meyer-Wellmann, Jens; Mischke, Joachim: Elbphilharmonie. Woher soll das Geld kommen?, in: Hamburger Abendblatt vom 08./09.10.2005, S. 11.

Mihatsch, Michael: Öffentliche Kunstsubventionierung. Verfassungs- und verwaltungsrechtliche Probleme, insbesondere bei Einschaltung nicht-staatlicher Instanzen in das Subventionsverfahren, Berlin 1989.

Mischke, Joachim: Stiftung als Sponsoren-Magnet, in: Hamburger Abendblatt vom 08.09.2005, S. 8.

Mischke, Joachim: Michael Otto spendet zehn Millionen für die Elbphilharmonie, in: Hamburger Abendblatt vom 27.09.2005, S. 6.

Mischke, Joachim: So machen's die Amerikaner, in: Hamburger Abendblatt vom 19.10.2005, S. 6.

Mischke, Joachim: Von Kleingeld bis Großgabe. Elbphilharmonie sucht Spender, in: Hamburger Abendblatt vom 11.11.2005, S. 7.

Mischke, Joachim: Elbphilharmonie. Reemtsma-Stiftung gibt zehn Millionen, in: Hamburger Abendblatt vom 29.11.2005, S. 8.

Mühlenkamp, Holger: Öffentliche Unternehmen. Einführung unter Berücksichtigung betriebswirtschaftlicher, volkswirtschaftlicher und rechtlicher Aspekte, München u. a. 1994.

Mühlenkamp, Holger: Der Einfluss der Rechtsform auf die Kosten und den Kostendeckungsgrad von öffentlichen Theatern in der Bundesrepublik Deutschland, Arbeitsbericht Nr. 192 der Universität Lüneburg, FB Wirtschafts- und Sozialwissenschaften, Lüneburg 1998.

Mühlenkamp, Holger: Eine ökonomische Analyse ausgewählter institutioneller Arrangements zur Erfüllung öffentlicher Aufgaben, Baden-Baden 1999.

Mühlenkamp, Holger: "Public Private Partnership" ökonomisch analysiert. Eine Abhandlung aus der Sicht der Transaktionskostenökonomik und der Neuen Politischen Ökonomie, Speyerer Arbeitsheft Nr. 166, Speyer 2004.

Mulcahy, Kevin V.: Government and the Arts in the United States, in: Cummings, Milton C.; Katz, Richard S. (Hrsg.), The Patron State. Government and the Arts in Europe, North America, and Japan, New York u. a. 1987, S. 311-332.

Mulcahy, Kevin V.: The Government and Cultural Patronage. A Comparative Analysis of Cultural Patronage in the United States, France, Norway, and Canada, in: Cherbo, Joni M.; Wyszomirski, Margaret J. (Hrsg.), The Public Life of the Arts in America, New Brunswick 2000, S. 138-168.

Mulcahy, Kevin V.: The State Arts Agency. An Overview of Cultural Federalism in the United States, in: Journal of Arts Management, Law, and Society, Bd. 32 (2002), H. 1, S. 67-80.

Mulcahy, Kevin V.; Wyszomirski, Margaret J.: The Organization of Public Support for the Arts, in: Mulcahy, Kevin V.; Wyszomirski, Margaret J. (Hrsg.), America's Commitment to Culture. Government and the Arts, Boulder u. a. 1995, S. 121-143.

Mulitze, Christoph: Kultursponsoring als Kapitalanlage. Geld für Kulturinstitutionen fließt direkt in den Wirtschaftskreislauf und stärkt damit Städte und Unternehmen, in: Handelsblatt vom 26.09.2005, Düsseldorf-Beilage, S. 5.

Münnich, Frank E.: Zur ökonomischen Analyse der Kunst, in: Wirtschaftspolitische Blätter, Jg. 27 (1980), H. 6, S.17-26.

Musgrave, Richard A.: The Theory of Public Finance. A Study in Public Economy, New York u. a. 1959.

Musgrave, Richard A.: Provision for Social Goods, in: Margolis, Julius; Guitton, Henri (Hrsg.), Public Economics. An Analysis of Public Production and Consumption and Their Relation to the Private Sectors, London u. a. 1969, S. 124-144.

Musgrave, Richard A.; Musgrave, Peggy B.; Kullmer, Lore: Die öffentlichen Finanzen in Theorie und Praxis, Bd. 1, 2. Aufl., Tübingen 1978.

Musgrave, Richard A.; Musgrave, Peggy B.; Kullmer, Lore: Die öffentlichen Finanzen in Theorie und Praxis, Bd. 1, 6. Aufl., Tübingen 1994.

Naschold, Frieder u. a.: Leistungstiefe im öffentlichen Sektor. Erfahrungen, Konzepte, Methoden, 2. Aufl., Berlin 2000.

Naucke, Maria: Der Kulturbegriff in der Rechtsprechung des Bundesverfassungsgerichts, Hamburg 2000.

NEA: The National Endowment for the Arts 1965-2000. A Brief Chronology of Federal Support for the Arts, Washington/D. C. 2000.

NEA: How the United States Funds the Arts, Washington/D. C. 2004.

NEA: Annual Report 2004, Washington/D. C. 2005.

NEA: 2005 Guide, Washington/D. C. 2005.

NEA; National Council on the Arts: National Medal of Arts, Washington/D. C. o. J.

Netzer, Dick: The Subsidized Muse. Public Support for the Arts in the United States, London u. a. 1978.

Nida-Rümelin, Julian: Perspektiven des Kulturföderalismus in Deutschland, in: Institut für Kulturpolitik der Kulturpolitischen Gesellschaft (Hrsg.), Jahrbuch für Kulturpolitik 2001. Thema: Kulturföderalismus, Essen 2002, S. 63-80.

Nipperdey, Thomas: Verein als soziale Struktur in Deutschland im späten 18. und frühen 19. Jahrhundert, in: Boockmann, Hartmut u. a. (Hrsg.), Geschichtswissenschaft und Vereinswesen im 19. Jahrhundert. Beiträge zur Geschichte historischer Forschung in Deutschland, Göttingen 1972, S. 1-44.

Nipperdey, Thomas: Deutsche Geschichte 1800-1866. Bürgerwelt und starker Staat, 4. Aufl., München 1987.

Nowotny, Ewald: Der öffentliche Sektor. Einführung in die Finanzwissenschaft, 4. Aufl., Berlin u. a. 1999.

Oberender, Peter O.; Rudolf, Thomas: Public Private Partnership, in: WiSt, Jg. 33 (2004), H. 8, S. 493-494.

O'Hagan, John W.: The State and the Arts. An Analysis of Key Economic Policy Issues in Europe and the United States, Cheltenham u. a. 1998.

O'Hagan, John W.: Tax Concessions, in: Towse, Ruth (Hrsg.), A Handbook of Cultural Economics, Cheltenham u. a. 2003, S. 451-457.

Opielka, Michael: Kunst und Kultur im Wohlfahrtsstaat, in: Aus Politik und Zeitgeschichte vom 17.03.2003, S. 21-27.

o. V.: Für Christos goldene "Tore" fällt der Vorhang, in: Handelsblatt vom 27.02.2005, S. 17.

o. V.: Start einer Genossenschaft wird einfacher, in: Handelsblatt vom 20.10.2005, S. 12.

o. V.: Dinner für die Elbphilharmonie. 60 Hamburger sollen das Projekt ermöglichen, in: Hamburger Abendblatt vom 10.11.2005, S. 18.

o. V.: Verwirrung um geplante Spekulationssteuer, in: FAZ vom 16.11.2005, S. 21.

Pabel, Katharina: Grundfragen der Kompetenzordnung im Bereich der Kunst, Berlin 2003.

Palm, Wolfgang: Öffentliche Kunstförderung zwischen Kunstfreiheitsgarantie und Kulturstaat, Berlin 1998.

Pappermann, Ernst: Kommunale Kulturpolitik heute. Stellenwert, Chancen und Gefährdungen, in: Stolorz, Christian; Schmalhaus, Stefan (Hrsg.), Kulturpolitik und Kultursponsoring, Münster u. a. 1992, S. 21-40.

Peacock, Alan: Welfare Economics and Public Subsidies to the Arts, 1969, Nachdruck in: Journal of Cultural Economics, Bd. 18 (1994), H. 2, S. 151-161.

Pieroth, Bodo: Schriftliche Beantwortung der Fragen zur öffentlichen Anhörung zum Thema "Kulturelle Staatszielbestimmungen" am 20.09.2004, EK-Kultur (Hrsg.), K-Drs. 15/178.

Pignataro, Giacomo: Imperfect Information and Cultural Goods. Producers' and Consumers' Inertia, in: Peacock, Alan; Rizzo, Ilde (Hrsg.), Cultural Economics and Cultural Policies, Dordrecht u. a. 1994, S. 55-68.

Plagemann, Volker: "Aus-Wege". Auf der Suche nach Perspektiven, in: Hill, Hermann; Magdowski, Iris (Hrsg.), Neue Wege für Kultureinrichtungen, Düsseldorf 1997, S. 149-171.

Pommerehne, Werner W.: Opernfestspiele. Ein Fall für öffentliche Subventionen?, in: Homo Oeconomicus. Zeitschrift für Wirtschafts- und Sozialwissenschaften, Bd. 9 (1992), H. 2, S. 229-262.

Pommerehne, Werner W.; Frey, Bruno S.: Kunst zwischen Freiheit und Demokratie, in: Wirtschaftspolitische Blätter, Jg. 27 (1980), H. 6, S. 27-37.

Pommerehne, Werner W.; Frey, Bruno S.: Staatliche Förderung von Kunst und Kultur. Eine ökonomische Betrachtung, in: Jahrbuch für Sozialwissenschaften, Bd. 38 (1987), S. 259-275.

Pommerehne, Werner W.; Frey, Bruno S.: Musen und Märkte. Ansätze zu einer Ökonomik der Kunst, München 1993.

Presse- und Informationsamt der Bundesregierung (Hrsg.): Im Bund mit der Kultur. Neue Aufgaben der Kulturpolitik, Berlin 2002.

Prophete, Walter: Renaissance des gemeinnützigen Stiftungswesens, in: DVP, Jg. 54 (2003), H. 6, S. 222-226.

Radunski, Peter: Neue Modelle der Kulturfinanzierung, in: Grosz, Andreas; Delhaes, Daniel (Hrsg.), Die Kultur AG. Neue Allianzen zwischen Wirtschaft und Kultur, München u. a. 1999, S. 115-119.

Raeithel, Gert: Geschichte der nordamerikanischen Kultur, Bd. 1: Vom Puritanismus bis zum Bürgerkrieg (1600-1860), 3. Aufl., Frankfurt/M. 1997.

Rauterberg, Hanno: Unter goldenen Segeln, in: DIE ZEIT vom 17.02.2005, S. 43.

ReGe Hamburg: Machbarkeitsstudie zur Elbphilharmonie Hamburg. Anlage zur Bürgerschaftsdrucksache 18/2570, Hamburg 2005.

Rehberg, Karl-Siegbert: Das Ende des mäzenatischen Staates? Beobachtungen aus kulturpolitischer Perspektive, in: Allmendinger, Jutta (Hrsg.), Entstaatlichung und soziale Sicherheit. Verhandlungen des 31. Kongresses der Deutschen Gesellschaft für Soziologie in Leipzig 2002, Bd. 2, Opladen 2003, S. 1031-1036.

Reichard, Christoph: Public Private Partnership im Kultur-, Bildungs- und Sport-/Freizeitbereich. Einführende Bemerkungen, in: GÖW (Hrsg.), Public Private Partnership. Formen - Risiken - Chancen, Berlin 2004, S. 173.

Richter, Reinhart: Das Prinzip der dezentralen Ressourcenverantwortung in der kommunalen Kulturverwaltung, in: Richter, Reinhart; Sievers, Norbert; Siewert, Hans-Jörg (Hrsg.), "Unternehmen Kultur". Neue Strukturen und Steuerungsformen in der kommunalen Kulturverwaltung, Essen 1995, S. 71-90.

Ritter, Waldemar: Kultur und Kulturpolitik im vereinigten Deutschland, Berlin 2000.

Röbke, Thomas; Wagner, Bernd: Aufgaben eines undogmatischen Kulturföderalismus, in: Institut für Kulturpolitik der Kulturpolitischen Gesellschaft (Hrsg.), Jahrbuch für Kulturpolitik 2001. Thema: Kulturföderalismus, Essen 2002, S. 13-34.

Rossbroich, Joachim: Die Kultur als Entwicklungsabteilung der Gesellschaft, in: Grosz, Andreas; Delhaes, Daniel (Hrsg.), Die Kultur AG. Neue Allianzen zwischen Wirtschaft und Kultur, München u. a. 1999, S. 145-157.

Rößler, Matthias: Vom Osten lernen? Erfahrungen mit dem sächsischen Kulturraumgesetz, in: Konrad-Adenauer Stiftung e. V. (Hrsg.), Pflichtaufgabe oder Selbstverpflichtung. Kulturförderung in Krisenhaushalten, Materialien für die Arbeit vor Ort Nr. 27, Wesseling 2003, S. 16-25.

Rundshagen, Helmut: Sponsoring. Die steuerliche Behandlung, in: Litzel, Susanne; Loock, Friedrich; Brackert, Annette (Hrsg.), Handbuch Wirtschaft und Kultur. Formen und Fakten unternehmerischer Kulturförderung, Berlin u. a. 2003, S. 55-91.

Rushton, Michael: Cultural Diversity and Public Funding of the Arts. A View from Cultural Economics, in: Journal of Arts Management, Law, and Society, Bd. 33 (2003), H. 2, S. 85-97.

Sack, Detlef: Gratwanderung zwischen Partizipation und Finanzengpässen. Ein Überblick über die deutsche Public Private Partnership-Entwicklung, in: ZögU, Bd. 26 (2003), H. 4, S. 353-370.

Samuelson, Paul A.: The Pure Theory of Public Expenditure, in: Review of Economics and Statistics, Bd. 36 (1954), H. 4, S. 387-389.

Saunders, Shauna: The Case for the National Endowment for the Arts. Federal Funding for the Arts in America in the 1960s and 1970s, in: History of Political Economy, Bd. 37 (2005), H. 3, S. 593-616.

Scheuner, Ulrich: Die Kunst als Staatsaufgabe im 19. Jahrhundert, in: Mai, Ekkehard; Waetzoldt, Stephan (Hrsg.), Kunstverwaltung, Bau- und Denkmal-Politik im Kaiserreich, Berlin 1981, S. 13-46.

Scheytt, Oliver: Rechtsgrundlagen der kommunalen Kulturarbeit, Köln 1994.

Scheytt, Oliver: Kulturpolitik und Recht. Ein Versuch zur Systematisierung des Rechts der Kultur in öffentlicher Verantwortung, in: Kulturpolitische Mitteilungen, H. 100/I (2003), S. 50-54.

Schlüter, Andreas: Stiftungsrecht zwischen Privatautonomie und Gemeinwohlbindung. Ein Rechtsvergleich Deutschland, Frankreich, Italien, England, USA, München 2004.

Schmidt, Thomas E.: Den Vorhang hoch und alle Säle offen. Wer soll künftig die öffentlich geförderten Theater, Opernhäuser und Museen besuchen?, in: DIE ZEIT vom 28.05.2005, S. 37.

Schmitz, Thomas: Die deutschen Kunstvereine im 19. und frühen 20. Jahrhundert. Ein Beitrag zur Kultur-, Konsum- und Sozialgeschichte der bildenden Kunst im bürgerlichen Zeitalter, Neuried 2001.

Schmoock, Matthias: Petersens Rückwärtsrolle, in: Hamburger Abendblatt vom 22.10.2005, S. 14.

Scholz, Rupert, in: Maunz, Theodor; Dürig, Günter u. a. (Hrsg.), Grundgesetz. Kommentar, Bd. 1, München 1958, 44. Lfg. (2005).

Schulze-Fielitz, Helmuth: Verfassungsrechtliche Rahmenbedingungen für eine Politik der kulturellen Erneuerung in den neuen Bundesländern, in: Schwencke, Olaf (Hrsg.), Kulturföderalismus und Kulturförderung. Neue Bundesstaatlichkeit im Kulturstaat Deutschland?, Hagen 1992, S. 59-70.

Schuppert, Gunnar F.: Die öffentliche Verwaltung im Kooperationsspektrum staatlicher und privater Aufgabenerfüllung. Zum Denken in Verantwortungsstufen, in: Die Verwaltung, Bd. 31 (1998), H. 4, S. 415-447.

Schuppert, Gunnar F.; Neidhardt, Friedhelm (Hrsg.): Gemeinwohl. Auf der Suche nach Substanz, Berlin 2002.

Schwarzmann, Winfried: Entwurf eines Controllingkonzepts für deutsche Musiktheater und Kulturorchester in öffentlicher Verantwortung, Aachen 2000.

Schweitzer, Marcell: Gegenstand und Methoden der Betriebswirtschaftslehre, in: Bea, Franz Xaver; Dichtl, Erwin; Schweitzer, Marcell (Hrsg.), Allgemeine Betriebswirtschaftslehre, Bd. 1: Grundfragen, 8. Aufl., Stuttgart 2000, S. 23-79.

Singer, Otto: Die Förderung von Kunst und Kultur. Grundlagen und Formen der Kulturförderung und -finanzierung unter Berücksichtigung des internationalen Kontextes, Wissenschaftliche Dienste des Deutschen Bundestags (Hrsg.), Reg. Nr. WF X-060/03, Berlin 2003.

Söndermann, Michael: Zur Empirie des Kultursektors. Struktur und Finanzierung des Kultursektors in Bund, Ländern und Gemeinden, in: Lammert, Norbert (Hrsg.), Alles nur Theater? Beiträge zur Debatte über Kulturstaat und Bürgergesellschaft, Köln 2004, S. 189-208.

Starck, Christian, in: Mangoldt, Hermann von; Klein, Friedrich; Starck, Christian (Hrsg.), Das Bonner Grundgesetz. Kommentar, Bd. 1, 4. Aufl., München 1999.

Statistische Ämter des Bundes und der Länder (Hrsg.): Kulturfinanzbericht 2003, Wiesbaden 2004.

Steinbacher, Franz: Kultur. Begriff - Theorie - Funktion, Stuttgart u. a. 1976.

Steiner, Udo: Kulturauftrag im staatlichen Gemeinwesen, in: Veröffentlichungen der Vereinigung der Deutschen Staatsrechtslehrer, H. 42 (1984), S. 7-45.

Stiller, Günter: Greves: "Dies ist unser stolzester Tag", in: Hamburger Abendblatt vom 30.09.2005, S. 15.

Stitz, Uta: Der Bereich Kultur und Sport, in: Evers, Adalbert; Rauch, Ulrich; Stitz, Uta, Von öffentlichen Einrichtungen zu sozialen Unternehmen. Hybride Organisationsformen im Bereich sozialer Dienstleistungen, Berlin 2002, S. 113-161.

Stober, Rolf: Kommunalrecht in der Bundesrepublik Deutschland, 3. Aufl., Stuttgart u. a. 1996.

Stolorz, Christian: Zur unternehmenspolitischen Zielsetzung von Sponsoring, in: Stolorz, Christian; Schmalhaus, Stefan (Hrsg.), Kulturpolitik und Kultursponsoring, Münster u. a. 1992, S. 53-62.

Strachwitz, Rupert; Delhaes, Daniel: "Der Staat hat einfach versagt". Die Deutschen brauchen ein neues Gesellschaftsmodell, in: Grosz, Andreas; Delhaes, Daniel (Hrsg.), Die Kultur AG. Neue Allianzen zwischen Wirtschaft und Kultur, München u. a. 1999, S. 61-66.

Stüdemann, Jörg: Kulturförderung. Despektierliche Anmerkungen und ermunternde Anregungen, in: Aus Politik und Zeitgeschichte vom 29.11.2004, S. 3-4.

Sturm, Birgit Maria: Zehn Fragen und Antworten zum Thema Folgerecht, in: KUR, Jg. 7 (2005), H. 5, S. 135-138

Thiel, Jochen: Kulturförderung als Betriebsausgabe aus steuerlicher Sicht, in: Kulturstiftung Haus Europa (Hrsg.), Kultursponsoring in der Diskussion. Deutschland und Europa, München 1995, S. 94-109.

Thom, Norbert: Sponsoring aus betriebswirtschaftlicher Sicht. Grundlagen und das Universitätssponsoring als Anwendungsbeispiel, in: Neuhaus, Helmut (Hrsg.), Mäzenatentum - Stiftungswesen - Sponsoring. Atzelsberger Gespräche 1998, Erlangen 1999, S. 111-139.

Throsby, David: Economics and Culture, Cambridge/Mass. u. a. 2001.

Throsby, David; Withers, Glenn: The Economics of the Performing Arts, London u. a. 1979.

Thurn, Hans Peter: Anthropologie als Vermittlung und Versöhnung. Zu Claude Lévi-Strauss' zivilisationskritischer Kulturtheorie, in: Brackert, Helmut; Wefelmeyer, Fritz (Hrsg.), Kultur. Bestimmungen im 20. Jahrhundert, Frankfurt/M. 1990, S. 344-367.

Tillner, Wolf-Dietrich: Die öffentliche Förderung der Musiktheater in Deutschland, Berlin 1999.

Tindall, George Brown; Shi, David E.: America. A Narrative History, 3. Aufl., New York u. a. 1993.

Tipke, Klaus, in: Tipke, Klaus; Kruse, Heinrich Wilhelm, Abgabenordnung und Finanzgerichtsordnung. Kommentar, Köln 1965, 108. Lfg. (2005).

Toepler, Stefan: Kulturfinanzierung. Ein Vergleich USA - Deutschland, Wiesbaden 1991.

Toepler, Stefan: Kulturförderung in den USA, in: Strachwitz, Rupert; Toepler, Stefan (Hrsg.), Kulturförderung. Mehr als Sponsoring, Wiesbaden 1993, S. 71-79.

Toepler, Stefan: Das gemeinnützige Stiftungswesen in der modernen demokratischen Gesellschaft. Ansätze zu einer ökonomischen Betrachtungsweise, München 1996.

Toepler, Stefan: Kulturpolitik im "liberalen Staat". Das Beispiel USA, in: Wagner, Bernd; Zimmer, Annette (Hrsg.), Krise des Wohlfahrtsstaates. Zukunft der Kulturpolitik, Essen 1997, S. 50-61.

Toepler, Stefan: Modell USA? Der Dritte Sektor im Umbruch, in: Strachwitz, Rupert (Hrsg.), Dritter Sektor - Dritte Kraft. Versuch einer Standortbestimmung, Düsseldorf 1998, S. 65-72.

Toepler, Stefan: Culture, Commerce, and Civil Society. Rethinking Support for the Arts, in: Administration & Society, Bd. 33 (2001), H. 5, S. 508-522.

Toepler, Stefan; Zimmer, Annette: The State and the Non-Profit Sector in the Provision of Arts and Culture, in: European Journal of Cultural Policy, Bd. 3 (1997), H. 2.

Towse, Ruth: Introduction, in: Towse, Ruth (Hrsg.), A Handbook of Cultural Economics, Cheltenham u. a. 2003, S. 1-14.

Ulbricht, Johannes: Nachhaltigkeit im Urheberrecht. Eine Voraussetzung für den ästhetischen und den ökonomischen Erfolg von Kunst und Kultur im

Internet, in: Bendixen, Peter; Laaser, Ullrich H. (Hrsg.), Geld und Kunst. Wer braucht wen?, Opladen 2000, S. 202-208.

UNESCO: Recommendation Concerning the International Standardization of Statistics on the Public Financing of Cultural Activities, in: UNESCO, Records of the Twenty-First Session of the General Conference. Belgrade, 23 September to 28 October 1980, Bd. 1 (Resolutions), Paris 1980, S. 161-165.

UNESCO: Universal Declaration on Cultural Diversity, Paris 02.11.2001.

UNESCO: Convention on the Protection and Promotion of the Diversity of Cultural Expressions, Paris 20.10.2005.

UNESCO-Dienst (Hrsg.): Erklärung von Mexiko-City über Kulturpolitik. Weltkonferenz über Kulturpolitik. Mexiko, 26.07. bis 06.08.1982, Bonn 1982.

Vermeulen, Peter; Hempel, Lutz: Umbau der Kulturverwaltung. Gewinn für das Stadtmarketing, in: Innovative Verwaltung, Jg. 26 (2004), H. 5, S. 29-30.

Vogel, Bernhard: Kulturföderalismus, in: Lammert, Norbert (Hrsg.), Alles nur Theater? Beiträge zur Debatte über Kulturstaat und Bürgergesellschaft, Köln 2004, S. 36-49.

Vogelsang, Klaus; Lübking, Uwe; Ulbrich, Ina-Maria: Kommunale Selbstverwaltung. Rechtsgrundlagen - Organisation - Aufgaben - Neue Steuerungsmodelle, 3. Aufl., Berlin 2005.

Völckers, Hortensia; Farenholtz, Alexander: Die Kulturstiftung des Bundes, in: Beauftragte der Bundesregierung für Kultur und Medien; Bundesverband Deutscher Stiftungen e. V.; Deutscher Kulturrat (Hrsg.), Handbuch Kulturstiftungen. Ein Ratgeber für die Praxis, 2. Aufl., Berlin 2004, S. 138-140.

Wahl-Zieger, Erika: Theater und Orchester zwischen Marktkräften und Marktkorrektur. Existenzprobleme und Überlebenschancen eines Sektors aus wirtschaftstheoretischer Sicht, o. O. 1975.

Wagner, Bernd: Neue Wege öffentlicher Kulturförderung, in: Heinze, Thomas (Hrsg.), Kulturfinanzierung. Sponsoring - Fundraising - Public-Private-Partnership, Münster 1999, S. 187-215.

Wagner, Bernd: "Kulturstaat" und "kulturelle Grundversorgung". Ist ihre verfassungsmäßige Verankerung sinnvoll und hilfreich?, in: Kulturpolitische Mitteilungen, H. 106/III (2004), S. 32-34.

Wagner, Bernd; Zimmer, Annette: Krise des Wohlfahrtsstaates. Zukunft der Kulturpolitik, in: Wagner, Bernd; Zimmer, Annette (Hrsg.), Krise des Wohlfahrtsstaates. Zukunft der Kulturpolitik, Essen 1997, S. 11-24.

Weck, Bernhard: Verfassungsrechtliche Legitimationsprobleme öffentlicher Kunstförderung aus wirklichkeitswissenschaftlicher Perspektive, Berlin 2001.

Weiss, Christina: Stadt ist Bühne. Kulturpolitik heute, Hamburg 1999.

Weiss, Christina: Das Publikum ist die Macht der Kultur, in: Kulturpolitische Mitteilungen, H. 110/III (2005), S. 32-34.

Welck, Karin von: Die Kulturstiftung der Länder, in: Beauftragte der Bundesregierung für Kultur und Medien; Bundesverband Deutscher Stiftungen e. V.; Deutscher Kulturrat (Hrsg.), Handbuch Kulturstiftungen. Ein Ratgeber für die Praxis, 2. Aufl., Berlin 2004, S. 141-143.

Wellisch, Dietmar: Finanzwissenschaft I. Rechtfertigung der Staatstätigkeit, München 2000.

Wiesand, Andreas Johannes: Kulturpolitik, in: Andersen, Uwe; Woyke, Wichard (Hrsg.), Handwörterbuch des politischen Systems der Bundesrepublik Deutschland, 5. Aufl., Opladen 2003, S. 276-281.

Winands, Günter: Steuerrechtliche Aspekte von Kulturstiftungen, in: Beauftragte der Bundesregierung für Kultur und Medien; Bundesverband Deutscher Stiftungen e. V.; Deutscher Kulturrat (Hrsg.), Handbuch Kulturstiftungen. Ein Ratgeber für die Praxis, 2. Aufl., Berlin 2004, S. 32-38.

Wissenschaftlicher Beirat der GÖW: Public Private Partnership. Positionspapier, in: ZögU, Bd. 27 (2004), H. 4, S. 410-414.

Wistinghausen, Magnus von: Das ökonomische Grundmodell von Kultureinrichtungen, in: Strachwitz, Rupert; Then, Volker (Hrsg.), Kultureinrichtungen in Stiftungsform, Gütersloh 2004, S. 121-125.

Wolf-Csanády, Elisabeth: Kunstsponsoring und Kulturförderung durch Unternehmen in Deutschland und Österreich und ihr kulturpolitischer Kontext, Frankfurt/M. u. a. 1994.

Wyszomirski, Margaret J.: Background on Cultural Policies and Programs in the U.S., in: Zemans, Joyce; Kleingartner, Archie (Hrsg.), Comparing Cultural Policy. A Study of Japan and the United States, London u. a. 1999, S. 113-202.

Zimmer, Annette; Priller, Eckhard: Zukunft des Dritten Sektors in Deutschland, in: Anheier, Helmut K. u. a. (Hrsg.), Der Dritte Sektor in Deutschland. Organisationen zwischen Staat und Markt im gesellschaftlichen Wandel, Berlin 1997, S. 249-283.

Zimmer, Annette; Toepler, Stefan: The Subsidized Muse. Government and the Arts in Western Europe and the United States, in: Journal of Cultural Economics, Bd. 23 (1999), H. 1-2, S. 33-49.

Zimmer, Dieter E.: Kultur ist alles. Alles ist Kultur. Über die sinnlose Erweiterung des Kulturbegriffs und was dies bedeutet für die öffentlichen Etats, in: DIE ZEIT vom 04.12.1992, S. 67.

Zimmermann, Olaf: Der Staat, der Markt, die Bürger. Wer leistet die kulturelle Grundversorgung?, in: Strachwitz, Rupert; Then, Volker (Hrsg.), Kultureinrichtungen in Stiftungsform, Gütersloh 2004, S. 26-30.

Zimmermann, Olaf: Was ist eigentlich das Urheberrecht? Zur Bewertung kreativer Leistungen, in: puk, H. 1 (2005), S. 2-3.

Zimmermann, Olaf; Schulz, Gabriele: Kulturverwaltung im Kooperativen Kulturförderalismus, in: Zimmermann, Olaf; Schulz, Gabriele (Hrsg.), Handbuch Kulturverwaltung 2001/2002, Bonn u. a. 2000, S. 11-18.

Dirk Meyer-Bosse

Geld-Geber

Die Bedeutung von Sparkassen für die Kulturförderung in Deutschland

Frankfurt am Main, Berlin, Bern, Bruxelles, New York, Oxford, Wien, 2005.
339 S., zahlr. Abb., 3 Tab.
Studien zur Kulturpolitik. Herausgegeben von Wolfgang Schneider. Bd. 4
ISBN 3-631-53850-3 · br. € 56.50*

Das Ziel der Untersuchung ist es, die Kulturförderung der Sparkassenorganisation deskriptiv zu erforschen und auf der Basis einer von der individuellen Unternehmenspolitik weitestgehend distanzierten Bestandsaufnahme einen idealtypischen Planungsprozess für die kulturelle Förderarbeit von Sparkassen zu entwickeln. An dessen Ende steht eine Wirkungs- und Erfolgskontrolle, die am praktischen Beispiel der Kulturförderung der Sparkasse Gifhorn-Wolfsburg in Form einer empirischen Analyse durchgeführt wird. Die Sparkassen-Finanzgruppe ist in finanzieller Hinsicht der größte nichtstaatliche Kulturförderer in Deutschland. Über die induktive Methodik wird das kulturelle Engagement des Verbunds exemplarisch anhand der Sparkasse Gifhorn-Wolfsburg, des Niedersächsischen Sparkassen- und Giroverbandes sowie des Deutschen Sparkassen- und Giroverbandes untersucht. Im Ergebnis zeichnet sich ab, dass die Kulturförderung strukturell und inhaltlich zwar weitestgehend überzeugend ist, aber eines strategiekonzeptionellen Unterbaus entbehrt. Für die Lösung dieses Malus wird die Nutzung des idealtypisch konzipierten Planungsprozesses vorgeschlagen, der sich als handlungsleitendes Instrument prinzipiell für alle Sparkassen eignet.

Aus dem Inhalt: Voraussetzungen: Die Sparkassenorganisation in ihrer historischen und volkswirtschaftlichen Bedeutung · Strukturen und Inhalte der Kulturförderung: Strukturelle Organisation, inhaltliche Schwerpunkte und Kulturbegriff · Instrumente und Formen der Kulturförderung: Zu ihrem Verständnis und ihren Folgewirkungen · Motive für Kulturförderung und ihre praktischen Konsequenzen · Empirischer Vergleich der regionalen Kulturförderung der Sparkasse Gifhorn-Wolfsburg zur Konkurrenz · u.v.m.

Kolibri 360 GmbH
Ferdinand-Jühlke-Straße 7
99095 Erfurt, Deutschland
produktsicherheit@kolibri360.de

Druck:
CPI Druckdienstleistungen GmbH
im Auftrag der
Kolibri 360 GmbH
Ferdinand-Jühlke-Str. 7
99095 Erfurt